# 传媒蓝皮书

## 中国传媒融合创新研究报告

RESEARCH REPORT ON THE INTEGRATION AND INNOVATION OF CHINESE MEDIA INDUSTRY

（2022—2023）

主　编／黄晓新　刘建华　卢剑锋

中国书籍出版社
China Book Press

图书在版编目（CIP）数据

中国传媒融合创新研究报告.2022—2023 / 黄晓新，刘建华，卢剑锋主编. -- 北京：中国书籍出版社,2023.6
ISBN 978-7-5068-9421-0

Ⅰ.①中… Ⅱ.①黄… ②刘… ③卢… Ⅲ.①传播媒介—研究报告—中国—2022-2023 Ⅳ.①G206.2

中国国家版本馆CIP数据核字(2023)第091214号

## 中国传媒融合创新研究报告（2022—2023）

黄晓新　刘建华　卢剑锋　主编

| 责任编辑 | 李　新 |
|---|---|
| 责任印制 | 孙马飞　马　芝 |
| 封面设计 | 东方美迪 |
| 出版发行 | 中国书籍出版社 |
| 地　　址 | 北京市丰台区三路居路97号（邮编：100073） |
| 电　　话 | （010）52257143（总编室）　　（010）52257140（发行部） |
| 电子邮箱 | eo@chinabp.com.cn |
| 经　　销 | 全国新华书店 |
| 印　　厂 | 北京九州迅驰传媒文化有限公司 |
| 开　　本 | 710毫米×1000毫米　1/16 |
| 印　　张 | 23.5 |
| 字　　数 | 385千字 |
| 版　　次 | 2023年6月第1版 |
| 印　　次 | 2023年6月第1次印刷 |
| 书　　号 | ISBN 978-7-5068-9421-0 |
| 定　　价 | 138.00元 |

版权所有　翻印必究

# 中国传媒融合创新研究报告（2022—2023）
# 出品方

中国新闻出版研究院传媒研究所
中国人民大学书报资料中心
《中国出版》杂志社
内蒙古满洲里市融媒体中心
浙江安吉县融媒体中心

# 中国传媒融合创新研究报告（2022—2023）
# 课题组

| | | | | | |
|---|---|---|---|---|---|
| **课题组组长** | 刘建华 | 卢剑锋 | 张文飞 | | |
| **课题组副组长** | 杨晓芳 | 徐红梅 | 郝天韵 | | |
| **课题组成员** | 刘　盼 | 杨驰原 | 刘向鸿 | 张　旸 | 谭庆茂 |
| | 韩国梁 | 王卉莲 | 邹　波 | 黄逸秋 | 逯　薇 |
| | 薛　创 | 鲁艳敏 | 方　贺 | 胡沈明 | 朱松林 |
| | 王　虹 | 秦宗财 | 杨青山 | 闫伟华 | 杨雨晴 |
| | 黄欣钰 | 蔡海龙 | 李　炜 | 刘小三 | |

# 中国传媒融合创新研究报告（2022—2023）编委会

**编委会主任**　黄晓新　中国新闻出版研究院党委书记、副院长
**编　　　委**（按姓氏笔画为序）

|  |  |
|---|---|
| 于奕童 | 北京交通大学语言与传播学院新闻与传播硕士研究生 |
| 邓　涛 | 重庆市巴南区融媒体中心主任 |
| 王继志 | 北京市东城区融媒体中心主任 |
| 王乐天 | 云南民族大学文学与传媒学院新闻传播硕士研究生 |
| 卢剑锋 | 中国新闻出版研究院传媒研究所副研究员 |
| 次旦卓嘎 | 西藏自治区乃东区融媒体中心原主任 |
| 刘建华 | 中国新闻出版研究院传媒研究所执行所长、研究员、博士 |
| 许丽华 | 云南民族大学文学与传媒学院副院长、副教授、博士 |
| 向志强 | 湖南大学新闻与传播学院教授 |
| 闫伊默 | 华南师范大学新闻传播系副教授、博士 |
| 朱玲玲 | 扬州大学新闻与传媒学院硕士研究生 |
| 朱松林 | 安徽财经大学文学院教授、硕士生导师、博士 |
| 朱　天 | 四川大学传媒研究中心主任、四川大学文学与新闻学院教授 |

| | |
|---|---|
| 闵思龙 | 江西省南昌东湖区融媒体中心主任 |
| 陈硕夫 | 湖南大学新闻与传播学院硕士研究生 |
| 陈志辉 | 云南财经大学传媒与设计艺术学院硕士研究生 |
| 李　婷 | 河北传媒学院硕士研究生 |
| 李　炜 | 西藏民族大学新闻传播学院教授、博士 |
| 邵炳芳 | 法治日报社党委书记、社长 |
| 邵晓晖 | 安徽广播电视台党委委员、副台长 |
| 余　忠 | 成都市广播电视台总编室副主任、高级编辑 |
| 杨青山 | 云南财经大学传媒与设计艺术学院党委副书记、副教授 |
| 杨石华 | 中国传媒大学传播研究院讲师、博士 |
| 张志军 | 江西省贵溪市融媒体中心主任 |
| 张　玮 | 中国食品安全报副总编辑、博士 |
| 张　旸 | 中国科协创新战略研究院博士后、博士 |
| 孟亚娟 | 新疆自治区阿克苏库车县融媒体中心书记 |
| 郑丁川 | 云南民族大学文学与传媒学院新闻传播硕士研究生 |
| 郑一丹 | 西藏民族大学新闻传播学院硕士研究生 |
| 周祖君 | 海南省琼海市融媒体中心原主任 |
| 段吉平 | 四川日报报业集团传媒研究中心副主任兼《新闻界》副总编辑 |
| 段艳文 | 中国新闻技术工作者联合会副秘书长、北京师范大学出版科学研究院特聘专家 |
| 郝天韵 | 中国新闻出版广电报记者 |
| 祝　青 | 浙江省安吉县融媒体中心主任 |
| 高　敬 | 四川日报 MORE 大数据工作室总监 |
| 秦宗财 | 扬州大学新闻与传媒学院副院长、教授、博士 |
| 黄小刚 | 贵州民族大学副研究员、博士 |

| 程可欣 | 云南民族大学文学与传媒学院新闻传播硕士研究生 |
| 董媛媛 | 北京交通大学语言与传播学院副教授、博士、硕士生导师 |
| 鲍丹禾 | 《教育科学研究》杂志副主编、高级编辑、博士 |

# 主编简介

**黄晓新**

　　男，湖北洪湖人。现任中国新闻出版研究院党委书记、副院长，中国编辑学会副会长。武汉大学图书情报学院硕士研究生毕业，曾在福建师范大学历史系任教。历任国家新闻出版总署印刷复制管理司副司长、反非法和违禁出版物司副司长，中国音像协会光盘工作委员会副理事长，挂职任新疆维吾尔自治区新闻出版广电（版权）局党组成员、副局长（正厅长级）。参与组织实施并主编大型历史文献丛书《新疆文库》出版重点工程，策划、主编《白话全本史记》《漫画传统蒙学丛书》《文化市场实务全书》《新疆历史古籍提要》《最新国别传媒产业研究报告译丛》和《中国传媒融合创新研究报告》《中国传媒社会责任报告》《中国印刷业研究报告》系列蓝皮书等。著有《阅读社会学》（人民出版社2019年版）。主持中央文资办重大项目"中国新闻出版多语种语料库研究"等多项国家、省部级课题，在有关专业期刊发表论文60余篇，多篇论文被《新华文摘》和人大复印报刊资料全文转载，主要从事新闻出版管理与阅读社会学研究。

**刘建华**

　　男，江西莲花人。中国新闻出版研究院传媒研究所执行所长、研究员。中国社会科学院哲学所博士后，中国人民大学传媒经济学博士，中国新闻文化促进会常务理事，中国记协新媒体专业委员会委员，中央国家机关书法家协会会员，中华诗词学会会员，中国人文社科期刊评价推荐专家，教育部学位中心评审专家，国家社科基金评审专家。著有《生命的辨识度》《舆情消长与边疆社会稳定》《对外文化贸易研究》《传媒国际贸易与文化差异规避》等书近40部，畅销书《一本书学会新闻采写》（7部）丛书主编，在人民日报、光明日报等报刊发表文章150余篇。主持国家社科基金等80余项课题。多篇论文被《新华文摘》、人大复印报刊资料《新闻与传播》等媒体全文转载，主要从事新闻传播理论、媒体融合、书法符号传播、传媒经济与文化产业研究。

**卢剑锋**

女，山西大同人，中国新闻出版研究院传媒研究所副研究员。担任《中国传媒融合创新研究》系列蓝皮书主编之一，《中国传媒社会责任研究报告（2015—2016）》副主编，主要从事传媒管理、新媒体应用研究。

# 前 言

"中国传媒融合创新研究"课题是中央级公益性科研院所基本科研业务费专项资金资助项目,是中国新闻出版研究院的重要研究课题,《中国传媒融合创新研究报告(2022—2023)》是该课题的研究成果。2017 年—2022 年,中国新闻出版研究院已先后推出《中国传媒融合创新研究(2015—2016)》《中国报业融合创新研究报告(2016—2017)》《中国传媒融合创新研究报告(2018—2019)》《中国传媒融合创新研究报告(2019—2020)》《中国传媒融合创新研究报告(2020—2021)》《中国传媒融合创新研究报告(2021—2022)》系列蓝皮书,得到政府、业界与学界的一致肯定与好评。今年继续推出的《中国传媒融合创新研究报告(2022—2023)》,是全面反映最新中国传媒融合创新理论和实践的传媒蓝皮书。本书第一部分总报告概述了 2022 年 1 月以来中国传媒业融合创新实践的最新现状,深入剖析中国传媒融合创新的突出问题,并指出中国传媒融合创新的未来发展趋势。第二部分分报告对国内传媒融合创新案例科学归类和评价,分为内容融合创新案例、渠道融合创新案例、平台融合创新案例、产品融合创新案例、经营管理融合创新案例五个部分,每部分选择自 2022 年 1 月以来,在融合创新上表现突出的媒体进行案例解剖,分析问题,总结经验,旨在为我国传媒业融合实践的深入创新和发展提供借鉴。第三部分分报告是关于当前热点县级融媒体中心的专门研究和案例报告。

本书的研究对象是 2022 年传媒业融合创新,所说的融合创新是指因追求传统媒体和新兴媒体融合发展而导致的创新,与其他原因所导致的创新有着根本不同,这是本报告研究的立足点和出发点,也是本报告差异化研究的价值所在。

我们非常希望能以这套丛书为起点，与业界精英和专家学者建立广泛而深入的合作，推动中国传媒的融合创新与历史转型，为行业发展提供智库服务。

在此，对参与本书撰写的各位专家所付出的辛勤劳动和大力支持表示诚挚的谢意。

《中国传媒融合创新研究》课题组

2023 年 3 月

# 目 录

## 总报告

中国传媒融合创新的现状、问题和趋势…………………………………（3）
  第一节 中国传媒融合创新的现状 …………………………………（4）
  第二节 中国传媒融合创新的突出问题 …………………………………（9）
  第三节 中国传媒融合创新的发展趋势 …………………………………（17）

## 内容融合创新篇

**第一章 人民日报社"侠客岛"的内容融合创新**……………………（29）
  第一节 "侠客岛"内容融合创新的研究概况 …………………………（29）
  第二节 "侠客岛"内容生产的视域融合 …………………………（32）
  第三节 "侠客岛"内容融合的技术支撑与渠道辅助 …………………（37）

**第二章 昆明报业传媒集团内容融合创新研究**……………………（39）
  第一节 发展历程 …………………………………………………（39）
  第二节 内容融合创新实践 …………………………………………（40）

第三节　内容融合创新存在的不足 ……………………………（44）
　　第四节　内容融合创新发展的路径与方法 ……………………（46）
第三章　《中国企业家》的融合创新实践研究 ……………………（49）
　　第一节　融媒体矩阵基本形成 …………………………………（49）
　　第二节　新媒体内容以原创为主 ………………………………（53）
　　第三节　视频和直播的探索 ……………………………………（56）
　　第四节　融合创新启示 …………………………………………（58）

## 渠道融合创新案例

第四章　四川日报报业集团：打造"四全"媒体　建强"6+4"体系 …（63）
　　第一节　"渠道融合"领域的实践与成果 ………………………（63）
　　第二节　特点与启示："智媒+"引领全媒体渠道融合创新 ……（68）
　　第三节　规划与对策：做好渠道融合大文章 …………………（71）
第五章　创新"三农"传播　助力乡村振兴：《农民日报》的融合发展
　　…………………………………………………………………（74）
　　第一节　打造互联网传播新阵地，建设专业权威信息门户 …（75）
　　第二节　坚持移动优先战略，重点发力自主客户端平台 ……（75）
　　第三节　搭载社交媒体，实现传播效应最大化 ………………（76）
　　第四节　开拓全媒体版图战略，开辟可持续发展新路径 ……（78）
第六章　贵州日报当代融媒体集团：融媒体建设助力全媒体传播体系构建
　　…………………………………………………………………（85）
　　第一节　融媒体指挥调度体系 …………………………………（86）
　　第二节　融媒体核心平台 ………………………………………（86）
　　第三节　融媒体编辑部 …………………………………………（88）

第四节　融媒体智能服务 …………………………………（90）

第五节　融媒体智库平台 …………………………………（92）

第六节　融媒体产业集群 …………………………………（93）

## 平台融合创新案例

第七章　湖南卫视、芒果 TV：融为一体　共同生长 …………（97）

第一节　融合发展历程 ……………………………………（98）

第二节　融合发展举措 ……………………………………（104）

第三节　存在问题及建议 …………………………………（111）

第八章　海南日报报业集团：场景思维下的媒体融合探索 ……（113）

第一节　海南日报报业集团的融媒探索研究 ……………（114）

第二节　把握场景思维　实现精准传播 …………………（117）

第三节　场景时代主流媒体的融合发展路径 ……………（118）

第九章　扬州报业传媒集团：搭建平台与重塑连接……………（123）

第一节　扬报集团的发展历程及其平台融合创新的现状 …（124）

第二节　扬报集团平台融合创新发展的路径与规律 ……（126）

第三节　从扬报集团看我国（地市级）报业平台融合发展趋势 …（128）

第四节　扬报集团平台融合创新发展的借鉴与启示 ……（130）

第十章　珠海传媒集团：以"平台化"战略推动媒体深度融合………（134）

第一节　珠海传媒集团融合发展历程 ……………………（134）

第二节　珠海传媒集团平台化融合发展策略 ……………（135）

## 产品融合创新案例

**第十一章　重庆日报报业集团传媒产品融合与创新实践**…………（145）
　　第一节　融合之路：创新发展历程 …………………………（145）
　　第二节　典型案例：获奖作品分析 …………………………（151）
　　第三节　他山之石——发展特点及经验 ……………………（154）

**第十二章　广州日报社新花城客户端融合创新实践**………………（157）
　　第一节　广州日报社及新花城客户端整体情况 ……………（157）
　　第二节　新花城客户端的创新思路 …………………………（158）
　　第三节　新花城融媒体传播精品分析 ………………………（162）
　　第四节　新花城客户端的启示 ………………………………（164）

**第十三章　成都市广播电视台：与城市相融构建新型主流媒体**…（167）
　　第一节　以改革为动力　从相加到相融 ……………………（168）
　　第二节　以内容为根本　从量变到质变 ……………………（172）
　　第三节　以技术为根基　从追赶到引领 ……………………（175）
　　第四节　以节会为抓手　从产品到服务 ……………………（177）

## 经营管理融合创新案例

**第十四章　安徽广播电视台："七位一体"推进媒体深度融合的安徽实践**
　　　　　　………………………………………………………（185）
　　第一节　实践和举措 …………………………………………（186）
　　第二节　经验和启示 …………………………………………（193）

第十五章　河北广播电视台融合发展实践研究…………………（195）
　　第一节　稳抓结构性工作重心　构建全媒体传播体系 …………（196）
　　第二节　产业发展引领经营创新　激活媒体自我造血能力 ……（200）
　　第三节　河北广播电视台融合实践经验的启示与思考 …………（204）

第十六章　绍兴传媒集团媒体融合创新研究…………………（207）
　　第一节　绍兴传媒集团的融合创新实践 …………………………（207）
　　第二节　绍兴传媒集团媒体融合的创新特点 ……………………（210）
　　第三节　绍兴传媒集团深化媒体融合的路径探索 ………………（214）

第十七章　法治日报社融合发展的探索与实践………………（218）
　　第一节　平台为基　力求扩大受众覆盖面 ………………………（219）
　　第二节　机制为要　以改革创新推动融合发展 …………………（221）
　　第三节　内容为王　坚持法治特色树法报品牌 …………………（224）
　　第四节　人才为本　锻造忠诚专业法治新闻队伍 ………………（226）

## 县级融媒体中心专论

第十八章　浙江安吉县融媒体中心舆论引导能力建设研究报告………（231）
　　第一节　融媒体中心基本情况 ……………………………………（231）
　　第二节　融媒体中心发展亮点 ……………………………………（232）
　　第三节　融媒体中心舆论引导实证研究 …………………………（236）
　　第四节　融媒体中心舆论引导面临的问题与困境 ………………（238）
　　第五节　提高融媒体中心舆论引导能力的路径与方法 …………（239）

第十九章　江西贵溪市融媒体中心舆论引导能力建设研究报告………（240）
　　第一节　融媒体中心基本情况 ……………………………………（240）
　　第二节　融媒体中心发展亮点 ……………………………………（241）

第三节　融媒体中心舆论引导实证研究 …………………………（246）
第四节　融媒体中心舆论引导面临的问题与困境 ……………（248）
第五节　提高融媒体中心舆论引导能力的路径与方法 ………（248）

## 第二十章　江苏邳州市融媒体中心舆论引导能力建设研究报告………（250）
第一节　邳州市融媒体中心基本情况 …………………………（250）
第二节　邳州市融媒体中心发展亮点 …………………………（251）
第三节　邳州市融媒体中心舆论引导实证研究 ………………（256）
第四节　融媒体中心舆论引导面临的问题与困境 ……………（258）
第五节　提高融媒体中心舆论引导能力的路径与方法 ………（258）

## 第二十一章　重庆市巴南区融媒体中心舆论引导能力建设研究报告…（260）
第一节　融媒体中心基本情况 …………………………………（260）
第二节　融媒体中心发展亮点 …………………………………（261）
第三节　融媒体中心舆论引导实证研究 ………………………（264）
第四节　融媒体中心舆论引导面临的问题与困境 ……………（268）
第五节　提高融媒体中心舆论引导能力的路径与方法 ………（269）

## 第二十二章　新疆库车市融媒体中心舆论引导能力建设研究报告……（271）
第一节　库车市融媒体中心基本情况 …………………………（271）
第二节　库车市融媒体中心发展亮点 …………………………（272）
第三节　库车市融媒体中心舆论引导实证研究 ………………（276）
第四节　库车市融媒体中心舆论引导面临的问题与困境 ……（278）
第五节　提高融媒体中心舆论引导能力的路径与方法 ………（279）

## 第二十三章　北京市东城区融媒体中心舆论引导能力建设研究报告…（282）
第一节　融媒体中心基本情况 …………………………………（282）
第二节　融媒体中心发展亮点 …………………………………（283）
第三节　融媒体中心舆论引导实证研究 ………………………（285）
第四节　融媒体中心舆论引导面临的问题与困境 ……………（289）
第五节　提高融媒体中心舆论引导能力的路径与方法 ………（290）

## 第二十四章　江西南昌东湖区融媒体中心舆论引导能力建设研究报告 （293）

- 第一节　东湖区融媒体中心基本情况 （293）
- 第二节　东湖区融媒体中心建设亮点 （295）
- 第三节　融媒体中心舆论引导实证研究 （297）
- 第四节　融媒体中心舆论引导面临的问题与困境 （298）
- 第五节　提高融媒体中心舆论引导能力的路径与方法 （300）

## 第二十五章　西藏乃东区融媒体中心舆论引导能力建设研究报告 （303）

- 第一节　融媒体中心基本情况 （303）
- 第二节　融媒体中心发展亮点 （305）
- 第三节　融媒体中心基本情况 （308）
- 第四节　融媒体中心舆论引导面临的问题与困境 （311）
- 第五节　提高融媒体中心舆论引导能力的路径和方法 （312）

## 第二十六章　海南琼海市融媒体中心舆论引导能力建设研究报告 （316）

- 第一节　单位概况 （316）
- 第二节　主要进展和成绩亮点 （316）
- 第三节　融媒体中心舆论引导面临的问题与困境 （320）
- 第四节　推进融媒体舆论引导能力的对策及建议 （321）
- 第五节　结　语 （323）

## 第二十七章　县级融媒体公众使用行为及效果研究 （324）

- 第一节　理论模型和研究设计 （324）
- 第二节　数据分析 （328）
- 第三节　县级融媒体中心提升效果的策略建议 （341）

**参考文献** （348）

# 总报告

# 中国传媒融合创新的现状、问题和趋势

黄晓新　刘建华　卢剑锋　张　旸[①]

2022年，媒体融合迈入第九年，融合转型的深入和融合水平的提升极大提升了主流媒体的生产力、传播力、引导力、影响力和公信力，主流媒体积极拓展互联网和新媒体主阵地，全面占领信息传播制高点。国家出台整体性规划，宏观指引向全媒体传播和数字文化方向发展，2022年4月18日，中宣部印发的《关于推动出版深度融合发展的实施意见》指出，要立足扩大优质内容供给、创新内容呈现传播方式、打造重点领域内容精品，强化出版融合发展内容建设；要充分发挥技术对出版融合发展的支撑作用，打造出版融合发展重点工程项目，建强出版融合发展人才队伍，健全出版融合发展保障体系，"到'十四五'时期末，打造一批竞争力强、优势突出的出版融合发展示范企业，有效巩固数字时代出版发展主阵地，始终用主流价值引领网上出版舆论，进一步扩大主流价值影响力版图"。主流媒体采取各种措施深耕融合发展，媒体融合开始内涵式增长、差异化、专业化发展，未来的融合应更加注重用户的差异化、个性化需求，科学分析垂直领域的用户需求，了解不同的需求提供服务，注重现实需求，提高用户体验，与用户形成强连接，培养用户黏性。

---

[①] 黄晓新，中国新闻出版研究院党委书记、副院长；刘建华，中国新闻出版研究院传媒研究所执行所长、研究员；卢剑锋，中国新闻出版研究院传媒研究所副研究员；张旸，中国科协创新战略研究院博士后。

## 第一节　中国传媒融合创新的现状

**一、国家级媒体和省级主流媒体集团充分发挥技术、资源和人才优势，通过技术创新深化融合进程**

国家级媒体和省级主流媒体集团在大数据、人工智能、5G、虚拟现实等前沿技术上的研发和应用极大地提升了媒体的融合生产力和传播力。人民日报不仅有"智能创作机器人"，还将 AI 技术应用到"采编审播"各个业务环节。中央广播电视总台的 5G 媒体实验室、"5G+4K/8K"超高清制播示范平台等重大项目，成功实现了我国首次 8K 超高清内容的 5G 远程传输。省级媒体集团纷纷打造智慧媒体云平台建设，江苏"荔枝云"、甘肃"新甘肃云"、新疆"石榴云"、湖北"长江云"等省级技术平台为省市县三级融媒体提供技术平台。对于地市级和县级媒体而言，无论是依托中央或省级技术平台，还是自主研发、运维，都需要有自己的互联网技术人才，尤其是需要既懂产品制作和开发，又懂运营和市场，也懂技术与用户心理的人才，而人才的缺乏，仍是束缚地市级和县级媒体融合发展的主要桎梏之一。

由于新冠肺炎疫情的持续影响，用户使用媒体的行为方式发生变化，媒体内容向产业服务升级，直播带货、MCN、视频营销极大地推动了电子商务的多样化发展。目前，广电媒体的 MCN 机构已超过 30 家，媒体广告和营销的平台和渠道多样化，更注重产品和服务的销售场景和体验，也更加需要技术赋能和不断创新。

**二、地市级报社和广电台合并重组成立融媒体中心或传媒集团，"央省市县"四级融合发展布局加快形成且迅速发展**

紧随县级融媒体中心之后，市级媒体被纳入转型战略中。这几年，营口新闻传媒中心、芜湖传媒集团、晋城市新闻传媒集团、齐齐哈尔市新闻传媒中心、鄂州市融媒体中心、珠海传媒集团、三明市融媒体中心、绍兴市新闻传媒集团、张家口新闻传媒集团、淮北市传媒中心、湖州市传媒集团等地市级融媒体中心纷纷成立。2021 年 12 月 22 日，绥化市融媒体中心正式揭牌；12 月 31 日，滨州市新闻传媒中心成立。2022年4月18日，湖北宜昌三峡新闻传媒中心（宜昌三峡新闻传媒集团）成立；6月13日，荆门九派通传媒中心（荆门九派通传媒集团）揭牌仪式举行。2021年12月29日，在甘肃省媒体深度融合发展推进会上，省委宣传部要求，至2022年3月底前，全省各市（州）要完成市级融媒体中心的整合和挂牌，6月底前全面完成与省级技术平台的对接。

在2020年9月26日中共中央办公厅、国务院办公厅印发的《关于加快推进媒体深度融合发展的意见》中明确提出，"完善中央媒体、省级媒体、市级媒体和县级融媒体中心四级融合发展布局"，市级融媒体中心在布局中处于第三级，发挥着上承中央和省、下接区县的作用。地市融媒体中心的建立，有助于整合地市范围内媒体资源和政务、服务和商务资源，发挥上情下达、下情上传的功能，把新闻宣传工作做到位，让政策方针、政府工作及时下达，让百姓舆情和信息及时上传，让中央、省、地市、县这四级信息和服务连通起来，真正实现"资源集约、结构合理、差异发展、协同高效"，更好地发挥各级媒体的功能，更好地为受众提供信息和服务，更好地参与社会治理和促进社会发展。

当然，不同地区发展水平参差不齐，地方经济、政治、文化、媒体发展水平、受众媒介素养等差异特别大，之前有地市级媒体整合之后又分开，也是有其具体的主客观条件，改革也是一个试错的过程。但总的来说，瑕不掩瑜。三亚日报社、三亚广播电视台和三亚电影文化公司合并重组的三亚传媒影视集团成立之后，取得了经营性收入同比增长143.99%的佳绩，成为地市级媒体融合改革的代表性机构。大连新闻传媒集团、珠海传媒集团、绍兴传媒集团等也都成为地市级媒体融合改革的样本。四级布局根据各级媒体定位、职责，优化配置各层级资源、市场、条件和需求，各有侧重，各有所长，可以巩固宣传思想文化阵地，为壮大主流思想舆论发挥出更大的作用。

### 三、主流媒体大力布局互联网音频领域，积极拓展在线音频新赛道

近年来，主流媒体在音频领域持续发力，各大主流媒体发挥资源优势，推动传统音频内容走向数字化、精品化，以主流价值引导音频行业高质量发展。中央广播电视总台音频客户端"云听"App两年内收获过亿用户，2022年5月，"云听"与联通合作推出"联通小助手"，通过语音交互和人工智能最大程度

上简化操作，以优化老龄人口的使用体验，积极研发适老产品。主流媒体在线音频有着得天独厚的优势，第一，主流媒体在内容资源和价值引领等方面的舆论引导力优势，用主流内容和主流价值引导在线音频行业，有其公信力和权威性优势。第二，主流媒体原创内容生产的专业度和版权所有等先天优势，使其内容资源丰富，有强大的受众基础；主流媒体拥有自己专业过硬且有较高知名度的主持人、天然 IP 优势，可以形成更强的粉丝效应。北京广播电视台"听听 FM"整合近 200 名主持人资源，湖南广电集团"芒果动听"拥有超 37 万小时的优质音频资源。第三，用科技赋能音频领域，如开发智能声控、语音识别技术，利用技术优势更好地发展互联网音频。在音频领域，AI 主播能够通过对主持人声音进行模拟训练和深度学习，实现高拟人度水平。云听客户端内 95%以上的播报内容产生于 AI 主播。在 2022 年"两会"报道中，"云听"联合"中国之声"借力 AI 技术推出的资讯专栏《两会快报》全面启用了"云小天团"，多角度覆盖两会议题，充分发挥 AI 内容制作的效率优势。

2021 年，众多主流媒体入驻喜马拉雅、蜻蜓 FM、荔枝 FM 等互联网在线音频平台，借助互联网头部平台技术加速制作新闻类音频节目，让听众有了更多的渠道听到更权威的新闻。专业的主流广播媒体早已开始全媒体内容运营，不仅入驻上述音频平台，也在抖音、快手、小红书、B 站等平台开设账号，在音频内容的基础上，开发短视频、直播，并与线下活动、数字营销和多元化经营相结合，为传统广播节目和音频产品拓展新的传播渠道和营销平台。主流媒体音频正在以专业化、原创性、多样化的内容生产适配各种传播场景，创造更好的用户体验，不同终端发布不同的音频内容，不同内容搭配不同场景，提高音频和音频广告的到达率，拓展音频平台的市场价值和商业模式。

## 四、相关职能部门推出了一系列法律法规和治理举措，净化互联网环境，使媒体融合空间更加清朗安全，优化传媒产业生态

规范和共治为媒体融合可持续发展提供了基本保障，近期国家出台多项法律法规推动互联网环境的净化和安全。2021 年 12 月 15 日，中国网络视听节目服务协会发布了《网络短视频内容审核标准细则（2021）》，规定短视频未经授权不得自行剪切、改编电影、电视剧、网络影视剧等各类视听节目及片段。

提升内容质量和提升完播率成为短视频的发展趋势,短视频只能更加注重原创内容,精心打造爆款,才能实现可持续发展。同时,该《细则》针对社会高度关注的泛娱乐化、低俗庸俗媚俗问题的新表现,以及泛娱乐化恶化舆论生态、利用未成年人制作不良节目、违规传播广播电视和网络视听节目片段、未经批准擅自引进播出境外节目等典型突出问题,为各短视频平台一线审核人员提供了更为具体和明确的工作指引,有利于进一步提高短视频平台对网络视听节目的基础把关能力和水平。此前2021年11月29日,文化和旅游部颁布了《关于加强网络文化市场未成年人保护工作的意见》。这些规范为确保人民群众,尤其是未成年人通过短视频获得健康有益的精神内容,远离违规违法有害的精神糟粕,起了重要作用。自2021年10月以来,国家广播电视总局开展了为期2个月的短视频节目和账号专项治理工作,持续清理违规账号38.39万个,违规短视频节目102.40万条,短视频业务得到规范引导。

2022年1月4日,国家互联网信息办公室、工业和信息化部、公安部、国家市场监督管理总局联合发布《互联网信息服务算法推荐管理规定》,明确了算法推荐服务提供者的信息服务规范,要求算法推荐服务提供者应当坚持主流价值导向,积极传播正能量,不得利用算法推荐服务从事违法活动或者传播违法信息,应当采取措施防范和抵制传播不良信息;加强算法推荐服务版面页面生态管理,建立完善人工干预和用户自主选择机制,在重点环节积极呈现符合主流价值导向的信息。这就要求算法要与主流价值引导相结合,打造爆款产品要与主流价值引导相结合,主流媒体集团通过爆款融合产品来引导和传播主流价值,通过形态多样、手段先进的融合媒体矩阵在内容、平台、主播等方面打造爆款融合产品来提升传播力、公信力和影响力。

6月14日,国家互联网信息办公室发布新修订的《移动互联网应用程序信息服务管理规定》提出,应用程序提供者和应用程序分发平台应当遵守法律法规,大力弘扬社会主义核心价值观,坚持正确政治方向、舆论导向和价值取向,自觉遵守公序良俗,积极履行社会责任,维护清朗网络空间。新《规定》要求,应用程序提供者和应用程序分发平台应当履行信息内容管理主体责任,建立健全信息内容安全管理、信息内容生态治理、数据安全和个人信息保护、未成年人保护等管理制度,确保网络安全,维护良好网络生态。5月7日,中央文明办、文化和旅游部、国家广播电视总局、国家互联网信息办公室联合发布《关于规范网络直播打赏加强未成年人保护的意见》的通知，禁止未成年人参与直播打赏。6月22日，国家广播电视总局、文化和旅游部联合发布《网络主播行为规范》，列出了网络主播在提供网络表演和视听节目服务过程中不得出现的行为，为网络主播从业行为划定了底线和红线。

## 五、主流媒体积极寻找元宇宙对媒体融合的机遇

2021年是"元宇宙元年"。目前，元宇宙主要应用于沉浸式社交与沉浸式游戏等方面，传媒领域可以关注如何依托元宇宙的优势，传媒与元宇宙产业的契合点，以及其为媒体可能带来的内容创新和服务创新。人民网、新华社、中央广播电视总台等一些有技术实力的主流媒体已经在进行VR、AR、MR、XR等方面的创新，将其融入到内容的创作、生产和传播之中。尽管对元宇宙的伦理安全、技术风险、数据安全、引导和监管等都还存在质疑和争议，但是民营互联网公司和主流媒体都已经开始布局新赛道。2021年，字节跳动、腾讯等互联网公司纷纷投资元宇宙概念相关公司，除了社交、游戏、娱乐外，一些互联网公司也在消费、医疗、教育、旅游等领域进行着元宇宙的应用尝试。主流媒体也开始布局元宇宙相关领域，对VR、AR、MR、XR等技术来拓展数字世界和物理世界的边界，通过虚实相生的叙事场景，来为用户带来沉浸式的新闻体验，新闻不仅有现场感，而且让用户有亲临现场的体验和感受；同时也为新闻报道中的互动、媒体活动与市场营销等提供了新的可能。作为首个探索元宇宙并取得阶段性成果的山东媒体，齐鲁壹点8月发布了齐鲁壹点"传媒+元宇宙"应用案例——自有元宇宙平台"壹点天元"上线，就是要抢先布局元宇宙赛道，为内容生产传播、业务经营、业态建设带来更多可能。"传媒+元宇宙"将为用户创造全新的传播"现场"，用户可以进入齐鲁壹点的元宇宙平台"壹点天元"，三维化、具象化的内容为受众获得身临其境的体验；"传媒+元宇宙+N"将为现有经营业务提供技术支撑，适用于电商、娱乐等多种场景的应用。"天元发布厅"就可以适用于发布会、直播、展览、培训等多种现实应用场景，如"传媒+元宇宙+车展"，可以将齐鲁国际车展的全部车型置于"壹点天元"元宇宙车展展厅内，车型信息应有尽有，用户还可以在元宇宙内试驾新车，增强体验感；"传媒+元宇宙+教育"，可以实现高招会、中招会的元宇宙化，邀请

学校招生办负责人进入元宇宙,和家长、学生"面对面"交流答疑,将学校信息进行全方位、立体化的展示。齐鲁壹点在元宇宙应用的探索是极富开拓性和创新性的,未来元宇宙究竟能带给传媒业怎样的机遇和挑战,也是传媒业要去共同探索和面对的课题。

# 第二节 中国传媒融合创新的突出问题

## 一、传媒融合管理亟需有效构建自治体系

从2021年开始,我国开启了对互联网的强监管和全治理模式,一是加强对网络安全和数据信息的保护,《网络安全法》颁布后,《数据安全法》和《个人信息保护法》也相继颁布施行,各相关主管部门对于细分领域也陆续出台管理办法,"滴滴出行"等互联网企业因严重违法违规收集使用个人信息问题被下架、退市和处以巨额罚款,意味着我国已经奠定了网络及信息安全法制化管理的基础,政府致力于全方位推动互联网行业合法化、规范化运营;二是全力打击和惩治平台垄断行为,国务院反垄断委员会印发《平台经济领域的反垄断指南》,以及《反垄断法(修正草案)》通过并正式实施,阿里、美团等互联网企业因垄断行为被处以巨额罚款,显示出我国治理互联网领域垄断行为的坚决态度,依法有效实现对互联网市场资本的监管,引导其规范健康发展;三是大规模、密集性开展"清朗"专项治理行动,包括针对网络暴力、网络谣言、"饭圈"乱象、不良网络文化传播等进行全链条治理,对各种违法违规行为进行清理和惩处,预示着我国将持续性、全方位整顿治理严重干扰破坏网络环境的情况,严格管控网络生产发布和推广运营等行为,并建立起长效监管机制。

虽然从2021年持续至今的大规模网络生态治理,对于网络空间和信息传播的整顿和惩处,绝大多数是针对互联网平台和新媒体机构的,但也充分暴露出,在传媒融合进入第十个年头,且已经加速推进深度融合的进程时,却一直尚未形成能够有效规范和保障互联网媒介健康良性发展的自治体系,无论是在互联网媒介的大环境中,还是在以融媒体、全媒体为发展方向的传媒集团内部,

都没有有意识构建或自发形成既遵循互联网传播规律，又符合传媒正向传播需要的自律模式。

主流媒体一直在我国现代化建设和经济发展中承担着重要的社会功能，也是国家治理体系中的关键要素。在传统媒体的发展框架下早已形成了自治传统和自律惯习，无论是党政机关直属媒体，还是市场化媒体，都能够自觉遵循基本的行业规范和标准，达成对于职业诚信和伦理的共识，更重要的是秉持强烈的媒体荣誉感和社会责任感。在传统媒体时期，不是没有媒体失范行为的发生，但除却他律的惩治和处罚，传媒行业内部的自省和自律更能够通过良币驱逐劣币的方式，一来杜绝失范行为再次发生，遏制败坏风气的蔓延，二来推动媒体行业的进步和更新。

在互联网环境下，传统媒体已然在互联网环境中失去了强势的地位和优势的话语权，传统媒体原本的生态平衡被打破，固有的自律模式和自治办法也不再适用。综合来看，传媒融合的过程是主流媒体在新媒体环境中谋求新的生存空间的过程，传统媒体的内在文化与互联网文化产生了激烈的碰撞，支撑传统媒体发展的自律自治系统受到互联网的冲击和侵蚀，也无暇从基底层面构建新的精神内核和伦理规则。具体来看，传媒机构或集团内部或简单延用原有思维和模式来进行全盘的筛选和审查，或针对传统媒体和新媒体进行割裂化处理，无论哪种形式都说明传媒融合在经营管理和内容生产上的融合并不充分，核心价值和内在秩序未能真正在传媒融合过程中建立起来。

净化网络生态，优化网络环境，政策导向下自上而下的强制管理和强力整治是必要且高效的，但从长期而言，如果缺乏由内而外的自我规范和约束，没有由媒介主体建立起一套符合自身发展需要，顺应新媒体技术特征，且敏感市场动向的自治体系，既无法持续驱动传媒深度融合，且会阻碍传媒融合创新发展。

2021年3月，国家广播电视总局发布《中华人民共和国广播电视法（征求意见稿）》，显示了国家对构建全媒体传播体系的高度重视和大力支持，也强调了广播电视在全媒体传播体系中的重要地位。《关于加快推进媒体深度融合发展的意见》指出，主流媒体进行深度融合的改革发展重心正逐步由产品创新、业态转型到媒体战略转移，再到互联网生态焕新。对于传媒融合而言，应该借国家大力整顿网络环境的契机，乘加快推进传媒深度融合的东风，重新构架新型主流媒体的自治体系，以保障传媒融合能够持续性、纵深向发展，引领重塑互联网媒介生态。

## 二、传媒融合经营有待真正嵌入数字经济链条

2022年1月12日，国务院印发了《"十四五"数字经济发展规划》，提出要以数据为关键要素，以数字技术与实体经济深度融合为主线，加强数字基础设施建设，完善数字经济治理体系，协同推进数字产业化和产业数字化，赋能传统产业转型升级，培育新产业新业态新模式，不断做强做优做大我国数字经济，为构建数字中国提供有力支撑。文化与科技的结合是目前传媒业发展的驱动引擎，数字技术赋能下的媒介市场形成多元增长极，催生出更多新兴业态，数字化转型是传媒融合必须依循的路径。而从经营角度来看，真正嵌入数字经济市场是主流媒体实现创造性融合和创新性发展的必要战略路径。

经过十年的创新实践，传媒融合取得了相当大的成绩，尤其是在平台搭建和资源建设上，无论是国家级媒体还是地方性媒体都通过不断锐意改革和优化重组，形成了具有一定特色和优势的媒体传播矩阵，然而在市场化探索上进入了发展瓶颈。单从目前已上市的传媒集团的经营情况来看，整体盈利都呈下降趋势。财报显示，芒果超媒2022年一季度实现营收31.24亿元，同比降低22.08%，归母净利润5.07亿，同比降低34.39%，而芒果超媒已经是目前国内唯一盈利的长视频平台；人民网2022年一季度营收约3.2亿元，净利润亏损约1350万元。

近年来，为建设新型主流媒体，各级媒体都在不断整合重组进行资源重新配置，更在不断拓展传播渠道，的确是很大程度提高了媒体的影响力和覆盖率，尤其是入驻强势的社交平台、直播平台或短视频平台等，实现了内容的广泛抵达和受众的多层触及，而从市场的角度来说，这种覆盖增长"只实现了较为表层的信息触达，自身无法实现真正意义上的用户连接"[①]，信息分发量的上升和平台粉丝量的上涨，没有带来相应的品牌增值和内容变现。

再从媒体自主新媒体平台建设来看经营情况，目前无论是媒体所设网站，还是客户端，主要的利润来源一是会员费用，二是广告收入。在移动媒体发展

---

① 陈璐，范以锦. 全媒体环境下构建全新传播体系的对策思考. 传媒观察，2019（6）：5-11.

的初期，社群用户水涨船高有着暴发式增长，而优质内容也会吸引并积累一定量的忠实用户。然而从中国互联网络信息中心（CNNIC）发布的第49次《中国互联网络发展状况统计报告》可以看出，即时通信等应用基本实现普及，截至2021年12月，在网民中，即时通信、网络视频、短视频用户使用率分别为97.5%、94.5%和90.5%，用户规模分别达10.07亿、9.75亿和9.34亿，说明客户端等数字应用平台的总体渗透率已经见顶，进入了存量竞争时期。

与此同时，受到疫情和整体经济形势的影响，企业的广告投入也持续缩水，不仅仅是主流媒体及所属新媒体受到极大的影响，互联网巨头也同样面临广告流失的问题，腾讯2022年一季度的财报显示，广告收入为179.88亿元，相比2021年同期218.20亿元，下降了18%，腾讯广告业务包括微信等社交平台广告，和腾讯新闻、腾讯视频等媒体广告两大类，从下滑幅度来看，社交及其他广告跌幅为15%，媒体广告跌幅达30%。但对于互联网企业而言，媒体广告收入只是营收项目中的一部分，甚至是一小部分，数字时代的原住民能够更自如地嵌入数字经济发展的脉络中。例如，腾讯虽然未能在短视频时代实现可观分羹，但利用微信的用户基数和使用频次优势构建了生活、娱乐、服务为一体的应用生态，多场景触发消费以促进商业化；而阿里通过全盘布局形成相对闭环的产业链条，在持续优化用户体验的基础上，畅通直播、购物、娱乐、金融服务等应用间的交互和消费转化。

不少主流媒体也已经开始尝试利用自身优势来推动传媒融入数字经济发展浪潮，例如央视开启了公益性质的"买遍中国""新消费、爱生活"等系列直播带货活动，刺激和拉动疫情下的全民消费，取得了较好的社会反响，但整体来看传媒融合发展与数字经济发展连结不足、嵌套不深。

根据中国信息通信研究院发布的《中国数字经济白皮书2022》统计数据显示，2021年我国数字经济规模达到了45.5万亿，同比名义增长16.2%，占GDP比重达到39.8%。在数字经济发展的大背景下，传媒融合在经营层面不能固步停留，依赖规模扩张和渠道拓展，依仗政策扶持，吃新媒体发展初期的流量红利，而是要更长远地谋划和更积极地融入市场竞争，推动传媒产业重构上下游关系和加深社会关联度，并开放多元商业触角，以深度嵌入数字经济链条之中。

## 三、传媒融合生产须摆脱内容迭代受技术支配

传媒融合发生的背景是由信息技术所引发的媒介革命，所以技术在传媒融合发展中扮演着关键性角色，技术改变了信息生产、传输和接受的方式，重构了传播关系甚至社会结构。传媒融合的本质其实就是推进传统媒体融于互联网，合于新的社会传播系统。换言之，传媒融合的发生是相对被动的，虽然是主动寻求转型和谋求改革的过程，但是改革和融合的方向都是由技术趋势所决定的，技术是大的前提。所以，随着传媒融合的不断推进和深入，主流媒体始终在突破技术桎梏、完成技术嫁接，然而传媒融合已经进入到新的阶段，要建设"以内容建设为根本、先进技术为支撑、创新管理为保障的全媒体传播体系"，成为国家治理体系中的关键性力量，势必要重新思考传媒融合与技术的关系。

这十年间，主流媒体因强烈的紧迫感持续抢占技术风口，移动直播、短视频、H5、大数据、云计算等技术被广泛运用到采编分发各个环节，VR、AR等技术也被尝试应用于媒体场景当中。保持对前沿技术的灵敏和积极尝试改变的确是传媒融合中至关重要的环节，然而问题在于技术先行、技术跟风已经偏离了传媒融合的目标和意义。

新技术、新产品的确是媒介市场的风向标，是媒体从事媒介活动时必须灵敏察觉并合理应用的，然而技术是发展的，且依然处于暴发式发展的阶段，传媒融合目前所面临的技术环境和传播样态，与十年前也已经迥然不同。近年来，数字技术的加速迭代让媒介市场几乎日新月异，从社交媒体到算法推荐，从移动直播、短视频到虚拟现实，即使是互联网巨头也很难保证永远挺立在技术的风口浪尖。作为被动追逐技术的媒体被技术所裹挟和支配，也最终会丧失自身的价值。

在技术兴起或产品流行时，媒体内部的资源配置、管理机制、生产方式、组织架构等往往不能适配，即使经过内部实验、调试和整合后，能够产出真正"出圈"的内容和成果也极少，盲目大面积跟进会造成人力、物力的大量浪费，尤其是多数地方级媒体，在资金支持和人力资源上较为薄弱的情况下，投入过多、涉猎过广会导致原本支撑传媒融合创新的技术手段成为发展阻碍。即使是头部国家级媒体在技术先行的实验型实践中也存在困难，以新华社新立方智能演播室为例，采用了全球领先的5G、CAVE（基于投影的虚拟现实）、MR（混合现实）、

LED屏幕多角度三维缝合等技术，力图打造智能化视频创新研发生产基地，演播室推出的新型融媒体作品"2021年全国两会5G沉浸式多地跨屏访谈"和"2022年全国两会融屏访谈"都产生了极大的社会反响。但也可以看出，从2021年1月演播室落成后新华社新媒体中心直至3月"两会"前夕才拿出第一项作品，两年间演播室"出圈"作品也屈指可数，与巨大的投入是不成正比的。当然，进行融媒体创新的研发实验是具有重要价值和长远意义的，是传媒融合创新发展中必须迈出的步伐，但对于更多的媒体机构而言，对于日常化深度推进传媒融合而言，需要考虑技术先行和技术跟风的代价。

即使是进入新媒体时代，主流媒体受到制度的保护和政策的倾斜，依然保持着一定程度的强势传播地位，然而技术倾向性的融合发展却模糊了原有的核心竞争力，也弱化了主流媒体应承担的社会功能。在"即时性"的技术逻辑下，媒体越来越追求信息发布的速度，在"碎片化"的信息环境中，媒体也逐渐忽视深度调查。仅看2021年至2022年间引起社会广泛关注的新闻事件中，主流媒体的发声力度弱，并且观点大于事实，所发布的内容缺乏深度调研和专业化分析，很多时候只是简单地梳理和汇总网络信息进行二次加工。传媒融合要构建新型主流媒体，所谓"主流媒体"就是"关注社会发展中的主流问题、影响社会中的主流人群、以主流意识形态进行价值引领的媒体"[①]，优质的专业内容是引领主流价值的关键，也是主流媒体最核心的竞争力。所以，在融合发展以构建新型主流媒体的过程中，迷失于技术逻辑最终不会融于技术环境，而是会被技术所侵蚀。

### 四、传媒融合四级布局需加强基层配套能力建设

国家从政策上大力支持和推动媒体深度融合，推动完善中央媒体、省级媒体、市级媒体和县级融媒体中心四级融合发展布局，是要在媒介生态被重构的环境下充分发挥主流媒体的意识形态属性，构建"网上网下一体、内宣外宣联动的主流舆论格局"，让结构化的全媒体传播体系成为关键抓手，助力国家现代化治理。

---

① 喻国明. 新型主流媒体：不做平台型媒体做什么？——关于媒体融合实践中一个顶级问题的探讨. 编辑之友，2021（5）：5-11.

目前，依据"资源集约、结构合理、差异发展、协同高效"的原则，我国四级融合发展的全媒体传播布局的结构已经基本成型，形成了"央媒聚合、省域统筹、市域联动、县域自主"的结构格局。中央级媒体占有政策、资源、地缘等头部优势，是传媒融合纵深向挺进和创造性改革的主力军，也是舆论引导、价值输出的领头羊；各省、市对原有地方媒体进行了资源整合重组，依据地区特色和发展目标搭建起省市级融媒体平台，成为地区发展和社会治理的关键要素；尤其是县级行政单位也在近年来基本完成了融媒体机构建设，截至2021年底已经建成了2000多家县级融媒体中心。然而构架成形并不意味着四级融合发展布局完成，融媒体传播能力和社会服务能力的配套才是关键所在，尤其县级融媒体基础薄弱、资源匮乏、技术落后等现实问题依然突出。

县级融媒体作为"引导群众、服务群众"的"最后一公里"，不仅要完成地区范围内的新闻报道和舆论引导工作，还要承担提供政务服务、公用事业服务等功能。然而从目前县级融媒体的整体表现来看，距能够立足服务本地，促进县内交流互动，连通省市及中央，凝聚社会共识还有很大差距。

一是新媒体信息生产能力不足。县级融媒体中心在挂牌落成后，"两微一端"的新媒体建设几乎成为标配，入驻直播和短视频平台也成为趋势，然而新媒体的内容生产却跟不上，存在发布频率偏低、优质原创内容匮乏、未体现近地本土优势等主要问题，也有部分县级融媒体平台存在内容过分娱乐化、低俗化的倾向。

二是政务和公共服务能力不佳。县级融媒体中心要提供县域内的政务和公共服务，一是要实现媒体与政府相关部门、公共服务机构与公众的融合互通，二是要实现数据资源的整合，以及服务端口的对接。然而，从目前全国两千多家县级融媒体客户端的整体表现来看，受管理机制、技术支持等多重原因所限，尤其是部分县级融媒体中心的技术实现需要与省级融媒体平台对接，由省平台提供平台支撑，但在实际运行中，个性化需求和功能都难以实现，因而政务通道对接率低，本地公共服务入驻机构少，第三方服务较为鸡肋，整体而言形式大于内容。

三是内外联通互融能力较弱。级融媒体不是分散孤立的机构，而是新型主流媒体传播体系中的重要有机构成，既要根植人民群众，又要通达各级融媒体中心。然而部分县级融媒体与公众缺乏沟通，无论是客户端还是其他新媒体平台都对受众反馈缺乏重视,未能形成充分了解民意、积极对话的机制。与此同时,县级融媒体中心与其他地区以及所属省市的融合互通也有待提升。

县级融媒体中心的建设情况与地区以及所在省市的经济发展能力有显著的关系,东部经济发达地区既有良好的媒体基础,又能提供更充足的资金支持,技术创新能力和专业人才数量都占优势,因而县级融媒体的建设也相对突出,本土化、自主化、一体化、市场化程度都较好。西部欠发达地区经济发展相对落后,相应的技术和人才等也相对薄弱,基础较差的县级融媒体中心也主要依靠政府支持和推动,整体建设情况与其他地区明显存在差距。要真正实现四级融合发展的全媒体传播布局,需要进一步加强基层融媒体技术、生产和服务能力,优化县级融媒体的内容和功能。

**五、传媒融合发展须更重视融媒体人才问题**

习近平总书记曾指出,"媒体竞争关键是人才竞争,媒体优势核心是人才优势"。然而随着传媒融合进程的推进和深入,却越来越面临融媒体人才紧缺的问题。

国家广电总局2022年4月发布的《2021年全国广播电视行业统计公报》显示,截至2021年底广播电视从业人员105.01万人,其中管理人员17.37万人,专业技术人员53.70万人(含播音员、主持人3.01万人,编辑、记者18.02万人,艺术人员3.22万人,工程技术人员14.98万人),其他人员33.94万人。而《2018年全国广播电视行业统计公报》数据显示,广播电视从业人员97.90万人,管理人员16.04万人,专业技术人员51.38万人(含播音员、主持人3.10万人,编辑、记者16.78万人,艺术人员2.72万人),其他人员30.48万人。对比两年的从业人员总数和岗位结构数据可以发现,专业技术人员中,编辑记者的增长仅2万人,而工程技术人员从无特别统计增加到了近15万人。

短短几年间,广电行业的人才结构随着传媒融合的持续推进在悄然变化,跟随技术变迁的步伐,融媒体平台不断建立,新媒体渠道不断拓展,前沿技术不断应用于采集、制作和发布过程,导致了对工程技术人才的需求量激增,但从事内容生产的编辑、记者数量却没有太大变化。也就是说,媒体生产的要求越来越高、难度越来越大、输出的信息总量和频率也越来越提升时,进行内容生产的人才队伍却没有等比例增长，这意味着媒体人个体所承担的工作量攀升。与此同时，主流媒体受互联网媒介的不断冲击，不仅经营受到影响，受众的关注度和媒体影响力也在降低，对于媒体从业者而言意味着收入相对下滑，职业成就感和荣誉感弱，这一方面造成了原有媒体从业者往互联网媒介和其他行业的流失，另一方面也使得媒体的人才吸引力不足。

媒体内部的现有从业人员也存在互联网思维缺乏、综合业务能力较弱、创新意识和创造能力不足等问题，在融媒体人才培养和激励过程中也面临不断平衡传统优势业务能力与新媒体业务需要之间的矛盾。另外，传媒融合推进过程中，媒体开始通过持续内耗和内卷的方式来催化人才竞争以应对残酷的市场竞争，导致部分精英人才流失，以及具有潜力的后备人才退出。

融媒体人才队伍建设没有配套的先进管理机制予以保障，还存在一些僵化、陈旧的制度严重阻碍人才良性流动，整体的培训、激励机制也相对落后，一系列问题造成了无论是国家级媒体还是地方性媒体，尤其是基层媒体都长期面临融媒体人才紧缺问题。而创新性的融媒体人才是影响传媒融合深度发展的核心力量，解决人才问题是推动融媒体健康持续发展，推动传媒融合纵深向、长远化发展的关键。

# 第三节 中国传媒融合创新的发展趋势

### 一、科技自立自强成为拉动传媒融合创新的根本驱动力

党的十九届五中全会提出"坚持创新在我国现代化建设全局中的核心地位，把科技自立自强作为国家发展的战略支撑"。习近平总书记2021年5月28日在院士大会上的讲话进一步强调了要"发挥科技创新的引领带动作用，努力在原始创新上取得新突破，在重要科技领域实现跨越发展，推动关键核心技术自主可控，加强创新链产业链融合"，更特别指出"在科技创新速度显著加快，以信息技术、人工智能为代表的新兴科技快速发展，大大拓展了时间、空间和人们认知范围，人类正在进入一个'人机物'三元融合的万物智能互联时代"。

2019年1月25日，习近平总书记在中央政治局第十二次集体学习时指出："要探索将人工智能运用在新闻采集、生产、分发、接收、反馈中，全面提高舆论引导能力。"当今的媒介环境和传媒生态中科技扮演着举足轻重的角色，"云计算、人工智能是新的生产力，大数据是新的生产资料，区块链是新的生产关系，作为通信技术的5G则可看作让生产力释放、生产资料流通及生产关系连接的效率得以提升的加速器"[1]。

与此同时，新冠肺炎疫情的发生也加速了新技术在媒介产业中的应用和更新，数字化联通缓解了诸多物理距离产生的困扰，而随着5G和Wi-Fi6等技术的发展，媒介不仅是连结个体的信息传播介质，更是整个社会、各个行业乃至各类电子设备间数字化连接的纽带。而从科技的角度来看，媒介产业对于芯片等核心科技产品的依赖度和需求量都将继续攀升。因而，信息技术以及产业链的自主可控对于传媒融合发展而言也至关重要，2020年9月，中共中央办公厅、国务院办公厅印发的《关于加快推进媒体深度融合发展的意见》指出："要以先进技术引领驱动融合发展，用好5G、大数据、云计算、物联网、区块链、人工智能等信息技术革命成果，加强新技术在新闻传播领域的前瞻性研究和应用，推动关键核心技术自主创新。"

而根据世界知识产权组织发布的全球创新指数排名，我国从2012年第34位上升到2021年第12位，"开启了推进高水平科技自立自强、建设科技强国的新阶段"[2]。而信息技术专家也提出，"人类已经走过以桌面应用为主的IT 1.0时代和以移动端应用为主的IT 2.0时代，未来的IT 3.0时代一定会产生不同于IT 1.0和IT 2.0时代的新技术体系，这是中国构建自立自强信息技术体系的难得机遇"[3]。

近年来，我国在5G通信技术领域的自主创新稳扎稳打。与国外运营商还在致力于改善5G下行能力相比，中国运营商已经推进5G上行能力建设，2019年中国通信产业顶住西方压力联手推出了创新的5G超级上行技术，其核心技术在2020年被纳入3GPP全球统一规范，成为5G R16标准的关键特性之一，

---

[1] 黄淼.传媒技术：四项新兴技术的实践前沿.青年记者，2020（36）：15-16.
[2] 胡喆.实现高水平科技自立自强.瞭望，2022（34）.
[3] 李国杰，孙凝晖.探索我国信息技术体系的自立自强之路——兼序"构建自立自强的信息技术体系"专题.中国科学院院刊，2022（1）：1-7.

2021年后，国内四大运营商均已启动了超级上行的规模部署和商用，为更多应用场景搭建能力舞台，能够让直播、互动、VR等应用将具备更好体验，为我国数字产业化的自主可控打下了一定的基础。作为5G创新应用领先城市的深圳已率先实现5G独立组网全覆盖，深圳市人民政府于2022年7月又印发了《深圳市加快推进5G全产业链高质量发展若干措施》，以推动全面提升5G网络能效和创新应用实现、加强5G产业链缺失薄弱环节。

然而随着中美关系日趋紧张，我国高科技产业面临严峻的"卡脖子"难题，尤其是美国通过不断增加中国企业入"实体清单"进行出口限制，一度让中国高新技术企业陷入发展困境。但与此同时，也加速了中国企业的"国产化替代"和自主研发进程。2022年初，我国力通通信推出我国首款支持200MHz宽带的射频收发器芯片B20，是我国首枚拥有百分百自主知识产权的5G射频芯片，全面支持5G应用，拥有低成本、高性能等特点。

但从整体上来看，我国在高端芯片领域的研发、生产能力依旧薄弱。目前国家及地方政策更加重视半导体领域集成电路的发展，《中华人民共和国国民经济和社会发展第十四个五年规划和2035年远景目标纲要》专门列出了集成电路发展专项，《"十四五"利用外资发展规划》提出要引导外商投资投向集成电路等，体现了我国大力发展集成电路的决心。

信息技术自主可控是媒介产业稳步发展参与全球竞争的根本驱动力，也是从根源上带动传媒融合发展的引擎。未来随着我国科技自立自强的不断实现，数字产业链将更加安全完备，媒介产业发展的相关技术也必将越发独立自主、引领前沿，必会全面重构互联网产业生态，推动媒介产业的立体化升级，为媒介融合创新开辟更广阔的前景空间。

## 二、定位"元宇宙"坐标成为传媒融合创新的崭新命题

2021年3月，Roblox公司在纽交所上市被称作为"元宇宙"（metaverse）第一股，原本只是科幻名词的"元宇宙"立刻成了炙手可热的概念，同年10月"脸书"（Facebook）改名为"元"（meta），进一步引爆了"元宇宙"，不仅成为全球科技公司竞相追逐跟进的计划，更成为媒体报道和公众讨论的热点，也在资本市场掀起了热潮，2021年被定为"元宇宙"元年。

"元宇宙"并没有边界清晰的抽象定义，简单来说就是整合多种新技术将虚拟与现实相融，构建互联网与社会全新的共同生态。"元宇宙"时代的开启意味着互联网进入了 Web 3.0 的时代，而对于基于互联网媒介的传媒融合而言，意味着真正进入了下半场，颠覆性的重构中蕴藏着巨大的机遇。其实从近年来传媒融合的趋势就可以隐约察觉到，融合不再局限于技术、渠道、内容等传播架构之中，而是在产生更多的社会影响、更广泛的文化意义。尤其是新冠肺炎疫情后，与现实社会各个场景的触点融合更加凸显，传媒融合的传媒边沿更扩散、融合范围更宏观。有学者指出，"元宇宙"概念之所以火爆，是因为"互联网最终的形态必定是完全以'人'为中心，是完全的'社会化'的虚拟空间"，而"元宇宙"的提出恰逢其时，是将互联网的发展趋势终点具象化了。[1] 可以说，"元宇宙"为传媒融合提供了全新的逻辑框架，也为深度融合勾勒出崭新的蓝图。

在"元宇宙"的世界里，"数字孪生"的每个个体都是其中的一份子，被构建和参与构建"元宇宙"，而对于进行深度融合的媒体而言，要想成为"元宇宙"的一份子，成为"元宇宙"的共同构建者、资源提供者乃至规则制定者，必须要先寻找到在"元宇宙"中的位置，也就是拥有自己的"元宇宙"坐标，这也是传媒融合的全新命题。

"元宇宙"要素的集合者。"元宇宙"被认为是将社会全方位媒介化的过程，互联网发展全要素的集合体，是通过技术整合断裂、分隔的社会要素、市场要素，形成全新有序的规则范式和组织体系，"为未来媒体提供聚合性承载空间，也为社会发展构建了新的传播向度"[2]。进入"元宇宙"的要素空间中，如何利用优势要素形成自身与用户的紧密连结，如何构筑交互平台搭建各要素之间的关系，如何基于要素资源提供各种场景的解决方案等，是主流媒体在"元宇宙"中找到基本坐标的第一步。

"元宇宙"用户的赋权者。媒介技术的每一次革命都是新的一次技术赋权，从 PC 互联网时代到移动互联网时代，媒介接触、使用以及信息获取、发布的门槛逐步降低，普通个体参与公共事务的可能性和便捷性被不断提升。随着互联网底层支撑技术越来越通用化和人性化，逐渐淡化虚拟与现实的边界，技术

---

[1] 方凌智，沈煌南. 技术和文明的变迁——元宇宙的概念研究.《产业经济评论》，2022（1）：5-19.
[2] 喻国明. 元宇宙就是人类社会的深度"媒介化". 新闻爱好者，2022（5）：4-6.

平权、信息平权势必要进入一个全新的阶段。主流媒体在这个平权过程中应找到纵穿"元宇宙"的价值坐标，平衡技术、资本等因素对于用户的支配影响，让数据权利、信息权利、选择权利更大化地回归个体，实现真正的互联网平权。

"元宇宙"文化的领路人。"元宇宙"中的现实个人通过"数字孪生体"实现虚拟空间与现实社会的无缝交互，随着"元宇宙"规模的扩大和成熟，虚实结合的新型社会结构就会形成，那符合新社会系统的规则和文化也必将随之而建立，否则无以支撑"元宇宙"的良性运转。"元宇宙"规则的制定、文化的构建是新型主流媒体应该肩负起的责任，也是利用自身引领作用和文化属性定位关键坐标的途径。

### 三、服务老龄化社会是传媒融合创新的社会责任方向

根据第七次人口普查的结果数据看，2020年中国60岁及以上人口为26402万人，占人口总数的18.70%，2010—2020年，60岁及以上人口比重上升了5.44%，65岁及以上人口上升了4.63%，与上个10年相比，上升幅度分别提高了2.51%和2.72%，人口老龄化速度明显加快。人社部预测，"十四五"期间，我国老年人口将超过3亿人，从轻度老龄化进入到中度老龄化阶段。

国家高度重视和解决人口老龄化问题，积极发展老龄事业。中国"十四五"规划纲要提出，实施积极应对人口老龄化国家战略，完善养老服务体系，推动养老事业和养老产业协同发展，健全基本养老服务体系，大力发展普惠型养老服务，支持家庭承担养老功能，构建居家社区机构相协调、医养康养相结合的养老服务体系。完善社区居家养老服务网络，推进公共设施适老化改造，推动专业机构服务向社区延伸，整合利用存量资源发展社区嵌入式养老。

《中共中央、国务院关于加强新时代老龄工作的意见》于2021年11月18日发布，指出将老龄事业发展纳入统筹推进"五位一体"总体布局和协调推进"四个全面"战略布局，实施积极应对人口老龄化国家战略，把积极老龄观、健康老龄化理念融入经济社会发展全过程，加快建立健全相关政策体系和制度框架，大力弘扬中华民族孝亲敬老传统美德，促进老年人养老服务、健康服务、社会保障、社会参与、权益保障等统筹发展，推动老龄事业高质量发展，走出一条中国特色积极应对人口老龄化道路。2021年12月30日，国务院印发

《"十四五"国家老龄事业发展和养老服务体系规划》特别提出，要创新老年健康教育服务提供方式。组织开展全国老年健康宣传周、世界阿尔茨海默病日等主题宣传活动。开发科普视频，建设开放共享的数字化国家级老年健康教育科普资源库。充分利用传统媒体、短视频、微信公众号、微博、移动客户端等多种方式和媒体媒介，传播老年健康相关知识，宣传老年健康达人典型案例。鼓励各地探索可行模式，充分发挥老年人在老年健康教育中的示范引领作用，增强健康教育效果。

根据《第49次中国互联网络发展状况统计报告》数据显示，截至2021年12月，我国60岁及以上老年网民规模达1.19亿，互联网普及率达43.2%，老年群体与其他年龄群体共享信息化发展成果，能独立完成出示健康码/行程卡、购买生活用品和查找信息等网络活动的老年网民比例已分别达69.7%、52.1%和46.2%。疫情加速了老年群体融入互联网，看似越来越多老年群体使用智能手机、连接互联网、操作社交媒体以及使用交通、购物、理财等生活服务应用，但也必须意识到代际数字鸿沟的诸多现实问题，不仅传统媒体被互联网侵蚀，传统的线下公共服务也被线上服务所取代，老年群体的数字化生存并没有看起来那么容易。

近年来，互联网正在进行着适老化的改造，在应用设置、功能选择、操作方式以及内容类别等方面更加适应老年群体的使用，也在不断激发老年群体互联网使用的活力，但更需要重视的是通过多种方式提高老年群体的媒介素养，真正了解其困难和诉求。

新型主流媒体传播体系就是要让信息抵达更多角落，服务深入各个群体，让舆论阵地真正贴近群众。整个互联网产业当然也越来越重视老年群体，并开启数字经济与"银发经济"的接轨，但"银发经济"的主要目标人群是具有一定购买力，具有一定电子媒介使用能力的老年群体。然而从我国老龄化趋势可以看出，高龄占比越来越高，农村地区及欠发达地区的老龄化问题相对更趋严重。不同于商业化互联网平台，主流媒体在深入传媒融合的发展中应该更重视为整体老龄化社会提供媒介网络，尤其是为弱势老年群体服务，并且呼吁全社会关爱老年群体，动员更多社会资源共同服务老龄化社会，这是新型主流媒体的使命，也是持续推进传媒融合的重要社会责任。

## 四、构建新型下沉市场是传媒融合创新的市场竞争路径

所谓下沉市场是指三线以下城市、县镇与农村地区的市场。下沉市场包括本土人口和回流人口，下沉人口数占全国总人口数近七成，下沉市场范围囊括了我国近95%的土地，包括了300个地级市、3000个县城、4万个乡镇、66万个村庄。[①]

随着我国不断推进城镇化建设和实施乡村振兴战略，整体下沉市场的经济发展水平大幅提高，基础设施不断完善，居民可支配收入持续增加，供给两侧驱动下沉市场呈现出明显的活力和潜力。根据国家统计局统计结果显示，2021年我国社会消费品零售总额440823亿元，乡村消费品零售额59265亿元，增长12.1%，单看乡村消费总额虽然占比不高，但增速上涨，具有更大的挖掘空间。《中华人民共和国国民经济和社会发展第十四个五年规划和2035年远景目标纲要》提出，"加快构建以国内大循环为主体、国内国际双循环相互促进的新发展格局"，要全面扩大消费，"完善城乡融合消费网络，扩大电子商务进农村覆盖面，改善县域消费环境，推动农村消费梯次升级"。2021年6月11日，商务部等17部门印发《关于加强县域商业体系建设 促进农村消费的意见》，指出建设县域商业体系是全面推进乡村振兴、推动城乡融合发展的重要内容，是畅通国内大循环、全面促进农村消费的必然选择，是落实以人民为中心发展思想、满足人民对美好生活向往的客观要求。

根据《中国互联网络发展状况统计报告》统计结果显示，2021年我国城乡上网差距继续缩小，我国现有行政村已全面实现"村村通宽带"，贫困地区通信难等问题得到历史性解决，农村网民规模已达2.84亿，农村地区互联网普及率为57.6%，较2020年12月提升1.7个百分点，城乡地区互联网普及率差异较2020年12月缩小0.2个百分点。随着互联网更广泛的应用普及，下沉市场的增长空间更加凸显，发展潜力更有待被充分激活。国家广电总局在2021年11月22日发布《国家广播电视总局关于开展智慧广电服务乡村振兴专项行动的通知》，文件中明确提到："促进智慧广电深度参与数字政府、数字社会、数字乡村建设，广泛参与雪亮工程、平安乡村、党员教育、民生服务、应急服务、信息公开、远程医疗、新时代文明实践中心建设。"主流媒体在下沉市场的功

---

① MSC咨询.中国下沉市场系列调查报告——消费零售篇，2020年12月．

能定位也被再次升级。

传媒融合参与互联网日趋激烈的市场竞争，要把握好下沉市场这一片"蓝海"，要将市场发力点重点落于下沉市场。据《埃森哲 2022 中国消费者洞察系列》调查研究显示，下沉市场要更倾向于线上消费，电商平台未来依旧是下沉市场最主要的消费渠道，社交媒体对下沉市场的消费行为转化日趋重要。医疗、教育等服务产品在下沉市场需求巨大但未得到有效满足，服务体验也越来越成为下沉市场消费者决策的重要因素。

首先，下沉市场并不代表低端市场。下沉市场呈现出明显的消费升级趋势，下沉市场的消费者愈发理性和重视实用，对于传媒市场而言就是更在乎内容的优劣和实际的体验感。单从近几年的短视频、直播平台的策略来看，充分挖掘了下沉市场的草根属性、社交分享欲和泛娱乐化倾向。而未来主流媒体要在下沉市场胜出，要在狂欢表象下切入受众的深层需要，更要主动激发和引导下沉市场的上升需求，以更优质的内容生产和更精致的场景体验获得认可和关注。

其次，下沉市场的新平衡构建需要稳定的公共服务。互联网各个平台的商业化运营确实刺激了下沉市场的创作潜力和消费活力，通过降低技术门槛让普通个体有机会成为被广泛关注的创作者和传播者，为用户充分表达、积极分享和主动消费提供了空间。然而数字鸿沟依然存在，个体的区域、年龄、性别、受教育水平等差异都依然会导致信息获取、资源利用以及需求表达等方面的不平衡。新型主流媒体肩负更多的公共服务责任，也素有更强的公共服务意识和能力，所以提供更好的公共服务，弥合数字鸿沟，构建下沉市场的新平衡也是主流媒体赢得下沉市场的关键。

最后，下沉市场与国货振兴的融合是大势所趋。近年来，购买和使用国货成为一种新的风潮，这既是中国制造业几十年积淀、改革、升华的成果，也有互联网掀起"国潮"效应的功劳。2022 年 5 月，中国社科院联合抖音等平台发布的《2022 国货市场发展报告：新媒介、新消费与新文化》显示，国货品牌在多个领域影响力与日俱增，从服装服饰到平价彩妆，再到电子产品等，均受到用户的追捧，而根据调研数据，有 62.5% 的用户因为喜欢购买国潮、国货产品，想了解国货之光而观看国潮内容；有 51.5% 的用户感觉国家越来越好，作为国人很自豪，希望了解更多；30.5% 的用户希望通过观看国潮内容学习知识，了解国潮文化，提升自己。"国家品牌计划"是央视自 2016 年就推出的一项创新性广告招标模式,以"国家平台成就国家品牌"的定位鼓励、支持中国企业,取得了兼具社会和经济效应且双赢的效果。主流媒体应该在未来深入推进传媒融合的进程中,顺应国货振兴的发展趋势,把握好下沉市场的痛点,更深入洞悉和开发下沉市场与国货市场的结合点。

### 五、助力实现双碳目标是传媒融合创新的深层思考方向

"双碳",即"碳达峰""碳中和",于2021年首次被写入政府工作报告。2021年5月26日,碳达峰碳中和工作领导小组第一次全体会议在北京召开。2021年10月,《中共中央国务院关于完整准确全面贯彻新发展理念做好碳达峰碳中和工作的意见》向社会发布,明确了我国实现碳达峰碳中和的时间表、路线图,提出了构建绿色低碳循环经济体系、提升能源利用效率、提高非化石能源消费比重、降低二氧化碳排放水平、提升生态系统碳汇能力等5个方面主要目标。2022年2月,国家发改委、国家能源局印发了《关于完善能源绿色低碳转型体制机制和政策措施的意见》,从体制机制改革创新和政策保障的角度对能源绿色低碳发展进行系统谋划。2021年,是我国"双碳"目标的开局之年,2022年是稳步推进"双碳"政策落地的关键之年。

习近平总书记提出"绿色低碳发展是经济社会发展全面转型的复杂工程和长期任务",碳达峰碳中和目标的实现不单是能源行业和"高碳"企业的问题,更是全社会的共同任务。对于传媒行业而言,双碳目标的开启带来了新的机遇,也提出了新的挑战。

"十四五"规划和2035年远景目标纲要中,碳中和路线图非常明确,并将数字经济、新能源、创新等要素作为实现碳中和目标的关键支柱。政府和相关行业都已经意识到,数字化是促进可持续发展的最佳工具,数字化转型加速。产业整体数字化的转型进程与传媒融合的整体方向是一致的,对于媒体而言是难得的机遇,全面融入嵌合进新的数字产业链当中,实现同步发展。与此同时,新型主流媒体应该发挥自身优势承担起为国家战略服务的责任,形成助力双碳目标实现的舆论阵地,搭建起以服务双碳为方向的政府、企业、公众之间的关系网络和服务平台,协助建立起双碳相关的资源库和数据库,搭建对外交流和对外传播的沟通平台。

2021年10月，国务院印发的《2030年前碳达峰行动方案》提出加快实现生产生活方式绿色变革，推动经济社会发展建立在资源高效利用和绿色低碳发展的基础之上，确保如期实现2030年前碳达峰目标。根据第49次《中国互联网络发展状况统计报告》显示，截至2021年12月，我国在线办公用户规模达4.69亿，同比增长35.7%，在线医疗用户规模达2.98亿，同比增长38.7%，成为用户规模增长最快的两类应用。在线办公、在线医疗，大幅提高工作效率的同时，也能够有效助力碳中和。

围绕"双碳"战略和碱性绿色发展理念，互联网企业在开发和探索更多的在线服务，为用户提供低碳出行、无纸化办公、旧物回收再利用等应用场景，借助"互联网+"的力量，以推动日常生活中的绿色变革，这也值得未来传媒融合深度思考和不断探索实践的方向。

# 内容融合创新篇

# 第一章 人民日报社"侠客岛"的内容融合创新

杨石华[①]

2014年初几个人民日报海外版编辑记者向编委会递交的《关于海外版向移动互联网转型的调研报告》,得到了编委会的重视和支持,微信公号"侠客岛"得以上线(同时上线的还有"学习小组")。该公众号以"但凭侠者仁心,拆解时政迷局"为宗旨,意图解决由信息不对称和僵化、程式化、套路化报道导致"很多人关心政治,但并不太懂其中的'道道'"这一时政新闻困局,以"既为读者答疑解惑,又不高高在上;既回应热点,又不完全迎合"[②]作为特色,因此公众号创办后就深受公众读者的喜爱。2014年底在第二届中国企业新媒体年会上,"侠客岛"获得了年度最受中国企业关注的自媒体账号奖项。随着影响力的日益增加,"侠客岛"公众号发布的文章其阅读量大多都在10万+,入驻"今日头条"后阅读量更是巨大,有的稿件甚至高达400多万;2018年更是获得了第二十八届中国新闻奖中的融媒体栏目一等奖,由此可见其社会影响力。"侠客岛"的这种影响力与其内容融合创新密不可分,因此对其内容融合研究有助于为主流媒体的新媒体转型及其内容融合创新提供经验借鉴。

## 第一节 "侠客岛"内容融合创新的研究概况

2014年8月18日,中央全面深化改革领导小组第四次会议通过《关于推

---

[①] 杨石华,文学博士,中国传媒大学传播研究院讲师,研究方向为媒体融合与编辑出版。
[②] 吴晋娜."侠客岛":但凭侠者仁心,拆解时政迷局.光明日报,2016-03-19(10).

动传统媒体和新兴媒体融合发展指导意见》，就内容、渠道、平台、经营、管理5个方面的融合提出了相应要求。2020年9月，中共中央办公厅、国务院办公厅印发《关于加快媒体深度融合发展的意见》，进一步提出了要加快媒体融合进程，尽快建成一批具有强大影响力和竞争力的新型主流媒体，建立以内容建设为根本，先进技术为支撑、创新管理为保障的全媒体体系。2022年中共中央办公厅、国务院办公厅印发的《"十四五"文化发展规划》再次强调了要"改进和创新内容表现形式，打造群众喜闻乐见的新闻报道精品"和加强"全媒体传播体系建设"。在媒体融合已成为媒体转型发展命脉的时代背景下，重构适合自身的内容生产流程，加强细分化、定制化的媒体内容生产，推进"互联网+内容"生产方式创新已经成为业界和学界的共识。[①]

在这一系列背景下，人民日报社作为党的机关报社和主流舆论阵地，积极探索新媒体建设实践。《人民日报·海外版》旗下的"侠客岛"自创办以来因其内容特色很快就在人民群众中站稳了脚跟并获得了巨大影响，因此被视为主流媒体融合创新的典型案例。这引起了业界与学界的共同关注，相应的研究成果也在不断地更新增加。纵观这些关于"侠客岛"内容融合创新的研究主要聚焦在以下几方面。

## 一、内容创新

在选题方面，紧跟热点、不回避敏感复杂问题，在舆论场中发出主流强音；在内容方面，大胆突破和对重大时政话题及理论文章进行创新解读，从而助力二次传播是"侠客岛"打造主流新媒体、勇当舆论轻骑兵的重要特色。[②]"侠客岛"发布的内容相较于传统主流媒体而言，最大的特色是在文体方面自成一家，具有明显的"杂糅"性，即新闻内容不是单纯的告知而是试图寻求对新闻事实做出解释，其结构既非"倒叙"也非"顺叙"而是"提出问题—阐释问题"的结构模式，有别于通讯体裁主要围绕新闻事件的某一部分做文章，有别于

---

① 严三九. 中国传统媒体与新兴媒体内容融合发展研究. 新闻与传播研究，2017，24（3）：101-118、128.

② 人民日报海外版. 打造主流新媒体 勇当舆论轻骑兵——侠客岛、学习小组五年来创新融合发展的探索与实践. 新闻战线，2019（5）：38-40.

解释性报道十分注重对事件的主观推导和判断。① 在互联网交互性的影响下"侠客岛"的评论文章里新闻论证中的主张数减少，间接依据增多；动员读者与赋予事件意义的意图减弱，更专注对事件进行阐释。② 这是因为媒体融合改变了新闻生产的时空结构，从空间上看，媒体融合把传统上的新闻和舆论分离的结构，转化成相互交融互相影响的结构；从时间上看，媒体融合将一种时间上延续性的新闻生产，变革为一种瞬时的聚合生产。③

## 二、内容呈现的互文性与人格化

"侠客岛"发布的文章具有明显的互文性，这种互文性使得文本意义有很强的凝聚力，有助于建构趋向认同的传受关系。④ 另外，为了适应网络民主化的新媒体环境与受众阅读偏好，"侠客岛"在内容呈现时用跟读者聊天的方式写作，并借助"岛叔""岛妹"的形象加以呈现，整体上呈现出一种人格化的传播特质。⑤ 此外，在文风上，"侠客岛"立足于用户思维，一改传统媒体枯燥、僵化的文风，使用轻松、幽默的语言写文章，并把关键部分用不同颜色标注出来，使读者阅读起来开心愉悦，实现了文风通俗易懂、富有趣味的效果。⑥

## 三、通过内容生产流程与路径的优化提升影响力

在内容生产流程方面，"侠客岛"在选题会—集体讨论—报送领导审核—推送这一内容生产流程环节中十分重视集体审议制的作用，无论是选题会还是讨论环节都重视成员小组的意见，在集思广益之中发现问题和完善稿件质量。⑦ 同时，"侠客岛"在内容生产过程中，注重发挥影响力的资源配置用以塑造权

---

① 罗以澄，王继周.网络社交媒体的新闻文体"杂糅"现象分析——以《人民日报·海外版》微信公众账号"侠客岛"为例.现代传播（中国传媒大学学报），2016，38（2）：32-35.
② 陈阳，周子杰.从判断转向解释：移动互联网时代新闻评论论证结构的变化——以《人民日报》评论版和"侠客岛"为例.当代传播，2022（1）：27-33.
③ 周庆安，黄璐.媒体融合视野下媒体内容生产：观念、方式和表现形式.南京政治学院学报，2015，31（4）：113-117.
④ 刘凌君."侠客岛"文本的互文性研究.新疆大学硕士学位论文，2020.
⑤ 高海珍，杨建楠.侠客岛的"心法"——专访"侠客岛"微信公众号负责人独孤九段.新闻与写作，2016（10）：61-64.
⑥ 丁磊.做权威、犀利、好读的时政新闻——"侠客岛"内容特色研究.采写编，2016（2）：93.
⑦ 陈国权.侠客岛的"内功心法".中国记者，2019（8）：73-76.

威性（选题、表达、人员），以用户思维来建设贴近性（内容呈现、语言风格、互动），从而实现新型主流媒体影响力建设。①

整体而言，既有的研究主要讨论"侠客岛"在新媒体环境下的内容生产特色及其创新特点，但就内容融合的实质性创新研究还较为粗浅，有待进一步深化。在美国新闻界，媒体融合主要涉及所有权融合、策略性融合、结构性融合、信息采集融合、新闻表达融合。②结合"侠客岛"的内容融合创新研究成果和实际经验观察，它更多是一种新闻表达性融合。这种表达性融合充分整合了传统主流媒体的内容生产优势及其传播者的视域框架和互联网环境下用户思维的读者阅读偏好视域框架。因此"侠客岛"的内容融合创新在某种程度上是一种在技术融合支撑下优质传播者视域和用户需求视域相互融合后的产物。为此，本研究借助"视域融合"这一概念对"侠客岛"的内容融合创新实践进行展开分析。

## 第二节　"侠客岛"内容生产的视域融合

"视域融合"是阐释学的代表人物伽达默尔提出用来阐释文本理解性质和方法的一个概念，"视域"指的是从某个立足点出发所能看到的一切。"如果没有过去，现在视域就根本不能形成。正如没有一种我们误认为有的历史视域一样，也根本没有一种自为的现在视域。理解其实总是这样一些被误认为是独立存在的视域的融合过程。"③伽达默尔用"视域融合"来解释读者与文本（作者）之间的理解关系，即"视域融合"关注文本及其所代表的作者的"视域"与读者的"视域"之间的融合。④这一概念为媒体融合下新闻媒体的内容融合创新的理论阐释提供了具有适用性的概念工具。从"视域融合"这一视角来看"侠

---

① 王斌，张雪.新型主流媒体影响力建设的内容生产路径——基于微信公众号"侠客岛"的研究.新闻战线，2019（11）：70-74.
② Rich Gordon. The meanings and implication of convergence. In K. Kawamoto, Ed., Digital journalism: Emerging Media and the Changing Horizons of Journalism. New York: Rowman Littlefield. 2003. 57-73.
③ 汉斯·伽达默尔.真理与方法——哲学诠释学的基本特征（上卷）.洪汉鼎，译.上海：上海译文出版社，1999：393.
④ 彭启福."视域融合度"：伽达默尔的"视域融合论"批判.学术月刊，2007（8）：51-56.

客岛"的内容融合创新实践，它是传统主流媒体内容生产视域的坚守与互联网用户思维阅读需求视域融合的产物。

## 一、内容融合中的传播者视域坚守

"侠客岛"在内容生产过程中，沿袭了传统党报媒体的内容生产制度与惯例，如编者按、权威专家意见等。

1. 侠客岛按：编辑部在场的仪式营造。"编者按"是一种高品位的编辑活动形式，撰写"编者按"是编辑部和编辑工作者的创造性劳动。[①]一般情况下，主流媒体会在方向性新闻、带有创新内容的工作报道、批评性新闻中及时配发评论性按语。[②]"侠客岛"在转发或发布拆解时政类新闻信息以及发布一些自己组织的重要活动时沿袭了传统主流媒体配发"编者按"的传统。

"侠客岛"发布的稿件并非全部都是原创文章，有一部分是转载类消息，这类消息早期在"岛读"栏目发出，后来主要直接转发。对于转载类新闻消息，在大多数情况下"侠客岛"都会添加一个"侠客岛按"用以营造一种编辑部在场的氛围，从而强化"侠客岛"新闻信息发布的主体性。例如，早在2014年6月18日"侠客岛"发布的《总书记当财经领导小组组长是中共传统》一文，其内容是转发"学习小组"的文章，在按语中，"侠客岛"中指出了转发文章源自微信公号"学习小组"刊发的薛溪祖文章，并概括其中的核心观点。另外，2021年8月18日发布的《细思极恐！美国教授的"冠状病毒改造术"》一文，在转发外交部官网中华春莹在新闻发布会上关于新冠病毒溯源最新线索的发言内容时，在按语中强调"岛叔看后觉得'猛料''新料'不少，值得分享给大家"。

除了转载的新闻消息外，"侠客岛按"还被广泛应用于《解局》和专访等栏目，如2022年8月22日发布的"南方'烧烤模式'还会持续多久？"一文的按语中，先是强调了2022年夏天的高温现象，并交代了与国家气候中心气候服务首席专家周兵和中国气象局宣传与科普中心高级工程师卞赟对话时的受众观看情况。另外，2022年6月29日发布的《对话郑永年：北约有疾，疾在头脑》一文，在按语中就访谈背景是北约峰会以及中国外交部发言人的态度等

---

[①] 罗绍凯，徐明忠，周晓中.论"编者按"的撰写原则及其功能.科技与出版，2000（4）：27-29.
[②] 杨家德.评论性编者按语的写作.青年记者，2006（10）：45.

信息作了相应介绍。

在活动方面，2016年3月8日"侠客岛"发布的《"快闪"第一期：蔡英文上台后会玩什么花样？》一文，配发了关于3月7日侠客岛组织的首期网络"快闪沙龙"活动（主题为"两岸问题"）策划的背景介绍和相应互动过程细节信息的"侠客岛按"。2017年12月29日发布的《侠客岛年度十大热门话题投票开始啦！》一文，在按语中表达了一年来对读者的感激之情和交代了投票活动的背景信息以及注意事项。

2.权威专家：权威信源保障内容权威性。作为传统媒体的新媒体平台，"侠客岛"在内容优势方面有着绝对优势。这种优势直接体现在内容生产上游环节中的消息源获取上。"侠客岛"的内容生产者包括自身编辑部人员（点苍居士、明日绫波、山形秋、公子无忌、田狄三狐、耶律若水、独孤九段、东郭栽树等）、人民日报社的其他新闻记者、行业/学科领域内专家学者、用户等。稿件来源包括新闻采写（包括专访专家学者）和自由来稿以及与《中国经济周刊》联合出品的《经济Ke》专栏。

在内容生产者或稿件内容主体对象中"专家学者"通常被视为权威性信息来源的代表。有研究指出"侠客岛"文章的信息来源于官方的比例超过51.6%，来源于专家的解读、评论以及采访的比例占23.9%，有力保证了文章内容的可信度和权威性。[1] 在"侠客岛"发布的原创性内容中专访专家学者的文章占比并不小。其中，现任香港中文大学（深圳）教授、前海国际事务研究院院长郑永年是"侠客岛"长期合作的专家学者代表。侠客岛曾先后就佩洛西窜访台湾问题、北约峰会的"新战略概念"更新问题、香港新任行政长官面临的机遇与挑战、俄乌冲突背景如何收场和对世界秩序的影响、"后疫情时代"的全球性问题、美国主办的"民主峰会"的目的及民主实现路径等问题进行过专访或对谈，为读者带来了专业性的信息分析和富于理性的价值判断。

此外，复旦大学中国研究院院长张维为教授、香港大学教授阎小骏、港铁总裁金泽培、全国政协委员和霍英东集团副总裁霍启刚、耶路撒冷希伯来大学历史系教授尤瓦尔·赫拉利等中外学者或行业专家都是"侠客岛"的对话和专访对象。这些专家学者所提供的权威信息保障了稿件内容的高质量和增强了更

---

[1] 李元栋，匡艳丽."侠客岛"微信公众号时政传播的四大特色.传媒，2021（3）：59–61.

多优质读者的用户黏性。

## 二、内容融合中基于用户阅读需求视域的创新

作为新媒体平台，"侠客岛"充分尊重读者的阅读需求视域，在内容生产与呈现中进行创新变革，从而满足其信息需求与阅读偏好。

1. 内容选题的多元覆盖。"侠客岛"的内容生产一开始就具有明显的用户思维，在内容供给方面充分立足于需求侧。在立足于最初的目标定位（拆解时政迷局）后，编辑部还对热门的时事话题进行采写新闻稿。随着物流系统与餐饮业相结合，外卖骑手这一新兴职业备受社会关注。《外卖骑手，困在系统里》一文在网络中广泛传播后，美团等外卖平台在风口浪尖之中作出了相应的改进措施。"侠客岛"紧跟这一热点事件，就其改进措施的实施效果采访了外卖骑手这一直接利益相关者，并在 2020 年 9 月 10 日推出了《多给 5 分钟有用吗？我们采访了外卖小哥》一文。同时就"外卖"这一话题，"侠客岛"还在《岛叔说》中推出了《困在系统里的，不止外卖小哥》（2020 年 9 月 10 日），在《解局》中推出《近千万外卖骑手遭平台"抛弃"，困局怎么解？》（2021 年 5 月 12 日）等文章。这些社会热点事件的新闻稿和解析文章十分符合年轻读者的阅读偏好，并满足了相应的信息需求。

除了时事热点新闻的采写与解析外，"侠客岛"也十分重视娱乐新闻信息的采写和活动组织。在娱乐新闻方面，"侠客岛"目前主要聚焦在文体娱乐新闻中的影视文化新闻和体育文化新闻。为了更好地实现影视作品的文化教育以及社会舆论引导功能，"侠客岛"会在高质量的主旋律影视剧上映前或热映中组织相应的观影活动和人物专访。如 2021 年 4 月"侠客岛"在北京组织了《悬崖之上》电影超前点映活动，随后又发布了《专访张艺谋：我心中的谍战片一定要特别酷》的访谈文稿；2021 年 9 月 29 日发布了《专访冯远征：演艺圈早晚回归实力派》；2021 年 7 月 7 日发布了《专访〈1921〉导演黄建新》的访谈文稿；2021 年 2 月 2 日发布了《侠客岛独家采访"马得福"》的访谈文稿（"马得福"的扮演者黄轩专访）。另外"侠客岛"还就香港导演林超贤的主旋律电影进行了推介并推出了关于《红海行动》和《紧急救援》的对话访谈文章。在体育新闻方面，2019 年 11 月 2 日发布了对乒乓球奥运冠军、现中国乒乓球教

练员王皓的专访,就中国乒乓球为什么这么牛的原因进行了对话。这些观影活动及其演艺圈人物以及体育明星人物的访谈既然丰富了"侠客岛"的内容生产主题,又迎合了广大读者对高品质文化体育娱乐新闻的信息需求,拓展了新的读者群体。

2. 内容呈现的可视化与通俗易懂。除了在内容选题上立足于用户需求实现多元化外,"侠客岛"还在内容呈现上转变文风,用以满足Z世代用户的阅读习惯。因此轻松诙谐式的文字风格成为"侠客岛"内容呈现的一大特色。为了吸引读者的阅读,"侠客岛"分别从语言思维、字体标识等方面进行革新。

在语言思维方面,立足互联网阅读习惯进行语言文字的修饰。一是直白而不失文采。"用大白话把时政话题说清楚、说透彻,并且说得有趣、好玩"[①]一直是侠客岛在语言文字方面的主张。标题是观点表达的核心载体,"侠客岛"不仅采用直白的网络话语表达方式来起标题(如《去库存是改革,不是寻找接盘侠》《岂止雪糕有"刺客"》《刘鹤与耶伦通话,"应约"二字有意味》等),还十分重视语义双关式的标题创作(如《辽宁不宁》《生态,向"黔"看》等)。二是避免向下评论,采用平等交流的方式摆事实讲道理。"侠客岛"主创人员曾说过他们的专家约稿,不要"评论腔"和不要"首先、其次"的表达方式,而是如同"在火车上遇到的'海侃'大叔,有趣、有料"[②]。这种平等交流式的观点传达在当下更符合读者的接受心理。三是主要使用短句、短段落,用夹叙夹议的方式进行解读。这种语言思维与手机等移动媒介载体的物质性相关,长句子和长段落不适合小屏的界面阅读。

在字体标识方面,"侠客岛"通常会用字体加粗和红色或蓝色字体的方式标识出核心观点或重要知识点内容,来提示读者或强化记忆认知。这种字体标识虽然并非"侠客岛"原创,但其使用确实有助于帮助读者实现信息筛选,节省阅读时间和突出重点从而提炼中心思想的目的。它是一种以读者为中心的,切实满足读者阅读偏好的一种内容生产行为。

3. 信息载体的多元化。为了满足互联网用户的多元化信息载体的阅读需求,"侠客岛"不仅使用传统的图文式文稿,还加入了微视频的内容形式。"侠客岛"的视频内容生产主要来自两个方面。一是新闻采写时的拍摄。例如新冠肺炎疫

---

① 刘璐."侠客岛",究竟是一座什么岛.解放日报,2015-03-23(10).
② 李晓."侠客岛"成功有哪些"秘籍".光明日报,2018-11-09(3).

情暴发初期,"侠客岛"记者奔赴武汉,并在公号中开设了一个"武汉 vlog"栏目为读者全方位呈现了疫情期间武汉当地社会生活的方方面面。另外相应人物专访时也会拍摄相应的短视频用以嵌入到文字内容中。二是专业团队拍摄了"微观中国"系列微纪录片。该系列微纪录片第一季以"中国卫士"为主题,向读者呈现了《云端的坚守》《孤岛缉毒》《扛着国徽去审案》《守卫深蓝》《巡"秦"记》《狙击隐形恶魔》《呼啸苍穹》《AI,让爱回家》《烈火青春》,第二季《重生·武汉》向读者呈现了《两个人与两座"神山"》《武汉·新生》《天使在人间》《他们和他们拍摄的武汉》《春天的特殊使者》。为了强化视频生产内容,"侠客岛"还专门增加招聘视频方面的从业者,用以更好地满足读者的视频需求。

## 第三节 "侠客岛"内容融合的技术支撑与渠道辅助

在新媒体传播环境下的内容融合并非仅仅是生产流程和思维方式的融合,它始终离不开新媒体技术的支撑。新媒体技术的使用为内容融合提供了视觉呈现的整合基础。

### 一、嵌入式超文本链接的直接改进功能

"侠客岛"的内容融合同其他新媒体的内容融合一样都是依托于嵌入式的超文本链接技术。在新媒体环境下,内容呈现超越了以往的版面空间限制,在电子技术下超文本链接实现了图文、视频以及不同文档间信息的整合呈现。"侠客岛"发布的信息有很大一部分都是通过图文+视频+其他文章链接的方式来进行全景呈现。

2021 年 8 月 13 日"侠客岛"转发了《人民日报·海外版》"望海楼"栏目推出的"起底美国霸权行径"系列评论(10篇),在添加《侠客岛按》的同时,它不仅附上了每篇评论的图片,还附加了具体评论文章的二维码链接,读者只需扫码或识别二维码就可以阅读到评论全文。另外,在专访影视文化人物时,除了附上相应的访谈图文记录以外,还会嵌入相应的访谈视频,如在访谈

冯远征时，就插入了 15 分钟的专访视频。这些新媒体技术的使用，推动了"侠客岛"内容呈现的完整性，为融合内容连续统一体的建构做出了重要贡献。

## 二、小程序技术应用的辅助功能

2019 年 11 月"侠客岛"小程序上线，具有热门话题讨论、自由问答解惑、近期话题报名三个关键功能。该小程序的上线，并没有直接作用于"侠客岛"的内容融合创新，而是通过间接获取信息和改进服务的方式来推进其内容融合创新，它极大地补足了微信公众号与读者互动的不足。

首先，更好地帮助"侠客岛"的运营者去了解读者的阅读需求。"话题"栏目的读者讨论或"问答"栏目的读者提问都可以帮助"侠客岛"收集相应的读者阅读偏好和信息需求，从而进一步完善读者用户画像，为内容融合质量的优化提供参考依据。其次，实现更高效和更有质量的编读往来互动。"活动"栏目的设置及其活动组织，可以充分调动读者用户的活动参与进而增强用户黏性。"问答"栏目则可以就读者稿件阅读后的疑问进行答疑解惑或者通过肯定性回复实现读者的互动参与成就感。最后，实现"侠客岛"读者社群的建构。"问答"栏目和"附近的人"具有明显的社交属性，可实现"侠客岛"读者间的渠道联结作用。

在《"十四五"文化发展规划》中所提出的巩固壮大主流舆论需要分别从建构主流舆论新格局、建设全媒体体系、建好用好管好网上舆论阵地三个方面进行展开。[①] 人民日报社作为党的重要新闻舆论阵地，积极布局新媒体，建构网上网下一体化的主流舆论新格局，"侠客岛"正是其建设全媒体传播体系中媒体融合实践的典型案例。"侠客岛"作为党报在网上舆论阵地的轻骑兵，在改进和创新内容表现形式时，依托于新媒体传播技术坚守了传统党报媒体的内容优势并将互联网读者的阅读需求视域加以融合，从而实现了内容融合的创新发展，打造出了诸多人民群众喜闻乐见的新闻报道精品。在内容融合的创新发展下，"侠客岛"自创办以来便深受读者用户的喜爱，实现了不断增强新闻舆论传播力、引导力、影响力、公信力的目标任务。

---

① 中办国办印发《"十四五"文化发展规划》. 人民日报，2022-08-17（001）.

# 第二章 昆明报业传媒集团内容融合创新研究

杨青山　陈志辉[①]

本文通过对昆明报业传媒集团内容融合的创新研究，尤其对集团旗下的《昆明日报》《都市时报》和昆明信息港在内容融合传播方面获得的成功，从一个侧面对昆明报业传媒集团在新闻传播中的作用和问题进行分析，并据此提出了"发挥传统媒体优势，发力深度报道""把镜头对准群众，新闻报道体现人文关怀""新闻报道坚持党性与人民性的统一"这些应继续坚持和发展的融合方向。

## 第一节　发展历程

《昆明日报》系中共昆明市委机关报，创办于1958年1月，1961年1月一度停办，至1985年8月1日复刊。2006—2008年，《昆明日报》总收入连续三年平均增长超过30%。2009年，其最大出版量达10万份，跻身国内各地州市报十强。《都市时报》出版量日均25万份，年总收入过亿元。2008年，昆明市委将媒体门户网站——昆明信息港交由昆明日报社承办。在此背景下，2009年9月27日，昆明报业传媒集团宣布挂牌成立，旗下有《昆明日报》、《都市时报》、《滇池》杂志、昆明信息港、《皮肤病与性病》杂志等五家报刊。2012年，昆明报业传媒集团开始了企业转型的全新征途，下属三家非时政类报

---

[①] 杨青山，云南财经大学传媒与设计艺术学院党委副书记、副教授、硕士生导师，主要研究方向为财经新闻理论与实务、媒体融合发展研究；陈志辉，云南财经大学新闻与传播2022级硕士研究生。

纸先后实现了企业化转型，并组建了7个新兴文化产业企业，分别是首都时代传播有限责任公司、云南滇池期刊社股份公司、云南微健康期刊社股份公司、云南昆报智鼎地产发展股份公司、云南昆报壹财资金管理股份公司、昆明市幸福喜报影视文化传播股份公司、昆明市骁腾企业文化传播股份公司。此次转企改制是昆明报业传媒集团集团化发展过程中迈出的关键一步。

2018年4月，昆明报业传媒集团获得中国报业协会颁发的"中国报业融合发展创新单位"荣誉称号，其整体融合发展路径为全国各地市党报企业的发展壮大创造了经验。旗下的昆明信息港获得全国地市网络媒体综合实力十强品牌、全国地市网络媒体最具创新力十大品牌等荣誉称号。同时，昆明信息港被云南省科技厅认定为高新技术企业，2018年昆明信息港被评为国家科技型中小企业。

## 第二节 内容融合创新实践

### 一、新闻内容采集——新闻来源多样化

新兴科学技术在新闻业的运用，变革了传统媒体时代采集新闻素材的方式。无人机航拍技术的广泛运用，突破了新闻采集的时空界限，利用无人机航拍技术能够采集到以往无法获取的信息。如在昆明举办的COP15第一阶段会议倒计时35天时，《都市时报》制作了融媒体新闻——云南十二时辰，运用了大量的无人机航拍技术，展现了不同地点、不同时间云南的大美风光，形象地展示了真实立体的云南，为在重大会议上讲好中国故事、传播中国声音营造了良好的氛围。该视频被新华网、人民日报官方微博、央视新闻视频号、学习强国等两百余个视频账号转发，累计点击量超两亿次。昆明报业传媒集团在"喜迎二十大"重大主题报道中制作的融媒体产品《"道"出滇池好风光》，采取大众喜闻乐见的视频方式，全方位展现了滇池的大美风光，实现了传播的全景化、立体式、交互化。

## 二、新闻内容制作

1. 自动化生成——机器写作及智能播报。机器人新闻稿件写作的原理是计算机对收集到的数据资料进行汇总、整理、加工生成一篇新闻稿，运用到目前最先进的人工智能、大数据分析、自然语言处理等技术，其写出来的新闻稿件很难让人辨别是记者所写，还是人工智能生成。机器人新闻稿件的写作使得新闻时效性、客观性更强，大大提升了新闻生产的效率。2017 年，昆明报业传媒集团推出的写稿机器人"小明"，在公开测试时写出了一篇关于菜价的稿件，从数据收集到新闻报道发布，仅用了一秒钟时间。写作完成后，发布在《昆明日报》移动新媒体"掌上春城"以及旗下其他新媒体平台上，迅速引起广大网友"围观"，而且不到一个月即完成 1000 多篇民生新闻稿件。

2. 多样化表达——图文并茂增强表现力。传统媒体的新闻表达方式往往是单一线性的，新闻语言以文字、图片、音频为主，随着媒介技术的发展新闻表达形式也在日渐多元化。2021 年 9 月 11 日 COP15 峰会倒数 30 天，《昆明日报》发布了"春城之约"特刊，该特刊选取了具有云南特色的绿孔雀以及大象为元素，独特的表达形式吸引了受众的眼球。大会举办当天，再次推出特刊"绽放"，该特刊分为 8 版，8 版的独特图片构成了昆明美丽的自然、人文景观。集团公司下属的昆明信息港，为拓宽宣传空间引进了驻昆的外国人看昆明专访栏目，并制作成短视频，发布到了抖音、快手等短视频网络上，同时还在国外拥有影响力的社交网络 Facebook、You Tube、Twitter 上推广。与此同时，昆明信息港在会议倒计时 5 天发布了宣传短视频《在昆外国人向世界发出"春城之邀"》，点击量已超千万。后疫情时代，抓住机遇，在国际线上网络平台上讲好我国故事，传递好我国声音，对展现我国社会新面貌特别重要。昆明信息港把握了 COP15 峰会的契机，发布了《昆明为 COP15 全力以赴》《促进生物多样性，中国在行动》《探访"世界物种基因库"》《探索昆明生物多样性热点》等多语言新闻稿 250 多篇，并在国外的社交媒介发布。

3.UGC 模式——基于分享性、公共性产生个体身份认同。UGC（User Generated Content）是伴随着 Web 2.0 概念而兴起的，意思是用户创造内容，核心就是个性化。如果用户制作发布的内容属于社会公共产品，大众普遍关注，引起社会广泛讨论，传统媒体就会敏锐察觉、持续跟进，创作者会获得心理上、情感上的满足，有利于参与者的社会责任感培养，从这一过程中获得身份认同。

新媒体的普及与短视频技术赋权下，视频制作技术突破了年龄与学历水平的限制，门槛逐渐降低，用户仅靠一部智能手机，便可自行完成从拍摄、剪辑到发布的整个流程，打破了原有的自上而下科层式的传播。UGC与新闻生产模式相结合可以更好地打破原有新闻生产模式的时空限制，新闻事件的当事人、围观者等角色转化成了新闻内容的生产者、发布者。用户参与新闻内容创作工作是广大民众积极参与社会治理的重要表现。COP15峰会期间，为增加对COP15会议的民众知晓率，讲好大美云南故事、增强民众的生物多样性保护意识，中共昆明市委宣传部主办，昆明信息港彩龙社区承办了以"春城之约——COP15我知道·生态文明我参与"为主题的短视频比赛，通过广泛调动海内外短视频爱好者，以大民众的视野、融媒体的方法全面挖掘云南昆明生态多样性之美。本次大赛累计征集优秀作品1500个，该活动的总浏览量已超过了3000万人次，传播频次较高，抵达受众范围广。昆明报业传媒集团旗下昆明信息港彩龙社区（App+PC）端2.0版本推出，彩龙社区不断挖掘本地优质、原创作者以及机构入住，构建了良性的创作生态。同时配套推出了创作者服务中心，为创作者提供作品管理、推荐、曝光等服务，开设的创作学院推出了相关课程，邀请大咖进行授课，帮助提升创作者的能力。

### 三、新闻内容分发——算法精准推送

个性化信息推荐使得"我的专属新闻"成为现实。个性化信息推荐是基于对用户数据的分析、过滤或是对用户在社交媒体上的个性化标签来整合信息并根据用户的兴趣爱好、地理位置、使用场景等进行智能化的信息匹配，然后进行新闻推送的一种新闻分发方式。个性化新闻推送的支撑就是个性化内容，个性化推送不仅为不同用户找到了与其需求相匹配的内容，而且也为内容找到了与之属性相匹配的用户。目前国内互联网平台今日头条、天天快报、一点资讯都是采用该模式进行内容分发。彩龙社区2.0版本实现了全文检索、关键词搜索、相关内容搜索等功能，针对海量照片进行标签化处理，在AI赋能下实现了图片搜索以及相关图片搜索功能，同时平台根据用户的兴趣爱好、阅读偏好、板块停留时间为用户推送感兴趣的内容，致力于打造有温度的社区，用户将获得更加智能化的体验。

## 四、AR 新闻——叙事与受众建构共同空间

AR 新闻（Augmented Reality News），即增强现实新闻，通过运用视频、图文、特效等多种数字化叙事手段，带给受众展现全息化、沉浸式体验，并基于此建构起沉浸性的认同空间。在这一空间中，AR 新闻所传播的"新闻真实"有助于增强用户对新闻事件的理解和认知。2019 年"辉煌 70 年——云南省庆祝中华人民共和国成立 70 周年成就展"上，昆明报业传媒集团充分结合、运用了该展览的 AR 技术进行宣传报道，生动还原了人民解放军进入昆明的场景、再现了云南 70 年的记忆，打破了以往纸媒的局限，令人如在现场、如临其境，受众的体验感大大增强。该叙事语言较图片以及文字更生动，增强了受众的在场感。

## 五、vlog 新闻、慢直播——受众沉浸式体验

vlog 即视频博客，是集文本、图片、视频为一身的视频形式，经过拍摄、剪辑形成的新型互联网日志形式。

2021 年 11 月 21 日上午 8 时，昆明市信息港在微信视频号上线"我国春城人鸥情深——昆明邀您云赏（喂）鸥"直播活动录像项目，体验我国春城特色"人鸥和睦"的美丽情景。"中国春城人鸥心深——昆明请您云赏（喂）鸥"直播活动，是我国昆明市第一次尝试了针对红嘴鸥日常生活的慢直播节目，直播节目项目将连续 8 个时段，在大观塔南园、海埂水库、东环西桥、翠湖公园等地点展开，对红嘴鸥生存的每天、空中迁徙习性等开展慢直播节目。用时间和空间上的效果差异，和真实的镜头实现了原生态的展示效果，同时向春城人民展现了昆明城市基础建设发展的成果。

## 六、抓住流量风口，深耕短视频内容赛道

第 50 次《中国互联网络发展状况统计报告》显示，截至 2022 年 6 月，我国的网民规模已达到 10.51 亿，其中短视频用户有 9.62 亿。

短视频基于智能终端拍摄，实现了在社交媒体平台实时发布、无缝对接，融合文字、图片、视频等多种形态于一体的媒介新形态。视频时长多在 5 分钟之内，具有移动性、门槛低、轻量级、社交性强等特点。其普惠性降低了信息

交流分享门槛，实现了全民参与。近几年，短视频业已成为移动时代信息传播的重要方式与发展趋势。

全媒体建设背景下，昆明报业传媒集团成立名编辑理论评论工作室、名记者视频工作室，每月对一线新闻工作者进行采编业务培训。名编辑理论评论工作室邀请业界知名专家授课，在理论智库建设和成果产出方向发力，同时为新闻评论工作储备人才。名记者视频工作室致力于提高媒体视频创作人员的创作能力、执行能力、剪辑能力和作品传播力培训，补足短视频内容创作短板，为创作一批有影响的短视频产品夯实基础。昆明报业传媒集团下属媒体昆明信息港抖音粉丝65.3W（数据截至2022年10月22日），本着权威发布、实时资讯、社会民生、有趣有料的理念，发布的视频内容涵盖民生、社会、政务等多个领域。

## 第三节　内容融合创新存在的不足

### 一、叙事方式亟需转变

长期以来，人们对昆明报业传媒集团旗下的各类媒体的新闻叙事已形成思维定式，特别是在对党报的认识上，严肃、高高在上似乎已成标签，对年轻人没有吸引力。而融媒体时代下的用户主要通过移动终端来接受信息，大多数的信息接收都是零散的、碎片化的，媒体应当将受众视为具有特殊"需求"的个体，将受众的媒体接触行为视为以特定的需要为动机而进行的，受众更注重新闻信息是否能够满足自己的阅读快乐与新闻所传递的信息是否满足自己的实际需求，因此，融媒体时代下应创新新闻叙事表达方式，采用受众喜闻乐见的表达方式，做到多样化、个性化。这一前提就是要以受众为中心，更加贴近年轻人的表达方式，Z时代的年轻人使用移动智能终端获取信息，已经融入他们的生活方式中。所以，媒体新闻叙事风格要契合年轻人的喜好、趣味以及表达方式，用他们熟悉的语言，吸引他们，进而产生共鸣。

2021年12月，国家语言资源监测与研究中心发布"2021年度中国媒体十大流行语"，《咬文嚼字》杂志社编辑部发布"2021年度十大流行语"，中国新闻周刊发布"年度十大热词",通过"热词"对比,实际上传统媒体语言与新媒体语言的重合度越来越高。无论新闻语言如何变化,都要把价值性放到第一位,突出实用性、服务性。同时,还要注意的是补足碎片化阅读的短板,新闻叙事体系也需重新架构,用生动化的细节来展示新闻事件的全貌。《华尔街日报》高质量的新闻报道,就是采用"新闻故事化"的写作手法。瞬间吸引受众眼球,巧妙安排故事情节,才能增强新闻吸引力,让优秀新闻作品在受众记忆之中打上烙印。

## 二、短视频平台应用效率不高

以昆明信息港抖音官方账号为例,其粉丝数量众多,且更新频率较快,但其中民生类新闻涉及较少,民生问题与群众切身利益紧密相关,不仅是国家层面关注的重点,也是新闻素材的重要来源。但其作品产生的用户反馈度不高,此外对政务类新闻的解读度、深度不够,并没有达到良好的宣传效果。移动智能终端的出现,使得新闻信息的获得突破了时空的局限,对传统的纸质媒体产生了巨大的冲击。在这一背景下,一部分媒体为了求快,在获取相关新闻时,同步就发布到相关的短视频平台中,并没有完成信息的有效把关。在当前的媒介语境中,社会上充斥着海量的新闻材料,大众传媒的报道不可能是"有闻必录",它是一种取舍与选择的过程。在信息选择过程中,难免会出现不利于舆论良性发展的消极信息,所以把关人要严格把住信息流动的关口。

另外,在短视频新闻创作过程中,昆明信息港并没有全面地掌握短视频的制作技术,在各种技术应用层面存在专业性欠缺。传统媒体在新闻制作时有着更强的新闻敏感度,但最终产出形式存在着缺陷。部分非主流媒体所创作的短视频形式丰富多样,吸引了更多受众观看,并且其选材也和受众的关联性更强,但是在实际传播新闻的生产思维上有欠缺。昆明报业传媒集团应在短视频制作技术上提升,搭配权威、深度的解读,更好地发挥传播力、影响力、引导力、公信力。

## 三、"PGC+UGC"模式相结合欠缺

PGC 内容(Professional Generated Content),是由专门的平台或者机构所

制作的内容，具体从报道传媒界新闻而言，由具有媒体专业背景的媒体专业工作者所从事的专门新闻报道称为 PGC 报道。服务与品质永远都是吸引消费者最关键的方面，UGC 虽然增强了新闻的个性化和用户的参与感，但由于门槛较低，部分作品粗制滥造，会极大破坏媒体的形象与声誉，因此，必须结合 PGC 保障内容的专业化制作水准，确保新闻媒体的专业性、权威性。目前，昆明报业传媒集团在顺应形势发展方面大量采用 UGC 新闻，而在"PGC+UGC"模式相结合上，还有很大提升空间。

## 第四节　内容融合创新发展的路径与方法

### 一、新闻报道应当保持党性和民众性的根本统一

我国的新闻事业是党的事业的一部分，必须坚持党性原则。昆明报业传媒集团作为党的主流舆论阵地，必须牢牢把握好党性和人民性相统一的辩证关系，积极宣传党的理论和路线方针政策，坚决同党中央保持高度一致。集团所有工作人员都要旗帜鲜明地讲政治，坚持党性原则，维护国家发展稳定大局。坚持人民性，就是要坚持党的宗旨，维护广大人民群众的根本利益，不能一味追求经济效益而忽略社会效益，而应更加看重社会效益，把党的利益和人民利益结合起来，使党的执政地位和人民当家做主相统一，体现新时代马克思主义新闻观的精髓。为了吸引眼球和流量而忽视党性和人民性是十分危险的，昆明报业传媒集团要多宣传报道人民群众中涌现出来的先进典型和感人事迹、多宣传报道人民群众的伟大奋斗和火热生活，增强人民精神力量、丰富人民精神世界、满足人民精神需求。

习近平总书记指出："坚持党性和人民性相统一，就是要坚持讲政治，把握正确的导向，把体现党的主张和反映人民心声统一起来。"昆明报业传媒集团要以《昆明日报》为主阵地，营造权威性，引领正能量，前提就是要坚持客观公正的立场，做到每一篇新闻报道都能做到事实真实、总体真实；紧跟社会热点，在第一时间发声辟谣，积极发挥党和人民群众的耳目喉舌功能，把《昆

明日报》打造成更具权威性、公信力、为人民服务的党媒。

## 二、发挥传统媒体优势，发力深度报道

当下，新媒体暴发式增长，海量的信息使受众难以辨别真伪。不可否认，新媒介具有获取信息的便捷、时效性强的优点，但其获取的信息常常是碎片化、层次浅的，且同质化程度较高，一些媒体为了吸引公众的眼球、提高点击率而忽视事实真相，造成了一些颠覆性的报道，难以满足民众对真实情况的理解；而深度报道，更能体现新闻的内容、真相和观点，从而更好地迎合大众的这种需要。后真相时代需要新闻公信力的重塑，这就需要《昆明日报》利用自身权威性、影响力肩负起这一重任。其中，深度新闻报道是《昆明日报》发力的方向，《昆明日报》具有一批优秀的新闻采编人员和稳定的读群体，这是新媒体无可比拟的先天性优势。

新闻报道的实质是对最近进行的实际报导，区别于其他报道文体，新闻报道的深度报道不仅是对报道事实的客观表达，它要求对新闻事件的发展脉络有着详细的叙述，更要呈现新闻背后的意义，进而发挥大众传播的"解释与规定"功能。做深度新闻报道，第一步就是要确定深度报道的传播定位。和新媒体相比较，纸媒传播的时效和空间都有较大的局限性，而纸媒的核心竞争力就是其深入性。进行新闻报道事件的调查研究工作，首先，必须对报纸的性质进行一个具体定位，就是权威性与引导性。在新闻报道采编的过程中，一方面要对重要新闻人物和新闻事件进行深入剖析，对重大政治决策作出全面阐述，对社会热门话题设置议程；另一方面还要做好地方重大政治经济方针的宣传工作。其次，当今社会热点问题频出，受众对新闻事件的关注度会逐渐减弱，并且注意力转移很快，而新闻媒体往往只是对事件的发生高潮关注度较高，对于新闻事件发展的后续并没有进行持续跟进，所以出现了很多烂尾新闻。这就需要党媒进行持续跟进，在新闻报道结构上，可以设置一个较为宏大的议程，以系列新闻报道的方式对事件后续的发展进行持续的跟进。

## 三、把镜头对准群众，新闻报道体现人文关怀

习近平总书记指出，要"努力推出有思想、有温度、有品质的作品"。把

镜头对准普通民众，作为新闻报道的出发点与落脚点，通过从一个平民的眼光切入，通过民众喜闻乐见的报道方式，记录伟大社会背后的平凡，关注群众的生活，多创作群众听得懂的作品，增强新闻报道的感染力、亲和力，提高观众参与度。有温度的新闻报道才有强大的传播力，才能与群众产生共鸣。可以借助于微博、微信、抖音等自媒体平台的热点事件进行新闻选题策划，确定与受众关联度最高、最感兴趣的选题。如在融媒体新闻结尾处可增加二维码，受众通过扫描二维码进行留言，表达自己对该新闻作品以及新闻事件的看法，通过多种方式增加与受众的互动，倾听观众对于新闻的真实看法、感受。整理受众的呼声，主动引导舆论，牢牢将舆论话语权掌握在手中，传播主流的声音和能量。新闻报道要做到人文关怀就要时刻牢记社会效益是第一位的。新冠肺炎疫情时期，部分新闻媒体对抗疫的报道更侧重于新诊断病例、疑似病例、中高风险区等表面性内容，这部分内容也确实是普通民众所关心的，但不只是对冰冷数据背后的社会人文因素关注不足，报道的时间跟进度也不足，对新冠病人的健康问题、后遗症问题、治愈后的就业等问题报道不足，让新闻缺少了应有的人文关怀。美国著名报人普利策曾说："律师作为职业只为其雇主服务，医生为病人服务，建筑师为主顾服务，只有新闻事业把公众利益当作自己的利益。"新闻媒体作为社会公器、新闻事业的双重属性，就要求新闻工作者的业务都要围绕着"为公众服务"来进行，要求新闻记者坚持新闻专业主义，把公众利益作为评判是非、善恶、美丑的重要标准。

昆明报业传媒集团必须坚持主业，固本强基，以优质内容为媒体的生命线和核心竞争力，着力做大做强主流舆论。不管媒体融合对我们带来了怎样的影响，我们必须记住，技术是为内容服务的，昆明报业传媒集团要做的就是坚持内容、链接用户、创新机制、顺应时代潮流。

# 第三章 《中国企业家》的融合创新实践研究

鲍丹禾[①]

《中国企业家》杂志社创立于1985年，是经济日报社直属子报子刊，也是中国大陆早期以"企业家"命名的杂志之一，在企业家群体中拥有广泛的影响力。

近40年来，《中国企业家》已经发展成为颇受企业家信赖的聚合服务平台，每年举办的中国企业领袖年会（已连续举办19届）、中国企业未来之星年会（已连续举办21届）、中国商界木兰年会（已连续举办14届），以及两会沙龙等活动，深受企业家欢迎。

《中国企业家》还创立了《中国企业家》俱乐部、中国商界女性领袖俱乐部（木兰汇）等社群，为企业家和创业者输出独特价值。

《中国企业家》致力于生产优质内容，拥有杂志、网站、App，还有微信公众号、微博、抖音号、视频号以及头条号、企鹅号、百家号、强国号等新媒体矩阵，总计粉丝量超过3000万，原创内容年传播量超过10亿人次，具有很强的传播力、影响力和公信力。

## 第一节 融媒体矩阵基本形成

和多数传统媒体做融媒体一样，《中国企业家》一开始也是更看重纸质媒

---

[①] 鲍丹禾，《教育科学研究》杂志副主编，高级编辑；毕业于中国传媒大学，新闻学博士、艺术学博士后，主要研究方向为媒体融合、文化产业等。

体的报道。通常都是纸质媒体出版后，再将纸质版内容移植到融媒体平台上。这一做法在 PC 端时代还有操作空间，但是随着移动终端时代的到来，这样的传统操作方式已经显得不合时宜。

目前，《中国企业家》虽然有多个新媒体发布平台，但是效果最理想的还是微信公众号和微博。近两年来，《中国企业家》已经在融媒体方面投入更多，并且取得良好效果。

## 一、改变传统"打法"

先做纸质版再刊发融媒体的传统"打法"已经被证明与时代脱节，所以，需要一种全新的"打法"才能够延续《中国企业家》一贯的影响力。这样的新打法只能是先做融媒体，在时间上抢先。

曾经，《中国企业家》希望杂志的人马和融媒体的人马是一批人，实现记者既给杂志供稿，又给新媒体供稿的目标，也就是说记者是"全能型记者"或"全息记者"。这是某一个特定历史时期众多媒体的选择，但是实践证明这样的效果并不理想。因为杂志记者的操作方式是按部就班的，定选题、采访写作、完成发稿，稿件追求深度。一旦做融媒体，又换成另一个频道，有实际工作难度。同时，每个人的优势和精力都有限，记者一个月能写几篇稿子是有定数的，去做融媒体了，那么稿子相应地也会少写。另外，"全能"的要求并不是谁都可以做到，所以真正想要既做好杂志，又做好融媒体，还是需要两批人参与工作。换句话说，在原来杂志记者的基础上，需要增加新的人员。

## 二、组成三大部门

为了有利于工作开展，《中国企业家》做出顶层设计，对管理架构进行了重新划定，分成了三个部门。这三个部门分别是基石部、新媒体部、视频部。

所谓基石部门，就是传统杂志的编辑部；新媒体部任务繁重，包括多个新媒体平台的运营管理和其他系列工作；视频部是一个新部门，运营时间不长，主要侧重于长视频和短视频的制作和直播访谈工作。新媒体部和视频部所运营管理的平台见表 3-1。

表 3-1　新媒体部和视频部所运营管理的平台

| 中国企业家账号统计表 ||||||
|---|---|---|---|---|---|
| | 账号平台 | 账号名称 | 开通时间 | 粉丝量/订阅量 | 月均发稿 | 更新周期 |
| 1 | 微信公众号 | 中国企业家杂志 | 2012 年 | 146 万+ | 150 | 每日三更 |
| 2 | 微信视频号 | 中国企业家 | 2020 年 4 月 | 4 万 | 30—40 | 每日更新 |
| 3 | 新浪微博 | 中国企业家杂志 | 2009 年 8 月 | 523 万+ | 200 | 每日更新 |
| 4 | 学习强国 | 中国企业家 | 2020 年 1 月 | — | 25 | 每日更新 |
| 5 | 今日头条 | 中国企业家杂志 | 2016 年 11 月 | 45 万+ | 25 | 每日更新 |
| 6 | 腾讯企鹅号 | 中国企业家杂志 | 2013 年 7 月 | 191 万+ | 25 | 每日更新 |
| 7 | 抖音 | 中国企业家杂志 | 2018 年 1 月 | 112.8 万 | 46 | 每日更新 |
| 8 | 新浪看点 | 中国企业家杂志 | 2018 年 3 月 | 523 万+ | 25 | 每日更新 |
| 9 | 百度百家号 | 中国企业家杂志 | 2018 年 6 月 | 23 万+ | 25 | 每日更新 |
| 10 | 微信公众号 | 中国企业家木兰汇 | 2014 年 | 22401 | 10 | 每周一更 |
| 11 | 网易号 | 中国企业家杂志 | 2019 年 1 月 | 1.2 万+ | 15 | 每周一更 |
| 12 | 微信公众号 | 中国企业家俱乐部 iceo | 2013 年 | 2708 | 10 | 每周一更 |
| 13 | 人民号 | 中国企业家杂志 | 2018 年 | 8126 | 15 | 每周一更 |
| 14 | B 站 | 中国企业家杂志 | 2019 年 | 3061 | 2 | 每月一更 |
| 15 | 喜马拉雅 | 中国企业家杂志 | 2016 年 | 8438 | 25 | 每日更新 |
| 16 | 快手 | 中国企业家杂志 | 2019 年 | 25 万 | 46 | 每日更新 |
| 17 | 知乎 | 中国企业家杂志 | 2022 年 9 月 27 日 | 26099 | 25 | 每日更新 |
| 18 | 小红书 | 中国企业家杂志 | 2022 年 3 月 | 4.4 万 | 10—15 | 每周更新 |

自制：以上数据至 2022 年 10 月 27 日

从人员配置来看，基石部门的人员最多，因为他们对于高质量稿件的产出起到最重要作用，充分诠释了"内容为王"的含义；其次是新媒体部，因为判断这个部门工作水平的都是一些具体而详实的数据，所以工作人员面临着量化压力；视频部人员相对少一些，但是工作量并不小。以组织一场直播为例，从计划请谁来，到最后嘉宾坐到演播室进行访谈，中间有大量繁复细致的工作需要逐一解决。

作为基石部门，他们要采写出有深度、有价值的优质稿件，以区别于一般的财经媒体；作为新媒体部门，在面对突发的财经事件时可以做出迅速反应，体现出一家拥有37年财经采访经验的媒体机构的资源优势；当然，在需要呈现深度报道时，他们也召之即来，来之能战；作为视频部门，他们需要请来财经界重量级人物，在直播间就热点话题展开热议。三个部门的协同合作，都是基于《中国企业家》多年来所积累的自身资源优势——与一线企业家的近距离。

毋庸置疑，由于阅读习惯的颠覆性改变，移动端成为最重要的内容呈现平台。所以，融媒体内容的质量已经成为纸质版内容质量的基础。对于新媒体内容和方式的总体要求，《中国企业家》提出"三干"原则，即干净、干脆、干货。也就是说在内容上，要实实在在，给人看后感觉有所收获；在表达上，语言要干净利落，不能拖泥带水。要达到"三干"原则，并不容易，这其中渗透了一个记者的禀赋、悟性和勤奋。

### 三、制定考核标准

考核标准关系到一家媒体机构工作人员的积极性。《中国企业家》过往对于记者的考核标准是传统的"底薪+稿费"模式。记者的底薪一般不高，所以稿费是重要的收入来源，多劳多得的原则在这部分体现明显。杂志稿件的考核不仅有数量，还涉及质量。一篇杂志稿件是打A级还是打B级，基本凭借打分者的感觉来判定，有其天然的不足之处。

根据现实状况的变化，《中国企业家》开始推行"质量+流量"的考核标准。前文已经提到，《中国企业家》的稿件先在融媒体平台推送，这一环节"点评转赞"（即点击量、评论量、转发量、点赞量）成为直观的评价标准。"点评转赞"数据出色的，将会通过更深入的采访、更精彩的写作，呈现于杂志版面上。

无论新媒体稿件，还是杂志稿件，唯流量是不全面的，也不够科学，还需要看一篇文章是否有丰富的采访，是否采访难度较大（比如有的企业家几乎不接受采访，而只接受了《中国企业家》的访问），是否是独家的采访。将这些因素结合量化的考核，才能达到较为理想的价值评价状态。

在这样的融媒考核过程中，《中国企业家》的基本价值观并没有变。这个价值观就是无论外在形式如何改变，其对文本的追求始终如一。鼓励记者采访到企业家头部资源，采写出优质文本是《中国企业家》一直所坚持的。在此过程中，可能一份关于企业家头部资源的写作文本阅读量不高，但是因为文本背后所暗藏着记者的辛劳，甚至委屈，都可能在考核的时候加以综合考虑。虽然说没有绝对完美的考核方式，但是《中国企业家》这样兼顾传统媒体和新媒体的考核方式仍然力行了相对公平的原则。

《中国企业家》对文本推崇"首战即决战"，即每一篇文章推出后，犹如射出的子弹，无法收回。只有确保打得准、打得好，才能为自己赢得市场和荣誉。《中国企业家》对标题、语言、细节的要求极高。在杂志化的长篇叙事中，以上这些元素都至关重要。记者们经常被要求大声朗读自己的作品选段，以此来判断语感是否恰当，是否能够真正打动人心。

无论考核标准如何变，作为以人物采写见长的官方媒体，《中国企业家》注重人物性的特点不会变。采访的目的，就是要找到核心事件中的核心人物，以及这一个或这一群人物在时代大潮中的命运起伏。通过对命运浮沉的描写，弘扬正能量的企业家精神。这一点也是进行文本考核的重要条件。

## 第二节　新媒体内容以原创为主

由于《中国企业家》杂志是月刊，在当今这个人们习惯于即时获取信息的时代，从时效上看，它是处于劣势的。所以《中国企业家》的稿件首先是在新媒体上刊发，在庞大的融媒体矩阵中，微信和微博的影响力最大。微博因为字数的限制，适用于突发新闻或一些短小的资讯播报。要想进行有深度有质量的报道，还需要在微信上充分体现。

《中国企业家》微信公众号保持着工作日每日三推、周六日每日一推的更新频率。工作日的一日三推给工作人员带来较大压力。三次的更新时间大约在每天的早8点、中午12点、晚7点。前两次更新，每次推送两条，通常头条为原创，二条为转载；后一次更新，每次推送一条，这条为综编。所以，相当于每天有两个原创头条加一个综编。周六的一条叫干货整理，周日通常是所谓"拆书稿"，也就是推荐阅读。

基石组的采编人员需要参与日常的新媒体供稿过程。在新媒体平台取得理想阅读效果的稿件，在返回月刊发表时，因为平台表达方式的差异化，往往有重新包装的必要。

《中国企业家》微信公众号始于2012年，其时微信才刚刚兴起。经过10年的打造，公众号已经聚集了150多万订户，原创文章5000多篇。阅读量过万的文章比比皆是。2022年1月至10月，阅读量超过10万的稿件达到9篇。

以2022年8月27日的稿件《宁高宁写诗挥别：老了的美好》为例。这篇文章显示阅读量10万+，实际到10月底已经接近70万阅读量。之所以有如此高的阅读量，原因在于三个方面。一是稿件主人公的重量级。作为知名企业家，宁高宁曾经是华润集团、中粮集团、中国化工和中化集团四家全球500强企业的掌舵人；二是事件的重要性，宁高宁已超过央企负责人退休年龄上限，行将退休。这对于商界来说，一位曾经叱咤风云的企业家退休是一个大事件；三是宁高宁独家授权发表了他的离别诗《老了的美好》。宁高宁虽然大学读的是经济学专业，但却一直热爱文学，喜欢写作，他的诗歌文章都表达了自己的心境。如果说这篇稿件的新内容主要就在于这首诗属于独家授权首发，那么其他内容主要是记者通过大量资料的整合完成。整篇稿件为读者呈现了一位著名企业家在几十年职业生涯中所表现的果敢和柔情，宁高宁在职场中不断地接受挑战，不断地离开舒适区，却每一次都给企业带来新的变化和成绩。企业家的创新开拓精神在记者笔下展露无遗。

由于几乎每天推送原创文章，频次高而又追求深度，所以很难做到每次都有全新的采访。从宁高宁这一案例可见，通过大量素材整合重组（文中有以前刊发的文章，如《中国企业家》2001年对宁高宁的采访），同时结合部分新材料（如稿件中的诗歌），完全可以给读者耳目一新的感觉，取得良好效果。

如果说宁高宁这篇10万+的文章还是一个高管退休的常态化事件，那么2022年10月8日的《任正非痛失爱将》则是一篇对突发事件进行回应的报道。10月7日，年仅53岁的华为监事会副主席丁耘因突发疾病去世，在业界造成巨大震动。《中国企业家》反应迅速，立即组织了稿件于次日在微信上推送。文章篇幅不长，综合了任正非及一些华为同事对丁耘的评价和认识，还有丁耘本人在之前写的文章中的话语，刻画出一个低调务实而又解决问题能力超强的高管形象。这篇文章的阅读量也超过 10 万。

综合来看，由于多年来《中国企业家》与国内外大量的企业高管保持了良好的业缘关系，所以有丰富的人脉资源和材料库。在大量深受读者欢迎的稿件操作过程中，充分利用了资料库的优势，包括曾经的杂志报道、海量的企业家照片，这些在微信公众号稿件进行整合创新时，都能起到重要作用。

工作日每天晚上推送的稿件栏目是"中企晚报"，属综编稿件。"中企晚报"基本是对于当天重大财经事件的内容集纳，读者通过阅读这一条，就知晓全球财经界大事。这一栏目的阅读量普遍超过 1 万，已经成为《中国企业家》微信号中标志性的栏目。

每到周日的"中企荐读"也非常有特点。记者一般会推荐一本或几本与企业家相关的书，撷取其中的关键部分和优质内容，进行整理并写成一篇新的稿件，俗称"拆书稿"。2022 年 9 月 18 日的中企荐读是关于小米创始人雷军的一篇稿件《37 岁财务自由后，雷军又踩过很多坑》。这篇稿子的出台源于一条新闻"雷军说自己 37 岁时已实现财务自由"，记者在参阅了《小米创业思考》一书后，取其精华，整理出这篇文章，是从另一个角度对财务自由以后的雷军的经历描述。

除了自身的公众号，《中国企业家》还加强社群运营、进行了官方网站（PC端、手机端）的改版、跨部门合作（与木兰论坛、专精特新论坛等合作）等。为保证集团高质量发展，从 2022 年 2 月 28 日至 7 月 20 日，《中国企业家》发起了"采编百日会战"，新媒体部发力公众号，涨粉约 20 万；对网站进行改版，做好了微信公众号与官网的互联互通；更多地开拓外部渠道，更大范围地扩大外部影响力；打造漫画商业产品，图说商业故事，并于 9 月 5 日上线。

整个新媒体部虽然只有 10 余人，但所承担的工作十分重要。他们的日常工作基本可分为四大部分：数据监测，各融媒体平台的数据监控，并且每周做监测报告，了解市场动态；原创采写，和基石部门一起加入到日常的采写报道工作中，新媒体部门的人员多数都是水平不俗的写手；日常运营，这是新媒体部门的常规事务，每天的选题策划、排版设计、及时推送都是他们的工作；技术支持，部门有数名技术人员，给予整个部门乃至集团以强大的技术保障。

## 第三节　视频和直播的探索

随着抖音、快手、视频号等平台的兴起，对于一家媒体而言，视频内容无可回避。《中国企业家》虽然在视频这块业务上起步不算早，但推进比较快。尤其2022年，业务质量有明显改观。

### 一、视频制作

视频部的工作主体上分为两部分：视频制作和直播访谈。视频制作内容按时长可以分为三类：短视频，时间在1分钟之内；中视频，时间在1分钟至3分钟；长视频，约6至8分钟。

从已经推出的视频可以发现，以短视频和中视频居多，长视频少一些。这和制作的繁复程度有关。短视频一般采用的是人物原声，由于只有几十秒时间，所以基本是一个人的原声，聚焦一个小问题；中视频和长视频则采用的是配音讲解，用讲述者讲故事的方式，把问题讲透彻。这样的优点在于讲述者可以进行较大限度的发挥，在陈述事实的同时加入自己的观点和看法。

为让读者更清晰地了解三类视频的内容区别，下面将三类各举例加以说明。

2022年8月4日的短视频《做芯片，靠砸钱是不行的》，是企业家任正非一段22秒钟的原声，这是系列短视频栏目"大佬有话说"中的一期。任正非在面对记者时说，做芯片不是修桥、修路、修房子，靠砸钱不行，需要数学家、物理学家、化学家等在各方面进行努力。任正非的这段话并不是新近所说，而是发生在2019年5月，但是他的话依然振聋发聩，给国人敲响警钟。任正非在当时的记者见面会上说了很多内容，但《中国企业家》制作视频时，仅仅截取短短的22秒，可以说抓住了痛点，点赞率超过10万。当然，很多时候短视频还是突出时效性的，当某位企业家因为某个事件成为社会热点时，《中国企业家》视频部人员会立即编发该企业家曾经的短视频，以贴合社会热点。

中视频《新东方差点失去董宇辉》发布于2022年6月17日。当时新东方集团旗下的直播平台东方甄选突然火遍全网，尤其主播董宇辉在带货时所显露出的飞扬的文采、敏捷的思维给网民印象深刻。这则1分28秒的中视频正是在这样的市场背景下诞生。在各家媒体大肆炒作"董宇辉话题"的时候，《中国企业家》的中视频选取了一个较为独特的角度：在"双减"开始后，董宇辉差点离开新东方。董宇辉在新东方8年，教授的学生多达50万，突然失去了教学平台让他十分迷惘。但是机缘巧合，他没有离开，而是留在东方甄选，开始了另一段职业道路。事实证明，在另一个赛道上，优秀的人同样可以获得市场认可。这则视频的点赞量超过1.2万。2022年8月24日，享誉世界的日本企业家稻盛和夫去世，《中国企业家》随即制作《稻盛和夫：不是内心呼唤的东西，绝不会来到身边》，时长近两分钟，视频聚焦于稻盛和夫因为在工作中转变了思维方式和心态，而导致工作发生巨大变化，并终获成功的视点。

长视频的制作比较复杂，通常是讲述一个完整的商业故事。《中国企业家》视频部推出的系列长视频节目"商业大骗局"观赏性很强，一般是用8分钟左右时间对一个商业骗局进行解剖分析，详细讲述骗局的始末，给人以警醒。2022年7月18日，标题为《骗术拙劣，骗遍华尔街，狂收650亿》的长视频，讲述了纳斯达克原董事会主席伯纳德·麦道夫在华尔街大肆行骗的故事。麦道夫本是一个声名显赫的商界中人，他却在自己编织的一张骗局大网中越陷越深，最终家破人亡。这样的长视频虽然没有时效性，但可以让受众从中了解商业历史，发现商业规律。

无论短视频、中视频还是长视频，都各有特点，只要是用心制作，点赞量都较为可观。从传播效果看，短视频和中视频传播面更宽，受众更多。长视频因为制作相对费时费力，推出频次相对低一些，时效性也较弱，所以点赞略少，但是并不能否认很多长视频具有极强的观赏性。

## 二、直播访谈

视频部门在视频制作之外承担的另一个工作是直播。直播是《中国企业家》因应市场而推出的方式。直播通常是以话题开启，可以将嘉宾请到直播间，也可以是连线进行。由于是记者和嘉宾面对面交谈，媒体的采访属性更为明显。记者所提出的问题、所确定的主题都成为当期直播是否受欢迎的因素。直播分为多个栏目，如"我是企业家""硬科技看未来系列访谈""拾话"等。

《中国企业家》之前对直播没有投入太多的精力，2022年上半年开始发力。从2022年2月至7月的采编百日会战看，"拾话"直播系列栏目一共做了77

场，平均每 1.3 天一场直播；而去年同期只做了 10 场。两相比较，同比增长 670%。

从整个视频部门看，在百日会战期间，视频各大平台的涨粉总数达到 20.62 万人，同比增长 10.32%。

所以，2022 年全年，无论是视频部门，还是新媒体部门，其工作成效都堪称显著。

## 第四节 融合创新启示

从内容角度看，《中国企业家》已经不仅仅是一家纸质的杂志，而是一个融合了各种传播介质的媒体机构。其核心竞争力在于近 40 年积累的对于企业和企业家的观察眼光、价值判断，以及对商业文明的弘扬。

在融媒体创新的道路上，《中国企业家》既有脚步不停的尝试，也有进一步待发展的地方，带给我们的启示主要有以下四点。

### 一、融合内容上坚持以原创为根本

原创商业内容是《中国企业家》的强项，专业的采编队伍为这一强项的实现提供了根本前提。对于采编人员来说，强大的内容聚合能力固然重要，但是原创的生产能力更为关键。从目前三大部门的日常操作看，都在原创的田野里深耕，并且取得了良好的社会反响。

可以说，作为权威报纸《经济日报》的子部门，《中国企业家》必须有源源不断的优质原创内容生产能力。抓住了这一点，就抓住了自身立足于市场的根本。

### 二、融合思维上坚持以用户为中心

融媒体时代，内容虽然重要，但是思维方式更重要。否则，生产出再好的产品，可能也叫好不叫座。所以用户思维不能放松。目前，《中国企业家》在新媒体、视频方面做出的战略调整，就是对于加强用户思维的最好诠释。

以用户为中心,就是将杂志(确切地说,应该是媒介机构)、用户、伙伴(赞助商、广告客户等)三者两两之间形成交互,构成良性发展的闭环关系。

从目前《中国企业家》的融媒体发展看,正在逐渐形成以用户为中心的交互关系。近期,《中国企业家》在直播中开始尝试"虚拟人",虽然只是开端,但已经表现出对新技术的拥抱和对交互关系的追求。

### 三、融合创新上坚持以服务为目标

在融合创新方面,传统的"受众"向"用户"转变,传统的"媒介"向"产品"转变。对于《中国企业家》这样的机构来说,新媒体产品的生产也好,视频产品的推出也罢,都不太可能直接转换为经济效益,所以融媒体产品的推陈出新,重在以服务为目标,使新闻产品不再是平面化的文字和图片,而是立体化的呈现。尤其要重视人们在分享互动中所建立起的情感关联,用有温度、有深度的产品获取更多的社会认同。

### 四、融合发展上坚持以人才为核心

从《中国企业家》现有的采编人员看,新闻和财经专业科班出身的年轻人居多,可谓精兵强将。人才是媒介融合创新道路上的重要保障,在人才培训、激励机制方面机构还可以做出调整,以更加灵活的机制激发人才的主观能动性。

《中国企业家》作为一个走市场化道路的媒介机构,社会效益和经济效益两者都不可忽略。目前融媒体变现的方式,主要是通过增强影响力带来的广告,以及会议、活动等衍生收入。当前《中国企业家》的主要营收,以广告、会议和培训为主,接下来还会强化培训这一部分工作。

与众多财经类杂志相比,在融媒建设方面,《中国企业家》已经迈出了有力步伐。随着观念、人力、技术等因素的日臻完善,财经媒体的融媒道路会更为宽广,而《中国企业家》在其"讲好企业家故事,弘扬企业家精神"的价值追求方面也将会有更加多元丰富的表现。

# 渠道融合创新案例

# 第四章 四川日报报业集团：
# 打造"四全"媒体 建强"6+4"体系

朱 天 段吉平 高 敬[①]

《四川日报》，创刊于1952年9月1日。1995年1月1日，中国第一份都市报《华西都市报》创刊。2000年9月，四川日报报业集团（以下简称"川报集团"）正式挂牌成立。2021年10月29日，四川党建期刊整体并入四川日报。

截至2022年11月，川报集团已形成13份报、14份刊物、9个客户端、21个网站、2份手机报、200余个三方平台账号构成的"四川日报全媒体集群""期刊传媒全媒体""封面传媒""行业传媒集群"的传媒矩阵，报刊期均发行量约189万份，移动端装机量在国内超2亿，通过渠道融合创新来提升新闻舆论的传播力、引导力、影响力、公信力。四川日报报业集团坚定以互联网传播和新媒体生产为主攻方向，推进媒体深度融合与渠道创新，进一步建强主流舆论新格局。

## 第一节 "渠道融合"领域的实践与成果

在2019年1月25日中共中央政治局第十二次集体学习时，习近平总书记深刻指出，"全媒体不断发展，出现了全程媒体、全息媒体、全员媒体、全效媒体"[②]，要求新闻舆论工作在新的舆论生态、媒体格局和传播方式中，

---

[①] 朱天，四川大学传媒研究中心主任，四川大学文学与新闻学院教授；段吉平，四川日报报业集团传媒研究中心副主任兼《新闻界》副总编辑；高敬，四川日报MORE大数据工作室总监。

[②] 习近平在中共中央政治局第十二次集体学习时强调．推动媒体融合向纵深发展 巩固全党全国人民共同思想基础．思想政治工作研究，2019（3）：4-5．

准确识变、科学应变、主动求变，加快推进媒体融合发展，构建全媒体传播格局。川报集团以推进"四全"建设为抓手，探索出一条渠道融合创新发展的实施路径。

## 一、全程媒体：从全流程到全过程

全程媒体是突破时空边界，覆盖信息传播全程的跨时空媒体。川报集团积极适应全程媒体建设要求，在全流程、全过程中涉及的各个环节建立分级推送机制，实现事件、节点的全程参与、深度挖掘、系统谋划、全媒传播。

全流程推送的分级机制。川报集团将报道拆分为多个切面，实行"滚动更新"的方式，根据事件发展，按照秒、分的实时动态进行发布。一直以来，以"新媒体优先"为指导，在新媒体发布时效、响应频次上补短板，强化分类处置，完善时效发布机制，如热点新闻第一时间发起直播，突发新闻秒级响应等。川观新闻创建了新闻、信息、数据采集系统，可以毫秒级采集媒体账号、机构账号在全网公布的权威、安全、可靠的信息。秒级响应在突发灾害事件中应用广泛，封面新闻在2019年6.17长宁地震中，第一时间向全网发布了地震信息，实现了融媒在高效协同作战领域的多个第一：封面的小封机器人在全网最快写作，编辑在全网最快发布，记者最快抵达现场、开展全网的第一个震中网络直播。在这场报道中，震后10秒发布第一条新闻，编辑在不到5分钟便搭建专题，并且刊发多条快讯及相关视频。在一小时内发动全国媒体进行长宁震中的首场直播，在72小时内，刊发消息300余条，其中视频新闻200余条，实时图文动态消息60余条，该专题的阅读量达到7158.44万，获得全网超过两亿人次关注。[①]

全过程。对重大项目、重大主题提前介入，全过程、立体式报道。日久见功力，有些时候新闻价值、引导份量有赖于长期跟踪、长时间积淀。比如，中央媒体对大兴机场的报道，从拆迁起就制作了专题片，全程策划意识很强。正如著名新闻人梁衡所言，新闻作品及新闻人，可以超越易碎品而至恒久，关键看你的目光能否穿越事件看到它的历史价值，看你的笔触是否有感染力，能感

---

① 杜菡.5G时代媒体的"智思考".新闻战线，2019（20）：34-35.

动当时的人，也能感动后人。① 全过程式报道，日渐成为主流媒体彰显优势和实力的重要赛道。

建设智能媒资创新平台是打造全程媒体的重要基础。川报集团立足媒体未来发展需求，提前布局内容技术业务，对各平台生产的文本文件、图片图表、视频音频资料等进行全面管理。通过 AI、大数据、人工智能等技术，对集团所有图片、视频、文字等数字资产，进行数据的结构化录入、标签化管理，实现媒体资源的的升级管理，实现了数据统一处理、版权统一资产化、数据统一分析等功能。川报集团自主创新的媒资库平台，获评为"数字经济应用场景示范项目"。

## 二、全息媒体：媒体内容的新定义

全息媒体是以高清晰度和深沉浸化为呈现特征，实现虚拟现实和真实世界跨界交互的高维媒体。在技术实践和业务运作维度，川报集团立足内容建设，以 5G、直播、VR/AR/MR 等视听技术为支撑，开拓更加多元的传播场景，以更加生动鲜活的表现形态，使正能量更强大，主旋律更昂扬。从 2021 年川报集团媒体原创作品的传播力数据看：200 余件原创作品实现亿级传播，660 余件实现千万级传播，3900 余件原创实现百万级传播，主流舆论的声量与影响不断提高。

可视化，让新闻表达和阅读更丰富。川报集团时刻站在读者及角度探索新型呈现技术，SVG 海报、vlog、直播等新技术已经为新媒体表达方式的日常使用技能。2018 年，川报集团引入了"无人机 + 直升机"的航拍新范式。2021 年 1 月 22 日，作为西部地区最大的民航机场天府国际机场迎来真机试飞，四川日报全媒体通过 5G 技术的支持，回传现场高保真影像，通过混合团队预制的近 1000 个 3D 建模造型与 200 万个 3D 点面形成新的报道影像，呈现出以往传统摄影机无法展示的机场、飞机等细节画面。

数据化，让新闻价值和意义更突显。2020 年，川报集团与四川省大数据中心及其他商业数据平台签订战略合作，并在数据服务经济发展、参与政府社会治理、提升政府效能等领域展开宽泛合作。四川日报 MORE 大数据工作室自

---

① 梁衡. 新闻并不都是易碎品. 中国记者，2019（10）：1.

2018年成立以来，积极探索数据可视化新技能、探索指数、第三方评估新业态，获中国报业协会评为"报业媒体融合优秀案例"，并于2021年入选第一批四川省数字化转型促进中心。

智能化，让新闻生产与消费更高效。"人机协同"是智媒体发展的应有之意。封面新闻的小封、川观观察的大川机器人，峰值的日发稿量为8000余篇，智能写稿水平全国领先。比如，在采写环节，通过技术聚合事件相关资料，拓宽记者写稿视野，提升了写稿效率。机器人提供的同类稿件数据，让记者、编辑可以以上帝视角看待事件发展全过程，提升了稿件的采写编效率。在视频制作领域，引入智能剪辑软件，大大提升了突发事件的视频制作和传播效率。

### 三、全员媒体：开门生产推动产能扩张

全媒体时代，大兴"开门办报"之风，走好群众路线，既是弘扬传统的政治要求，又是重塑主流的转型之需，不仅要求主流媒体面向群众，服务群众，更要贴近群众，连接群众，"以开放平台吸引广大用户参与信息生产传播，建构群众离不开的渠道"[①]。面对互联网赋能个体，人人都有麦克风的传播生态，川报集团更加明确全员媒体建设的"开放"属性，围绕万物互联的全要素连接，通过"精品原创＋海量聚合"的组织方式，推动内容生产从信息传播迈向信息共创。

打造自主可控聚合平台。瞄准智能UGC、PUGC共创平台，充分吸纳内容生产资源，做强川观号、封面号、青蕉拍客、航拍四川等聚合平台，聚集各种力量，坚定不移推进社群营销，打造优质内容生产联盟。川观新闻结合新媒体用户积分系统，以内容引导活跃转评赞，互动提升引导力、影响力。"川观号"已入驻1700多家单位，川观拍客、青蕉社区网聚数千名全球专业拍客。川报全媒体人文报道以构建西部领先、全国一流的"人文矩阵"为目标，加强整合人文资源、扩大UGC生产、拓展机构合作，创新打造"人文天府"全媒体产品和IP品牌，助推四川文艺、文博、文旅、文创跨越发展。

发挥新媒体稿源平台功能。多渠道分发，向更大范围持续不断输出优质内

---

[①] 中国政府网.中共中央办公厅　国务院办公厅印发《关于加快推进媒体深度融合发展的意见》.2020-09-26.[2022-11-08] http://paper.people.com.cn/rmrb/html/2022-04/25/nw.D110000renmrb_20220425_1-04.htm.

容，引领发声，引导舆论。现在是泛媒体时代，由各个单位开设的新媒体越来越多，包括各种政务新媒体、企业新媒体等。但受限于人才、技术等方面的不足，越来越多的组织机构希望与权威媒体合作，通过媒体代理运维的方式，专业安全省时省力地提升全媒体传播效能。目前，川报集团已代理运维第三方平台数百个，涉及组织人才、纪检监察、政法、质监、教育、卫生、金融等多个系统多家单位（部门），产生了良好的规模效应。

川报集团在媒体融合中将采编力量整合为一支队伍，记者采写的稿件同时供应报纸、客户端、网站等多渠道发布，并实现了人员统一调度、信息统一入库。通过培训，将川报集团记者培养成"拿起笔能写，举起话筒能说，端起手机能拍"的全能型人才。

### 四、全效媒体："新闻＋政务服务商务"增强用户黏性

全效媒体是在互联网连接基础上，通过构建智能化传播网络和智慧化服务体系，实现全媒体服务效能最大化、最优化的媒体形态。川报集团以建设全效媒体为抓手，积极拓展媒体功能空间，基于各式应用提升多元场景传播效果，使全媒体不仅成为信息传递与分享的中介，而且正在成为数字社会数据流通与中转的枢纽。

建好"思想库"。智库化是媒体深度融合发展的必然要求，以2018年3月出台的《关于加快新闻出版行业智库建设的指导意见》为标志，主流新闻出版单位建设媒体型智库，进入媒体融合发展的制度设计，并正式成为新时代国家智库体系建设的重要组成部分。媒体智库拥有强大的资源联结整合能力，可以迅速有效地链接政府、市场和社会资源，加速思想产品的传播。目前，川观智库已形成"问—探—参—论"一体的智库产品体系。"问"系列重在"寻医问药"，通过集聚学界与业界知名专家学者，寻求破解地方经济社会发展难点与堵点的良方。"探"系列重在"刨根问底"，围绕省委政府中心工作、重点行业发展需求，充分发挥主流媒体调查采访优势，深入一线、发现问题，在深挖细究中追根溯源。"参"系列重在"出谋划策"，面向社会组织与行业主体，既能够提供决策咨询类智库产品，又可以按需定制，实现个性化参谋决策。"论"系列重在"群策群力"，通过举办各类会议交流互动，在建言献策的同时凝聚

共识形成社会影响。

做好"建言者"。在全媒体传播体系中，新型主流媒体不仅是意识形态的主阵地，还是社会治理的有机体。媒体参与社会治理的方法创新是新时代对媒体融合提出的现实需求，提升与治国理政新平台所匹配的社会治理能力，是媒体融合的必然要求。四川日报全媒体迭代升级智媒治理工程，加强建设四川云21183+N省域治理协作平台，让主流信息的智能化生产与传播赋能省域治理，共建共享"智媒+治理"服务生态。通过发布"县级融媒体中心传播指数""让你成'名'更有数"等系列具有参考价值的指数榜单，促进相关机构部门在社会治理工作中不断创新方法，形成创先争优、你争我赶的工作局面。

搭建"服务器"。提升服务能力，是建立全媒体传播体系的重要功能。川报全媒体近年来持续打造民情热线、问政四川两大品牌栏目。截至2021年底，问政四川的入驻账号超3500个，实现21个市州183个县（市、区）全覆盖，参与回复工作的各级党政职能部门近7000家，成为四川省最大的网络问政平台。与之相配合的是"民情热线"，通过实地采访、深度调查等方式为群众解决问题。封面传媒通过与成都工业学院联合打造智慧媒体与软件产业学院，与四川省教育考试院联合研发"云招考"平台等，积极推进产学研用创新体系和平台建设。

## 第二节　特点与启示："智媒+"引领全媒体渠道融合创新

川报集团抓住融合窗口期，推动全媒体渠道融合创新建设取得积极进展。深观其中，三个特点明显。

### 一、创新顶层设计：从深改到真融

1. 完善"1+2+1+1"决策指挥体系。"1"，强化集团党委牵头抓总作用，统筹推进融合改革顶层设计、融合发展战略布局、融合体制机制创新等工作。"2"，修订集团编委会、集团经管会工作条例，确保集团各决策议事协调机构各司其职、协调运转、精简高效。"1"，成立集团推进媒体融合发展工作领导小组，组长由集团主要领导担任，副组长由集团党委副书记、总编辑担任，成员由分管网络安全和信息化建设的党委委员、相关单位(部门)负责人等组成，负责研究决策、统筹协调、组织实施与媒体融合相关的重点工作，指导支持集团媒体融合发展重点项目建设和创新项目孵化。"1"，调整媒体融合发展技术委员会为技术经济委员会，健全技术、内容、经营专业力量配备，负责重大技术改造、建设、采购、对外合作等方案的技术经济分析、论证和评价，提高决策科学性、合理性、经济性，为集团党委和融合发展领导小组科学决策提供技术经济专业咨询。

2.实行一体化运行。改组织架构，提高川观新闻客户端领导层级，由川报总编辑担任川观总编辑，川报全媒体报端网微全面打通，封面传媒—华西都市报一体化运行。改体制机制，创新重大报道统筹机制、全媒内容协同机制、技术开放共享机制、资源对接机制、安全防控机制等，集团、集群、媒体在重大会议、重大事件、重大主题、重大活动报道中，统一指挥调度，形成全媒策划和联动响应。

3.完善考核制度。建立完善考核机制是推进媒体深度融合的重要抓手，体现着鲜明的工作导向。川报集团通过单独设定新媒体用户量、用户活跃度、新媒体创新服务收入占比等新媒体发展成效指标并提高考核权重，把考核权重从传统媒体转到新媒体上来。调整优化融媒内容考核指标，从内容、产品、活动等方面分门别类制定系统的考核指标，以互联网传播效果为重要标准，导向上突出移动优先、产品优先；效果上引入"点、转、评"等传播力指标。创新融媒团队考核办法，针对媒体融合技术驱动、创新创造的鲜明特点，进一步完善事业部、项目制考核机制，明晰职责权利、提高灵活度，使收入分配更直接、更及时向一线优秀团队倾斜。

## 二、创新强媒科技：从工具到引擎

立足"智能+智慧+智库"的智媒体发展理念，川报集团从工具层的数据库建设起步，到功能层的内容服务拓展，再到资源层沉淀、机制层创新，走出了一条自主可控、开放发展的技术强媒之路，使技术支撑和数字赋能真正成为新型主流媒体高质量发展的新引擎。[①] 近年来，川报集团先后荣获中宣部报业

---

① 陈岚."智媒+"赋能新发展.新闻战线，2021（13）：61-63.

深度融合发展创新案例及多个技术奖项，参与共建的"新闻出版大数据用户行为跟踪与分析实验室"被国家新闻出版署评为13家行业重点实验室之一。旗下封面传媒被科技部、中宣部、中央网信办、文化和旅游部、广电总局等五部委联合认定为第四批国家文化和科技融合示范基地。

1. 做强智媒新引擎。迭代升级智媒治理工程，做好做优"四川云""智媒云"智媒服务解决方案、服务工具、功能场景。以封面技术团队为主力，自主研发了新闻客户端系统、智媒体采编系统、天眼可视化系统、辅助采编场景应用系统，人工智能媒体应用技术走在业界前列。川报集团的智媒体技术输出至黑龙江、辽宁、江苏、福建、海南、新疆等地，不仅有力促进了公司发展转型升级和新兴融合产业发展，技术营销收入也成为重要的新兴增长点。

2. 打造技术创新场。首先，建强技术品牌。以封面传媒、封面科技为龙头建强移动端及基础层新技术平台，以四川在线、华西都市网为基础建强网站及轻应用新技术平台，探索自建研发团队、自创技术产品、并自持品牌IP的新模式。2021年成立的封面传媒科技公司充分发挥头部传媒优势，打造数字传媒核心产业链，并开启"双品牌、双引擎"战略。其次，加大引才力度。目前，川报集团引进智媒技术人员近200人，涵盖13个技术类别、20多个技术工种，其中超七成在移动互联网领域进行研发工作；再次，创新用才机制。将"首席制"与岗位管理相结合，在高级技术岗位序列中增设首席技术岗位，畅通技术人员职业晋升通道；对技术保障基础平台实行统一建设管理，让技术平台成为集团各类媒体共用共享的数字基础设施。

3. 构建技术朋友圈。聚焦传媒特色、智媒优势，加强与行业标杆、科研院校、头部平台、专业公司在新技术新应用上的开放合作。川报集团先后与行业先驱（如人民日报媒体技术公司、光明日报等）、知名高校（如中国人民大学、北京师范大学、电子科技大学等）、互联网头部平台（如微软、BAT等）以及市场优质企业（如凡闻科技、中译语通等），共建研发机构、合作开发项目、建立技术创新实验室等方式，加强在5G、人工智能、大数据、区块链等高新技术领域的合作。①

---

① 四川日报报业集团编委会.构建全媒体传播体系 建设新型主流媒体集团.四川日报，2022-09-01（T11）.

### 三、创新优化结构：从产品到功能

按照"融为一体、合而为一"的原则，对媒体集群进行结构化设计、一体化布局，提升组织化程度，加强体系化建设，实现"化学反应"。

1. 做精产品结构。加大力度打造智库、民情、拍客、数据、辟谣等优势产品，形成精品梯队；支持打造垂类IP，延展和赋能主流优势，放大规模效应。抓住源头、原创，打造阅读产品、视听产品、沉浸式产品，去自说自话地表达，降无效低效的产能，补全媒传播的短板，增创意互动的呈现，强党媒算法的推荐。

2. 优化媒体结构。坚定以新媒体为中心为引擎，坚持有保有压动态调整，聚力做强川观新闻、封面新闻，推动自主头部新媒体成为主驱动主平台，推动全业态在线化数字化，做强端网微号矩阵生态，大力提升全网传播力、社交传播力、圈层传播力。

3. 扩展功能结构。积极参与建设四川国际传播中心，建好"三星堆"等主题海外账号矩阵；创新媒体社会治理平台，走好网上群众路线，立足媒体集团优势，积极建设新型区域信息主枢纽和公共服务大平台。

川报集团推进全媒体建设很有成效，但发展不平衡不充分的问题日益显现，主要表现在：贯彻"移动优先"战略有落差，加强和改进国际传播工作有温差，打造互联网舆论场强势媒体、建成全国一流新型主流媒体集团有差距。通过组建虚拟团队，进一步推进产品工作室机制，催生和发展新产品新服务，也需要在实践中检验。

## 第三节　规划与对策：做好渠道融合大文章

2021年10月29日，四川省委决定，四川党建期刊集团整体并入川报集团。新川报集团高质量推进党报党刊资源整合、高标准建设四川国际传播中心、高起点组建封面传媒科技公司、高水平打造国家文化和科技融合示范基地等一系列重大举措，以"起步就冲刺、开局要争先"的担当，为"十四五"发展打下坚实基础。

## 一、新目标：建成全国一流新型主流媒体集团

省委对整合后的新川报集团提出了"建成具有强大影响力和竞争力的全国一流新型主流媒体集团"的发展目标。2022年3月，川报集团制定印发《四川日报报业集团"十四五"规划》，配套出台《四川日报报业集团加快推进媒体深度融合发展实施方案》《四川日报报业集团进一步推进产业高质量发展实施方案》。规划方案重点围绕建设全国一流传播平台、培育全国一流特色报刊新媒体品牌、发展全国一流数字文化产业、打造全国一流传媒人才高地等重大事项，作出安排部署，出台政策措施，推动工作落实。

党报党刊资源整合后的新川报集团，在更广范围、更宽领域、更高平台上蓄积了高质量发展的强大动能。整合后川报集团跨媒体、跨单位、跨业务协同加速推进，媒体、品牌、技术、市场互动相融逐步深化。从"坐"到一起，到"想"到一起、"干"到一起，干部员工普遍反映，平台更广、舞台更大，团结和谐的干事热情得到激发，事业荣誉感、职业认同感、工作精气神显著增强。

## 二、新路径：渠道融合建强"6+4"全媒体系

1.加速打造六大平台。一是移动传播平台，以川观新闻、封面新闻为龙头，加强原创内容产能，做优特色内容供给、创新媒体服务形式。二是理论宣传平台，办好思想周刊、川观智库、《新闻界》以及封面研究院，打造坚强的马克思主义理论思想交流平台，不断推进高水平理论宣传阵地建设。三是科技创新平台，自研技术产品，自创技术品牌，做优数据驱动、应用转化、特色发展、安全网络等架构体系，建好国家级、省级示范基地和科创平台。四是治理协作平台，以智媒特色做优"四川云""智媒云"应用场景、服务工具、解决方案，探索"智媒+治理"的创新服务生态。五是国际传播平台，推进四川国际传播中心建设，依托媒体深度融合发展形成的全媒体传播矩阵，充分整合优势资源，拓展外宣平台，构建自主可控的国际传播融媒体矩阵。[①]六是市场拓展平台，以"新闻+政务服务商务"的创新案例、示范项目、重点工程等为基础，提升市场影响力竞争力。

---

① 四川日报报业集团编委会.构建全媒体传播体系 建设新型主流媒体集团.四川日报，2022-09-01（T11）.

2. 分类建设四大集群。川报全媒体集群，深耕主流全媒内容，建强数智可控平台，做优区域党媒生态。期刊传媒集群，着力建设全国一流新型党刊、打造系列特色名刊、探索新型服务平台，推动《四川党的建设》《廉政瞭望》《新闻界》等提质增效。封面传媒集群，做强封面新闻 App，做大封面传媒科技，率先在国内打造出"科技 + 传媒 + 文化"生态体。行业传媒集群，推动《精神文明报》《四川法治报》《文摘周报》等打造融媒精品，提升服务能力。

3. 通过互联网生态下的媒体深度融合，形成传统媒体的创新发展能力，进而达到建设全媒体传播体系，建立新型主流舆论阵地的目标，不仅是适应社会发展需求及提升社会治理能量的"国策"所需，更是传统媒体在当下必须完成的紧迫任务。作为具有地方报业集团典型代表性的四川日报集团，在融合创新的实践路径上做了诸多有益的尝试，也形成了较为显著的成果。这样的尝试与相应成效所构成的成功案例，也可以成为同类媒体在继续探索融合创新路径上的借鉴，继而达到更大范围融合创新发展的目的。

# 第五章　创新"三农"传播　助力乡村振兴：《农民日报》的融合发展

李　炜　郑一丹[①]

务农重本，国之大纲。"三农"问题始终是关系国计民生的根本性问题。党的十八大以来，党中央坚持把解决好"三农"问题作为全党工作的重中之重。我国脱贫攻坚取得全面胜利，"三农"工作重心转向全面推进乡村振兴，农业农村现代化不断迈出新步伐。第50次《中国互联网络发展状况统计报告》显示，我国现有行政村已实现"村村通宽带"。截至2022年6月，农村地区互联网普及率为58.8%。[②]城乡地区互联网普及率差异进一步缩小，农村群众获取信息的渠道逐渐多样化。在农村信息化以及媒介融合的大环境下，"三农"媒体主动正肩负着社会主义新农村建设的历史任务，以崭新姿态推动农业发展、农村进步和农民致富。

《农民日报》前身为《中国农民报》，创刊于1980年4月6日，是我国历史上第一张面向全国农村发行的全国性、综合性的中央级报纸。农民日报为农而生，始终遵循"做党的宣传喉舌，农民的知心朋友"的办报宗旨。随着网络传播技术的迭代发展和媒体生态环境的改变，农民日报社不断探索，搭建起以《农民日报》、中国农网、"三农号"客户端为主体，多种第三方平台账号为补充的融媒体传播矩阵，充分发挥融合传播的优势，积极发挥媒介生产力，助推乡村振兴，积极建设成为"三农"领域新型主流媒体。

---

[①] 李炜，传播学博士，西藏民族大学新闻传播学院教授；郑一丹，西藏民族大学新闻传播学院2021级硕士研究生。

[②] CNNIC.CNNIC发布第50次《中国互联网络发展状况统计报告》. http://www.cnnic.net.cn/gywm/xwzx/rdxw/20172017_7086/202208/t20220831_71823.htm.

## 第一节 打造互联网传播新阵地，建设专业权威信息门户

中国农网起源于 2004 年农业日报创办的"中国农业新闻网"，是农民日报社建设的"三农"网络服务平台，也是农业农村部权威涉农信息发布的重要窗口。依托《农民日报》《中国农村信用合作报》《中国畜牧兽医报》《中国渔业报》等报纸和中华全国农民报协会各省市会员单位的采编力量，中国农网成为国际互联网中海内外读者了解中国农业、农村和农民的重要阵地。

中国农网高扬主旋律，坚持正确政治方向，认真做好核心宣传。精心制作"习近平关于三农工作重要论述资料库"并在首页重要位置展出，详细阐释宣传党的农业政策，履行党和政府指导全国农业农村工作重要舆论工具的职能。中国农网三农信息综合全面，设立新闻、思想、政策、案例、科技、文旅、数据、资讯八大版块，覆盖范围广泛。各大版块下又分设多个子专栏，如"案例"下有"人物""经验"和"榜样"三个子专栏，条理分明，提高用户获取信息的效率。在首页设置"时政头条"及"三农头条"，对重要时政、三农新闻进行重点推荐，保证网站精品内容的及时输出。

## 第二节 坚持移动优先战略，重点发力自主客户端平台

移动优先是传统媒体转型升级的共识。农民日报推出移动客户端"三农号"，主要功能是实现"三农"新闻资讯的及时准确推荐、农业信息的直播服务、数字报的移动展示及用户个性化服务。

在产品新闻功能方面，"三农号"采用目前客户端市场较受欢迎的频道制新闻列表，实现垂直类新闻资讯的高效分发。目前"三农号"包含"窗口""活动""农+"和"庭院"四个频道，并开通频道编辑功能，允许用户根据个人喜好程度自定义排序频道内容，真正实现"以我为主"；其中，"庭院"功能是三农号客户端独具特色的个性化功能，将用户感兴趣的领域概念化为一个"庭院"，用户可在里面自主订阅已入驻的农民日报社旗下子报、自媒体账号、全国多数省区市党委农办账号以及党媒账号，从用户个人需求出发，定制专属自

己的"报纸",真正实现"为我所用"。

在产品服务功能方面,"三农号"开通农业活动的直播服务,让用户通过手机移动客户端远程参与线上互动,成为用户更新知识、学习技能的利器。2022年,平台先后直播了"全国农民手机应用技能培训周""国际蔬菜科技博览会""银担支持大豆和油料作物生产工作推进会"等活动,帮助农民广开视野、拓展思路,推进社会主义现代化新农村建设。

## 第三节 搭载社交媒体,实现传播效应最大化

社交媒体凭借独特的传播结构和信息呈现方式成为当下新闻传播和社会舆情发酵的场域。《农民日报》充分发挥专业内容生产优势,积极打造第三方平台官方账号,拓宽内容分发渠道,拓展党报影响力。

### 一、"两微"平台:新闻服务连接用户

"两微"(微博、微信)平台是中国移动互联网中具有重要影响力的社交平台,也是众多传统媒体拓展社交传播网络的必然选择。农民日报"两微"平台立足"三农"特色,实时发布重大时政、涉农政策信息,连结农民群体。

微博是互联网中社情民意的晴雨表。农民日报官方微博粉丝数已达25万+。《农民日报》始终重视发挥评论的旗帜和灵魂作用,凭借微博推文短、平、快的特点,推出多篇微博"爆款"评论文章,有效提高新媒体平台舆论引导力。2022年7月25日,B站视频《回村三天,二舅治好了我的精神内耗》发布后播放量一路飙升,成为上半年最火的爆款短视频。7月28日,农民日报评论文章及话题《读懂"二舅",就读懂了中国农民》冲上全国微博热搜,文章阅读量累计超过7000万,并被多家知名媒体和大V转发,话题阅读量超400万,引发网民争相讨论。农民日报官方微博擅于从公共新闻中寻找"三农"接口,在热点事件中创造了多个热搜、话题,既实现了"三农"新闻的破圈传播,又进行了有效的议程设置,体现出主流媒体为农发声的责任担当。

微信是公众分享新闻资讯的关系网络。农民日报官方微信公众号自2014

年上线以来，依托微信的强大流量、主流媒体的口碑效应和优质的内容输出，收获众多用户关注，运营策略日趋成熟稳定。界面设置上，农民日报微信公众号界面菜单分三板块栏，分别是"三农资讯""三农信箱"及"为您服务"，提供便捷的信息入口和沟通渠道；推送模式上，公众号日均推送量保持在10条信息左右，常见推送时间段在6时—8时、11时—14时以及18时—21时，动态规律性地更新信息；内容呈现上，创设"仲农平""三农学习谈""围农夜话""三农词条"等一批品牌栏目，多视角、多层次、多形式做"三农"领域的记录者和传播者；渠道运营上，针对不同领域话题内容，农民日报社开设旗下多个子媒体公众号，如"中国乡村治理""重农评""农民日报国际""帮农问"等，深耕垂直领域的同时打造成微信矩阵，强化各公众号之间的连接与互动，实现精准传播、扩大媒体影响力。

二、社交短视频：视听语言快速引流

在社交媒体风靡互联网的时代，短视频是流量的入口，也是表达的出口。短视频的流行号召力吸引着越来越多媒体入驻社交短视频平台。自2016年上线以来，抖音凭借着强大的用户规模和日均活跃度成为短视频领域的头部平台。截至2022年8月，农民日报官方抖音号累计粉丝量已超408多万，获赞量超6300多万，农民日报成为"三农"领域官方媒体头部账号。

从内容主题来看，农民日报抖音号主要围绕时政新闻、社会热点以及"三农"资讯，传递国家重要的涉农方针政策，并注意转变传播语态，从平民视角开展正能量报道，在涉农短视频舆论场中发挥"风向标作用"。如2022年七一建党纪念日前后，抖音号先后制作《回顾建党100周年》及《庆祝香港回归25周年》短视频，以特写镜头选取习近平主席重要讲话并穿插历史视频素材，30秒的视频迅速收获了30万+的点赞量。从剪辑方式来看，结合抖音平台碎片化传播特点，日常视频时长基本控制在15秒以内，符合受众视听习惯，同时巧用"背景音乐+同期声"的二次生产模式，增强短视频的新闻感染力。此外，运用抖音话题、特效平台等工具，发挥抖音平台特色，创新短视频传播形式。2020年农民日报抖音号推出"#老乡的美好生活#"话题活动，邀请"三农"知名创作者广泛参与，使用话题专属贴纸工具拍摄短视频，相关视频在抖音上的播放量达 7.3 亿次，有效加强了主题宣传力度。

《农民日报》还积极入驻了 B 站、视频号、快手等社交视频平台，根据各平台特色及传播规律制作并分发产品，满足不同圈层用户和不同应用场景的使用需求。《农民日报》的视频传播策略更契合社交传播的规律，通过新闻短视频的爆款引流，不仅提高了媒体品牌公信力、影响力，还大大提升了涉农信息沟通的渠道价值。

## 第四节　开拓全媒体版图战略，开辟可持续发展新路径

唯改革者进，唯创新者强。为实现媒介融合从"相加"到"相融"，农民日报社在技术、内容、形式、平台、渠道等各方面守正创新，以协同高效的理念来推动媒体融合向纵深发展，融多种形态、业态为一体。

### 一、强化工具思维，提升党媒传播有效性

工具思维在全媒体传播体系中指运用媒介融合的具体手段来提高传播效能，融合创新的工具思维代表着一种新的生产和表达方式，内容、形态、技术等都可视作是工具。融媒体时代的工具已经由传统纸媒常见的通讯、评论、专栏、特稿扩充为包括 H5、话题、直播、vlog、动画、微电影等多媒体手段。《农民日报》以工具思维为导向，大胆探索尝试新技术，赋予产品新形式。如《一图读懂|"十四五"全国农药产业发展规划》，摒弃过去传统纸媒长篇幅的文字讲解，以长图的形式全面准确讲解最新政策及思想，简洁生动的图文设计增强了信息的可读性。推出"两会重农同期声"系列融媒产品，运用虚拟主播、H5、同期声等多种形式进行传播创新。在推进媒体深度融合的进程中，《农民日报》时刻保持对传播技术的敏感度，让技术赋能实现"1+1>2"的效益，激发内容生产活力和传播影响力。

### 二、创新报道形式，用心讲好"新农人"故事

《农民日报》的核心服务对象即农民和为农民服务的人，随着农村信息技

术迭代升级，我们的服务对象分化出以从事现代农业生产的新农民、进城务工的新农工、服务"三农"的新农干为代表的"三新"人群。"三新"人群以手机为新农具，通过移动互联网获取信息。[①]在"三农"现代化助推乡村振兴的环境下，农民日报坚持以"三重（重大评论、重大经验、重大典型）"报道领衔的舆论引导模式，发扬深度报道的优势，挖掘基层真实案例，放大"重大典型"的先锋示范作用。

2019年5月11日农民日报社刊发深度报道《农村清洁取暖之痛：层层任务重，"宜"字难落实》，聚焦农村清洁取暖的难点、痛点，客观报道政府、企业以及农民的诉求，分析问题症结所在，探讨解决问题的路径。作品见报后，被人民网、新华网、搜狐等几十家网站转载，并荣获第三十届中国新闻奖二等奖，深厚的新闻专业素养让"三重"报道模式在媒体融合的大环境下依然彰显活力。此外，《农民日报》加强可视化呈现，通过纪录片、短视频、vlog等形式描绘乡村振兴的锦绣图景，此类视频主题以农业生产、乡村文化、原生态风景、农民生活为主，倚靠强大的制作团队和成熟的运营体系打造优质内容。近年来，《农民日报》已先后生产一大批关于"新农人"的视频产品，如在B站和"三农网"客户端连续推出微纪录片《寻·人》《言者》《段落》，在微博及微信公众号推出vlog系列视频《种粮大户vlog》。

## 三、建设融合采编平台，提升内容生产效力

2020年至2021年中国新闻事业全媒体化、平台化趋势日益显著。[②]平台建设是推动媒体深度融合的重要基石，做优内容、做强平台才能有效掌握舆论引导权。

《农民日报》全媒体采编中心整合原有各独立采编渠道，集内容采集、生产、分发、数据收集、效果反馈于一体，支持全天候移动采集、现场记录、本地上传文字、图片、音视频等全媒体新闻数据，针对渠道和平台的不同需求和传播规律进行有针对性的采编和分众式发布，为记者编辑提供高效率的一体化新闻生产模式，做到同类话题不同形态产品在多平台同步分发，实现全网联动。

---

① 何兰生.讲好振兴故事，放大"三农"音量.中国记者，2022（1）：21-25.
② 中国记协报告：中国新闻事业全媒体化、平台化趋势日益显著.新闻世界，2022（6）：71.

农民日报社全媒体采编平台充分利用大数据、云计算、人工智能等技术，构建起统一指挥调度、高效整合采编、多渠道融合生产、智能化生产引擎、大数据分析等核心能力体系，通过线上线下融合推广，吸引更多"三农"受众群体，提高"三农"数据信息分析监控效果和效率，对互联网上的信息所涉及的内容、质量、价值观等进行全面、高效、规范化的监督，促进内容和形式的不断发展，实现报社信息传播、服务"三农"的重要目标。①

## 四、"传媒+文化"策略，推动乡村文化振兴

乡村振兴，文化先行。乡村全面振兴包括了产业振兴、人才振兴、文化振兴、生态振兴、组织振兴五方面的内容。乡村文化振兴为乡村全面振兴提供强大的精神动力和文化支持，没有"富脑袋"的指引，"富口袋"也随时可能变成"空口袋"。《农民日报》作为中央级涉农媒体，积极承担起乡村文化振兴的重大责任。为培育文明乡风和良好家风，农民日报专设"乡风文明"版面，集中报道乡村地区移风易俗、文明村落、志愿服务等生动案例，引导人们践行社会主义核心价值观。

《农民日报》注重创新乡村文化传播形式，以"传媒+文化"的发展策略多角度开掘乡村文化资源，围绕地方特色文化、农村非遗文化、农业文化遗产传承保护等主题，推出一系列重点报道，展示各地区各民族的传统文化。2021年中国农民丰收节期间，农民日报社联合中华全国农民报协会及传播平台，共同发起"古村落里的丰收中国"大型报道和"古村落里看丰收"网络互动活动，前者通过丰收节整版特刊和全媒体报道展示各地古村落的传统习俗、历史文脉、乡村产业和丰收图景，后者引导用户在社交平台"古村落里看丰收"话题中上传图文或视频，分享丰收节活动现场的热闹景象以及古村落的变化，鼓励农民成为乡村文化传播的重要推动者，既避免了媒介语境中乡村生活的他者化想象，又增强了农民在新媒体传播中的主体性和话语权。

乡村振兴既要有高素质的农业技术人才作支撑，也要培养一批有文化、懂技术、会经营的新型农民。② 农民日报新媒体中心创设融媒动画栏目"三农

---

① 中国新闻出版广电报/网.2021年中国报业深度融合发展创新案例.https://www.chinaxwcb.com/info/576560，2021-12-23/2022-08-11.
② 谭鑫，谭嘉辉.以乡村文化振兴推动乡村全面振兴.社会主义论坛，2021（11）：50-51.

词条",将三农知识转化为1—2分钟的动画视频,每周一期,通俗易懂,满足三农群体的求知需求;创新推出融媒评论专栏"三农学习谈",围绕习近平总书记最新会议、考察中发表的重要讲话,解读深刻内涵和核心要义;在报纸开设"现代种业""科技创新""农田建设"等版面,介绍农业科技领域的最新成果及地区先进建设案例,普及农业科技知识,提高农民科学文化素养。

### 五、助推农产品品牌建设,加速乡村产业振兴

产业兴农,品牌强农。2018年,中共中央国务院印发了《乡村振兴战略规划(2018—2022年)》,提出培育提升农业品牌的重点发展方向。《农民日报》凭借着权威性和专业性优势,主动参与农产品产业相关议题的构建和传播,促进区域特色产业增收,积极响应乡村振兴的重要战略。

一方水土养一方风物,农产品具有天然的地理基因。在助推农产品品牌建设时,《农民日报》注重突出品牌的区域性特征,通过与农产品的区域性、地方政府的农业发展举措形成共振机制,为品牌传播提供动力支持。在传播策略上,《农民日报》坚持用区域文化赋能产品,凸显地方特色,形成鲜明的品牌认知,带动区域农产品产业发展,同时,将宏观的"文化兴农"策略具象为一个个品牌故事,如"徽州臭鳜鱼"的电商故事、"潜江小龙虾"的致富故事、"芒康葡萄"的区位故事、"大佛龙井"的佛教故事等等。除了采写团队长期细致深入的了解外,《农民日报》鼓励基层群众亲口讲述特色农产品背后的故事,增强报道可信度和趣味性,让读者在阅读或分享相关报道时,也了解到一个地区真实、淳朴、丰富的风土文化。

作为主流媒体,《农民日报》积极与政府展开合作,通过举办推介会、发布会、研讨会、洽谈会等方式,聚集各行各业各地的优质资源,为"新生"农产品品牌和区域传统品牌"造势",切实促进农产品流通,提升农民群众的品牌品质意识。在日常报道中,《农民日报》注重与国家政策同频共振,审时度势做好新闻策划。2020年决胜脱贫攻坚、实现全面小康之际,《农民日报》推出特别策划栏目"脱贫攻坚一县一业",每期报道介绍一县的特色农产品,从贵州威宁县的优质苹果、四川甘孜丹巴县的高原生态鸡子到新疆莎车县的有机巴旦木,农产品种类丰富,报道对象覆盖全国大范围地区,描绘出乡村振兴

的美好愿景。

## 六、坚持为农发声，实现产销对接

健全的农产品产销对接体系是农业现代化的重要标志。目前，我国部分地区农产品依然存在产得出、卖不掉、卖不好的现象，农产品产销方面存在着信息不对称、对接管理机制不健全、配套机制不完善等问题。《农民日报》兼具党报姓党的政治属性和农报属农的功能属性，始终践行"为农民说话，让农民说话，说农民的话"的办报情怀，通过媒体宣传功能促进产销对接，扩大农产品销售渠道，以更具创新性的内容形态和传播方式实现对接更广泛受众信息需求。2020年，受新冠肺炎疫情影响，传统供货渠道收缩导致不少农产品滞销，《农民日报》发挥新媒体平台互动性强、反馈及时的优势，与拼多多联合向全社会征集滞销农产品信息，用户扫码即可进入拼多多平台"农产品滞销信息反馈入口"，经业务专员核实后将第一时间进行对接，协助当地农民完成农产品的上线和销售，并提供流量及曝光度支持。2022年，为巩固脱贫攻坚成果，助推优质农产品出山，农民日报社与恩施州人民政府、武汉电视台等联合主办"寻鲜恩施 武陵优品"公益助农直播，直播农产品覆盖农业农村部武陵山区定点帮扶的11个县市，让优质农副产品通过网络直播走到人们眼前。除定期举办助农活动外，多年来农民日报社贴近农民生活，让新闻报道下到基层去，持续关注农民生产经营中遇到的问题，发表《急！30多万斤辣椒滞销，种植户急盼销路！》《南瓜近一半滞销，江西这个村的农民很头疼》《急！100多万斤生姜滞销，预购请联系胡小虎书记！》等多篇报道。农民日报社贴近农民实际生活，践行为农发声，公益助农，有效促进了农产品的产销对接，完美契合了农业类媒体的功能定位。

## 七、培养"三农"专家型记者，促进"三农"事业发展

专家型记者对自己所负责的新闻报道领域的专业知识有较深的了解并成为某行业"专家"。后真相时代，人人都有麦克风，用户阅读行为呈碎片化，"失实报道""反转新闻"层出不穷。比如近年来三农领域经常出现的食品类安全谣言，不仅给消费者带来了错误判断，更是给生产者带来了极大的损失。迫切

需要"三农"专家型记者解疑释惑，及时纠正信息偏差。

"三农"记者就像一个连接者，把自己和时代连接在一起，把中央和基层连接在一起，把群众的呼声和政府部门的政策连接在一起。一名优秀的"三农"专家型记者要具有较高的政治素养和责任意识，做好麦田守望者，同时要及时跟进"三农"领域的新知识、新热点。农民日报社启动"三农"专家型编辑记者培养计划，根据不同领域组建学习研究团队，通过三年时间的学习研讨培养成为"三农"领域的专家型记者。[1]同时注重报道经验的交流启发，连续多年开展"好记者讲好故事"演讲比赛，倡导调动记者扎根泥土，在实践中提升专业素养。

### 八、密切外界合作，深挖行业资源

传统纸媒时代，报社往往遇到传播主体单一、平台资源有限、盈利空间不足、经营模式落后等问题。而随着融媒体进程的持续推进，农民日报社注重增强合作思维，深化与政府机构、头部新媒体平台、商业平台、涉农企业、各大高校等的联动合作，实现社会效益和商业效益的双丰收。

跨区域合作，聚焦"三农"领域最前沿。随着政府部门的职能转化，跨区域的政媒合作有利于提高产品质量，扩大品牌影响力。近年来，农民日报社采取签订战略合作协议、共建合作项目的方式拓展跨区域合作版图，先后与黔南州人民政府、广元市人民政府、长春市人民政府等签署战略合作协议，以此为契机对不同区域农业农村工作进行长期观察和深入研究，反映其在实现乡村振兴过程中的新思想、新举措、新成果。

跨行业合作，扩张传媒产业边界。疫情期间，互联网平台的数字化服务有效拉动了新兴的消费方式，国内媒体已在教育、旅游、健康、文娱等领域进行大量的跨行业合作探索。《农民日报》积极开拓"媒体+电商+农业"的合作模式，2022年7月与拼多多联合策划"寻鲜中国好农货"公益助农活动，在全国范围内寻找新鲜的当地应季食材，以"尝鲜直播"、专区推荐、专题报道等方式，向平台用户介绍"好农货"，实现优质农产品产销对接，助力乡村振兴

---

[1] 冯克."三农"专家型记者如何炼成——以《农民日报》专家型编辑记者培养计划为例.中国记者，2015（3）：57-59.

的同时又拓展了报社盈利空间，创新经营模式。

  跨平台合作，取长补短。《农民日报》作为专业性"老牌"纸媒，以文字报道见长，而随着用户媒介接触偏好的变化，可视化报道成为媒体融合发展中的必经之路。《农民日报》从"视频+"的合作模式入手，与头部短视频平台开展合作，让品牌形象更加生动、活泼、年轻。2019年，《农民日报》与趣头条号本地频道联合推出《寻》系列视频节目，邀请趣头条号上具有代表性的优质地方创作者，分享他们具有地域特性的家乡人情风貌。双方鼓励自媒体作者自由创作的同时也进行把关引导，保证了内容百花齐放，又积极向上。

  从《农民日报》的融媒体发展路径来看，媒体融合是一个多维度多层面的复杂过程，不仅需要创新内容生产、渠道运营、传播策略，还需要加强业务拓展，形成成熟系统的经营模式。《农民日报》作为"三农"领域的中央级、综合性大报，除了把握媒体融合的大方向外，还注重立足行业特色及用户群体特点，矢志做"最爱农民""最重农业""最懂农村"的媒体，为全面推动乡村振兴、加快农业现代化发展奠定良好的新闻报道和舆论氛围。在深耕内容的同时打造农业公共服务入口，提供"三农领域"专业、权威、独家的全媒体信息服务的农民日报社将持续发挥行业类媒体的引领作用和责任担当。

# 第六章　贵州日报当代融媒体集团：融媒体建设助力全媒体传播体系构建

黄小刚[①]

2020年9月，中共中央办公厅和国务院办公厅印发了《关于加快推进媒体深度融合发展意见》，提出要"尽快建成一批具有强大影响力和竞争力的新型主流媒体，逐步构建网上网下一体、内宣外宣联动的主流舆论格局，建立以内容建设为根本、先进技术为支撑、创新管理为保障的全媒体传播体系"[②]。贵州日报当代融媒体集团（以下简称集团）于2019年2月正式组建成立，是由原贵州日报报业集团和当代贵州期刊传媒集团整体合并组建的新型省级主流媒体集团。目前已建成由《贵州日报》《当代贵州》等2份党报党刊为引领，包括"天眼新闻"客户端、当代先锋网两大新媒体产品，《贵州都市报》《法治生活报》《贵州体育报》等3份非时政类报纸，《晚晴》《电影评介》《媒体融合新观察》《能源新观察》《大众科学》《孔学堂》《环球美酒》《全域旅游》《乡村地理》《贵商》等10种非时政期刊，孔学堂书局、贵州文化音像出版社等2家出版社等组成的融媒体矩阵。作为全国第一家以"融媒体"命名的省级主流媒体集团，自成立以来始终坚持"政治建社、新闻立社、融合兴社、人才强社"发展原则，秉承"平台融合、流程再造、策划先行、内容为魂"发展理念，以"融媒体"引领机制构建、平台塑造、智库建设、智能服务、产业拓展等全方位内容，以"融媒体"建设助力全媒体传播体系构建，不断推动媒体融合向纵深发展。

---

[①] 黄小刚，博士，贵州民族大学副研究员，研究方向：文化产业。
[②] 中国政府网.中共中央办公厅　国务院办公厅印发《关于加快推进媒体深度融合的意见》. http://www.gov.cn/zhengce/2020-09/26/content_5547310.htm.

## 第一节　融媒体指挥调度体系

机构融合是推动媒体融合创新发展的机制保障。集团以"融媒体"建设为核心，构建了"1+4"融媒体指挥调度体系，为集团融媒体建设与发展提供了职责明晰的机构设置和强有力的机制保障，确保集团融媒体建设有序推进。

"1+4"融媒体指挥调度体系由"1"个主体和"4"个中心组成，其中，"1"个主体是新闻宣传管理办公室，"4"个中心分别是融媒体指挥中心、融媒体编辑中心、融媒体采访中心和融媒体技术中心。新闻宣传办公室作为该调度体系的主体与核心，主要负责统筹管理报刊社采编工作和意识形态工作，充分发挥主流媒体引导主流舆论的重要功能，确保媒体融合发展沿着正确的方向有力推进。融媒体指挥中心是集团融媒体建设的"指挥部"和"神经中枢"，主要负责对策划、采访、编辑、发布等传播全链条的资源整合、工作调度、持续跟进等工作，确保集团融媒体建设有序开展、稳步推进。融媒体采访中心是集团融媒体建设的内容"生产部门"和"神经末梢"，主要负责为报、刊、音、网、端、视、听、微、号等各终端传播平台提供有温度、有深度、有广度的优质内容。融媒体编辑中心是集团融媒体建设的集成处理与编辑加工中心，主要负责集团各终端平台相关内容的编辑、加工与发布，是集团各终端平台内容的统一对外发布出口。融媒体技术中心作为"保障系统"，主要负责集团融媒体建设相关的技术研发、引进、管理、维护等工作，确保集团融媒体建设各项工作顺利推进，为集团融媒体建设提供技术赋能。

## 第二节　融媒体核心平台

融媒体产品是媒体融合创新发展的具体成果，是主流媒体引导主流舆论的有力工具，是大众消费和体验媒体内容的重要渠道，也是检验媒体融合创新发展成效的试金石。集团重点打造了"天眼云"平台、"天眼新闻"客户端和当代先锋网三大融媒体核心平台，成为集团融媒体建设的核心产品。

## 一、"天眼云"平台

近年来，集团在引进浙江日报报业集团"天目云"融媒体采编系统的基础上，打造了自主可控的"天眼云"平台，为集团融媒体建设赋予强有力的技术支撑。该平台以统一的底层架构和统一的平台，重塑了采编流程，实现了对集团报、刊、网、端、微、视等全媒体产品的内容生产与集成，"将原有报、刊、网、端四条'生产线'合而为一，抓好策、采、编、发四大环节形成了策划先行、一次采集、多种生成、多元传播的新型采编流程"[①]。同时，以该平台为依托，集团实现了所属各类新闻资源、人力资源、技术资源、设备资源等的一体化整合与互联互通，所有新闻稿件全部汇总到共享稿库，所有媒体资源全部汇聚到"中央厨房"。

## 二、"天眼新闻"客户端

"天眼新闻"客户端是在原"今贵州"新闻客户端和"当代贵州"新闻客户端基础上，通过技术、内容、人员等全面融合创新而推出的融媒体平台。"天眼新闻"客户端的上线运营，是集团推进媒体融合创新发展走向纵深，奋力打造新型主流媒体平台、建设新型主流媒体集团的重要举措和重要成果。"天眼新闻"客户端以"开天眼，阅多彩"为核心理念和发展定位，深耕贵州、面向全国、放眼世界，通过及时快速的主流信息发布、多元丰富的全媒体产品形态，努力让读者"掌中望苍穹，而知天下事"。上线运营以来，"天眼新闻"客户端始终坚持守正创新，不断提升省级主流媒体品牌的传播力、公信力和影响力，成功入选"2020年中国报业深度融合发展创新案例"。

"天眼新闻"客户端始终坚持"围绕中心工作抓原创、围绕社会民生抓爆款"的内容生产理念，按照"深挖、提炼、扩面、广传"的方针，以高质量的优质内容不断增强主流媒体公信力和影响力。以"天眼云"平台为依托，坚持"移动优先"原则，对策、采、编、发四大环节进行改革重构，以共建共享持续提升资源整合力。始终贯彻"无视频不新闻、无图片不传播"的理念，不断加强技术改进与形式创新，推出了一大批极具冲击力的媒体产品，有效扩大了信息

---

① 邓国超. 70周年再起步 融合发展谱新篇——贵州日报报刊社、贵州日报当代融媒体集团改革发展的实践与思考. 传媒，2019（10）：23.

传播的范围，增强了信息传播的知名度和影响力。

### 三、当代先锋网

当代先锋网作为集团官方新闻网站，属国家一类新闻资质网站，于2011年6月正式开通运行，以权威信息发布、海量新闻资讯、媒体融合平台为定位，开设了政务、问政、视频、直播、原创、图库、经济、社会、教育、文化、访谈、评论等多个栏目，并设置《贵州日报》电子版、《当代贵州》电子版、《贵州都市报》电子版等数字化刊物和贵阳、遵义、六盘水等地方专栏，是社会大众了解贵州、关注贵州的权威新闻渠道之一。2020年，当代先锋网入选贵州省新媒体影响力排行榜新闻网站类年度十强，2021年获人力资源和社会保障部、国家广播电视总局和国家新闻出版署联合颁发的"全国新闻出版广播影视系统先进集体"荣誉称号。

## 第三节　融媒体编辑部

近年来，集团始终坚持"聚焦'扩面'，开展省内外'云联动'传播"，[①] 持续整合省内外媒体资源，推动完善中央媒体、省级媒体、市级媒体和县级融媒体中心四级融合发展布局。

### 一、贵州融媒体云上编辑部

2020年7月21日，《贵州融媒体云周刊》在"天眼新闻"客户端创刊，标志着"贵州融媒体云上编辑部"正式成立。这一在机构设置、形态等方面都不同于传统编辑部的"云上编辑部"，由贵州日报天眼新闻总编室、当代先锋网和天眼新闻编辑部联合发起，是全省"首个以'云编辑'为理念组建的超级编辑部，也是贵州最大的聚合县级融媒体中心平台资源的网络编辑部"[②]。截

---

[①] 邓国超，李悦欣.守正创新融合发展，在构建全媒体传播体系新征程上大步向前——贵州日报报刊社推动媒体深度融合发展探索.中国记者，2022（1）：41.

[②] 王璐瑶.贵州日报在媒体融合大考中的探索之路.传媒，2021（2）：20.

至 2022 年 8 月，都匀市融媒体中心、大方县融媒体中心、红花岗区融媒体中心等全省 96 家县级融媒体中心和贵州消防全媒体中心已全部入驻编辑部，[①] 近 400 名来自不同融媒体中心的常驻编辑跨越了时间与空间的阻隔，在编辑部实现云沟通、云编辑、云分享。

贵州融媒体云上编辑部作为连接省内县市级融媒体中心的桥梁和整合省内各类媒体资源的平台，通过资源共享、平台共建、内容互推、技术互通，实现了全省各级融媒体中心的深度融合，极大推动了县市级融媒体中心在技术、内容、创意、策划等方面实现共建、共享、共融、共赢。从横向上看，贵州融媒体云上编辑部作为一个线上集成平台，实现了对全省各县市级融媒体中心资源、内容乃至人员的横向整合与系统集成。同时，还牵头组织并举办了"大考之下，主流媒体的 100 种表达方式"等媒体融合主题案例分享、主题培训等系列活动，为全省各县市级融媒体中心搭建了交流平台，促进了彼此之间的学习与合作。从纵向上看，贵州融媒体云上编辑部充分依托集团自有的"天眼新闻"客户端、当代先锋网等省级融媒体平台，对各县市级融媒体产品进行二次加工与传播，并与今日头条、百家号等第三方平台实现链接，增加了县市级融媒体产品的传播频次，扩大了传播范围，提升了社会影响。

## 二、区块链新闻编辑部

贵州融媒体云上编辑部"向下"实现了对全省各县市级融媒体中心的整合，推动了省级媒体与县市级融媒体中心的融合发展。2020 年全国两会期间组建的"区块链新闻编辑部"则从"向上"和"横向"两个维度，实现了与中央媒体、其他省级主流媒体以及商业媒体之间的联动发展。区块链新闻编辑部由"天眼新闻"客户端、当代先锋网与北京广播电视台"北京时间"、上海报业集团"澎湃新闻"、湖北广播电视台"长江云"等全国 22 家省市主流新媒体共同组建，是贵州省与中央媒体、省外主流媒体对接交流的重要平台，在"全国两会等重要宣传节点开展 12 次媒体间'跨越山河大海、击破时空障碍'的云端大型联

---

[①] 周梓颜. 首次亮相！这期我们"宣推"自己. 天眼新闻, https://baijiahao.baidu.com/s?id=1739966196515728362&wfr=spider&for=pc.

合报道",[1] 有效促进了与省外主流媒体之间的联动合作,促进了贵州主流媒体的社会知名度和影响力。

## 第四节　融媒体智能服务

近年来,集团不断强化数字技术的多维度、多层次转化,不断推动融媒体技术、产品与服务在不同领域、不同行业中的应用,并以"做强全媒体新闻业务、聚合大数据智慧政务、丰富全领域社会服务、拓展物联网智能商务"为理念和目标,不断创新探索"新闻+政务商务服务"模式,在做好新闻宣传、强化舆论引领这一基本功能基础上,不断创新商业模式,为大众和社会提供更优质的融媒体智能服务,并在这一过程中增强集团自我造血功能,推动媒体深度融合发展。

### 一、做强全媒体新闻业务

全媒体新闻业务是集团核心业务,也是"新闻+政务商务服务"模式的基础和前提。集团通过"平台融合"驱动转型发展、"流程再造"践行移动优先、"策划先行"保障内容生产、"内容为魂"引领传播力建设、"技术赋能"提升生产能力等措施,持续推动媒体转型与融合发展,不断做强做优做深全媒体新闻业务。如通过采编资源全面融合、终端品牌全面融合和机构设置全面融合,实现集团融媒体资源整合与平台融合;通过"中央厨房"建设共享稿库,依托"天眼云"平台抓好策、采、编、发四大环节,实现全媒体新闻内容生产流程再造;通过在主题报道策划中抓重点、在日常报道策划中找热点,为集团优质原创新闻内容提供机制保障;通过实施"优质原创内容泉涌计划",推行"无视频不新闻、无图片不传播"理念,促进实现全媒体新闻内容优质、形式新颖,推动主流媒体集团现代传播能力建设;通过广泛配备摄像机、手持稳定器等硬件设备,开发完善"多彩拍"手机随拍功能,应用自动生成、H5技术等,

---

[1] 邓国超,李悦欣.守正创新融合发展,在构建全媒体传播体系新征程上大步向前——贵州日报报刊社推动媒体深度融合发展探索.中国记者,2022(1):41.

不断完善全媒体新闻产品生产工具，提升生产能力，提供更加符合现代消费者消费习惯和阅读偏好的全媒体新闻产品。

## 二、聚合大数据智慧政务

智慧政务是"新闻+政务"的具体体现，也是融媒体业务的重要组成板块。集团充分依托"天眼云"平台和"天眼新闻"客户端技术优势，与各级各类政府资源深度合作，提供智慧化、精准化、便捷化政务服务。目前，集团已完成与全省96家县级融媒体中心和贵州消防全媒体中心在技术、资源、内容等层面的共建共享共融，持续参与地方政府和有关部门智慧化政务服务。如在"天眼新闻"客户端上开设政务服务专栏，为用户提供住房与公积金、公安交警、卫生计生、经营纳税、工商注册、交通旅游、教育信息、司法法律、农林水、环境保护、资格资质、科技创新、公用事业、信用信息等覆盖范围广泛的政务服务功能，为用户提供智能化、便捷化的政务服务，让用户足不出户便可在手机端查询和办理相关业务。

## 三、丰富全领域社会服务

社会服务作为媒体融合发展的重要延伸，是主流媒体服务社会民生的重要平台和渠道。集团充分依托现代数字技术，深入了解和对接用户需求，为用户提供优质便捷的生活服务，为全省经济社会运行和群众日常生活提供了强有力的服务支撑。集团在原有的96811呼叫中心基础上，以"数惠大民生、服务千万家"为宗旨，将呼叫中心改版升级为"96811民生服务平台"，"从传统的电话呼叫向'新闻线索提供、广告营销服务、市民生活服务、群众信访投诉'四位一体互联网分发平台的'涅槃'式迭代"，[①]并开设了家政服务、维修服务、清洗服务、家庭服务、管道服务、翻新服务、检修服务、火车票查询、景区查询、公交线路、疫情防控等类型多样的社会生活服务，让用户"一机在手，服务全有"。

---

① 邓国超，李悦欣.守正创新融合发展，在构建全媒体传播体系新征程上大步向前——贵州日报报刊社推动媒体深度融合发展探索.中国记者，2022（1）：41.

## 四、拓展物联网智能商务

智能商务是主流媒体通过市场化方式实现媒体资源价值变现，强化媒体融合发展自我造血功能的重要方式。为此，集团充分利用自有技术和用户规模优势，与多家市场主体签订合作协议，在96811民生服务平台上开设了商业服务板块，打造融媒体电商服务平台，为用户提供报刊书籍、土货鲜食、家政服务、定制服务等有偿服务，用户只需通过拨打96811热线或者进入"天眼新闻"客户端96811专区即可进行商品选购。通过这种方式，集团为用户提供便捷化增值商业服务的同时，也进一步拓展了自身商业运营空间，增强了自我造血功能。

# 第五节　融媒体智库平台

2015年1月，中央办公厅和国务院办公厅联合印发的《关于加强中国特色新型智库建设的意见》中首次将"新闻媒体"纳入智库建设的规划中，同年11月，新华社入选首批国家高端智库建设机构，标志着新闻媒体类智库建设进入了新的发展阶段。新闻媒体类智库对于提升媒体咨政能力，充实中国特色智库建设具有重要的正向作用，是助力主流媒体引导社会舆论、设置社会议题、疏导公众情绪、凝聚社会共识、解读国家政策、研判社会舆情的重要智力支持。

2019年3月1日，在中共贵州省委网络安全和信息化委员会办公室、贵州省互联网信息办公室指导下，由贵州日报当代融媒体集团主办的融媒体智库平台——"天眼大学"正式挂牌成立。作为全省首家由主流媒体机构建立的新闻媒体类智库，"天眼大学"的成立弥补了全省新闻媒体类智库的空白，充实和壮大了全省特色智库建设力量，提升了全省特色智库的整体实力。"天眼大学"自成立以来，已陆续邀请教育部长江学者、北京师范大学新闻传播学院执行院长、教授喻国明，人民日报社原副总编、"天眼大学"特聘教授谢国明，中共贵州省委党校马克思主义与党的建设研究院教授王宏，贵州师范大学教授胡安徽，人民日报社新媒体中心副主任张意轩等省内外专家学者、行业精英开展传媒、文化、科技等不同领域的主题培训10余场，累计培训人员2000余人，进一步厚植了集团融媒体建设与发展的思想认识和理论基础，增强了全省融媒体人才培训力度，促进了全省融媒体人才培训体系建设。

## 第六节　融媒体产业集群

新型主流媒体集团既有事业属性，又有产业属性，始终坚持社会效益与经济效益相统一，社会效益优先原则。新型主流媒体是主流内容、主流舆论、主流价值的生产者、建设者和传播者，是社会治理实践的重要手段。近年来，集团在充分践行和发挥主流媒体把握正确舆论导向，提升主流舆论引导力的同时，以建设"融媒体文化产业集团"为战略定位，按照"涉传媒、涉文化、涉科技、涉教育、涉旅游、涉资本'六涉'原则"[①]，不断推进"融媒体+"产业发展布局，以打造金字塔型产业结构为目标，大力推动集团融媒体产业集群化发展，深度介入与服务地方经济社会发展，不断壮大集团综合经济实力。

### 一、围绕传媒主业塑造塔尖产业

塔尖产业是集团具有竞争优势的核心产业和引领性产业。集团围绕传媒主业，以党报党刊的编辑发行为核心，依托平面媒体资源优势，用足用好各类资源，聚合不同人才，通过大力发展印务传媒研发基地高端商务印刷产业园，图书画册策划与出版，平面策划、设计与制作，大众创新创业等相关项目，持续发展壮大集团以党报党刊为核心的主体业务，实现集团主业收入稳定增长与可持续发展。

### 二、围绕新媒体业务壮大塔身产业

塔身产业是集团的主导型产业，也是集团融媒体产业集群的重点产业。一方面，集团依托"天眼云"平台，以"天眼新闻"客户端和当代先锋网为核心，整合全省各级各类融媒体资源，从技术输出、策划规划、内容建设、平台建设等层面，重点发展新媒体业务。另一方面，基于新媒体平台资源和优势而开展

---

① 蒋海军.省级党媒集团打造新型主流媒体的战略——基于贵州日报当代融媒体集团探索的思考.青年记者，2021（4）：111.

的跨行业、跨领域经营，成为媒体融合创新过程中较为普遍的一种选择。集团通过"新媒体+"战略，不断推动新媒体与文化旅游、金融、教育、交通等不同行业、不同领域的跨界融合与经营，突破了传统媒体与新媒体简单融合的范围局限，进一步拓宽了新媒体业务领域和发展空间，推动集团新媒体业务持续发展壮大。

### 三、围绕文化相关产业夯实塔基产业

塔基产业是集团的基础性产业，涉及领域广，对经济效益要求较高，以支撑集团党报党刊主业和新媒体产业的发展。为此，集团持续拓展会展、旅游、影视、教育、科技等多领域业务，如2022年策划、举办全省73个国家和省级历史文化名城、名镇、名村、街区摄影活动等。通过持续开拓非媒体多元业务，不断壮大塔基产业规模，增强塔基产业市场竞争力，为集团融媒体建设与整体实力提升夯实了基础。

# 平台融合创新案例

# 第七章　湖南卫视、芒果TV：融为一体　共同生长

向志强　陈硕夫[①]

只有推进媒体融合，传统媒体才有出路，这成为行业共识。近年来，湖南卫视深入贯彻落实习近平总书记关于媒体深度融合发展重要论述，认真贯彻中共中央办公厅、国务院办公厅2020年9月印发的《关于加快推进媒体深度融合发展的意见》，以敏锐超前的洞察力、果敢坚毅的判断力、"要么做第一，要么第一个做"的强大执行力，持续推进与芒果TV的深度融合发展，不仅巩固了省级卫视头雁地位、牢牢捍卫了自身品牌荣誉，更助力媒体融合发展重大决策部署在新时代绽放出耀眼光芒。国家广播电视总局《中国视听大数据2021年收视年报》[②]显示，湖南卫视在2021年省级卫视全时段收视、收视第一天数、日均观众规模、观众忠实度四大核心维度包揽第一，用省级卫视"最大观众规模""最高用户黏性"，彰显了媒体融合"芒果模式"的澎湃生命力。

以习近平总书记考察马栏山视频文创园时的重要讲话精神为指导，2022年，湖南卫视与芒果TV的深度融合全面提速，双平台"融为一体、共同生长"融合战略正式实施。本文从多个维度，以"纵向+横向"的观察视角和类似"分层扫描"的观察方法，分析湖南卫视推进媒体深度融合的路径与方式。

---

[①] 向志强，湖南大学新闻与传播学院教授；陈硕夫，湖南大学新闻与传播学院2022级硕士研究生。
[②] 国家广播电视总局广播电视规划院.中国视听大数据2021年收视年报. https://baijiahao.baidu.com/s?id=1722363546600642540&wfr=spider&for=pc，2021-01-19.

## 第一节 融合发展历程

湖南卫视推进媒体融合发展，一直与"胞弟"芒果 TV 相伴相随，双平台坚持"融合发展、以我为主"，在不断突破彼此逻辑宿命中实现交互式发展。[①]这一媒体深度融合发展方式，使湖南卫视在传统媒体时代的显著优势得以延续到新媒体时代，让湖南卫视、芒果 TV 双平台都保持强大竞争力。

媒体融合发展不会一蹴而就，湖南卫视、芒果 TV 也不例外。本文认为，从湖南卫视、芒果 TV 2013 年启动探索融合发展至今，其历程呈现出"巅峰造大船""平地起高楼""融合一体化"三个阶段。

### 一、"巅峰造大船"阶段（2013—2015）

马克思主义唯物史观认为，新事物在旧事物"母腹"中孕育成熟。湖南卫视与芒果 TV 的融合发展，同样遵循这一规律。

时任湖南广播电视台党委书记、台长吕焕斌认为，湖南卫视于 2013 年进入"巅峰期"。[②]2013 年到 2015 年，湖南卫视打造了多个爆款 IP，收视率、营收数据遥遥领先省级媒体，湖南广播电视台品牌价值跻身世界媒体前列：

在新闻方面，电视新闻大片《县委大院》2013 年获中国新闻奖二等奖，被 200 多家主流网站转载，观众留下上万条评论，"最美县委大院"成为网络热词[③]。电视新闻大片《绝对忠诚》2014 年获中国新闻奖一等奖，转载网页总点击量达 2 亿次，人民科学家成为万众追捧的"时代新明星"。此后，《湖南好人》《初心璀璨》《"智"造者》等一批电视新闻大片相继播出，在全国形成了独树一帜的"芒果新闻大片现象"。

在节目方面，经过了 2012 年的短暂沉寂后，湖南卫视 2013 年重新来到内容创新的黄金时期，形成了演播室综艺、户外真人秀、自制偶像剧和大型活动

---

① 湖南广播电视台办公室.吕焕斌："以我为主 一体两翼" 打造媒体融合的芒果模式 | 芒果日志. https://mp.weixin.qq.com/s?__biz=MzA5NzEwODg4MQ==&mid=2651257433&idx=2&sn=86d081711cbd4f157032351414c66a1&chksm=8b578ca7bc2005b128e5effe8863b8a1fc5ce3f00ef92dbbe90a36b5643ebf36a6e87fb7ed71&token=2044548570&lang=zh_CN#rd, 2019-05-28.

② 吕焕斌.媒体融合的芒果实践报告.北京：中信出版社，2019：5.

③ 秦立熙.人民时评："最美县委大院"何以走红.人民日报，2013-12-04（5）.

晚会等丰富的节目产品线,《快乐大本营》《天天向上》《我是歌手》《爸爸去哪儿》《变形记》《花儿与少年》《真正男子汉》等节目多点开花、爆款频出,塑造了湖南卫视的强大传播声量和显著媒体优势。

在收视方面,湖南卫视2013年有117天获CSM全国网收视冠军,居省级卫视第一名;2014年全天时段在CSM全国网平均份额4.67%,仅次于中央电视台综合频道(CCTV-1),居省级卫视第一名;2015年全天时段在CSM全国网平均份额5.38%,居全国所有频道第一名,全年270天获CSM全国网收视冠军。

在营收方面,湖南卫视2013年广告营收63.5亿元,同比上涨26.6%;2014年广告营收75亿元,同比上涨18.1%;2015年广告营收101.8亿元,同比上涨35.7%,成为首个单频道广告收入过百亿的省级卫视,是中国电视广告营销界的标志性事件。[1]

在品牌方面,2013、2014、2015年,湖南广播电视台的品牌价值分别为158.72亿元、188.75亿元和266.76亿元,在"亚洲品牌500强"总排名中分别居第146位、136位和124位,超越韩国KBS(韩国广播公司电视台)、MBC(韩国文化广播公司)、SBS(首尔广播公司)及日本富士电视台等知名媒体,成为首个进入传媒行业亚洲排名前十的省级广电集团。[2]

与此同时,2013年被媒体冠以"移动新媒体元年"。[3]彼时,中国4G牌照刚刚发放,移动互联网时代正式来临,BAT(中国三大互联网公司,即百度公司、阿里巴巴集团、腾讯公司)巨头纷纷布局各自新媒体赛道,以互联网、移动互联网为代表的新媒体快速崛起,对传统媒体形成巨大冲击。此消彼长,2013年,在中国,互联网与移动媒体行业市场份额超越传统媒体;[4]在国外,互联网科技公司谷歌的广告收入超过了美国印刷媒体收入之和,[5]美国主流新闻杂志《新闻周刊》纸质版停止发行,《华盛顿邮报》《波士顿环球报》易主,默多克新闻集团拆分,英国BBC宣布收紧开支降低成本。无论国内国际,来自新媒体的压力有如泰山压顶,一时间"寒流论""拐点论""电视消亡论"等

---

[1] 湖南广播电视台2013年、2014年、2015年年终总结.
[2] 亚洲品牌集团.2015亚洲品牌500强. https://www.asiabrand.cn/brand/list/detail.html?id=266, 2015-09-10.
[3] 张翼."移动新媒体元年"将开启.光明日报, 2012-12-20(5).
[4] 崔保国, 何丹岷.2014年中国传媒产业发展报告.传媒, 2015(12): 11-16.
[5] 全美纸媒广告总和不敌谷歌广告营收.新闻记者, 2013(12): 68.

唱衰传统媒体的声音接踵而至。

不日新者必日退。2013 年，媒体形态、产业结构与竞争格局的改变[①]，虽对湖南卫视影响甚微，但发展规律终不可逆。如何应对新媒体在传播方式、广告经营、人才哄抢、体制机制等多方面的挑战？这些问题无法逃避，引起了湖南广电人的忧思。

2013 年 8 月 19 日，在全国宣传思想工作会议上，习近平总书记正式提出"加快传统媒体和新兴媒体融合发展"的重要论述。同年 11 月 12 日，党的十八届三中全会通过《中共中央关于全面深化改革若干重大问题的决定》，明确了建设互联网管理体系、推动传统媒体和新兴媒体融合发展的总方针。

有感于中央关于媒体融合的决策部署，目睹了传统媒体接连式微的行业趋势，湖南广电人意识到媒体融合是要把握的时代重大机遇，于是决心在行业变革的洪流中，加快推进媒体融合发展，打造属于自己的"诺亚方舟"。[②]

在研究了以英国 BBC 为代表的传统媒体和脸书（Facebook）、油管（YouTube）、网飞（Netflix）、爱奇艺、优酷等互联网新媒体，对比了"异体共生""一体共生"等融合路径后，2015 年 2 月 9 日，湖南广播电视台党委会通过了《湖南广播电视台建设新型主流媒体若干意见》（在湖南广电内部被称为"23 条"），进一步明确了湖南广电媒体融合发展的前置条件和标准要求。2 月 16 日，该《意见》获得湖南省委宣传部批复同意。2015 年 3 月 17 日至 20 日，湖南广电 100 多名中层以上干部集结湖南浏阳"731 基地"，对建设新型主流媒体进行学习研讨，最终达成广泛共识——"建设新型主流媒体，走融合发展之路，全面拥抱互联网"，具体抓手是集中包括湖南卫视在内的全台优势资源，全力打造芒果 TV，实现音视频内容和互联网对接。[③] 至此，芒果 TV 这艘马栏山的"诺亚方舟"正式定向扬帆。

## 二、"平地起高楼"阶段（2015—2021）

"大船"造好，芒果 TV 接下来"独播—独特—独创"的"三步走"融合发展策略特色鲜明，虽然互相之间存在一定重叠期，但环环相扣、步步为营。

---

[①] 崔保国，何丹崛. 2014 年中国传媒产业发展报告. 传媒，2015（12）：11-16.
[②] 吕焕斌. 媒体融合的芒果实践报告. 北京：中信出版社，2019：13-14.
[③] 吕焕斌. 媒体融合的芒果实践报告. 北京：中信出版社，2019：15, 28.

1. 独播起步。2015年2月出台的《湖南广播电视台建设新型主流媒体若干意见》形成了"一云多屏　两翼齐飞""一体两翼　双轮驱动"的全媒体融合发展战略共识，明确湖南卫视向芒果TV输送独播版权，让芒果TV实现从0到1的快速崛起。2015年5月8日，湖南卫视通过官方微博正式对外发布这一消息。"独播战略的实施，标志着湖南广播电视台的媒体融合进入一个新的阶段。"①

当时，虽然外界对独播战略争议较大，但芒果TV收效明显。作为独播的首部自制节目，湖南卫视的《花儿与少年》在芒果TV独播首日播放量突破200万，在两个月内帮助芒果TV完成了全网独立用户超1000万的目标。2015年1月1日，借助湖南卫视《我是歌手》（第三季），芒果TV冲到了App Store免费榜榜首。

2. 独特突围。独播阶段，芒果TV的主要内容来自湖南卫视，但湖南卫视甚至湖南广电的节目体量有限，无法满足视频平台的海量节目需求。从市场大量采购头部内容，价格不菲，也会让视频平台丧失差异。于是，在湖南卫视支持下，芒果TV启动两项探索，走上"独特"的发展道路：一是组建自己的节目制作团队，增强平台核心竞争力，也降低内容采购成本；二是实行"总编室负责制"下的平台运营策略，通过差异化引进版权内容、差异化编排节目、差异化拓展用户等举措，提升平台辨识度和用户黏性。

经过数年经营，《明星大侦探》《妻子的浪漫旅行》《我最爱的女人们》《女儿们的恋爱》《密室大逃脱》等一批芒果TV自制综艺相继推出，反响热烈。2017年，芒果TV联合出品的电视剧《路从今夜白之遇见青春》在湖南卫视"青春进行时"剧场播出，拉开了芒果TV对湖南卫视进行版权付费反哺和内容反哺的大幕。随着芒果TV自制剧《理智派生活》、自制综艺《我是大侦探》《朋友请听好》《妻子的浪漫旅行（第五季）》《乘风破浪的姐姐（第二季）》等一批精品内容相继在湖南卫视播出，芒果TV"反哺"提速，双平台的双向流通日渐常态化。2017年，芒果TV首次实现盈利，净利润4.89亿元，成为国内首家盈利的视频网站。②

---

① 吕焕斌. 媒体融合的芒果实践报告. 北京：中信出版社，2019：42.
② 证券时报 e 公司. 芒果TV2017年扭亏实现净利4.89亿　快乐购注入"芒果系"资产只欠临门一脚. https://baijiahao.baidu.com/s?id=1596640454308710948&wfr=spider&for=pc，2018-04-02.

3. 独创壮大。互联网时代，需要建立规模优势。为此，湖南广电以马栏山为圆心，以湖南卫视、芒果TV为核心，打造了一个内外双层的生态圈。其中，内环以湖南卫视、芒果TV为核心媒体群，包括3个卫星电视频道、10加地面电视频道、十几个电台频率和各类影视制作公司，通过内部定制和制播分离，内环高度协同，实现了内容生产全流程把控，形成了产销闭环。2020年10月18日，湖南广电举办2021"芒果季风"发布会，宣布联动湖南卫视和芒果TV，共同打造国内首个台网联动的周播剧新模式，由芒果TV主导创制，湖南卫视特别开辟周一至周二晚间的"季风时段"，台网联合播出多部"高创新、高品质、高稀缺"的精品短剧，开启芒果生态内史上最高层次战略协同和最强力度台网融媒传播。《猎狼者》《我在他乡挺好的》《江照黎明》《谎言真探》等"季风剧"在湖南卫视、芒果TV联合播出，广受好评。[①]

外环以芒果TV为纽带，链接起浙江华策影视股份有限公司、上海观达影视文化有限公司、上海颖立文化传媒有限公司等内容生产商，链接起中国移动、中国人寿等国有资本力量，链接起谷歌、索尼等行业顶尖国际公司，打通了纵贯上下游的全产业生态体系。2018年4月26日，快乐购以发行股票购买资产的方式收购湖南快乐阳光互动娱乐传媒有限公司（芒果TV运营主体）、湖南芒果娱乐有限公司、上海天娱传媒有限公司等5家公司，重组上市，更名为"芒果超媒"（300413）。这一年，芒果超媒营收96.6亿元，同比增长16.8%，净利润8.9亿元，同比增长21.03%，芒果TV连续两年成为业内唯一盈利的视频网站。2019年，中移资本控股有限责任公司、中国人寿资产管理有限公司以20亿现金认购芒果超媒超5725万股股票。2021年，中移资本控股有限责任公司、中欧基金和兴证全球基金再度以近45亿元，认购芒果超媒9034万股。这些认购，表明了资本力量对芒果超媒未来前景的信心，也使芒果超媒能够不断牢筑内容生态壁垒，为国有互联网企业发展树立"新标杆"。[②]

---

[①] 湖南广播电视台办公室.'芒果季风'吹响影视革新号角！|芒果日志. https://mp.weixin.qq.com/s?__biz=MzA5NzEwODg4MQ==&mid=2651282745&idx=2&sn=6652d39f33b03b3b498e18ec6f084e60&chksm=8b562bc7bc21a2d1584509ff8a7d3075eb047fd3fcf41cbb806c77ea70b56b29e7cc5f2f2dbc&token=2044548570&lang=zh_CN#rd, 2020-10-19.

[②] 湖南广播电视台办公室.芒果超媒45亿元定增落地 中移动子公司成为二股东|芒果日志. https://mp.weixin.qq.com/s?__biz=MzA5NzEwODg4MQ==&mid=2651313982&idx=1&sn=a0953690f881d0694608d02372d6e00e&chksm=8b56a1c0bc2128d630048f953f02ae88a7c37fd968090fd4ea85dd4df6b2714383bdfa813348&token=2044548570&lang=zh_CN#rd, 2021-08-12.

截至 2021 年底，湖南卫视继续引领省级卫视营收第一、累计观众规模 9.7 亿，芒果 TV 连续 5 年盈利、稳居行业第一阵营、有效会员超 5000 万。湖南卫视、芒果 TV 融合发展迈上了新台阶，暴发出新动能。①

### 三、"融合一体化"阶段（2022 年至今）

2022 年，湖南卫视与芒果 TV 的融合发展再次提速。2022 年 1 月 27 日，湖南广电 2021—2022 年度总结表彰暨工作会议召开，湖南广播影视集团有限公司（湖南广播电视台）党委书记、董事长张华立提出，2022 年湖南广电要"推动深度融合体制重大突破"。②

2022 年 2 月 14—15 日，湖南广电召开媒体深度融合推进大会，深入探讨推动媒体深度融合体制突破，通过了《湖南广播影视集团有限公司（湖南广播电视台）媒体深度融合推进方案》，决定成立湖南广播影视集团有限公司（湖南广播电视台）媒体深度融合推进工作领导小组和工作专班，明确了推进深度融合发展的 5 大主要任务，排在首位的任务是"推进湖南卫视与芒果 TV 深度融合"。

2022 年 3 月 8 日，湖南卫视与芒果 TV 深度融合推进会召开。会议明确了推进双平台深度融合的目标是"三个确保、一个提升"：确保湖南卫视品牌不动摇，确保芒果 TV 上升势头不减弱，确保双平台内部交易不违规，全面提升湖南广电的品牌影响力、传播力，实现"1+1>2"的效果。③

密集召开大会推动，让湖南卫视与芒果 TV 的深度融合发展直抵体制机制的"深水区"，双平台正全方位"融为一体、共同生长"——既体现在内容、

---

① 湖南广播电视台办公室.张华立：守正创新建设主流新媒体集团 书写高质量发展芒果新答卷 | 芒果日志. https://mp.weixin.qq.com/s?__biz=MzA5NzEwODg4MQ==&mid=2651331861&idx=1&sn=2baa083c35bcf98f13055a6a3f067f06&chksm=8b596bebbc2ee2fde44505b7476c8f67aa4e20e22e292bf39d3d877d9f25d022d6a248ef02d8&token=2044548570&lang=zh_CN#rd, 2022-01-27.

② 湖南广播电视台办公室.张华立：守正创新建设主流新媒体集团 书写高质量发展芒果新答卷 | 芒果日志. https://mp.weixin.qq.com/s?__biz=MzA5NzEwODg4MQ==&mid=2651331861&idx=1&sn=2baa083c35bcf98f13055a6a3f067f06&chksm=8b596bebbc2ee2fde44505b7476c8f67aa4e20e22e292bf39d3d877d9f25d022d6a248ef02d8&token=2044548570&lang=zh_CN#rd, 2022-01-27.

③ 湖南广播电视台办公室.湖南卫视与芒果 TV 深度融合推进会召开 | 芒果日志. https://mp.weixin.qq.com/s?__biz=MzA5NzEwODg4MQ==&mid=2651334042&idx=1&sn=ae970fde0bbfb1dde43b71235bb7ec51&chksm=8b595364bc2eda728a2aa7693aa39871ea01940cd025c91300ae2a4f6b42b0da655d71139169&token=2044548570&lang=zh_CN#rd, 2022-03-08.

运营、资源等业务层面，也体现在人员架构、组织管理等机制体制层面。

湖南卫视、芒果TV的深度融合发展，为湖南广电建立了国内全行业独一无二的双平台优势。截至2022年8月，湖南卫视全球覆盖规模12.88亿，日均近2亿观众收看；芒果TV有效会员数5年翻11倍、2021年达5040万，芒果TV连续两年进入中国互联网企业前20强，成为国有控股的第一互联网平台，在经济下行、行业剧变、世纪疫情交织叠加情况下，牢牢捍卫了湖南广电的品牌地位。[1]

## 第二节　融合发展举措

湖南卫视、芒果TV的媒体深度融合发展之路，呈现出"多维推进、多点开花"的特点，看似纷繁复杂、难寻规律，其实有据可循、有章可依，那就是沿着习近平总书记提出的"内容、渠道、平台、经营、管理"五个维度推进，同时推及更多维度融合。最终的指向，是双平台全面拥抱，实现"融为一体、共同生长"。

### 一、管理维度

湖南卫视、芒果TV管理维度的融合，包括领导结构、工作机制、薪酬考核三个方面。

1. 领导组织：交叉任职。2022年3月8日召开的湖南卫视与芒果TV深度融合推进会后，湖南卫视和芒果TV的班子成员开始交叉任职。比如，芒果超媒总经理、总编辑、芒果TV党委书记、总裁蔡怀军兼任湖南卫视党委书记；宋点由湖南卫视党委书记、总监改任湖南卫视党委副书记、总监、芒果超媒党委副书记；双平台其余班子成员也全部交叉任职实现"双跨"。中层干部职位，全部重新竞聘选出，同时管理双平台对应业务。

2. 工作机制：齐抓共管。湖南卫视、芒果TV正在试行相同业务版块同一

---

[1] 湖南广播电视台办公室，龚政文：以自信传可信　以可爱达可敬　构建特色鲜明的国际传播体系｜芒果日志. https://mp.weixin.qq.com/s?_biz=MzA5NzEwODg4MQ==&mid=2651358269&idx=1&sn=aeacb9a66a1d1657fe5f5a7c74843da6&chksm=8b59f2c3bc2e7bd5f03ffcb7b835cf2bf9eb95788ecaa4fed2cb55ed3ce5865b7eedaa63a692&token=2044548570&lang=zh_CN#rd, 2022-08-31.

机构同抓共管。比如，已制定、运行《双平台综艺立项委员会工作方案（试行）》《双平台电视剧联合采购工作方案（试行）》等制度，成立"双平台综艺节目立项委员会""双平台电视剧立项委员会""双平台广告业务管理委员会"三大业务管理机构，分别对双平台综艺节目立项、电视剧立项和广告业务进行统一领导、调度和管理。

3. 薪酬考核：统一标准。一是统一薪酬管理。目前，双平台正参照企业管理制度，建立双平台通用、以关键绩效指标（KPI）为核心、以双平台共同创收情况为依据的绩效考核管理体系。在制定 KPI 时，合理设置创收利润指标、成本控制指标、节目投产比指标等；在具体执行时，及时监控、季度考核、定期汇报；在考核时，根据 KPI 指标的完成情况，从薪酬调整、职务晋升、评优评先等多方面统一奖惩，努力把双平台打造为休戚与共的利益共同体。二是尝试引入员工职业发展双通道体系。开辟管理发展通道和专业发展通道，让具备管理能力的员工通过管理发展通道走上运营管理岗位，激励业务骨干不断提升专业技能、积累专业经验而成为各自领域的专家，实现个人目标和组织目标的双赢，从而留住人才、吸引人才，提升员工能力水平，盘活现有资源。

## 二、人员维度

在人员维度，湖南卫视、芒果 TV 积极发掘人才，优化人才和团队配置。

1. 人才发掘。构建双平台人才发掘和内容创新机制。定期举办"创新飙计划""芒果青年说"等活动，给与双平台任何员工展示自身创新创意的舞台。不论年龄、部门和职务，创意一旦入选，双平台将给予人力、物力、财力和导师支持，助推好创新落地，帮助有想法的人脱颖而出。

2. 人才和团队配置。推行相互流动的双平台"齿轮型"人才配置。截至 2022 年 8 月，双平台员工平均年龄 33 岁。芒果 TV 成为湖南卫视最好的人才转移承接平台，确保芒果原创人才不流失。如原湖南卫视资深导演吴梦知，2018 年入职芒果 TV 任节目中心副总经理，而后担任芒果 TV 总裁助理、节目中心总经理，在芒果 TV 担纲了《妻子的浪漫旅行》制片人、《朋友请听好》总编剧、《乘风破浪的姐姐》总导演等；原湖南卫视《快乐大本营》资深导演刘乐，2021 年入职芒果 TV 后担任制片人，其带队创制的小众题材综艺《再见爱人》引发观众广泛共鸣。

双平台共储备48个自制综艺制作团队、29个影视制作团队、34个新芒计划战略工作室，同时为双平台生产内容，打造国内最大的内容生产智库。

## 三、内容维度

湖南卫视、芒果TV都是内容驱动型平台。在众多维度中，双平台的内容维度融合得最早，也融合得最深最透，呈现出价值观打通、立项打通、标准打通、创制打通的"四通"特征。

1. 价值观打通。作为党媒国企，湖南卫视、芒果TV始终弘扬主流价值观，积极生产、传播主流价值观长视频，坚持以一流传播效应创造一流社会效益。2020年至2022年，湖南卫视、芒果TV积极参与创制和播出湖南广电"脱贫攻坚三部曲""建党百年主题交响乐""迎接党的二十大 奋进新时代洪波曲"等重点主流宣传项目，实现主流价值观相统一，且一以贯之。

2. 立项打通。此前，湖南卫视、芒果TV各自负责各自立项工作。2022年，湖南卫视、芒果TV成立双平台综艺节目立项委员会，负责双平台综艺节目征集、初审、立项、执行、品控、复盘、考核等全业务流程管理，还结合双平台最新编排、观众兴趣、创新方向等新需求，定期发起综艺节目提案征集活动，激活内容团队创新活力，增加平台内容储备。

2022年3月22日，双平台综艺节目立项委员会围绕双平台2022年全年编排需求，面向双平台所有工作室和团队，发起"双平台首轮创新征集"，征集大型音综、"姐系哥系"团综、喜剧类综艺、女性类综艺、家庭类综艺、生活类综艺、职场类综艺、文化类综艺和自由创意共九类综艺提案。征集活动采取台网同标激励机制，优选方案将被推荐立项。[①]

3. 创制打通。湖南卫视、芒果TV节目制作团队，少的仅有数人，多的也不过二三十人。面对大型综艺、大型晚会，单个节目制作团队难以通盘执行，多团队联合创制成为必然选择。此外，不同节目制作团队各有特色、各有擅长，

---

① 湖南广播电视台办公室.双屏更好看 综艺翼起飞 湖南卫视 芒果TV开启双平台首轮创新征集|芒果日志. https://mp.weixin.qq.com/s?__biz=MzA5NzEwODg4MQ==&mid=2651337305&idx=1&sn=389922aaba349531a7a0a3d59fa48dbd&chksm=8b5944a7bc2ecdb1d3a306e5a27714d2032af8ffb2f488edbcff616a1665ea190ccd32f7ce08&token=2044548570&lang=zh_CN#rd, 2022-03-30.

一些中小型节目、晚会交由多个团队联合创制，能实现优势互补、强强联合，让节目品质更上层楼。

2022年5月4日在双平台同步播出的《百年青春·当燃有我——五四青年节特别节目》由芒果TV罗敏娜团队、湖南卫视陈震团队联合创制；2022年10月14日在双平台同步播出的主题晚会《这十年·追光之夜》由湖南卫视王琴工作室、芒果TV胡蓉团队联合创制；暂定于2022年11月19日开播的综艺《去炫吧，乐派》由芒果TV孔晓一团队、湖南卫视刘源创新小组联合创制；正在筹备中的综艺《哎呀，好身材（第四季）》，由芒果TV蔡熙团队和湖南卫视罗旭明团队联合创制……双平台持续推进媒体深度融合，让跨平台、跨团队的合作更加顺畅，更为频繁。

4.标准打通。湖南卫视、芒果TV坚持"台网同标"，既有外部的刚性要求，也有内部的自我需求。2018年，国家广播电视总局发布《关于进一步加强广播电视和网络视听文艺节目管理的通知》，明确"广播与电视、上星频道与地面频道、网上与网下要坚持统筹管理、统一标准"，给所有内容播出平台提出了统一标准的强制要求。在内部，随着芒果TV启动内容"反哺"湖南卫视、双平台建立联合立项工作机制，双平台的播出标准也主动靠拢，最终合二为一。

## 四、平台维度

平台意味着资源，资源是平台的核心价值。[①]湖南卫视、芒果TV通过共同创制、联合采购、共享数据等一体化运作的平台融合方式，获得了更多资源。

1.共同创制，链接更多资源。"乘风破浪"系列节目三季共吸引90位"姐姐"参加录制，"披荆斩棘"系列节目两季共吸引65位"哥哥"参加录制，《声生不息·港乐记》聚集了16组传奇歌手和多位新生代歌手。这些超大型综艺节目，得以聚拢数量庞大的明星、艺人，得益于双平台资源链接能力的叠加，以及立足双平台内容爆款率、流量聚合力之上的吸引力、号召力。

2.联合采购，节省资源成本。湖南卫视、芒果TV重构电视剧采购体系，借助联合采购、联合播出优势提升议价能力，节约资源成本。2021年，双平台联采联播电视剧11部，节约购剧成本超6亿元。

---

① 荣翌.渠道与平台：媒体融合语境下的概念辨析.新闻战线，2018（15）：110-113.

3. 共享数据，拓展用户资源。内容数据，是节目播出后的受众反馈，对及时了解观众态度和偏好，改进和创新节目具备一定参考价值。湖南卫视的重点参考数据，来源于 CSM 索福瑞、欢网、酷云、尼尔森网联和中国视听大数据等收视数据平台。芒果 TV 的重点参考数据，主要是其后台的用户数据。双平台还共同参考微博、抖音、知乎等社交媒体平台数据。

随着融合发展逐渐深入，双平台开始共享数据。数据越多，用户画像越准确，双平台对其用户的了解因此更深入、更真实、更全面。这为双平台各业务委员会提供了决策参考，便于良性循环反馈机制的形成。

## 五、渠道维度

湖南卫视除了电视大屏，还通过微博、微信、今日头条等社交媒体平台、芒果 TV 等视频网站和"芒果幻城"元宇宙平台构建了全传播渠道，能够传播图文、短视频、网络直播、VR 视频等多种形态的内容。芒果 TV 自身业务覆盖电脑端（PC）、移动客户端（App）、互联网电视端（OTT）和 IPTV 端口。多元立体的传播渠道，让湖南卫视、芒果 TV 成为真正意义上的全媒体。

在湖南卫视总编室、芒果 TV 平台运营中心的集中指挥下，这些渠道如臂使指、按令行事，如同一个统一的整体，发挥出"集群效应"。

渠道融合，凝聚强大传播力、引导力、影响力、公信力。双平台以新闻为主的所有主流宣传内容，和电视剧、综艺等内容产品，都在湖南卫视、芒果 TV 播出上线，让这些内容具备较强传播声量。

渠道融合，形塑了"运营思维""产品思维"。新媒体讲求运营思维、产品思维，传统媒体不尽有。随着双平台融合发展推向深入，湖南卫视人的运营思维、产品思维越来越强。双平台共同投资、制作、宣发的纪录片《中国》在全渠道预告，湖南卫视和芒果 TV 会员同步首播，非会员 24 小时后转免，同时，会员还尊享多明星配音版福利。相比传统电视媒体的线性播出，这一整套播出安排和环节设计，给用户提供了更强的互动性和参与感，具备更明显的运营思维、产品思维。

## 六、经营维度

在制作播出打通的前提下，双平台广告营销全面融合，推行经营一体化。

1. 在广告营销侧，构建一体化营销链路。以"融合共创、合作共赢"为理念，把单平台的内容营销升级为以台、网 IP 为核心的跨平台、多圈层、全链路的营销。集合"芒系生态＋内容矩阵＋全域用户"三大核心竞争力，为广告客户的品牌、创收赋能。

2. 在广告服务侧，搭建一站式服务体系。融合发展前，湖南卫视、芒果TV 的广告部门各为其主、各负其责，而双平台的目标广告客户存在较大重合。为了争夺广告客户，双平台间形成了较强的竞争，彼此之间互相压价，加大内耗。

融合发展后，双平台广告业务管理委员会成立，对双平台广告业务进行统一调度和管理，目前正按照"业务策略统一制定、广告客户统一招商、广告业务统一分配"的思路，搭建广告客户一站式服务体系。2022 年 5 月 18 日，湖南卫视、芒果 TV 以"逆风双打"为主题在长沙举行双平台首次联合招商会，正是"广告客户统一招商"策略下的产物。此外，双平台让内容团队与广告团队深入对接，共同创新广告形式。

3. 构建互联网电商平台促融合。湖南卫视、芒果 TV 拥有较强的品牌吸引力，拥有大量、优质的长视频内容，能吸引庞大流量。2021 年 1 月 1 日，芒果 TV 上线互联网电商平台——小芒电商，植入双平台优质内容 IP 和广告品牌，承接双平台流量，提升双平台长视频商业变现能力，抬高发展的天花板。截至 2022 年 8 月，小芒电商日均商品交易总额稳定在 2500 万。

## 七、技术维度

新媒体的故事，从技术开始。技术的创新应用，是驱动媒体转型升级、引领媒体融合发展的关键力量。从传统媒体出生的湖南广电人深知自身的技术短板，于是大力引进技术人才，广泛开展技术研发合作，持续创新媒体技术，大力推动"文化＋科技"融合。

1. 补强新媒体新技术团队。据内部统计，截至 2022 年 7 月，湖南广电的干部员工中，技术人员占比 12.64%，相对短缺。其中，互联网技术人才占比仅为 6.37%。内容、技术人才配置不均衡，不利于双平台推动媒体深度融合发展。

为此，芒果 TV 一方面从一线互联网公司招募，另一方面通过举办"马栏山杯"国际音视频算法大赛，持续引进软件工程、产品研发、数据运维等领域的高精尖技术人才，不断强弱项、补短板。

2. 广泛开展技术合作。湖南卫视、芒果 TV 依托落户马栏山视频文创园的 5G 高新视频多场景应用国家广电总局重点实验室，广泛开展 5G 技术的媒体应用研发合作；与中国移动、华为等公司达成合作协议，围绕智能影像视觉、AR/VR、5G、全息等重大核心技术展开合作，转化研究成果，争取参与行业国家标准的制定与竞争。[①]

3. 持续深化新媒体技术应用。2021 年，湖南广电获得国际技术大奖 3 项，国家级技术奖励 51 个，技术专利 38 项，参与制定技术标准 11 项。[②] 湖南广电独立研发或合作研发的"4K 云制播系统""新闻云采编系统""时空凝结系统""数字主持人'小漾'"等技术成果已广泛应用于湖南卫视、芒果 TV 的新闻生产、节目创制中，帮助高质量完成了多项宣传任务，为观众提供了更优质的视听体验、互动体验，获得各界好评。[③] 此外，湖南广电正按照"IP 化、云化、智能化"建设理念，以"七彩盒子"（湖南广播电视台节目生产基地）为技术中台，建设全国首个全媒体融合技术系统。该系统将深度服务湖南卫视、芒果 TV，以技术之力，驱动双平台进一步深度融合。

## 八、受众维度

媒体的受众（用户）规模和口碑情况，在一定程度上反映了媒体的影响力。近年来，湖南卫视、芒果 TV 通过持续输出优质 IP 内容，聚集起规模庞大的

---

① 湖南广播电视台办公室.湖南广电与华为战略合作升级 | 芒果日志. https://mp.weixin.qq.com/s?__biz=MzA5NzEwODg4MQ==&mid=2651338390&idx=1&sn=28a1a7b2064c5b578971e75238f15b60&chksm=8b594068bc2ec97eceec18db328cdd5f35473038a6578364cf29e91bc9ff1b3eb736e392c726&token=2044548570&lang=zh_CN#rd, 2022-05-17.

② 湖南广播电视台办公室. 2022 年"亚洲品牌 500 强"发布　湖南广电升至总榜第 91 位　品牌价值破千亿 | 芒果日志. https://mp.weixin.qq.com/s?__biz=MzA5NzEwODg4MQ==&mid=2651359100&idx=1&sn=c3445b3ac78550003071cac83ec4edb5&chksm=8b59f182bc2e78943a9565a13f7fad1e8094e00ca199c623baf82d6c1a3eac1cd1759b36f71b&token=2044548570&lang=zh_CN#rd, 2022-09-22.

③ 湖南广播电视台办公室. 湖南广电"新闻云采编"系统唱响全国两会宣传新声音 | 芒果日志. https://mp.weixin.qq.com/s?__biz=MzA5NzEwODg4MQ==&mid=2651268445&idx=1&sn=94b26ac57b95163f3aaf406b9f8632a8&chksm=8b5653a3bc21dab5a07c5b2192a8d9d4bca035a047c0eb3c0a48fe5c7e8ced565f7a06aa13cd&token=2044548570&lang=zh_CN#rd, 2020-05-25.

受众群（用户群），其中的核心受众（用户）被称为"芒果粉丝"。比如湖南卫视，在线上有一支上千人规模的"护卫艇"，帮助湖南卫视打开小屏传播声量；在线下，有一支覆盖各级市县的"青春护卫队"，帮助监播全国各地大屏信号安全。①

但各自媒体主推的 IP 内容不完全相同，使各自的受众群体不完全重合。呼号体现平台主张，2021 年，随着湖南卫视将频道呼号由"快乐中国"更换为"青春中国"，双平台的呼号、主张更加贴近（芒果 TV 的呼号为"天生青春"）。施行联采联播等制度和"台网同标"要求，让双平台的播出内容更加贴近。主张和播出内容的"双贴近"，潜移默化中实现了双平台互相导流、互相帮助对方扩充受众（用户）规模。最终，双平台的受众群（用户群）在规模扩大中走向互相融合。

## 第三节　存在问题及建议

湖南卫视、芒果 TV 的融合发展，思路清晰、推进深入、效果显著，但仍存在一些需要正视的问题，主要集中在人才管理和内部交易两方面。

### 一、人才管理的"体系羁绊"

双平台人才流动需要进一步互通互认。目前，双平台的人才流向，主要是从湖南卫视流向芒果 TV，而且程序上是先从湖南卫视办理辞职手续，再以社会人才身份入职芒果 TV。可见，双平台并未做到人才流动时的身份互认、薪资互认、职级互通。

究其原因，是湖南卫视的人才管理遵照事业单位的管理体系，芒果 TV 遵照上市公司的管理体系。两个体系至今没有完全打通，人员从事业单位序列中的湖南卫视流向市场化公司序列中的芒果 TV 相对容易，而回流难度较大。这些"体系羁绊"，导致人才交流程序复杂、人员担心交流后无法回流等问题而

---

① 之媒.月活 8 亿，湖南卫视是新媒体吗？. https://mp.weixin.qq.com/s/-oeAQ9RpXUdLFXgiyW5o6g, 2021-01-05.

阻滞人才流动，进而阻滞双平台通过内部人才交流方式双双获得最优配置。

## 二、内部交易的合规之问

湖南卫视、芒果TV是两个不同的法人机构，尽管总体和根本利益存在一致性，但利益主体并非完全一致，不能无条件调拨。上市公司除了代表大股东利益，还要代表其他股东利益；上市公司管理和运行团队也有自己的利益。而且，单个主体利益最大化，不代表集团利益最大化。

从财务管理来看，现阶段，湖南卫视、芒果TV依旧施行"分灶吃饭"，财务上并未并表合计、一体化管理。但是，双平台在人才、业务上已大步迈向了深度融合。

一个是事业单位，一个是上市公司，如何确保双平台深度融合发展中的双边财务合规合法，是横亘在双平台甚至湖南广电面前的一道难题。正因为如此，湖南卫视与芒果TV深度融合推进会才会把"确保双平台内部交易不违规"列为推进深度融合的目标之一。

上述两个问题，并非湖南卫视、芒果TV面临的特殊性问题，而是整个行业中媒体深度融合发展主体都可能面临的一般性问题。湖南广电自身无法从根本上解决，需要上级主管部门站在事业单位改革的高度统一推进解决，最终实现事业单位和社会企业间体制机制上的互认互通。

# 第八章  海南日报报业集团：场景思维下的媒体融合探索

段艳文  陈旭管[①]

从2014年中央全面深化改革领导小组第四次会议审议通过了《关于推动传统媒体和新兴媒体融合发展的指导意见》，媒体融合上升为国家战略，再到2020年《关于加快推进媒体深度融合发展的意见》明确提到将推动媒体融合纵深发展，顶层设计不断适应新形势的发展。[②]2022年党的"二十大"胜利召开，我国正向第二个百年奋斗目标进军。如何以技术为驱动推动我国传媒事业迈向新时代，走向新征程。2021年3月，《中华人民共和国国民经济和社会发展第十四个五年规划和2035年远景目标纲要》提出："推进媒体深度融合，做强新型主流媒体。"为未来媒体融合发展提供指引。

移动互联网时代，场景成为把握精准传播的重要抓手。海南日报报业集团在自贸港背景下，以场景思维，抢占舆论新高地，做好新闻传播，尤其是对外传播，进行了一系列探索。本文通过海南日报报业集团的场景构建及探索进行分析，总结创新经验，为媒体融合创新发展提供一些思考和启示。

---

① 段艳文，中国新闻技术工作者联合会副秘书长，北京师范大学出版科学研究院特聘专家，主要研究方向为期刊转型与创新、中国期刊史；陈旭管，《中国传媒科技》杂志社编辑，主要研究方向为媒体融合、新媒体。

② 黄楚新，陈智睿.技术与内容深度融合的现实基础、问题难点与实践路径.中国传媒科技，2021（12）：9-11.

## 第一节　海南日报报业集团的融媒探索研究

### 一、海南日报报业集团概况

《海南日报》创刊于1950年5月7日，1988年海南建省办经济特区，《海南日报》成为中共海南省委机关报。2002年6月，海南日报报业集团正式成立。海南日报报业集团目前拥有"六报五网三端一刊一社"，分别是《海南日报》《南国都市报》《法治时报》《证券导报》《海南农垦报》《特区文摘》；南海网、海南国际传播网、海南乡村振兴网、海南法治在线、海财经、海南农垦网；新海南客户端、海南日报客户端、南海网客户端；《海岸生活》杂志和海南省图片社。

2020年6月1日《海南自由贸易港建设总体方案》发布，海南日报报业集团肩负重任，打造面向全世界的新型主流媒体。2021年海南日报报业集团全媒体指挥中心建设获得中国报业媒体融合、信息化和网络安全项目奖。同年"海南日报报业集团全媒体指挥中心建设项目（南海网融媒体中心、海南市县融媒体示范中心）获"王选新闻科学技术奖"一等奖。

截至2022年8月，海南日报报业集团新媒体矩阵总用户量突破3700万，其中海南日报官方微博粉丝超729万、新海南客户端下载量380万+、南国都市报抖音号粉丝量350万+、南国都市报抖音点赞量1.3亿+、新海南快手号粉丝量160万+、南海网微信粉丝量101万+、海南日报微信100万+、海南国际传播中心脸书账号粉丝量170万+。海南日报报业集团拥有"海南最大新闻网站（南海网）、最大新闻客户端（新海南客户端）、粉丝量最大微信公众号（海南日报、南海网微信双双突破百万）、用户量最多微博（海南日报微博）、抖音号（南国都市报抖音）、快手号（新海南快手）、粉丝量最多海外社交媒体号（海南国际传播中心脸书、推特）"7项"海南第一"。

### 二、海南日报报业集团的场景化探索

移动互联网催生了信息传播的碎片化和用户需求的多元化，在这一背景下，大众传播难以满足当前的用户需求。因此以场景化思维为指引，改变融合策略，

发挥传统媒体的资源优势，补其短板，推进媒体深度融合，做强新型主流媒体。

1. 以技术为驱动，打造新型媒体平台。所谓平台型媒体，美国学者 Jonathan Glick 在《平台型媒体的崛起》中首次提出了 Platisher 一词，即 Platform+Publisher 的组合，在文中他引用 Digiday 的一位撰稿人给出的定义，将平台型媒体看作是既拥有媒体的专业编辑权威性，又拥有面向用户平台所特有开放性的数字内容实体。[①]基于场景思维范式来思考，主流媒体之所以要打造属于自己的媒体平台，主要来源于两个现实需要。第一，用户数据是核心资产。虽然主流媒体入驻微信、微博、抖音等社交类平台，能够获取一定影响力，并具有一定粉丝，但难以积累和有效把握用户数据，产生数据价值。与此同时，信息内容的分发、传播受制于不同平台的分发运行机制，在信息传播中处于被动地位。第二，建立有效的信息服务与连接。传统媒体拥有大量的优质内容资源和专业化的内容生产能力，但缺乏平台与算法机制将用户与信息服务进行有效连接，难以将这些优质内容和服务精准推送给用户，常面临用户找不到优质内容，优质内容难以问津的窘境。所以新型媒体平台的打造迫在眉睫，通过汇聚海量用户数据，实现信息服务的精准推送，构建场景时代的新型传播关系。

伯特·斯考伯和谢尔·伊斯雷尔在《即将到来的场景时代》中提出场景的五大技术力量，分别是：移动设备、社交媒体、大数据、传感器和定位系统。[②]传统媒体在融合转型中，如何以技术为驱动，构建适配场景时代发展的技术平台。

海南日报报业集团建设的全媒体指挥中心，通过大数据、人工智能、机器学习等技术的最新研究成果，重点突破面向全媒体生态的信息传播模型建构、基于用户行为的编务辅助决策分析和多元异构数据融合应用。其中在数据层面，构建媒体大数据平台，对海量数据进行智能化分析，为生产用户喜爱的新闻产品做数据辅助决策。在平台化运营层面，以"新海南客户端"为抓手，形成"新闻+政务+服务+商务"模式，发挥海南自贸港优势，为全球用户提供服务。在媒体资源层面，以场景为驱动，融合省市县、云上云下、多库的基础设施资源，实现数字化业务协同和全媒体数据互通。传统媒体的平台化建设，技术平台能力是基础。

---

① 王枢，徐建勋.论传统媒体的平台化转型.新闻爱好者，2019（7）：51-55.
② [美]罗伯特·斯考伯，谢尔·伊斯雷尔.即将到来的场景时代.北京联合出版公司，2014年版.

2. 以数据为支撑,构建用户场景。场景是人与所处环境的关系总和,构建用户场景旨在打造一个"此时此地"需求得到满足的一种体验。"新海南"客户端有新闻首页、问政、视听、海南号、服务五个模块。其中在新闻信息层面包含自贸港、乡村振兴、免税、找工作等特色频道。政务服务中开设"问政海南"栏目,通过"问政拍客""问政排行榜""问政大数据"等专栏,打造"互联网+问政+媒体"的平台优势。截至2022年6月27日,围绕政务服务,共收到7306条有效线索,已办结回复6902条,通过打造与群众、网民的互动交流平台,走好"网络群众路线"。与此同时,在用户服务中开设民生、就业、抗疫、便民等与百姓息息相关的各项服务。

虽然在用户场景的构建中,基本实现了"面"的全覆盖,但在场景服务中依然是用户寻找信息的被动模式。如何从人去找信息到实现信息主动推送给用户,是下一步媒体平台需要发力的方向。在主流媒体客户端的实践中,封面新闻通过用户定位的自动切换功能,自动切换至用户所在区,推送所在地的热搜、实时新闻,是新闻场景化探索的有益尝试。场景时代,用户"此时此地"的需求处于一种时空流动的状态,如何在变化中进行精准推送成为重点。

3. 以内容为抓手,服务用户需求。移动互联网时代,传统媒体的优质内容如何转变表达方式,创新呈现方式,从用户情感、用户利益角度出发,满足用户需求,是这一时期面临的挑战。在内容层面,主流媒体具有的优势,一方面是丰富的内容资源沉淀,另一方面是有高质量内容持续输出的能力。如何以此为抓手,在用户需求与内容之间产生连接,是当前媒体融合实践中,内容层面需要发力的方向。

《海南日报》推出"深融工程",在新闻赛道之外,拿出专项经费,扶持孵化十大垂类新媒体号,其中包括"口述海南——茈姐说""免税之王""深夜爱报社""兜医圈儿"等公众号已经在海南特色文化、免税购物、美食、医疗服务等细分领域产生良好专业影响。以融媒孵化制度打造融媒产品,为用户提供精准、及时的信息服务。在自贸港对外宣传中,转变表达语态,以国际视角展现自贸港建设,以H5、短视频等方式打造互动性、个性化的融媒产品。其中英文融媒产品 *I Want to Visit Hainan*(《全球外国友人对海南自贸港的真情告白》)海内外总阅读量达1500万+。

场景时代,通过"内容+技术+用户情感需求"为路径的尝试激发用户的在场感，优化用户体验。

## 第二节 把握场景思维 实现精准传播

随着人工智能、大数据、5G等技术的创新突破，传媒环境巨变。早在1996年美国学者尼葛洛庞帝在《数字化生存》中提到，人类生存于一个虚拟的、数字化的生存活动空间，在这个空间里人们应用数字技术（信息技术）从事信息传播、交流、学习、工作等活动。[1]当今时代，人类早已习惯了这种数字化环境。中国互联网络信息中心（CNNIC）发布的第49次《中国互联网络发展状况统计报告》显示，截至2021年12月，我国网民规模达10.32亿，人均上网时长保持增长，上网终端设备更加多元，其中手机上网比例达99.7%。[2]从最新用户上网数据可以发现移动互联网成为用户获取信息的重要途径。

### 一、场景思维的重要意义

在泛媒体时代，信息过载的环境中，信息不再是稀缺资源，而每个个体用户的需求能够得到即时满足，成为稀缺。随着技术赋能，移动互联网释放出更加多元化的场景和个人需求。在众多信息、场景和用户中如何实现三者之间的有效连接，实现个性化传播与精准服务？彭兰教授指出，"移动传播的本质是基于场景的服务，即对场景的感知及信息（服务）的适配。场景成为继内容、形式、社交之后媒体的另一种核心要素"[3]。关于"场景"在媒体融合进程中的重要意义，胡正荣教授提出"Web 3.0是场景细分时代。未来媒体发展趋势以用户数据为核心，多元产品为基础，多个终端为平台，深度服务为延伸"[4]。如果说过去传统媒体重塑采编流程，提升信息生产能力和传播效率是从时空维度整合媒体资源，提供信息服务，那么在完成信息生产、传播效率提升后，如何即时满足用户的个性化需求，甚至是潜在需求，成为当下媒体融合发展进程

---

[1] [美]尼古拉·尼葛洛庞帝.数字化生存.电子工业出版社，2017.
[2] CNNIC.第49次《中国互联网络发展状况统计报告》.CNNIC，2022-02-25.
[3] 彭兰.场景：移动时代媒体的新要素.新闻记者，2015（3）：20-27.
[4] 胡正荣.移动互联时代传统媒体的融合战略.传媒评论，2015（4）：47-50.

中的重要议题。这一目标需要以场景思维为指引，智能化技术为支撑，探索场景时代，新闻信息传播的新玩法。

## 二、场景思维下的融合探索

喻国明在《从"用户思维"到"场景思维"：媒介连接用户的全新范式》提到场景思维是以用户个性化、具象化的场景为中心，挖掘特定场景中的信息和服务需求，实现基于用户场景的信息服务。[1]在媒体融合进程中，越来越多主流媒体开始重视场景思维，并以技术为驱动，进行新闻产品的融合创新。例如：2021年为庆祝建党百年，新华社发布的爆款产品《2021，送你一张船票》依据出生年份显示网民和历史事件关联，实现党史教育和个人命运讲述的交融。用户通过答题闯关，可以"发射"神舟，还可挑选背景生成配有自己头像和唯一序号的建党百年纪念海报，实现个性化交互。人民日报发布的《复兴大道100号》通过线上线下相结合的方式，找到党史宣传与用户日常生活的契合点，实现多元化场景传播。2021年消博会期间，海南日报新媒体中心推出互动游戏《消博会版"消消乐"，太好玩了！》打造游戏场景，将参加首届中国国际消费品博览会的部分参展品牌的LOGO导入程序中生成消除类游戏，用户每天可多次累计积分，赢得奖品。从诸多传统媒体的实践探索中可以发现，构建场景思维，借助智能化技术，实现跨媒体、跨平台、多场景的互动传播，深受广大用户欢迎。

## 第三节 场景时代主流媒体的融合发展路径

### 一、深耕场景技术，打造自主可控的技术平台

如前文所述，场景的五大技术力量是实现精准传播的技术基础设施。其中移动设备是场景时代实现精准传播的重要载体，定位系统能够感知用户所处地

---

[1] 喻国明，张诗悦.从"用户思维"到"场景思维"：媒介连接用户的全新范式.教育传媒研究，2022（3）：6—10.

理位置，传感器能够做到随时监测变化，社交媒体可以感知用户的兴趣爱好和信息需求，而大数据能够将以上所检测到的信息进行分析、提取，形成用户画像，为用户提供精准服务和信息推送。场景时代，主流媒体应重点围绕场景技术，打造自己的技术平台。技术平台的打造旨在解决两个问题：一是打通媒体集团内部的用户数据、内容数据，实现数据资源的互融互通，并挖掘数据价值；二是对标社交媒体平台，如抖音、微博、微信等，建立主流媒体的算法推荐机制，为用户提供有价值、有深度的信息和服务。场景时代，主流媒体需要对内容价值和用户价值进行深入挖掘，以场景传播的方式使彼此建立深度连接。

## 二、突破平台化困境，建立品牌IP，打造新型媒体平台

随着媒体融合的深入推进，不少传统媒体建立了自有的媒体平台，但用户量级与抖音、微信等头部社交媒体相比，差距显著。在《新媒体十讲》中范卫锋提到小米、阿里、腾讯的一举一动都会被市场所关注，一个新功能的推出，一个新界面的出现都会引来很多免费的媒体报道、自媒体挖掘。[1]笔者认为，之所以会呈现出如此现象，其核心在于两点：一是平台用户数量达到一定量级；二是其产品本身的品牌价值自带流量，而两者之间存在着紧密的联系，品牌IP吸引来用户，自然带来用户量级的提升，进而更有益于宣传自己打造的内容、服务和产品，吸引用户自发进行宣传推广，提升其影响力。

以周杰伦新专辑《最伟大的作品》发布为例，正式发售前，预售额已突破1个亿。无论是音乐平台还是短视频平台、无论是音乐本身还是周杰伦本人一时间登上热搜词条。此次专辑的发布再次验证了铁打的IP，流水的平台。运营好IP品牌，自带流量，吸引用户。

在自贸港建设背景下，海南日报报业集团围绕自贸港建设打造自贸观察系列，其中在南海网、海南日报客户端、新海南客户端开设自贸港专栏，并推出"海南自贸港一周大事记"实时记录海南自贸港建设进程。目前，海南自贸港大事记已经成为"记录海南自贸港发展历程"的权威数据库。海南日报报业集团在自贸港融媒传播构建中初显成效，但在王牌IP产品打造上仍需继续深耕。

以河南卫视为例，2021年河南卫视春晚节目《唐宫夜宴》一经播出，在

---

[1] 范卫锋. 新媒体十讲. 中信出版社，2015.

多个社交媒体平台引发讨论。随后推出的中国节日系列《元宵奇妙夜》《清明奇妙游》《端午奇妙游》等皆通过科技赋能，盘活文化资源，成功"出圈"，形成一系列爆款文化产品。据悉，2020年河南卫视就成立了全媒体营销策划中心，该中心通过调动全台各方资源，形成广电全媒体宣传平台，实现融媒体统筹、新媒体首发、全媒体跟进的运作模式。①除了产品本身的创新性以外，全媒体、跨平台式的传播也是《唐宫夜宴》爆火的重要原因。河南卫视开发地方文化资源，将传统文化与新兴技术相融合，结合当下用户审美需求，以趣味性、年轻态的展现形式呈现，打造融媒时代，具有文化特色的融媒产品。

### 三、引入社交媒体属性，实现与用户的深度交互

如果说场景时代，主流媒体的技术平台建设是基础设施，媒体平台建设是资源池，IP产品的打造是吸引用户的流量密码，那么深度交互则是连接这一切，最终实现用户"此时此地"用户需求的关键核心。

根据"使用与满足"理论，受众在使用社交媒介时拥有不同的心理预期和个性化的情感归属需求，他们希望通过媒体获得符合自身情况的情感认同。②场景时代，媒体需要针对用户的不同情感需求和用户利益提供信息服务，只有这样才能够充分激活用户使用场景，以用户为连接点，打通线上线下的互动交融。

在这一层面主流媒体一方面可以在自有平台上引入UGC内容生产，另一方面加强与各类社交媒体之间的合作，通过优质内容吸引用户。目前，海南日报报业集团在新海南客户端中创建海南号，海南号分为四个类别，分别是个人、媒体、机构和企业，引入多种内容生产者。创建"生活圈"版块，以热门话题的方式，设置议题与活动，与用户实现线上线下联动。同时以"元气小新"海南号围绕本地用户需求，发布各种福利活动。其中在暑期将至时期，新海南客户端、南海网、南国都市报推出"打卡海南"专栏，联动全国融媒体，在线直播海南风景，向全球网友征集海南美景打卡作品。

在社交媒体中，除了入驻国内微信、微博、抖音等头部社交媒体外，为加

---

① 大豫热点.河南广播电视台全媒体营销策划中心于2020年正式成立.搜狐号，2020-04-08.
② 张桂杰.场景时代开启媒体精准传播新思维.青年记者，2018（26）：4-5.

强国际传播能力建设，针对海南建设全球最大自贸港这一新的"传播大场景"进行全新探索。目前，海南国际传播中心已建立起一支70%拥有海外留学背景的多语种国际传播人才队伍，拥有英文和俄文两名专职外籍主持人。搭建起海南最大的国际传播多语种综合门户网站——海南国际传播网，脸书、推特、油管、VK等海外社交媒体账号矩阵总粉丝量已达170多万，位居全国前五。组建一支近百人、分布在30多个国家的海外传播官队伍，成为海南对外传播的一支重要外籍团队。自2020年自贸港建设总体方案发布以来，国传中心联动中央及境外媒体向全球发稿约9万条，总阅读量约40亿人次，覆盖200余个国家和地区，向世界展现了一个美丽、开放、蓬勃的中国特色自由贸易港。以海南国际传播中心为总平台构建的中国特色自由贸易港"333"国际传播体系入选中宣部2021年"宣传思想文化工作案例"；原创创意视频《劳拉带你"云"看自贸港》被国家广电总局评为2021年度中国优秀海外传播网络视听作品；海南国际传播网荣获2020年第二届中国机构海外传播杰出案例奖（海帆奖）；海南自贸港"333"国际传播新体系获评中国外文局"2020年度对外传播十大优秀案例"。2021年首届消博会期间，"逛消博·老外三人行"视频被外交部发言人办公室油管官方账号和外交部发言人华春莹的推特官方账号转载推送，使首届中国消费者博览会成为华春莹"推特里的中国故事"的一部分。

虽然目前主流媒体在自建平台中引入UGC内容生产，并入驻头部社交媒体，提升传统媒体的影响力具有一定成效，但是在激发用户活力，提升用户黏性方面仍需进一步挖掘其潜力。

近年来，游戏新闻成为构建互动新闻，提升用户活力的一种策略。在游戏新闻中，用户可以有意识地自主选择新闻、参与互动。在媒体融合发展进程中，游戏新闻以技术为驱动，实现强交互性和娱乐性吸引着受众。2020年，在全国人代会审议民法典草案时，新华社国内部和腾讯新闻合作，推出H5小游戏《民法典丨人生大冲关》，根据民法典草案内容，打造游戏场景，其中针对性别设计专属问题，设置校园高利贷、房屋中介合同、疫情下的房租、婚姻、职场等不同生活场景，每个场景都有不同的选择。通过这种沉浸式体验，让用户置身其中，真切体会民法典如何影响我们的生活。2022年4月，海南日报新媒体在中国共产党海南省第八次代表大会期间，特别策划推出"3D手绘＋实景创意"视频《勇闯天涯》，通过游戏闯关形式，将目标设置成关卡，通过速度滑板的形式，解锁 2022 年至 2027 年未来 5 年海南自贸港发展图景。西安体育学院传媒系姚静在《新闻游戏：新媒体环境下的互动性新闻叙事模式》一文中提到：新闻游戏是一种沉浸式传播，让用户"置身"现场，通过玩家身份化身为当事人参与其中，从而获得更加直观、切身的体验。[1] 新闻游戏的方式为传媒媒体提升用户场景体验提供了一种思路。

习近平总书记强调："媒体格局、舆论生态、受众对象、传播技术都在发生深刻变化，特别是互联网正在媒体领域催发一场前所未有的变革。读者在哪里，受众在哪里，宣传报道的触角就要伸向哪里，宣传思想工作的着力点和落脚点就要放在哪里。"[2] 这一论断为媒体融合发展指明了方向。场景时代，媒体融合要以智能化技术为基础，加强新型主流媒体平台建设，打造自身媒体品牌，构建用户场景，做大做强新型主流媒体。

---

[1] 姚静.新闻游戏：新媒体环境下的互动性新闻叙事模式.传媒，2016（15）：72-74.
[2] 人民网.习近平在记者节对新闻工作者说的 10 条金句.学习强国，2019-11-08.

# 第九章　扬州报业传媒集团：搭建平台与重塑连接

朱玲玲　秦宗财[①]

习近平总书记强调，要推动传统媒体和新兴媒体在内容、渠道、平台、经营等方面的深度融合，着力打造一批形态多样、手段先进、具有竞争力的新型主流媒体。[②]这一科学论断，为国内传统主流媒体的深度融合指明了前进方向。扬州报业传媒集团（以下简称"扬报集团"）自2010年成立，便不断加快平台融合创新的步伐，主要体现在以下三个方面。第一，报网融合一体发展。扬报集团较早实现了报网融合的试水。如将国家一类新闻网站扬州网划归《扬州日报》管理，用报网融合来改善和扩大传统党报的影响力与舆论阵地，进而推动全集团发展上一个新台阶。第二，中央厨房生产模式的建立。自"扬州发布"客户端于2015年诞生，集团便在技术上建构了"四道环"，包括一个中央控制台控制的采编新格局、一个工作平台、一个技术支撑体系、一个全媒体内容管理系统以及一个传播效果监测反馈系统，从而实现了网站与手机客户端的后台的打通，采编与移动发稿的后台的打通、媒体微博和微信公众号的后台的打通，实现一键发布，完成了较早意义上的中央厨房生产模式的试水。第三，平台型媒介经营形式的创新。移动客户端"扬州发布"通过对经营环节、经营内容等的多维层面进行统一的策划生产，从而保证不断开拓新的营运空间，以保证自身持续的造血功能。由此，怎样利用新思维、新手段以拓展平台融合边界，便成为其差异研究的价值所在。

---

[①] 朱玲玲，扬州大学新闻与传媒学院2021级硕士研究生，主要研究方向为文化传播；秦宗财，扬州大学新闻与传媒学院教授，主要研究方向为文化产业、品牌传播。

[②] 习近平.共同为改革想招　一起为改革发力　群策群力把各项改革工作抓到位.人民日报，2014-08-19（1）.

## 第一节　扬报集团的发展历程及其平台融合创新的现状

### 一、扬报集团的成立和平台融合创新的基本情况

扬州报业传媒集团是扬州地区大型综合性传媒集团。作为顺应媒体融合大势的产物，扬报集团于2010年9月19日正式成立，集团整合了《扬州日报》、《扬州晚报》、扬州网、扬州晚报网等媒体资源，并发展出其他下属实业公司。经过10余年的发展，截至2022年，扬报集团旗下拥有《扬州日报》、《扬州晚报》、扬州网、扬州发布客户端、"学习强国"扬州学习平台、一本政经NEWS、扬州晚报微信公众号、扬州发布抖音号、扬州晚报抖音号等全媒体平台矩阵，形成了较为完备的平台融合创新与发展格局。

扬报集团的平台融合实践体现出传统主流媒体积极利用互联网空间拓展其内容平台、渠道平台与营销平台的探索与创新，其平台融合创新历程可以描述为从立足于平面媒介的报网融合传播模式向基于技术生态系统的全要素平台融合传播模式的转变。而基于技术生态系统的全要素平台融合传播模式主要表现为凭借技术手段搭建资源聚合平台，形成包括渠道、形式、内容、服务、技术等各个方面在内的全要素融合的平台发展形态。

扬报集团积极探索平台融合创新，为构建开放、互联、稳定的平台融合生态，不仅逐步完备全媒体产品序列，覆盖从传统纸媒到新兴移动终端媒体等各种形态，形成了全媒体格局下的较为完备的产品集群，还在平台融合创新实践过程中秉持着"以先进技术为支撑"的设计理念，通过引入地理位置信息系统、共享数据平台、数字报刊历史数据库等一系列数智技术，构建了自主可控的平台型技术生态系统。例如，集团旗下的核心产品——"扬州发布"移动客户端，其作为实现中央厨房生产的技术核心和前沿平台，便基于一定的技术平台基座，通过积极利用云计算、大数据等先进数字智能技术，完成了服务型窗口部门的链接及登录、软硬广告的植入、综合性事件发展走向的分析研判等各种技术设计，通过技术手段对平台不断迭代升级，逐渐形成技术先进、功能完备的平台

系统，成为集团内部融合传播矩阵的核心。①

## 二、扬州报业传媒集团平台融合创新发展的现状

平台融合是现阶段我国媒体融合发展的重心，媒体的平台化发展已经是大势所趋。作为过去主要将报业作为集团核心"发力点"的扬报集团，向平台融合方向进军是其转型为新型主流媒体的第一步。在平台融合实践过程中，完备的作业平台和运营平台是保障平台整体系统长期良性运转的必要条件，扬报集团关于这两个平台的相关实践也体现了扬报集团的平台融合创新发展的现状。

在作业平台方面，扬报集团打通了采、编、发流程，在渠道上统一管理报纸、两微一端等全媒体渠道，在人员上配齐负责各工种的所有人员，在数据上统一归档入库。②例如，"扬州发布"客户端曾于2018年对其作业平台进行调整，将内容生产中心集中于统一的生产空间中，涵盖了包括记者部、编辑部、视频部、运营部等全部一线内容生产者，不仅能够保障信息高效沟通，切实提高集中统一指挥、采编调度的效率，也有利于处理应急情况以及更好地进行新闻产品策划。总体而言，集团所建设的跨媒体、多业务单位融合的指挥融合大厅，可保证多业务单元人员能够集中办公。

在运营平台方面。扬报集团基于自有的人才保障自行建立了一支能够融通新媒体与传统媒体运作的专业化运营团队，确保融媒体生产过程中的生产制作、广告营销等各个环节都能够由自身灵活把控，形成融媒体平台运作的完整链条。另外，集团还立足于传统媒体资源优势，如依托原有纸媒《扬州日报》《扬州晚报》的综合影响力，开发具有本地价值和特色的"媒体+"服务，构建多元化、多业务的运营模式，打造汇聚媒体服务资源的智慧城市运营。"扬州发布"利用新技术开拓各种能够满足媒体自身经营需求的端口，包括各种服务性窗口部门的链接及登陆、硬软广告的植入、在线银行理财、在线购买保险、汽车保有用户数据库经营、农产品电商等。通过技术设计使得每个板块都可以成为一个赢利突破点，创新技术服务、直播电商等多样化"媒体+"服务路径，实现运营理念的深度变革。

---

① 王晖军.地方媒体的"中央厨房"路径选择——以扬州报业传媒集团为例.新闻与写作，2017（5）：79-81.

② 刘露.我国报纸媒体融合创新实践案例研究.温州大学，2018：22.

## 第二节　扬报集团平台融合创新发展的路径与规律

在推进平台融合的实践过程中，扬报集团积极探索创新，但在过程中也面临着如何实现将新闻媒体平台向城市生活智能移动平台的延伸、进一步拓宽集团合作经营对象的选择范围等问题。对此，扬报集团通过整合资源共建平台、合作借力共享平台以保障平台型媒体的建设，打造平台融合发展的有效路径，并形成一定规律。这些建设经验及规律也对全国地市级报业的平台融合具有一定指导意义。具体体现在以下方面。

### 一、扬报集团建设平台型媒体的经验

1.整合资源共建平台。整合现有品牌、人力、技术等资源来建设媒体平台是当前扬报集团推进平台融合的有效经验之一。扬报集团通过与第三方技术公司合作，共同打造了包括"扬州发布"等基于新媒体平台的融媒体中心，用以积极整合融通报、台、网、微、端等媒体介质资源。"扬州发布"还叠加了发布、互动、服务等多项功能，突出新闻发布、掌上政务、智慧城市、生活服务等多种服务，实现了从新闻媒体平台向城市生活智能移动平台的延伸。

平台共建既需要品牌资源的整合，还需要人力资源的跟进配合，集团内部的人力资源是实现平台融合的主力军。在扬报集团系统推进平台融合实践过程中，对集团内部进行了人力资源整合，集团内各个岗位的角色定位和工作内容都发生了变化，原报纸记者各自负责的新闻条线被重新划分，分工更细化更明确，以满足集团全媒体战略运作。

2.合作借力共享平台。合作借力指报业集团利用新媒体平台的传播力与影响力来拓宽合作经营对象的选择范围。由于近年传统报业受到新媒体的冲击而导致整体广告收入不断下滑，因此，转型后的报业集团积极与市场对接，通过组织化和市场化推动相结合的形式来合作共享平台是其实现媒体融合发展的自然选择。扬报集团立足于传统媒体——《扬州日报》的品牌资源等优势，与扬州网共建品牌栏目——"党报在线"，这种将传统媒体的品牌资源"嫁接"至网站平台的尝试，既能够进一步放大传统媒体品牌栏目在移动传播时代的影响力，更能带动新平台的快速成长，实现资源整合利用的效益最大化。

此外，扬报集团在已经积累了丰富产品生产与经营经验的基础上，凭借其在舆情监测、信息整合、新媒体技术等方面的优势，不断延伸产业价值链来创新盈利模式以形成增值收入。除了传统的广告经营模式，还通过提供增值服务、信息服务和技术服务，融合出版业、文化产业、房地产、资讯服务等多产业，有力地延续传统、大胆创新，不仅让集团旗下各子产品的功能和价值得到了延续和提升，而且为地方媒体在移动互联网时代通过转型与融合扩大影响力，探索出一条可供借鉴的道路。

## 二、扬报集团平台融合发展的规律

1. 专业化：树立专业理念，坚持主流价值引领。身处媒体融合的时代潮流，主流媒体更应在多元中立主导、在多样中谋共识，在融合发展中确立正确的舆论导向和价值标准。由此观之，在新型主流媒体推进平台融合过程中做好主流价值引领、主流意识形态的传播尤显重要，这也是推进媒体整体深度融合发展的核心动力。

在传统媒体时代，媒体一直以来都肩负着引领政治和社会的价值导向的重要职责与使命，在主流价值引领层面具有先决作用。而在融媒时代下，以平台融合为契机，正处于从传统主流媒体向融媒转型的报业集团更应将以主流价值引领数字时代、驾驭智能技术应用，实现价值建构的思想贯穿平台融合实践的始终。在扬报集团平台融合实践过程中，虽强调以技术赋权内容传播，但更始终坚持专业理念，在"党报在线"等产品设计中积极发挥专业新闻内容供给优势，将主流价值观念融入数字板块，给数字技术装上主流价值的"方向盘"，既可以扩大主流价值影响力的版图，又可实现新媒体时代下党媒对于技术运用与主流价值引领相统一。这也为我国其他（地市级）报业平台融合实践提供参考与向导，顺应趋势和规律，在推进平台融合实践的过程中，牢牢保障现代数字技术服务于平台中对于主流价值的传播与引领。

2. 互联化：连接各级媒体，构建多元关系网络。在推进媒体平台深度融合的过程中，关系链的搭建及利用是实现媒体深度融合的进阶。具体指积极连接其他各级媒体包括中央级媒体、省级媒体与其他市级媒体，基于媒体平台的数字城市建设实践，做好媒体资源的连接，实现在地数字资源的统一汇聚和有效分发，以此服务基础群众的在地信息需求。例如整合公交信息、水电煤等生活信息、城市应急信息、交通信息等大数据信息。这种媒体之间的协作连接而建立的关系网络，以及由此而带来的社会资源，不仅可以帮助地市级媒体建立起新型主流媒体新闻传播矩阵与产品服务矩阵，还可为群众提供更加适配的新闻产品与服务产品，实现对市民数字生活的赋能。

连接创造价值，关系链即传播链、价值链。对于我国地市级报业集团而言，虽无法同中央级、省级媒体的资源拥有与覆盖量相比，但可利用与其他媒体关系、资源的连通来实现更多资源整合，将省级等媒体的资源链接到自身平台中。扬报集团便积极与"北京时间""荔枝新闻"等媒体平台进行合作，打造平台融合过程中的媒体关系链，互相为对方提供流量入口以扩大媒体平台的影响力，还实现了多家省市级媒体的数据统一与资源共享，既节省了资源也加快了媒体平台融合的进度。由此，连接与共享也将会成为我国地市级报业深入推进平台融合实践的历史机遇。

## 第三节  从扬报集团看我国（地市级）报业平台融合发展趋势

扬报集团在推进传统媒体与新媒体平台融合发展的过程中，在内容生产模式、运营模式等方面，经历了一定转变，具体体现为以下两点。

### 一、从内容平移转载到打造特色产品品牌的转变

"平台型媒体"是当前传媒领域的数字化探索，是基于互联网建立的开放生态系统。当前主流媒体对"平台型媒体"的建构体现了"互联网+"思维，互联网是平台生态系统中得以使平台运行的基础环境。通过采用"互联网+传媒"手段来推进平台融合是拓展传统传播媒介模式的必然路径，但在融合过程中，单纯以产品数字化思维来进行传统传播模式的线上平移，以及对传统媒体平台中内容的平移转载，从而打造出各类"去纸化"新闻终端，这种平台融合实践只是将这类新闻终端视为平台产品，而无法达到平台融合所能带来的聚集

用户、带来增值服务等一系列融合效果。

"平台型媒体"作为一个兼具媒体属性、市场属性的社会服务空间，平台所生产的内容产品等在很大程度上会影响媒体平台竞争优势的建立，而产品品牌的打造对于其在形成个性化品牌集群、抢占用户市场、提供全媒体信息服务等方面更具有直接作用。[①]因此，培育"平台型媒体"的内容品牌与特色，是建构"平台型媒体"内容平台的重要手段。

秉持着"互联网+"思维的扬报集团为了把媒体内容建设、影响力建设推向一个新高度，较早开始了平台融合的探索与尝试，用融合来解决传统党报的影响力提升和舆论阵地拓展的现实需求。对此，集团以推进媒体融合战略为契机，大力策划集团新媒体特色产品——"党报再现"，通过重构、再造报网新闻采编流程等举措推动了一系列富有表现力的融媒体产品脱颖而出，形成具有鲜明特色的党报媒体品牌，进一步树立了主流媒体的产品影响力。

扬报集团还基于受众对扬州日报、扬州晚报、扬州发布等媒体产品的品牌信任，实现平台中媒体品牌价值的塑造，例如媒介监督、帮忙服务、权威信息发布等就是媒体品牌形成的重要方式。2015年12月，扬州发布App上线并开设了"马上办"专栏，继承了扬报集团在纸媒时代下《扬州晚报》一直以来保持的民情问政传统，使得帮办新闻再次成为集团在开展媒体融合实践过程中的"富矿"。记者通过跑腿帮办，以协调者、建议者的身份，解决普通民众的实际需求，这也有助于此后平台长期持续性拓展更多社会化、生活化的公共服务。由此，利用新型主流媒体构建新型民生诉求空间，这既能够使得传统媒体的民生热线与新闻客户端加速融合，也适应当下用户诉求渠道的变化，最终实现传统单一的新闻提供扁平化渠道向民生服务提供渠道的垂直深耕方向发展。

## 二、从单一新闻提供模式到服务纵深嵌入模式的转变

新的媒介生态环境下，公共民生服务与用户的联系最为密切，"服务"是"平台型媒体"触达用户的脉络。传统主流媒体在建构"平台型媒体"的过程中，需舍弃单一的新闻内容提供模式，而聚焦于用户日常需求，尝试定位于"新闻+服务"的融合发展模式，以服务融入用户的工作、学习、生活等多维场景，

---

① 巩建宇.传统主流媒体"平台型媒体"建构研究.河北大学，2021：49.

为用户提供"一站式"生活便利服务,拓宽媒体服务功能,挖掘拓展用户的吸附空间,助于增加用户黏性,拓宽平台触达用户的渠道,打造社会信息枢纽与"城市服务超级入口"。

扬报集团所开设的帮忙类民生问政新闻栏目,正体现了其在平台融合实践中对于拓展服务入口、将服务纵深嵌入平台的积极探索与尝试。

## 第四节  扬报集团平台融合创新发展的借鉴与启示

媒体融合的今天,已经进入了深水区和关键节点,是否开设了"两微一端"等新媒体平台就等于做到了平台融合?要做到进一步深化媒体融合,其前提是进行思维的转变。当前新闻传播的主阵地已经从纸媒等传统媒体转向了移动传播平台,作为媒体融合实践方向的平台融合,其融合思维也应积极转变,需要将传统媒体发展理念与思维,转变到具有移动互联网思维的新型媒体思维,新型媒体思维具体包括技术应用、平台构建、跨界合作。这三种思维也正是扬报集团推进平台融合创新发展的践行路径,可为我国其他地市级报业集团的平台融合实践提供一定借鉴与启示。

### 一、技术赋能:驱动"策采编发",推进平台价值创造

媒体融合需要技术的贴身服务,技术的持续创新可源源不断地为媒体融合赋予新意,助力媒体平台价值的体现。在"平台型媒体"的建设实践过程中,持续提升技术力量、优化技术支撑体系可实现技术应用与平台终端的共融互通。在技术手段的支持下,数据的覆盖面、时效性和精准度得以保证,由此,庞大的数据资源可解决内容生产与增值服务,推进平台价值的创造。

扬报集团在平台融合实践中,坚持"开门强技术",通过与高等院校、技术公司合作,加快新技术转化应用。集团成立的融媒体中心已经实现了大数据平台对新闻业务平台的驱动,并且很好地做到以技术平台驱动"策采编发"。在策划环节,中心建立热点追踪等数据模型,将新闻事件的主题分布、传播热度、受众反应量化为具体数据,为新闻记者提供参考,推动采编工作的进行;

在采集环节，中心建立统一的内容资源库，同时建立多维度的内容标签体系，将采集到的内容详细分类，为不同部门的编辑提供丰富素材，实现"一次采集、多次制作"；在编审环节，融媒体中心利用系统的计算模型筛选含有敏感内容、字词的稿件，保证内容质量；在发稿环节，中心依据大数据平台采集到的用户数据描绘用户画像，通过个性化推荐算法系统，实现多渠道多平台的个性化推荐；在评估反馈环节，中心建立评估反馈系统，以文章的阅读、互动、转载量为参考指标，计算单篇文章的互联网传播效果指数。

融媒体中心的编审系统和评估反馈系统也值得借鉴。中心的编审系统会通过计算模型自动延展相关主题稿件，通过关键词、人名、机构等信息实时形成稿件背景资料，同时结合痕迹版本、敏感词校对功能进一步保证内容质量。[①]地方报业集团在战略转型过程中可借鉴扬报集团的做法，在建立大数据和新闻业务双平台的同时，建立编审系统和评估反馈系统，以技术平台推动新闻业务平台的"策采编发"活动，有效推动报业集团的战略转型。

## 二、平台打造：建设大数据与新闻业务双平台，加快集团融合步伐

近年来，业界对"大数据技术""中央厨房"等概念早已耳熟能详，但媒体平台融合实践仍然停留在初步融合阶段，原因有以下两方面。其一，传统媒体未能将大数据技术和新闻业务进行深度融合，无法以大数据技术推动和完善新闻业务。其二，传统媒体所建立的"中央厨房"仅停留在形式层面，未能在新闻业务方面建立统一的策划、采编、分发中心，各业务部门仍处于分庭而治的局面。地方报业集团在战略转型过程中可借鉴扬报集团的做法，打造大数据与新闻业务双平台，为完成战略转型、推进媒体平台深度融合打下坚实基础。

扬报集团的融媒体中心不仅建立了集数据抓取与分析于一体的大数据平台，还建立了一套完善的新闻业务平台。大数据平台负责全面抓取并分析数据，新闻业务平台负责统筹新闻策划、生产及传播。融媒体中心的内容数据库中囊括了集团内容数据和用户数据，内容数据具体包括新闻热点、重大新闻事件等，

---

[①] 陈旭管.大数据技术驱动媒体融合发展——记2017年"王选新闻科学技术奖"特等奖项目浙报集团"媒立方"技术平台建设.中国传媒科技，2017（6）：17-19.

用户数据具体包括目标受众的兴趣点、偏好的阅读习惯和新闻呈现形式等，数据涵盖国内大量数字报刊数据、互联网新闻数据、政府门户网站数据、社交平台信息、新闻图片库图片与历史老照片等多项数据源。这些大数据不仅可以为新闻记者提供新闻热点追踪服务，帮助新闻记者培养新闻敏感，使其从数据中挖掘创作灵感，采写深度新闻报道，还可以为受众提供个性化的推荐服务，在抓取、分析受众兴趣的基础上为受众提供量身定制的内容。中心还建立了一个集策划、采编、运营于一体的新闻业务平台，这一平台融合传统媒体与新媒体各自的生产传播渠道，以大数据平台为基础支撑，将资源中心、策划中心、采编中心、运营中心统一起来，是一个集统一采集、分类加工、集中分发、传播效果评估于一体的新型智能化内容生产平台。

### 三、跨界合作：调整产业结构，探索多元赢利模式

中央在《关于推动传统媒体和新兴媒体融合发展的指导意见》中指出，要建设拥有强大实力和传播力、公信力和影响力的新型媒体集团。现阶段的平台融合，多数集团尚处于探索多元赢利模式阶段，在真正获得直接效益之前更需要持续的技术、财力、人力等资源的支持。对此，跨界发展则为这一目标、为媒体集团调整适应平台融合的新型产业结构提供了路径支持。

跨界合作不仅能加深融合步伐，还可提高平台整体影响力。扬报集团在跨界发展方面积极探索，对于跨界合作发展的路径做出了大胆的尝试，具体表现在：联合肯德基，共同打造主题餐厅，塑造"非遗扬州""VR全景看扬州"等多个平台栏目，实现新媒体技术与肯德基顾客、游客之间的文旅互动，带领用户领略扬州城市的人文魅力；牵手深圳慧择网，推出互联网保险平台——"快捷保"，该平台开创了扬州市"互联网+保险"的先河，为受众提供保险在线垂直交易，这是扬报集团以"扬州发布""扬州网"为载体，利用新媒体试水互联网金融的重要产品；联手桓伟智能科技，通过新媒体技术和智能硬件的接入和融合，共建"互动频道"，实现智能服务的全城互动，形成一个智能安全、开放共赢的新媒体生态体系；与"乐视"签订合作协议，扬州用户可以通过手机直接收看影视、体育赛事、直播点播等。[1]

---

[1] 王岚峰.融合发展三部曲：渠道　平台　生态.中国报业，2016（23）：25-27.

移动互动网时代，媒体平台盈利需要通过流量价值以实现变现，传媒集团在平台融合过程中为此需要积极调整产业结构，进行多元经营业务的发展，重建区别于传统媒体的商业模式，重构能适应传统媒体与新媒体平台相融合的、开放的、一体化的经营体系。

在推进媒体深度融合时代背景下，技术变革为平台融合发展提供了更大的舞台，我国地市级报业被赋予了新的任务和使命，在推进平台融合的进程中，需要对包括理念、定位、技术、营销等方面的重新认识和创新实践，才能切实推进业态升级与有效拓展主流价值影响版图并驾齐驱。

# 第十章　珠海传媒集团：以"平台化"战略推动媒体深度融合

闫伊默[①]

2019年4月28日，珠海传媒集团成立，系国内第一家市级新型媒体文化企业。三年多来，珠海传媒集团全面贯彻落实习近平总书记关于媒体融合发展重要思想，重塑融合理念、强化开放思维、勇于破解体制机制难题，以"平台化"战略为重要抓手，大力推动基于平台基础上的内容生产创新、传播渠道创新技术升级迭代，勇于破解体制机制创新难题，使集团媒体融合发展不断向深度开掘，集团主流舆论引导力得到提升、多元文化产业蓬勃发展，在粤港澳大湾区媒体格局中的价值和意义得到凸显。

## 第一节　珠海传媒集团融合发展历程

珠海传媒集团的前身分别为1985年11月1日成立的珠海特区报，以及2005年4月成立的珠海广播电视台。珠海特区报为珠海市委机关报，基于地缘优势，报纸立足珠三角，辐射港澳，逐渐发展成为包括"两报四社"，即珠海特区报、珠江晚报（1995年创办并于次年并入）、珠海出版社、珠海特区音像出版社、俏丽画报社和珠海杂志社等多媒体形态的报业集团。2017年，珠海报业传媒集团正式挂牌。

珠海广播电视台于2005年4月成立，由原珠海电视台、电台及相关技术发射、监测中心组建而成。珠海广播电视台集新闻、娱乐、旅游、文化、教育

---

① 闫伊默，华南师范大学新闻传播系副教授。

等内容于一体，以普通话和粤语相结合的语言方式进行传播。2014年5月1日，珠海广播电视台启用4G网络直播车，利用最新技术为市民提供更好更快的视听网络服务，由此迈向向媒体融合发展之路。

随着媒介技术的发展，媒体融合发展是大势所趋。党的十八大以来，以习近平同志为核心的党中央就媒体融合多次作出重要部署并强力推进。不断迭代更新的媒介技术对传统媒体从内容生产、传播、受众及经营带来颠覆性冲击，谋求融合发展应对冲击和挑战对传统媒体而言显得极为迫切。而我国传统媒体"事业单位企业化管理"及"属地化管理"的方式，决定了媒体整合中主管部门的主导地位。珠海市委市政府高度重视并力促媒体融合向深度发展，于2018年出台《珠海市新闻媒体深化改革实施方案》，正式启动珠海传媒集团组建工作。从加强顶层设计，到技术引领，再到采编发流程优化，珠海市主流媒体进行了优化重组。2019年4月28日，珠海传媒集团揭牌，在国内率先实现了传统媒体、新媒体及户外媒体一体化的全媒体整合，并实现了内容生产和传播的全流程再造，形成新闻、广告、发行、培训、会展、文化产业孵化运营等全领域业态。

## 第二节　珠海传媒集团平台化融合发展策略

随着媒体融合向纵深发展，当前媒体融合已经超越了初期"媒体合并"式的初级融合发展模式，而尽力寻求顺应媒介技术发展和要求的"有机融合"。2022年5月16日，中国记协发布《中国新闻事业发展报告（2022年）》，报告显示："2020年至2021年，中国新闻事业全媒体化、平台化趋势日益显著。"所谓"平台化"，是来自计算领域的编程技术，强调计算程序或基础架构的"统一或整合性"，并由此对技术环境形成变革性影响。随着互联网2.0时代的到来，"平台化"思想在信息传播领域引发关注。总体而言，"平台化"机制以技术的可编程性为基础架构和先导，借助平台优势在与相关市场主体互动中占据主导地位，同时承担回应公共利益诉求的职责以强化自身存在的正当性。审视当下媒体发展格局和趋势，平台化媒体和媒体平台化既是客观现实，也是二者进一步发展互为借重的策略选择。珠海传媒集团在推进媒体深度融合进程中，以

"平台化"战略为引领，从内容生产、渠道整合、技术架构和机制变革等方面进行了有效探索。

## 一、基于平台化的内容创新

在应对新媒体冲击的实践中，传统主流媒体经历了"渠道为王"和"受众为王"的惶惑和盲从，逐渐深刻认识并再次坚定了对"内容"的信仰。尤其是作为党媒集团，应更加自觉地承担其作为党政喉舌和"以人民为中心"的职责使命，恪守内容至上、制作内容精品，强化引领、汇聚认同，为时代和人民鼓与呼。

1.做好主题报道，壮大主流舆论。作为党媒集团，珠海传媒集团与特区同成长、共奋进，坚持主流媒体性质和定位，围绕中心、服务大局，积极唱响主旋律、打好主动仗。珠海传媒集团基于强大资源优势，根据不同媒体形态和传播方式，细分受众、强化差异传播，对内容产品进行开发、包装和优化，以激发受众共鸣和形成传播合力。近几年，新中国成立70周年、澳门回归祖国20周年等大事不断，珠海传媒集团充分发挥融媒优势，站位全局、着眼前瞻、超前谋划、强化落实，积极创新主题报道内容和形式，使"好声音"听得响、传得远，形成强大的主流思想舆论场。

2019年2月18日，中共中央、国务院印发《粤港澳大湾区发展规划纲要》，标志着粤港澳大湾区建设进入全面深化阶段。推进粤港澳大湾区建设是以习近平总书记为核心的党中央作出的重大决策，是习近平总书记亲自谋划、部署、推动的国家战略。珠海传媒集团积极主动担当湾区门户主流媒体职责，围绕粤港澳大湾区建设的重大意义、发展导向、重点领域等，捕捉湾区脉搏、见证湾区高度、讲好湾区故事，持续加大湾区专版、栏目、节目刊播频度，形成长期持续高潮，日常宣传和关键节点宣传相结合，常规报道与特别策划相结合，实现了全方位宣传报道的广度和深度创新。

作为党媒集团，围绕地方中心工作、服务地方大局，责无旁贷。围绕珠海市第九次党代会精神，集团媒体组织重要系列评论进行舆论引导、实施系列大型专题报道营造氛围。围绕全市产业发展大会，集团重磅推出专题片、专题报道、评论、访谈、解读、短视频等融媒体作品，引发社会强烈反响和关注，为市委和政府中心工作汇聚力量、提神振气。

2. 强化民生服务，凝聚社会共识。集团树立"以人民为中心"的工作导向，深入落实"走专改"，聆听百姓心声，做好民生报道，强化服务意识，激发群众共鸣、凝聚社会共识。2020年1月30日，珠海传媒集团新版客户端"观海"上线，当日恰逢该市首例新冠肺炎患者出院，集团抢抓时机通过客户端对此进行直播，为群众释疑解惑，引发用户观看热潮。面对当时口罩购买难题，集团想群众所想，组织技术团队自主研发推出"口罩预约购买系统"，真心实意为群众排忧解难。

珠海传媒集团电视新闻节目以电视问政方式在发挥新闻媒体的舆论监督正向作用方面作出重大成绩。第一期电视问政节目《问政珠海》去年2019年1月21日晚上在珠海电视新闻综合频道播出，针对市民关心的管道天然气如何打通"最后一公里"、黑臭水体整治怎样兑现承诺等问题展开问政。节目播出后，通过线上线下收看收听的人数近30万，众多网友市民点赞叫好，省《党风》杂志专程前来采访报道珠海电视问政工作的好做法好经验。与《问政珠海》节目相伴而生的"问政进行时"栏目在电视、报纸、广播和新媒体平台全面推出，卓有成效的舆论监督贯穿全年。开展电视问政，围绕人民群众关心的热点、难点、痛点问题进行问政，有力彰显了传统主流媒体的责任感、权威性和影响力。

自2019年6月18日起，珠海广播三个频率围绕强化"青春广播"定位进行了部分节目调整。95.1频率强化政务资讯和民生服务报道，增设《直通951》节目及线性评论栏目《951有话说》及《新闻面孔》，彰显团队力量，打造"民生工作室"，形成了《市发热线》《百姓说事》《回音壁》《权威发布》《951有话说》民生节目链。87.5频率强化服务交通和百姓生活宣传，新上了《交警说》《听我·读你》等一批新栏目。91.5强化音乐广播功能，新推出早间轻资讯微互动节目《915活力倾城》和《小树开门之爱情来开门》等交友社交类情感节目。

## 二、基于平台化的技术创新

新媒体传播时代，要内容与渠道并重，媒体深度融合在强化内容价值生产的同时，应特别注重内容传播渠道的建设。传统主流媒体单一传播渠道需要拓展和丰富，以最大程度实现"人在哪里，传播就要在哪里"的受众全覆盖，实施立体化整合传播。渠道需求因媒介技术冲击而生，传统主流媒体的应对之策就是要以融合理念和平台思维，充分利用新兴媒体技术打造自身传播渠道。

1. 强化技术先导。媒体融合是一项复杂的系统性工程，只有找准发力点，才能实现真突破。对传统主流媒体而言，媒体融合面临的最大困难即是技术瓶颈。由于传统媒体技术基因匮乏，导致"重内容、轻技术"成为通病，面临媒介技术迭代，技术制约的困境得到凸显。强化技术先导，珠海传媒集团深挖自身现有技术人才资源潜力，成立新媒体技术公司，并与国内IT行业领军企业联合开发出拥有自主知识产权的国内首个全媒体生态系统"九霄"，以"九霄"为平台，推动"传统媒体＋新媒体＋户外媒体"一体化运行，并与党委政府相关主管和业务合作部门进行有机衔接，实现了基于"九霄"平台的新闻宣传、舆论引导和媒体运营的全方位深度融合。为珠海全市宣传舆论工作"一盘棋"提供了强大的技术支撑。

2. 坚持移动优先。智能手机与互联网的结合，使信息传播日常化、遍在化，信息传受移动化。媒体融合要顺应技术趋势，着眼构建移动媒体平台。自2019年4月集团成立以来，对集团所属新媒体进行了整合优化，基于用户量、活跃度、专业性和影响力等因素，将数十个新媒体通过"关停并转"重新布局，构筑"1+1+4"（1个网站、1个手机客户端及微信、微博、短视频、综合新闻客户端等4个合作平台）新媒体集群，以提升整体效能，重点培育细分领域精品项目，将新媒体打造为主流媒体"第三极"。移动优先要求内容生产和传播能够实现移动化操作和移动化运行。集团编辑记者的PC端和手机都配置了"九霄"系统软件，"九霄"平台为"观海"App在线索分类、提取和信息采集、分发，以及策划、协作和互动等方面提供了技术支撑，整个采编发流程有序、高效运行，极大地提升了工作效率，最大程度地实现了信息即时传播。技术团队针对出现的问题迅速给予技术支持，并且根据技术发展趋势和现实传播需求，不断对系统进行升级优化。随着大数据的发展，"九霄"也在努力将算法推荐引入"观海"，在用户画像基础上，对平台海量数据进行科学分类并精准分发，最大程度地实现信息的接受度，提升传播效力。

## 三、基于平台化的渠道创新

基于平台化的渠道创新，依托所属资源，珠海传媒集团在国内率先实现了报、视、广、网、端、微、屏、牌全媒体整合，媒体融合深度和资源整合力度上都走在了全国前列。

1. 多媒体产品生产和传播。在媒体融合发展进程中，基于技术平台基础上的信息采集分发、指挥协调一体化的"中央厨房"得到普遍运用。2019年4月29日，珠海传媒集团"中央厨房"开始全面运行，生产管理上实现统一策划指挥、统一采集加工、统一分发监控，从而通过一套完整的媒体生态实现真正的共融，推动媒体融合由物理融合走向化学聚变。"中央厨房"建立由指挥中心统筹的常态化策划机制，按照线索汇聚、指挥协调、策划落实、采编联动等一体化要求，集团所属媒体根据自身优势和特点，各取所需、各展其长，通过"一次采集、多元生成"的集约化生产，打破媒体形态边界，实现立体化传播，提升传播效果。目前，"观海"App日发各类稿件和融媒产品近200篇（件），以多形态、多形式、多角度对传播内容进行深度挖掘和丰富呈现，实现了传播效果的合力效应。顺应新媒体发展趋势。

随着媒体融合向纵深发展，短视频成为风口。珠海传媒集团抢抓机遇，超前布局直播和短视频，并不断强化其作为集团新媒体特色进行运营。为此，集团抽调视频制作精英组建视频采编团队，重点打造"观海视频"平台。"上观海，看直播""上观海，看视频"口号深入人心。2020年11月，珠海特区报视频号正式上线，持续不断日更的短视频引来粉丝暴发性增长，获"200万+"点赞量的爆款短视频实现常规化生产。2020年8月26日，庆祝珠海经济特区建立40周年短视频《卫星瞰珠海，发现了这个秘密！》在"观海"首发，该视频以卫星视角呈现珠海"前世今生"，主题深刻、内容丰富、视觉惊艳。视频发布后，迅速获得珠海市民点赞关注，并引发中央级和全国4000多家兄弟新媒体平台转发，总点击量超过1.2亿，成为不折不扣的现象级融媒产品。

2. 加强平台合作共赢。平台化媒体位居信息传播渠道和影响力的头部，传统主流媒体深度融合发展要超越"自我中心主义"，善于借助外力，与头部平台媒体开展合作，借助其既有传播优势，放大自身传播效果。除了积极入驻主流信息平台外，还积极开展与其他主流媒体平台的合作共赢，借船出海，实现借梯登高。集团深入开展与人民日报、新华社、学习强国等中央级媒体平台合作互动，借助其传播优势放大自己的声音和影响。集团与人民日报媒体技术公司展开合作，共建全国首个央地合作融媒工作室——粤港澳大湾区融媒体工作室，致力于打造"大湾风"品牌。集团依托人民日报高端资源和权威策划，推出了"走马大湾区"大型系列主题报道和"高质量发展调研行"系列蹲点报道，并为"大湾风"融媒体栏目策划、采写深度稿件、文图、短视频等各类融媒体产品40余件，有效提升了珠海舆论宣传的传播力、影响力和"讲好大湾区故事"的感染力。

集团配合广东广播电视台为庆祝新中国成立70周年推出的特别电视直播节目《飞跃广东·珠海篇》别具一格；中央广播电视总台为庆祝澳门回归祖国20周年策划推出的《一路欢歌 扬帆起航》大型融媒体直播活动好评如潮；为庆祝澳门回归祖国20周年，经市委宣传部立项，珠海传媒集团与中央新闻纪录电影制片厂（集团）联合摄制了纪录片《珠澳情缘》，该片共4集，每集25分钟，总长度100分钟。广播节目方面，2019年集团精心策划制作了两部广播剧。一部以国家精准脱贫为题材，反映珠海对口扶贫工作的广播剧《背篓医生》，在广东新闻台、广东音乐台、珠海电台及怒江电台播出。另一部以庆祝澳门回归祖国20周年为题材，反映珠澳合作的广播剧《爱在双城》，在珠海电台及澳门电台联播。

3. 推动线上线下互动。媒体融合的效果最终要靠产品来检验。在新闻产品的生产方式上，珠海传媒集团通过线上全媒体深度发掘和多维拓展，线下多场景应用，以增强交互性和用户黏性，实现影响力的最大化。集团依托自身品牌效应和优势传播资源，大力实施活动营销，通过实施"线下活动+线上传播"组合拳，在扩大传播效果的同时，进一步拉近了与受众之间的心理距离，有效增强了媒体和用户之间的黏性。集团充分把握主题节点，瞄准用户需求，积极组织群众参与大型活动，通过与受众亲密接触互动，有效实现主题浸润效应。比如，在珠海著名地标"日月贝"前组织了万人参与的庆祝新中国成立70周年大型群众文艺嘉年华，以活动为支撑、全媒体传播为爆点，以百万级的本地传播量成为珠海庆祝新中国成立70周年期间关注度最高的活动，激发出珠海人民浓浓的爱国之情。珠海传媒集团也在尝试运用新技术将媒体融合向纵深推进至新阶段。集团推出的《寻访珠海"红色三杰"》，首次将AR技术应用于专题报道，既增强了主题报道的新鲜感，又提升了用户的视觉感受。接下来，珠海传媒集团将结合电视平台在 AR 应用上积累的建模能力，将更多的 AR 体验送到用户移动终端。

## 四、基于平台化的机制创新

不融合没有出路，怎么融考验智慧。在改革进程中，人员的问题总是要最先解决的问题。为此，集团领导班子通过多次召开全体员工大会和各级管理干部会议，结合"不忘初心、牢记使命"主题教育，要求大家面对媒体格局和舆论生态的深刻变化，提高政治站位，明确使命担当，真正实现从"要我融"到"我要融"和"我想融"的转变。同时，制定出台了一整套具体落实方案，以便从体制机制上推动全媒体转型。

新组建的传媒集团拥有报纸、电视、广播、网站、客户端、微信、微博、电子屏、广告牌等多种传播渠道，实现了真正意义上的全媒体覆盖，但重点与难点在于如何实现"真融"与"实融"，在融合中放大一体效能。譬如，围绕打造全媒体传播体系，把原 2 个集团的 18 个采编部门融合为融媒采访中心、融媒编辑中心、新媒体中心等七大中心。并依托专业领域名记者，成立跨部门的工作室，打造个人"IP"，通过新媒体产品的项目式运作，使人才资源得到充分利用。通过中层管理岗位竞争上岗，对专业技术人员统计细分，以及运行全新的采编、审稿、播发系统等方式，实现对报纸、电视、广播等新闻生产的"岗位优化"和"流程再造"，以真正实现人员和生产从简单"相加"到深度"相融"。对于原事业单位在编人员，在基本工资、养老保险等方面采取"老人老办法"，退休后纳入专门成立的市新闻中心，按照事业单位相关政策给予相应待遇。对于事业发展急需引进的各类人才，则采取"一人一薪"等方式，增强人才储备，激发创新活力。

随着人工智能、区块链、5G、VR、AI 等新技术的迅猛发展，媒体融合挑战与机遇并存。珠海传媒集团将高度重视科技的深度体验与运用，围绕"九霄"融媒体生态系统平台，以报纸读者、电视观众、广播听众、新媒体平台用户为目标，加大力度建设大数据用户系统，继续优化和提升具有自身特点的"中央厨房"工作机制，做强平台，做优产品，与用户建立深度连接，牢牢占领新的传播渠道和主流舆论场。

# 产品融合创新案例

# 第十一章　重庆日报报业集团传媒产品融合与创新实践

许丽华　程可欣　王乐天　郑丁川[①]

重庆日报报业集团是以《重庆日报》为龙头的省级党报集团，在媒介融合创新的过程中一直走在全国省级党报创新改革的前列，经历20余年的探索，找到了一条"专业+多元"的媒体融合成功之路。重庆日报报业集团不断通过体制机制改革为传媒产品融合创新提供动力和保障，通过"三步走"成为省级党报集团的领头羊。本文梳理了该报业集团传媒产品融合创新的发展历程，并通过典型案例分析集团融媒体产品主题、采编过程、形式、分发渠道的独特之处。点面结合，展示省级党报集团发挥政治优势、传统优势、技术优势，提升主流媒体的综合实力的优秀案例。

## 第一节　融合之路：创新发展历程

重庆日报报业集团从成立之日起就开始了融合创新的改革征程，从最初摸着石头过河，到走上可持续发展之路，集团用20年的时间，分三步走，实现了主营业务从传统报业向融媒体产品发展的成功转型。

### 一、探索期："摸着石头过河"（2001—2014）

2001—2014年是重报集团媒体融合创新的探索时期，此阶段，重报集团整

---

[①] 许丽华，博士，副教授，云南民族大学文学与传媒学院副院长；程可欣、王乐天、郑丁川系云南民族大学文学与传媒学院新闻传播硕士研究生。

合当地各类报刊并开始触网触电，在探索中酝酿着适合自己的转型道路。

1. 资产整合助力产品融合。2001 年，重庆日报社在原有的基础上，相继合并《重庆晚报》《重庆晨报》等几家都市报。经中宣部批准，重庆日报报业集团正式挂牌成立，这标志着其开始了对于产业改革和产品融合发展的探索。2003 年，全国各地开始进行新闻整改工作，部分报刊的管理权被转移到了省级党报集团。在此期间，重庆官方刊物《今日重庆》《涪陵日报》（现名为《巴渝都市报》）等归为重庆日报报业集团管辖。

通过对各类报刊的兼并整改，重报集团拥有了丰富的报道资源、优质的人才团队、合理的资源配置模式，不仅有效地改善了重庆地区报业发展的竞争瓶颈问题，同时也具备了"下好一盘棋"的能力，为将来"内容+技术"的探索创新之路奠定了基础。

2. 产业集群推动多元发展。为应对互联网的影响与冲击，重报集团主动出击，重构并拓展产业业务框架。一方面，尝试从自身专业与优势出发，积极实行传统主业改革，成立重庆重报传媒有限公司，以便更好地管理广告、印刷、发行等传统经营性资产。另一方面，走"互联网+"产业发展道路。在 2004 年，成立华龙网新闻传媒有限公司，整合新媒体资源，初步培育了集大数据管理运营、物联网应用和游戏电竞等业务于一体的"互联网+"大数据产业集群。

在不断的转型实践中，重报集团不光把目光聚焦于传统产业链中的的信息收发与报刊出版，而是"取所长，补短板"，放眼于多元产业集群，不断调整集团产业框架，为重报集团未来建设全媒体"中央厨房"、壮大多元产业集群、提升综合业务能力提供了深厚的物质与人才基础。

3. 创新渠道探索触网触电。随着互联网技术与移动设备的不断普及，受众不再以纸媒作为唯一的信息获取渠道，而是逐渐向电子端靠拢。在此背景下，纸媒的读者数量、发行数量、广告收入急剧减少，报业发展受到严重影响。同时，报纸纸张价格上涨，从而导致传媒成本增加、利润减少，纸媒出现无法克服的发行成本与时效性危机。

为适应受众阅读习惯的变迁，我国大力推进纸媒上网，创办数字化报刊，而重报集团也在不断加快其自身的网媒融合实践。2006 年，第三届中国报业竞争力年会在京召开，重报集团成为首批入选"数字报业实验室计划"的 18 家报业集团之一。2007 年 6 月，重报集团与重庆移动联手推出《重庆手机报》，不仅进行了了信息分发新尝试,也抢占了手机新闻分发与舆论引导的新高地。

2009年,集团下属华龙网与重庆广播电视集团下属的视界网整合,拓宽用户池,树立优秀的媒体形象,增强其自身的可信性与知名度,开启了重报集团对于全媒体平台的搭建与完善的新的探索之路。①

截至2014年,重报集团已经拥有了15报4刊,并在第一阶段通过模仿与尝试找到了自己未来的发展方向——"专业+多元"。

### 二、突破期:"实践是检验真理的唯一标准"(2014—2017)

2013年8月,习近平总书记在全国思想工作会议上就媒介融合与发展问题作出了新的指示。此后,我国相继发布了《关于推动传统媒体和新兴媒体融合发展的指导意见》等一系列的文件来引导、推进媒介融合。②这对媒体产业融合升级,促进传媒企业转型具有重大的作用。

如前文所述,在过去几年,重报集团针对融合发展进行了一系列的探索。但是由于缺少理论支撑和前人经验,所以很多时候只是浅尝辄止,也走了许多弯路。

基于这些内外部的推动力,2014年,重报集团开始积极推动全面数字化创新融合,并将此年视为转型实践的攻坚深化年,并以"中央厨房"建设为导向开展媒体融合探索实践,全面加强其数字化转型与实操能力。

1. 创新技术手段,强化载体建设。重报集团积极与国内一流技术研发机构合作,采取两步走战略建设中央厨房。

首先,重报集团积极搭建了"全媒体转型技术支撑平台",实现了集团旗下的日、晚、晨、商四大主要报系的信息互通与流动。平台能够帮助线上线下与移动端相关媒体实现信息互通,极大地提升了各个团队的信息收发效率与信息本身的利用率,形成了全天候、全媒体新闻资讯采发模式,这一平台获得了王选新闻科学技术一等奖。③

2015年,重报集团在该平台的基础上开始搭建"集团新闻内容生产及运营监管服务平台",主要功能是构建了全集团新闻传播效果的监测反馈系统,对

---

① 甘小梅.重报集团发展数字报业策略构想.重庆大学,2013:35-36.
② 蒋革.拓展主流舆论传播空间 加快推动媒体融合发展.传媒,2017(14):14-17.
③ 管洪.党报集团如何打赢媒体融合"下半场".中国报业,2018(23):22-24.

原平台的事后监管进行了优化，实现了集团在事前、事中、事后全时段全过程的监督监管。

这两大平台的搭建，是重报集团2014至2016年度重点工作、攻坚项目，奠定了媒体深度融合的基础。也正是基于上述平台的成功搭建，推动了重报集团在2017年两会期间启动"中央厨房"的实践与应用。

2. 创新表达形式，强化内容生产。媒体融合的关键一点是坚持"内容为王"的初心，否则难免会落得大而空，不利于媒体可持续发展。传统媒体拥有丰富的报道经验、优质的采编人才，在内容生产方面就极具优势。因此在融合的过程中，重报集团充分发挥优势，扬长补短，以适应新媒体环境的需求。

一方面，重报集团采取了一系列的奖惩措施来激发团队的创造活力。例如新闻稿费向独家、原创新闻倾斜，与转载率、落地率正相关。[①] 这也使得旗下各平台内容同质化的情况大大减少。在2017年两会报道期间，集团各媒体共计刊发全国两会各类原创新闻报道1223条，大量原创的直播、视频、H5、图解整合报道等作品与受众见面，取得良好的传播效果。

另一方面，从报道内容上进行改良。一是做好特色栏目，不仅做到了坚守党媒底色更积极响应群众关切，从各个维度来满足读者多样的需求。二是做新传播方式，实现"硬"新闻"软"着陆，使读者爱看、愿意看、主动看，使主旋律在社会上更好传播。例如2016年，重报集团创办的微信公众号"理论头条v"开启了通俗讲理论，理论大众化的积极尝试，搭建了理论与大众之间意义的桥梁。

得益于此，重报集团在众多媒体中脱颖而出，出色地发挥党报作用，完成舆论宣传的任务。

3. 创新发布渠道，加强矩阵建设。传统报纸通常分为不同的版面，各版面分工明确，共同构成一个整体。重报集团在融合升级的过程中，对不同分支的规划继续延续这一传统，并努力做优做精。

重报集团2015年依托重庆晨报上线"上游新闻"客户端，2016年依托重庆晚报上线"慢新闻"客户端。2017年重报集团继续实践，通过深度融合继续完善集团产品框架。其旗下的晚报、商报、晨报、城市热报等各类共10余种报纸、

---

① 李忠. 一路雄起　不忘初心. 中国新闻出版广电报，2017-05-09（001）.

客户端和各种全媒产品,经过不断的发展与整合促进了重报集团的多元化和全面化,形成了中国国内首个都市报航母——重报都市传媒集团。①

到2017年,重报集团已经基本形成了4+1发展格局,即党报、新媒体、都市媒体、行业专业类媒体四大媒体集群和重报集团多元产业集群。

### 三、发力期:"走可持续发展道路"(2017年至今)

"中央厨房"平台基本完备搭建后,重报集团在2017年两会报道中首次"练兵",启用集团"中央厨房"全国两会报道整体新闻生产"策采编发"一体化运行机制。由此,重报集团开启了媒体融合的可持续发展之路。

在此阶段,重报集团的媒体融合实践显现出三个特点:一是不断优化新闻生产机制,二是加快推进全媒体矩阵布局,三是拓展多元产业助企增收。

1. 生产机制不断优化。重报集团依托"中央厨房",形成了重大主题报道"事前事中会商调度、事后及时反馈"的新闻生产机制:首先集合各媒体端口负责人组成工作团队,分配好策划、采访、传播任务,着力提高单位时间内的新闻生产效率与质量;再借助内容监管平台,实时监控各媒体端口的传播力效果、舆情动态,定时形成专报反馈给集团领导与采编团队。优化机制后的新闻报道成绩喜人,以两会报道为例,2017年至2022年,集团发稿量稳定在4000—5000件,其中2022年阅读量千万+稿件达56件,百万+稿件达132件。②

与此同时,重庆日报集团还借助"上游云"融媒体平台,为县级融媒体中心建设提供重要的技术和平台支持,将各区县党报新媒体纳入"中央厨房",促进了市县两级党报的资源互补、取长补短——区县媒体资源将重报集团的主流声音拓宽至基层,重报集团中央厨房将资源和平台供应给各县区党报,提升其传播力和影响力。

2. 全媒矩阵向纵深发展。重报集团根据党报、新媒体、都市报、专业媒体四大媒体矩阵的不同属性和特点,实行差异化发展策略。党报集群中,集团走好网上群众路线,赋能读者"随时随地读党报"。一方面,搭建《重庆日报》

---

① 逯德忠. 媒体融合背景下的组织重构丨从相加到相融到一体化——重庆日报报业集团推进媒体融合下组织重构的探索与实践. 新传播,2021-09-15.

② 崔健,文斌,张畅,汪洋柳. 融合创新联动 宣传出新出彩——重庆日报报业集团2022全国两会报道亮点评析. 新闻战线,2022(7):45-47.

互联网党媒宣传阵地，重点打造客户端和网站；另一方面，为适应年轻人的喜好和需求，积极拓展微信、微博、抖音等第三方传播平台。目前，《重庆日报》形成的全媒矩阵覆盖用户达2000万以上。

新媒体集群中，集团以华龙网为核心，发展起大数据运营管理、互联网征信、物联网等业务，为打造集新闻信息、资讯服务、数字出版、视听于一体的华龙网新媒体平台埋下深厚的产业基础。目前，华龙网位居全国省级新闻网站综合传播力第二名、省级新闻网站被转载指数第一名，已然成为深受重庆用户喜爱、在全国有较高知名度的主流媒体。

都市报集群中，重报集团整合《重庆晨报》等都市报资源，做大做强移动新闻客户端"上游新闻"，开拓了又一个重要的互联网新闻阵地。"上游新闻"注重新闻原创，在为用户提供时政、财经及社会新闻等"硬产品"的同时，还为重庆用户提供生活资讯等"软服务"，满足受众多样化的需求。

专业媒体集群中，重报集团着重打造《今日重庆》。该刊物以精美画报的形式报道重庆的改革、现代化成果，兼顾展现巴渝人文景观，并常年肩负着重庆市重大时政、大型活动的报道任务，如新中国成立70周年的彩车设计。值得一提的是，重报集团还积极拓展国际传播阵地，于2018年8月30日开通重庆官方海外传播平台iChongqing。通过英文网站、脸书、推特等社交账号，联合谷歌搜索引擎和海外媒体分发渠道，以图文、视频、互动H5等多媒体形式，向海外用户传递重庆的新闻活动、工作留学、美食美景等信息。2020年，该平台被纳入中宣部中华文化走出去重点项目，成为海外用户了解重庆的主渠道。

目前，重报集团已建成以重庆日报为核心的党报集群、以华龙网为核心的党网集群、以上游新闻为核心的党端集群、以今日重庆为核心的党刊集群，媒体专业化发展路径明晰。2021年10月，重报集团全媒体覆盖数达到6.2亿人次，是2013年的近百倍。其中上游新闻客户端下载量4200万，日均访问量1亿以上，矩阵用户数超过8500万，成长为名副其实的区域性移动传播主平台。①

3. 多元产业促媒增收。重庆报业集团延续"文化产业为主、多元产业并举"的思路，积极拓展物流、会展、电商、印务、新媒体、直播等经营性业务。以会展产业为例，重报集团以承办文博会为契机，打响了会展产业第一炮。首先

---

① 管洪. 媒体融合践悟的五大"心法". 中国记者，2021（10）：36-39.

是努力争取重庆首届文博会的主办权，再借助自身的媒体优势做好文博会的宣传工作，吸引商家纷纷入会。在社会效益和经济效益的双重作用下，文博会场地逐年扩张，档次不断升级，曾创造单届交易量2.8亿元的傲人成绩。[①]

各项举措的实施，促使重庆报业集团在采编、内容、渠道、经营、管理等方面实现了自身的创新与转型，各个领域不再相互割裂，优化了报业集团运作与发展的组织构架，形成资源共享的闭环融合传媒生态体系。

## 第二节 典型案例：获奖作品分析

中国新闻奖是我国优秀新闻作品的最高奖项，其获奖作品在提高我国媒体政治站位、指导新闻理论实践、凝聚强大舆论力量等方面发挥着重要作用。作为中国新闻界的"风向标"，中国新闻奖是衡量媒体专业性与时代敏感度的一个重要标准。自2016年华龙网实现一等奖零的突破以来，重报集团屡次获得中国新闻奖中媒体融合创新相关的奖项（见表11-1），这正是其产品成功融合与创新的重要体现。以下将从重报集团融媒体产品的主题、采编过程、形式、分发渠道四个方面进行分析。

表11-1 重庆日报报业集团获中国新闻奖作品概况（2017—2021年部分）

| 中国新闻奖 | 奖项 | 项目 | 刊播单位/发布平台 | 题目 |
| --- | --- | --- | --- | --- |
| 第三十一届 | 一等奖 | 新闻名专栏 | 上游新闻 | "帮帮"频道 |
| | 二等奖 | 网络新闻专题 | 华龙网 | 你在天堂听到了吗？ "一个人"的演出 五个人的乐队 |
| | 三等奖 | 页（界）面设计 | 重庆日报网 | 重走成渝古驿道 感受双城新变化 |
| 第三十届 | 一等奖 | 融合创新 | 华龙网——新重庆客户端 | 2019对话1949：时代变了 初心未变 |
| | 三等奖 | 文字通讯与深度报道 | 重庆日报 | 点赞重庆高校思政金课 |

---

① 张维炜.重报集团：抢占先机 抒写发展新篇章.中国报业，2022（7）：29-31.

续表

| 中国新闻奖 | 奖项 | 项目 | 刊播单位/发布平台 | 题目 |
| --- | --- | --- | --- | --- |
| 第二十九届 | 二等奖 | 文字通讯 | 重庆日报 | "陆海新通道"背后的重庆探索 |
| | | 新闻版面 | 重庆日报 | 03.12重庆日报6—7版（聚焦2018全国两会） |
| | 三等奖 | 短视频新闻 | 新重庆客户端 | 微纪录\|家是最小国 国是千万家——记时隔47年的两场追悼会 |
| 第二十八届 | 一等奖 | 网络专题 | 华龙网 | 绝壁上的"天路" |
| | | 新闻名专栏 | 华龙网 | 百姓故事 |
| 第二十七届 | 一等奖 | 新闻名专栏 | 重庆日报 | 逐梦他乡重庆人 |
| | 三等奖 | 文字消息 | 重庆日报 | 梁平率先在全国试点退出承包经营权 |
| | 三等奖 | 网络专题 | 华龙网 | 先烈不容亵渎 正义从不缺席——加多宝侮辱邱少云案全追踪 |
| | 三等奖 | 网络访谈 | 华龙网 | 溜索法官 |

资料来源：根据中国记协网资料整理

## 一、主题深刻，反映时代

一个好的主题，能够体现出作品的思想深度，甚至抬高媒体的政治站位。重报集团获中国新闻奖作品，主题紧扣时代，有力地发挥了党的舆论阵地的辐射作用。如，作品《五个人的乐队》讲述了五名器官受捐者通过组建乐队的方式为一名澳洲器官捐献者圆梦的故事，展示了中澳人民之间跨越山海的友谊，这与习近平总书记曾说的"国之交在于民相亲。人民的深厚友谊是国家关系发展的力量源泉"不谋而合；在习总书记提出"精准扶贫"的第四年，华龙网以巫山下庄村修路历程的故事为主题，策划出作品《绝壁上的"天路"》，实现了新闻与党中央扶贫脱贫精神的完美结合；《逐梦他乡重庆人》栏目定位于"他乡"有积极、榜样作用的"重庆人"，在报道追踪他们梦想践行的故事中，展现了个人梦与国家梦的交汇。

## 二、深入群众，践行四力

重报集团下属媒体在转型融合之路上，发扬自身的信息采集与创作优势，真正能做到"弯下腰""沉下心"。在叙述新闻内容时，始终坚持"反映时代、深入群众、不断创新"的报道标准与理念。如，采编团队不畏艰难，几度踏入山间去体验下庄村民修路的艰辛历程，造就了优质的深度新闻报道《绝壁上的"天路"》；通过华龙网的深度报道，真实叙述，为人们再现了扶贫书记毛相林带领村民坚定不移，在崖壁上以双手打造了一个通往山外"天路"的感人故事；在创作《逐梦他乡重庆人》系列报道之时，数十个记者采编团队分赴全国各大省市、港澳地区、五大洲国家等地深入寻找、采访身处他乡生活工作的重庆老乡，到他们身边去深入了解其与重庆的故事和他们自己的经历，以真实与细腻的表达方式、多样且立体的表现手法，向受众展现他们的内心世界，同时也迸发出了有温度与深度的思考和共鸣。

## 三、形式多样，推陈出新

众口难调的时代，内容"沉下去"的同时，形式也要"新起来"。重报集团在构建全媒体矩阵的同时，还依照不同分发渠道的目标受众与平台调性去调整内容的呈现方式。如，在新闻报道《绝壁上的"天路"》中，华龙网充分发挥了自身产品矩阵与采编团队的优势，利用了VR全景、手绘漫画、原声再现等多种呈现方式全面解析新闻内容，取得最优的传播效果；第三十届中国新闻奖一等奖作品《2019对话1949：时代变了 初心未变》创造性地采用了"单双机"方式，其双机位联动观看极具社交性，促进了用户的裂变，最终作品全网总点击量超过2100万人次。

## 四、多元分发，传远传响

重报集团旗下媒体在各个平台均开设账号，报道时共同发力、统一引流，一起形成最佳的传播效果。第三十一届中国新闻奖获奖作品——《你在天堂听到了吗？"一个人"的演出 五个人的乐队》在华龙网官方网站刊发后，其微信公众号、微博、视频号等纷纷进行转载。不过一方面，其他平台账号转载时并不是简单的复制粘贴，而是依据平台特性对内容进行再加工。另一方面，微博、微信等其他平台账号在发布时，都会在结尾嵌入引流链接，读者点击就可跳转至华龙网网站报道页面。多平台共同发力，使得该作品在社会上引起广泛的关注，全网点击过亿次。

同时媒体报道由以往单向的分发逻辑向双向、互动转变，甚至读者也成为内容生产的关键一环。第二十七届中国新闻奖获奖作品《溜索法官》中就设置了"法官面对面"模块，读者可以在上面填写自己对法官的提问，溜索法官会进行解答，大大增加了受众的参与感。此外，在获第三十二届中国新闻奖一等奖的"帮帮频道"中，市民的爆料成为重要的新闻线索，曝光台曾根据爆料内容深入调查后发表《现实版愚公移山记：金茂珑悦小区居民自发挖出"上学小道"》，取得良好的传播效果。华龙网的专题报道《先烈不容亵渎　正义从不缺席——加多宝侮辱邱少云案全追踪》设置了"网友讨论"专栏，网友的态度成为该报道的一个重要组成部分，这一设置引发对于事件的广泛讨论，取得良好的社会效果，并最终荣获了第二十七届中国新闻奖三等奖。

## 第三节　他山之石——发展特点及经验

### 一、充分发挥政治优势打造品牌

党报在宣传工作中有无可替代的政治地位，通过进一步创新传播方式来放大宣传效果，才能更好地诠释党报集团在新时代的价值和使命。

在2022年的全国两会报道中，重报集团可以及时入场掌握一手新闻，并且有专业的团队与成熟的分工，能迅速地对信息进行核验查实且规范产出，以真实、客观、多元的方式对两会进行立体化报道。创新推出《两会夜谈·京渝连线2022年全国两会跨屏直播系列访谈》全媒体报道，首次尝试跨屏直播，每晚8点准时邀请一位代表或委员与重庆日报记者连线，畅谈重点关注话题、分享履职感受。上万网友进入直播间点赞、留言，增强了互动性，提高了关注度。重庆日报次日再提炼刊发，继续扩大影响力。

同年，重庆日报创设栏目《网民＠代表委员》，通过"网民心愿＋代表委员回应"的形式，对政府工作报告中的民生礼包进行组合式报道。既有后方网民的心语心愿，又有前方代表委员的声音，通过网民与代表委员的互动交流，使整体报道立体、全面，既体现了民生贴近性，又增强了互动性和悦读性。这种与政务人员"面对面"交流的直播与栏目形式，大大提升了其自身的媒介品牌影响力与可信度，是党媒集团政治优势的有效发挥。

## 二、充分挖掘传统优势扬长补短

传统媒体在互联网时代最大的优势是人才和报道经验。因此在融合发展中，重报集团仍沿用了纸媒时代的人马。他们丰富的新闻实践经验、敏锐的新闻嗅觉、充足的采访技巧、扎实的文字功底，是新媒体无法比拟的。在转型中，重报集团采取了自由选岗、深度培训、竞聘上岗等方式，实现了人力资源的科学调配和有效利用。

但互联网又对媒体从业者提出了许多新的要求，除了传统的采写编评摄，还要求能够进行视频编辑、新媒体作品制作，甚至是要拥有数据处理、分析等方面的能力。对此，重报集团积极采取措施，通过在职培训、考察学习、挂职锻炼等方式，来弥补采编人员技能漏洞，多媒体产品采集能力大大提升。还与高校合作，委托其对经营管理人才进行培训。这一系列措施，大大提高了集团人才队伍的整体素质。

区位如果把握恰当，也能成为媒体的独特优势。重报集团坚持探索身边的新闻，真正服务当地读者。结合区位、受众特征打造独具特色的品牌形象，与本地受众产生更紧密的联系。例如《重庆日报》整合资源，创新策划巴渝主题报道，突出地域的特色化内容为其他地方党媒提供了思路。

但是，从纸媒发展起来的重报集团缺乏技术的支撑，网站建设、数字平台搭建需要专业技术的帮助。因此集团与多家新媒体公司开展深度合作，与腾讯联手打造了国内第一家商业性区域门户网站——大渝网[1]，两级中央厨房平台也是在国内一流的技术研发机构的帮助下建立起来的。

## 三、充分发挥媒体独特优势进军多元产业

主流媒体融合发展想要走好、走远，产业实力的支持非常重要。但实际上，

---

[1] 管洪. 大数据智能化引领下的媒体深度融合. 新闻战线，2018（15）：5-8.

纸媒近年来的广告收入并不乐观，而新媒体还没有构建起清晰的盈利模式。重重困境下，如何创新造血机制、实现增量营收，为新型媒体集团提供物质基础？

重报集团提出了"传媒主业引领产业、产业反哺主业"的经营思路，在传统媒体影响力骤降的背景下不断创新经营，通过发展电商物流、生鲜食材配送、文化创意产业、新媒体产业、旅游节会等多元产业，形成了成效显著的经济增长点。通过多年努力，2020年，重报集团重回中国总体经济规模综合评价前十大报业集团行列。

# 第十二章 广州日报社新花城客户端融合创新实践

朱松林[①]

从 2019 年以来,广州日报社以新闻客户端为抓手,创新传播方式、拓宽传播渠道,积极探索媒体融合发展新模式。本文以新花城客户端的创新经验为例,结合相关精品报道案例分析其运营现状及特点,以期为其他同类媒体在融合创新方面提供启发和借鉴。研究发现,新闻客户端在抢占舆论高地、拓展服务功能等方面具有一定的优势,同时也是主流媒体打造媒体传播矩阵中的自主可控平台。

## 第一节 广州日报社及新花城客户端整体情况

1996 年 1 月 15 日,中国内地第一家报业集团——广州日报报业集团正式成立。近年来,随着媒体融合发展不断向纵深推进,广州日报社紧跟发展趋势,深入贯彻习近平总书记关于媒体融合发展的重要讲话精神,坚持以"移动优先、精品党报"为目标进行一系列媒体融合改革,大力推动媒体融合创新发展,不断提高主流舆论传播力、引导力、影响力和公信力。目前,广州日报报业集团已经构建起以广州日报、大洋网、新花城客户端、广州日报客户端等平台为主体的"报+网+端+微+数据研究院+智库"一体化生产的融媒体矩阵,媒体融合传播力得到了有力提升。2019 年 10 月 22 日,新花城客户端正式上线,这是广州日报践行习近平新时代中国特色社会主义思想的一次积极实践,也是推

---

① 朱松林,安徽财经大学文学院教授,硕士生导师。

动媒体融合向纵深发展、打造新型传播平台的标志性成果。

新花城是由广州日报报业集团、广州广播电视台共同打造的广州市区融媒体中心客户端，名字来自习近平总书记广州视察时提出的"老城市新活力"重要指示。客户端的运营理念是"新闻聚合＋服务聚合"，聚焦百姓生活，在引导群众、服务群众上发挥优势。客户端首页底部设置了"新闻""服务""社区"和"视频"等栏目，拥有时政、天下、广州、湾区、视频、经济、求学指南等30个频道。内容上整合了广州日报报业集团、广州市广播电视台、各区融媒体中心等资源，提供市、区、街道、社区多级新闻和资讯信息，力求打造一个发现广州、了解广州、读懂广州的新端口。服务上涵盖政务、教育、医疗、民生等多个领域，全方位满足用户需求。此外，新花城客户端接入了广州全市新时代文明实践中心阵地，通过"线上＋线下"的服务，打造市区融媒体中心和新时代文明实践中心融合建设的广州样本。2020年3月，新花城客户端同名微信公众号也正式上线，在客户端以及网站的基础上，形成了网站、客户端、微信公众号的多元传播渠道。

2021年10月，在新花城上线2周年之际，客户端升级到了2.0版。新版本界面更美观，短视频、慢直播等融媒体产品类型更加多样，健康、教育咨询等服务更加智能精准，公共文化、就医问诊等垂直领域服务更加贴近生活。客户端先后获得中国报业协会"2019年中国报业媒体融合项目创新奖"、国家新闻出版署"2020年中国报业深度融合发展创新案例"、人民日报全国党媒"全国媒体战'疫'"优秀案例一等奖、人民日报全国党媒平台"县级融媒抗疫创新案例"、中国新媒体发展年会"2021—2022年度全国十大地市级报业客户端"等奖项和荣誉。截至2022年7月，新花城客户端应用市场总装机量近2800万，总发稿量超过60万条，总点击量31亿。

## 第二节　新花城客户端的创新思路

**一、传递权威声音，坚守主流舆论阵地**

当前，媒体格局以及传播方式发生深刻变化，新花城客户端作为广州一个市级重要融媒体平台，始终坚持正确的政治方向，围绕中心工作，创新传播方式和思路，做好重大主题报道，有效引导主流舆论，凝聚社会共识。

1. 精心策划重大主题报道。融媒体时代，围绕党和国家政府的重要决策部署及当下的时代主题进行提前谋划，做好重大主题宣传报道是主流媒体发挥党媒功能的重要途径，同时也是检验媒体深度融合成果的重要方式。新花城客户端自上线以来，抓住每次宣传契机，依托先进的技术支撑，立足本土，利用多元呈现方式，体现了新型主流舆论阵地的作用。在2021年中国共产党成立100周年之际，推出的《跟着总书记学党史》系列报道和线上答题活动等，全方位展现了中国共产党人的优秀品质和精神，讲述了党的百年奋斗历程。在2022年香港回归25周年之际，推出特别策划《"青"爱的港湾——香港青年访谈录》全媒体系列报道，通过讲述在不同领域有着非凡成就的每一位香港青年的精彩人生故事，回顾和见证了25年来香港坚守"一国"之本、善用"两制"之利的不凡发展历程，展望了香港更加美好的明天。

2. 紧密围绕政府工作。新花城客户端围绕市委市政府的中心工作，做好新闻宣传，讲好广州故事。2022年全国两会期间，推出关注两会的12期系列融媒专题"云桌会"，围绕两会主题，立足本省本市，邀请代表委员、专家学者"云"上论道，分享真知灼见，在集思广益中明确方向、擘画未来。在讲好广州故事方面，2021年推出《广州"镜"是这么……》系列报道多视角展现广州城市魅力，例如《广州"镜"是这么旺》集中展示了广州打造国际消费中心城市，经济繁荣发展的景象；《广州"镜"是这么妙》则展示了拥有多座博物馆和各种文化场馆的广州所拥有的深厚历史文化底蕴。此外，新花城客户端首页设置"读懂广州"滚动栏，下设《读懂广州·粤韵》《读懂广州·老广州说》《读懂广州·解密》等专题，多角度解读老城市的新魅力。新花城客户端不仅是广州广州市委市政府发布权威信息的重要平台，也是公众了解、认识广州的新窗口。

3. 聚焦社会热点。新花城客户端关注社会热点，从群众关注的焦点出发，及时发声，促进社会稳定发展。持续散发的新冠肺炎疫情是近几年民众最为关注的公共卫生领域话题，新花城客户端依托于接入全市140多个社区的优势，不仅快速有效地将防疫政策、科普文章推送给用户，而且还能在第一时间捕捉新闻线索，及时报道基层防疫工作中的正能量故事。在疫情常态化管控阶段，新花城客户端在服务板块仍保留了"抗疫热线""疫情管控地图"等服务，方便广大群众直接迅速查询到疫情相关信息。

## 二、拓展"新闻+",做好为民服务"最后一公里"

"新花城"客户端通过不断拓展"新闻+"功能,推出"新闻+政务""新闻+服务""新闻+社区"等模式,打造一个集新闻资讯、综合服务、社区信息为一体的平台,从而实现打通引导群众、服务群众的"最后一公里"。

1. 首创微社区模式。广州日报报业集团凭借旗下的"微社区e家通"微信公众号矩阵平台,在新花城客户端上首创微社区服务模式,将新闻和服务及时送到居民身边,让主流声音更接地气。多年来,"微社区e家通"扎根基层,深耕社区,已建立起145个街(镇)公众号,拥有400万本地家庭用户。微社区模式可以实现精准定位以及个性化推荐,为新闻的生产与选择提供指导。通过社区板块智能化定位系统,为用户推送所在社区的身边资讯,用户打开"社区"板块,即可自动定位在所在街道,也可以手动选择想要了解的社区或街道,这样就会推荐对应街道的身边事、活动等等。同时每个街道都会有相应的记者,用户能查看到记者的个人资料,遇事可以向这些下沉的记者求助。微社区服务通过开展丰富多样的线上线下社区活动,打造"一公里生活圈",成为服务于居民生活的信息枢纽。

2. 构建综合服务平台。新花城客户端深耕广州日报报业集团的垂直领域,推出政企服务、健康、教育、生活等领域的民生服务,着力打造多样化的生活信息服务平台。首先在政务服务方面,"党建"专区可以实现党员线上、交纳党费和留言互动等功能;"穗悦地图"为纳税人和缴费者提供更简化的报税流程、更精细化服务以及智能化的咨询和沟通。在生活服务方面,"南粤家政"可以实现在线查找相关服务并直接下单,"食在广州"以生动有趣的方式介绍广州美食,"垃圾分类"提供语音或拍照识别生活垃圾类型服务。在教育方面,设有"广州共享课堂""广报求学""教育升学"服务。2020年初新冠肺炎疫情暴发后,为应对停工、停学带来的挑战,新花城客户端整合了广州市教育、媒体等资源,在3月正式推出广州电视课堂,让中小学生实现足不出户就可以上课、考试。上线当天,新花城客户端流量在峰值时达到159万。在医疗健康方面,用户可以通过急病地图查询离自己最近的医院,还能在线预约疫苗接种,浏览医药健康方面的科普文章。通过拓展多样化的服务功能，客户端有效解决了用户工作和生活中的实用性需求。

### 三、"两心"相融，打造"双线"发展的广州样本

融媒体中心具有资讯互通、服务互融、贴近群众、贴近生活的优势，与新时代文明实践中心相融建成服务辖区群众的"总服务台"，能有效提升两中心凝聚群众、引导群众、教育群众的能力。2020年9月20日，广州市新时代文明实践智慧云平台"广州新时代文明实践云"正式接入新花城客户端，通过"线上+线下"相结合的方式，将两个中心整合为集舆论阵地、信息枢纽、综合服务于一体的互动平台。线下，通过与各区、街道、村的新时代文明实践中心积极合作，客户端整合全市教育、宣传等资源，提供党课教育、讲座直播等服务，协助各社区、街道、村的新时代文明实践中心定期开展各类免费课程与技能培训，策划和举办一系列专题志愿服务活动。线上，客户端通过直播、视频回放、资讯推送等方式，将课程实况、培训现场、文明实践成果等传播给不能现场参与的居民。疫情期间，新时代文明实践"防疫进行时"通过客户端在网上举办了12场直播课堂，共有426万人次观看；"最美逆行者故事汇"系列直播上线17场，吸引了419万人次观看；针对家长、学生推出的"家长学校"系列直播，总观看量超过1300万人次，最高一场在线观看超过147万人次。

截至2022年7月，新花城客户端已接入全市2852个文明实践站点，队伍总数达到13601，志愿者总数311万，参与活动316452人次，已形成群众点单、中心派单、志愿队伍接单、群众评价打星的运营新模式。在新花城客户端首页最中心的位置，就设有进入文明实践的入口，同时在"服务"和"社区"板块，也有"新时代文明实践"，点击即可跳转到广州文明实践云的小程序服务页面，居民可以根据自己的需要选择相应服务。服务项目包括"新时代文明实践中心（站）地图""场馆预约""志愿服务"等。

"两心"相融打通了"线上+线下"传播通道，新花城客户端上的"新时代文明实践"频道，推出了"有呼必应""乡村振兴故事"和"羊城工匠"等群众喜闻乐见的融媒体产品，开展形式多样的新时代文明成果宣传活动，提

升了群众参与活动的获得感和幸福感，显示出了强大的引导群众、服务群众的创新活力。

## 第三节　新花城融媒体传播精品分析

新花城上线3年来，坚持"围绕中心、服务大局"的党媒定位，策划推出了大量传播力强、社会反响好的融媒体主旋律作品，在服务疫情防控，讲好中国共产党治国理政故事等重大主题上，传递权威声音，强化舆论引导。

### 一、《跟着总书记学党史》

2021年是中国共产党成立100周年，广州日报社围绕这一重大宣传主题，从2020年的下半年就提前筹备、精心策划，派出多名记者前往嘉兴南湖、井冈山、上海等红色革命圣地，对一些优秀共产党员进行面对面采访，收集了大量的一手资料，最终推出大型融媒体系列报道作品《跟着总书记学党史》。此举不仅是全国较早推出的党史学习教育主题宣传报道，也是一次融媒体创新实践。该报道分为4个系列，即《总书记@的共产党员》《总书记走过的红色史迹》《总书记点赞的伟大精神》和《总书记讲述的中国故事》，在表现形式上包括图文、视频、海报、H5等融媒体产品，从2021年1月开始每周推出1—3篇，6个多月时间发布40篇深度报道。通过长时间、多频次的报道，将红色文化学习教育常态化、仪式化，营造了浓厚的学习氛围，吸引了广泛关注，让受众在体验文化熏陶中坚定了对党的信仰。

继连续的系列报道之后，为了进一步巩固党史学习教育成果，2021年3月23日，新花城客户端在距离建党100周年倒计时100天之际，线上推出《跟着总书记学党史》学习排位赛，让用户一边答题闯关，一边学习党史知识，寓教于乐的互动形式使得答题活动在上线后的短短7天内就吸引了20万人参与。活动有效推动党史学习教育向群众、基层延伸，掀起了一股党史学习热潮，也带动了新花城客户端下载量的攀升。据不完全统计，《跟着总书记学党史》系列报道总阅读量超7000万次，17件作品被学习强国平台选用，且获得多个奖项，不仅获得广东省"网络传播精品工程"奖项，也成功入选国家新闻出版署 2021 年度中国报业深度融合发展创新案例中的"网络内容建设类"创新案例。

## 二、《南山战役日志》

《南山战疫日志》是广告日报社从 2020 年 3 月 30 日起，在报纸和各新媒体渠道上独家推出的连载报道，以日志的形式向公众呈现钟南山院士及其团队成员的战疫历程，详细又生动地记录了钟南山院士在抗疫过程中"先天下之忧而忧，后天下之乐而乐"的家国情怀以及坚守在抗疫一线医疗团队舍小家顾大家的工作精神。由于钟南山院士是全国人民熟知的呼吸系统传染病防治的专家，当报社得知他亲赴武汉抗疫前线时，马上意识到"钟南山院士将成为这一重大公共卫生事件中标志性人物"。在第一时间与钟南山院士的助理联系后，记者通过钟院士助理和团队其他专家的口述，形成了 10 万余字的文稿。文稿按重要时间节点被整理成近 40 篇包含了大量独家照片和细节的日志，记录了钟南山院士及其团队在科研攻关和医疗救治方面取得的进展，高度还原了钟南山院士及其团队的战役历程。

在传播方式上，广州日报对《南山战疫日志》进行了全媒体传播探索，将每篇日志内容另制作成适合移动端传播的 H5 形式，在报、网、端、微多渠道联合发布。新花城客户端专门设置"南山战疫日志"频道，作为《南山战疫日志》新媒体首发平台。另外，广州日报客户端和官方微博也进行了连载，官方微信公众号上择优选登。

系列报道刊出后产生了极大的社会反响，各大主流媒体纷纷转发，海量自媒体对报道中的"金句"和细节进行了引用，中央电视台还以此组报道为蓝本，拍摄了舞台剧《钟南山》在"故事里的中国"栏目播出。改组报道还获得了 2020 年广东省文化学会"第二届红色日记征文大赛"最佳纪实奖，2020 年度广东新闻奖一等奖，2021 年第三十一届中国新闻奖"文字通讯与深度报道"二等奖。

## 第四节　新花城客户端的启示

新花城客户端作为广州推进媒体深度融合的标志性成果，上线 3 年就已经取得了不俗的业绩，其以"新闻＋政务＋服务"的定位，打造区域内融媒体枢纽平台的创新举措对其他传统媒体建设新型传播平台具有一定的借鉴价值。

### 一、坚守党媒定位，打造新型主流媒体

党中央关于推动媒体融合发展的战略部署，根本目的是"要运用信息革命成果，推动媒体融合向纵深发展，做大做强主流舆论"。在构建全媒体传播体系中，客户端兼具目前几乎所有媒介渠道的呈现形式，能够为用户提供多种样式信息产品和立体化的使用体验，是传统媒体挺进移动互联网舆论主战场的主要通道。党媒客户端要明确自己的定位，在守正创新中做大做强主流舆论。

一是坚守党媒定位。随着信息技术的发展，各种新的媒体形态层出不穷，媒体格局和舆论生态也随之发生改变。党媒客户端需适应分众化、差异化传播趋势，创新传播手段，占稳舆论阵地，扩大传播影响。新花城客户端始终坚持正确的政治方向，将宣传习近平新时代中国特色社会主义思想作为首要政治任务，设置"学习进行时"频道，全方位宣传报道习近平总书记的重要讲话、重要活动和党的创新理论，在践行两个维护中唱响时代最强音。

二是注重舆论引导实效。社交媒体的广泛应用为人们带来了信息交换的便利，但也增加了人们获取真相的难度。在有重大的舆情事件发生时，主流媒体机构必须坚持党性原则，为受众提供正确的舆论导向。如果一味追求流量，损害媒体的公信力，则有可能会陷入塔西佗陷阱。在常态化工作中，新花城的微社区服务参与社区治理，直接解决基层群众和社区的实际问题，舆论引导工作做得接地气、见实效。在应对社会舆论热点问题时，新花城则利用其政治优势，运用互联网思维以大众乐于接受的方式及时传递权威声音，强化对公众认知和行为的正确引导，彰显社会责任担当。

### 二、深耕本土内容，提升核心竞争力

无论传播技术和传播方式怎么变革，内容建设始终是媒体融合创新中的根

本性工作。尤其在海量的碎片化信息环境中，主流媒体更应重视全效传播，在内容生产和传播的每个环节找到自身价值，让每个环节都具有与老百姓生活息息相关的功能，成为群众生活的伴侣。例如嫁接更多本地服务，做好服务基层的工作；挖掘、激发用户需求，用技术手段吸引用户参与内容的生产和传播。

新花城客户端充分发挥了自身的采编优势和本地资源优势，深挖本土内容，通过打造本土化、贴近群众的新闻作品，吸引用户关注。在强大的用户黏性基础上，拓展影响力与传播力，提高自身的核心竞争力。新花城客户端的"广州"频道，根据用户的手机定位将所推送的信息细化到市内的各个区，让用户在第一时间获取精准、全面的身边新闻。在新花城客户端上，用户不仅能感受到这座老城所迸发出来的新活力，也能感受到国际化大都市的魅力与精彩。

新花城客户端除了致力于开发专业编辑记者生产的内容（PGC），也积极探索包括用户生成内容（UGC）的全员媒体（PUGC）模式，邀请专家、文明实践志愿者、社区达人在平台上开设公众号，构建集内容生产与服务提供于一体的开放平台。

新花城客户端还着力为"好内容"寻找"巧形式"，不断创新内容呈现方式，提升内容传播效果。除了常规的图文报道，客户端上的以短视频、H5、动漫、手绘等为表现形态的融媒体产品，也佳作纷呈。各种网络直播活动借助融媒手段为用户提供了精彩的视听盛宴。

### 三、强化用户思维，构建服务新体系

新媒体时代，用户的主体地位日益凸显，建立以用户为中心的运营模式，集聚用户、发展用户，创造用户价值，是媒体融合发展的关键。在当下众多的、发展迅速的新闻资讯类客户端中，想要脱颖而出就必须转变传统思维，以用户为先。首先，根据用户的阅读、使用习惯、兴趣点来提供个性化服务。客户端可以利用新技术，通过多种渠道了解和分析用户登录的时间、浏览的新闻种类，然后有针对性地将用户喜欢的相关信息及时送达用户，从而提高新闻的传播力。新花城客户端是全国融媒体中心中首个采取智能化技术对用户实现精准推送的平台，引入人民日报技术公司的党媒算法采集用户的媒体使用行为大数据，对用户进行精准画像，进而将新闻、信息、服务等智能推送给用户，达到"千人

千面"的使用体验。

其次，通过资源的跨界整合，拓展服务功能。除了提供权威的新闻和信息服务外，还要打造一个综合式一体化的服务平台，解决用户的政务服务、生活服务等需求，密切与用户的联系。政务服务方面，新花城客户端采用"云入驻"的方式接入了地方政府和公共服务部门窗口，延伸其服务功能，提高办事效率，缩小群众与政府的距离。在民生服务方面，在新花城客户端接入了包括医疗机构、家政机构等在内的多种类型的社会服务机构，满足老百姓生活方面的刚需。

如今，移动端已成为信息传播的重要平台，新闻客户端则成为各大媒体探索传统媒体和新媒体深度融合的重要途径之一。新花城客户端以先进技术为支撑，围绕中心工作，坚守主流舆论阵地，拓展"新闻+"功能，开放内容生产，加强"两个中心"的融合建设，在探索媒体深度融合发展中走出了自己的特色。在打造成为粤港澳大湾区枢纽型资讯服务平台的过程中，新花城客户端也在不断进行角色升级和功能再造，正从信息的传播者发展成为新时代文明的实践者、城市基层治理的推动者。

# 第十三章 成都市广播电视台：
# 与城市相融构建新型主流媒体

## 余 忠[①]

习近平总书记指出："推动媒体融合发展、建设全媒体成为我们面临的一项紧迫课题。"[②] 在全媒体过渡时期，媒介格局正在经历一场历史性的重构。城市电视台面临着重大的挑战与机遇，转型与突围是城市电视台的唯一选择。近年来，随着移动互联的迅速发展，在制播网络化、平台异构化、直播常态化、内容互动化趋势日益明显的今天，在媒体融合从两极化媒体融合转变为全体系媒体融合的背景下，在广告创收下滑、优秀人才流失等客观环境下，城市电视台的媒体融合之路走得相当艰难。习近平总书记指出："推动媒体融合发展，要坚持一体化发展方向，通过流程优化、平台再造，实现各种媒介资源、生产要素有效整合，实现信息内容、技术应用、平台终端、管理手段共融互通，催化融合质变，放大一体效能，打造一批具有强大影响力、竞争力的新型主流媒体。"[③] 这为媒体融合发展指明了路径，提供了方法。

城市电视台在同城竞争中，其背后的基本逻辑是新闻业对"区域影响力"价值的发现。成都市广播电视台紧紧抓住"新型主流媒体"这个核心，通过媒体融合改革，把与所在城市更紧密相融、强化在地化价值作为改革的着力点，围绕影响力重塑、权威性公信力进一步彰显、盈利模式创新、传播渠道拓展等痛点难点问题展开改革。

---

① 余忠，高级编辑，成都市广播电视台总编室副主任。
② 《加快推动媒体融合发展》（2019年1月25日），习近平《论党的宣传思想工作》，中央文献出版社2020年版，第353页。
③ 习近平总书记2019年1月25日在十九届中央政治局第十二次集体学习时的讲话。载于2019年3月16日出版的第6期《求是》。

## 第一节　以改革为动力　从相加到相融

### 一、打造 7×24 全媒体矩阵，为城市赋能

近年来，成都市广播电视台坚决贯彻中央决策部署，把推进媒体融合作为一场不容回避的自我革命。目前，成都市广播电视台有 5 个广播频率、6 个电视频道、1 个电视购物频道；新媒体有看度、神鸟知讯 2 个客户端，无限成都、成都广播网 2 个官方网站，以及听堂 FM、云上新视听、就成都、大运频道、Chengdu Plus、天府 TV 等 8 个媒体账号矩阵，学习强国成都平台、云听四川频道、喜马拉雅成都频道等 3 个代运营平台，云上深夜快递、食不可挡等自运营新媒体账号 200 余个。全台还代运营政府新媒体平台账号 94 个。目前，已基本建成成都市广播电视台融媒体传播矩阵。截至 2022 年 6 月，新媒体产品全网粉丝用户逾 1.3 亿。新媒体矩阵平台已对全市各区（市）县、市级各部门、市级各主要媒体做到了全覆盖，7×24 小时不间断地产出新闻，运用图文、视频、直播等全媒体手段报道新闻，为城市赋能、弘扬正能量、打造官方品牌和形象等提供强大的舆论支撑。

如何在创新中实现蝶变？大刀阔斧的媒体融合改革为成都市广播电视台注入强大的生命力和崭新的发展活力。

### 二、聚合裂变布局 6+1 融媒体内容生产系统

在媒体融合改革过程中，成都市广播电视台全新组建全媒体新闻中心、经济传媒中心、生活消费传媒中心、影视少儿传媒中心、文体旅传媒中心、广播传媒中心六大中心及全媒体运营中心——天成传媒，致力于建设成为综合实力稳居全国城市台"第一方阵"的新型视听主流智媒体集团。

1. 全媒体新闻中心：着力打造新闻宣传和舆论引导主平台。通过整合全台优质新闻传播资源，打造时政新闻直播和评论、言论精品，再造内容生产流程，推动传播方式转型升级。全面强化主流媒体喉舌功能，坚持新闻立台、导向为魂、内容为王，聚力打造以看度、神鸟知讯客户端为核心，用户总规模 2 亿级的融媒体新闻资讯传播矩阵。

2. 经济传媒中心：深度布局"大经济"领域。中心以经济资讯服务频道为

基础班底，整合云上新视听公司广电 MCN 矩阵的优势资源，运用互联网思维，深度布局"大经济"领域 8 个细分垂类赛道的内容生产、传播和运营，服务于城市经济社会建设发展，力争 3 年时间建成全国领先的经济领域新型视听内容生产和传播服务平台。

3. 生活消费传媒中心：做好幸福美好生活引领者和传播者。中心基于都市生活频道现有资源，重点以"幸福美好生活频道、学习强国、教育培训"为 3 大抓手，统领全中心节目生产、视频制作、广告营销、项目活动、产业运营等多个赛道，以"全网发布、移动优先"为原则，强化产业思维，重点打造"食不可挡"美食产业 IP、"法治成都"法律服务品牌，做强内容产品的传播力、影响力。

4. 影视少儿传媒中心：以互联网思维打造超级综艺执行团队。成都市广播电视台影视文艺频道、少儿频道与成视文化公司，结合各自特点和优势，全新组建影视少儿传媒中心。中心将致力于构建兼具媒体属性和内容基因的传媒全产业链生态；实现全案策划精准研发，孵化全产业链价值优质 IP；以媒体融合及产业化思维，使中心成为高效融合的创新载体和模式创新与产业转化基地。

5. 文体旅传媒中心：专注文体旅行业优质创意型融媒体运营服务。文体旅中心专注为城市文体旅行业提供优质、独特、全网传播的创意型融媒体运营服务，包括优质内容生产、大型活动策划设计、赛事信号制作与播出、文体旅综艺节目制作、全民健身运动 IP 打造等服务。将成都市文化、体育、旅游中的特色和魅力表达给全国和世界，将致力于建设成为一家创意设计全国一流、专业执行全国领先、融媒推广全球传播的文体旅产业经营服务综合体。

6. 广播传媒中心：以"声音"为本打造新媒体传播矩阵。基于成都人民广播电台资源，整合频率优势、打破部门壁垒，成立广播传媒中心。坚持"声音"为本，精进优质音频制作传统优势，拓展视频图文等多种传播形式和渠道，做强以"听堂 FM"为主品牌的新媒体矩阵；以精品融媒体内容生产和党政项目产业运营为两大抓手，打造精品音频内容生产平台，构建可听可见可感可交互的全媒体城市服务传播体系。

内容生产体系的重构，人才是最关键的因素。对体制相对僵化的传统广电媒体而言，知识老化、观念落后、缺乏竞争、缺少动力，固守既得利益、思维固化是人员结构中或多或少存在的痼疾。因此，除了布局 6+1 融媒体内容生产系统，为加强全媒体人才队伍建设，成都市广播电视台还按照媒体融合的生产标准和职业要求，启动了"高朋学堂"项目，重点搭建媒体从业人员专业培训体系，对全体编采人员进行全面、系统的生产技能培训和职业道德教育。2021年至今，高朋学堂团队先后邀请腾讯微信、字节跳动、四川观察、封面新闻、四川大学等数十名业内知名平台及高校的专家学者，开展近20场分享会，分别围绕短视频产品路径探索、中国新闻奖评选标准、主旋律视频产品创作等内容开展学习交流，台内3000余人次先后参加相关课程学习。

### 三、建强平台，打造新媒体传播矩阵

作为广电媒体，在这场融合实践中，融合绝不是另起炉灶，但融合也不是传统媒体与新媒体的简单相加。广播电视台作为传统媒体，传统的频道、频率作为新闻信息的传播渠道，在受众心目中仍然是权威信息的传播平台。媒体融合不应甩开原来的媒体平台和传播渠道另起炉灶，而是与基础资源和核心能力深度融合，才能发挥1+1>2的融合传播效果，这是成都市广播电视台打造全媒体传播矩阵的基本思路。

1."看度"客户端："专注新闻直播"。作为成都市广播电视台台属新媒体，"看度"早在2014年10月即以客户端上线及全媒体生产调度中心启用为标识，全面启动媒体融合发展战略。"十九大"以来，按照"App化、智能化、平台化"的发展方向，"看度"充分聚合全台内容生产、技术创新、活动策划、融媒服务等资源，快速提升平台用户规模和品牌影响力。近年来，"看度"坚持以"直播"为特色并提出"专注新闻直播"口号，3年来年均直播1500场，以网络直播为特色，以短视频、图文综述、评论为补充，取得了巨大的品牌影响力。截至目前，"看度"客户端下载量520余万，含"两微一端一网"等全矩阵平台用户规模4000余万。

2."神鸟知讯"客户端：做大做强政务新媒体"朋友圈"。"神鸟知讯"深耕成都，以成都权威时政报道为根基，始终坚守新闻专业主义，用心制作、提供真实、有趣、有情怀的内容，让真正的新闻抵达更多的用户，更好地服务民众，服务社会，履行媒体的道义责任。在运营中，"神鸟知讯"探索出"新闻+政务"：教育、医疗、社区等1500多神鸟号集中亮相；"新闻+服务"：

"问神鸟"频道1000多医疗、司法、教育、家政、求助服务随心问;"新闻+商务":"神鸟文创"打造全国首家文创产业的专属平台;"新闻+社交":建立友善互助的网络社区新场景、新格局;"新闻+公益":助力公益传播,实现新闻价值最大化。截至目前,"神鸟知讯"客户端下载量480余万,含"两微一端一网"等全矩阵平台用户规模3800余万。

3."云上新视听":打造成都广电融媒体视听内容产业孵化中心。"云上新视听——成都广电融媒体视听内容产业孵化中心"项目于2018年9月启动运营,在全国率先试水"广电MCN孵化器模式",批量化生产"正能量、有市场、高品质"的"三好内容"。截至目前,全矩阵用户数已突破3500万。同时依托台内优质栏目、主持人、编导以及高校大学生等资源,已孵化上线原创视听IP共42组、运营短视频版权分账号51个,并与10余个国内头部新媒体内容平台达成了深度战略合作关系。王牌栏目《深夜快递》新媒体账号"云上深夜快递"矩阵粉丝数已经达1089万,成为成都地区粉丝数量最大的品牌栏目账号。2021年到2022年6月,矩阵共有上千万流量爆款150多条,上亿播放量的有5条。云上新视听领跑全国广电MCN第一阵营,被国家广电总局授予"全国广电媒体融合成长项目",被中宣部评为"全国广电十佳MCN机构"。

4.Chengdu Plus:国际传播"新视力"。为积极拓展立体式海外传播渠道。2019年4月,成都市广播电视台专门成立了"国际传播合作中心",团队30余人以多国海归为主力,覆盖英、法、西、韩等多国语种。经国家广电总局批准,国传中心与波兰国家电视台、澳大利亚国家广播公司(ABC)、俄罗斯国家媒体集团圣彼得堡78频道等6家国际主流媒体建立国际友台关系;打造的《西望成都》电视品牌栏目,在凤凰卫视欧洲台、英国普罗派乐卫视等8个海外主流电视平台落地播出,覆盖全球148个国家和地区近10亿受众。2020年5月,国传中心《西望成都》新媒体矩阵以全新标识Chengdu Plus在全球重装上线,自主运营YouTube、Facebook、Twitter、Instagram等海外社交媒体账号,触达123个国家和地区,海外覆盖人数逾8000万人。其中YouTube账号被YouTube官方认定为全球优秀视频创作账号,受邀加入其官方"全球合作伙伴计划"。截至2022年7月,全球累计观看时长27万多小时,影响力位列全国城市外宣账号第一。团队先后16次获得中宣部、国家广电总局、国务院国资委、中国外文局等国家机构授予的大奖,海外浏览量达10万多以上的原创视频22

个，海外浏览量 50 万多以上原创视频 2 个，以精品视频为载体，实现全球精准传播。

5. 成都广电喜马拉雅：深耕互联网音频产业。2020 年 8 月，成都市广播电视台成立成都广电喜马拉雅网络科技有限公司，公司坚持广电媒体与互联网技术、平台深度融合发展，2 年多来，所运营的喜马拉雅成都频道在四川全省的用户数已超千万，成都本地月活用户超 360 万，页面总点击率等主要指标在全国 300 个地方频道中排名第三，仅次于北京、上海。成都频道充分整合了成都广播电视台新闻资讯类、财经类、文旅体类以及美食旅游、教育、法制、解密等专业音频内容资源，深耕互联网音频产业，已经形成有声文化、数字阅读、产业互联网三条特色业务线。发掘和拓展了数百位四川省内 KOL 主播，形成了成都频道"用声音传播天府文化"的发展定位。与省市相关部门、区市县宣传部门合作，累计打造了近百个社区有声学习小站、20 个有声政务电台、落成 20 余座朗读亭、2 个 24 小时城市书房等，形成了"声音+互联网文化服务"较为成熟的内容变现模式。

## 第二节　以内容为根本　从量变到质变

融媒体建设，归根结底，决定成败的关键仍然是内容。进入移动互联的社交媒体时代，城市广电媒体的区域影响力在很大程度上已经被消解，迫切需要通过内容重建，找回城市台的"区域影响力"。融合发展中必须抓住"新型主流媒体"这个核心，通过融媒体改革，强化在地化价值。近年来，成都市广播电视台重塑"内容制造"主业，相继策划摄制《牢记嘱托开新局——新发展理念的成都实践》《公园城市启示录》《马克思主义在四川》等 8 部政论片、纪录片；建立健全中心工作宣传"三级策划机制""统筹指挥机制""新闻评论机制"和重大舆论引导"国内媒体协作机制"，不断创新"采编制播管"流程，有效实现全台内宣、上宣、外宣和网宣"四位一体"；中心工作精品报道持续攀升，涌现出《"蓉宝宝"AR 灯光秀》等 5 件 5 亿多"现象级"产品和 30 余件 1 亿多爆款产品，有力助推主流思想舆论进一步壮大。

## 一、导向为魂，实施头条首屏工程

在内容生产方面，成都市广播电视台坚持以导向为魂，在全台内容生产单位实施"头条首屏"工程。"头条首屏"工程以深入宣传习近平新时代中国特色社会主义思想为核心，不断创新新闻宣传内容形式、方式方法，组织重大主题系列报道活动，充分展示了党的十八大以来成都建设的历史性成就、历史性变革，唱响了时代主旋律，凝聚了时代正能量。台属新媒体客户端《看度》开设了"领航"频道，《神鸟知讯》开设了"学习"频道，并精细化分类总书记的报道内容，设置了《沿着总书记的足迹》《一习话》《总书记的一周》《习近平金句》《近镜头》《习近平与大学生朋友们》《第1报道》《第1观察》《第1视点》《习近平讲述的故事》《"典"亮新时代》《人民心中的习近平》《世界眼中的习近平》《"平语"近人》《外交习语》等多个板块，细致集纳总书记相关报道。并结合"习近平总书记来川考察系列重要指示精神""建党百年 誓言有声""成渝双城经济圈"等中心主线和重大事件开展策划报道，2021年全年完成总阅读量5亿多作品2件，1亿多作品11件，1000万多作品76件。党史学习教育开展以来，成都市委宣传部、市广播电视台还依托"学习强国"IP的影响力和聚合力，聚力打造1个"学习强国"主题街区、100个"学习强国"学习小站，将"学习强国"App从线上落地到线下，构筑起党史学习教育的多维矩阵和全新场景，通过"IP聚势""业态赋能""福利引流"三项举措，宣传阐释习近平新时代中国特色社会主义思想。截至目前，党史学习教育中央第八指导组、国家广电总局、国家税务总局等中央部委、省市领导纷纷莅临参观视察。主题街区已接待来自全国和本地的700多家参观学习团队，共计4万余人。

## 二、内容为王，打造时代精品

1.精心组织庆祝建党100周年主题宣传，营造共庆百年华诞浓厚氛围。2021年恰逢中国共产党建党100周年，成都市广播电视台按照"议题策划先行、创新表达方式、突出政治效果"的总体原则，策划推出一系列精品内容。例如，从6月30日零点至7月2日零点，电视5个频道并机，打破常规栏（节）目编排，推出"台网一体"48小时大直播；电台5个频率并机播出"奋斗百年

路　启航新征程·忆红色初心　展城市'蓉'光"特别节目,并在喜马拉雅、蜻蜓FM、成都广播网同步直播,全网收听突破1000余万人次;"七一"前,全台150人大兵团联合作战,紧紧围绕6月27日天府国际机场首航事件,推出"天府冲云霄　比翼新征程"全媒体特别直播,总观看量、点击量超过2.1亿余次。2021年,围绕建党100周年,全台相关新媒体产品点击总量突破15.3亿余次。

2. "你好,成都"传递成都好声音。2022年1月1日起,成都市广播电视台创新策划,推出"你好,成都"声音日历系列短视频产品,它是以"听堂FM"微信视频号为主要载体、基于微信社群实现精准传播的日更短视频产品。每天早上7点过,以早安问候形式定时发布,截至2022年7月底,已发布作品201期,获得很高的转发、点赞量,例如,"#声音日历2022/9/4#你好成都",策划推出刘劲、张国立、廖昌永、谭维维等8位川籍明星为疫情期间居家的成都市民加油鼓劲的视频,发布后几个小时,转发量就达10万多,阅读量50万多。"你好成都"声音日历不仅群众叫好,还多次获得成都市委主要领导的肯定性批示和点赞。"你好成都"以天府文化、成都历史文化及自然人文景观、温暖人心的凡人小事、烟火成都以及城市建设发展成就为表达内容,在每天的声音日历作品中,自然恰当地使用"习近平金句",政治性强、表达自然、易于传播,成为践行习近平新时代中国特色社会主义思想的生动实践。

3. 围绕重大主题,打造爆款产品。对于重大主题的报道,在信息过剩的时代,其显示度往往需要爆款产品来实现。2022年2月,由第31届世界大学生夏季运动会执委会新闻宣传部、成都市广播电视台策划制作,以大运会吉祥物"蓉宝宝"为主角的"蓉宝宝AR灯光秀短视频"在微博、视频号、抖音等平台同步首发后,引发广泛关注,刷屏整个社交网络,在短短10天内,短视频在各网络平台传播覆盖量已近3亿人次。

2022年3月18日晚,由成都市广播电视台制作推出的"千架无人机迎大运会倒计时100天短视频"在全网发布后,10天内传播覆盖量达到1亿+人次。2022年7月1日,是建党101周年纪念日,也是成渝铁路建成通车70年的日子,为此,成都电视台联合重庆电视台,推出"丰碑七十载　成渝向未来"大型融媒体特别直播节目,相关直播全网累计观看超过2500万人次。

## 第三节　以技术为根基　从追赶到引领

媒体未来发展的趋势，将进入万物互联的智媒时代，人工智能与媒体的结合已现端倪。面对技术对媒体发展趋势的重要影响，提前布局，高度重视技术牵引与技术建设，才能为媒体融合发展提供强有力的技术支撑。

### 一、打造技术智库品牌，构建全媒体传播格局

在2020年10月，成都市广播电视台率先成立成都市媒体融合发展技术实验室，实验室始终坚持政治引领、技术驱动，秉持"前沿、服务、开发"的建设发展理念，聚焦媒体融合前沿技术研发力量，并与一般性科研机构形成错位发展，积极扮演科技成果产业化应用转化的"翻译官"角色。现已实现成都市县两级媒体垂直融合内容对接接口以及区县融媒体App技术对接接口标准，并面向全市提供技术支撑；截至目前，全市23个区（市）县均已接入并使用市级平台"度客"；21个区（市）县台信号已全部接入市级媒体看度；有20个区（市）县融媒体中心建设了客户端，其中由市级平台统筹建设客户端的区（市）县占到约一半。全市23个区（市）县开设央视频号、微信公众号、微博号等各类矩阵号约150余个，总用户量超过2500万。

同时，实验室着力在融媒AI技术、网络直播、云服务等方面开展研究，完成超过6项的融媒技术应用创新并取得了软件著作权证书，自主研发的"媒体融合全能管理系统V1.0.0"获得2021年度四川省优秀软件产品称号；2022年正在打造的"橙视智慧融媒AI综合服务平台"项目，已纳入省文产项目库，为后续成都市级融媒体平台升级迭代提供有力保障。

### 二、聚焦数字版权，构建数字内容集成分发平台

成都市广播电视台所属成都音像出版社，依托大数据、人工智能、区块链等先进技术，自主研发、完全自主知识产权打造的互联网传媒品牌及中国数字版权新兴互联网产业生态性经营平台"天府TV全媒体生态系统"，在国内率先形成了覆盖数字内容生产、集成、登记、审核、评估、发行、分发、维权、投融资等全产业链的完整生态闭环。

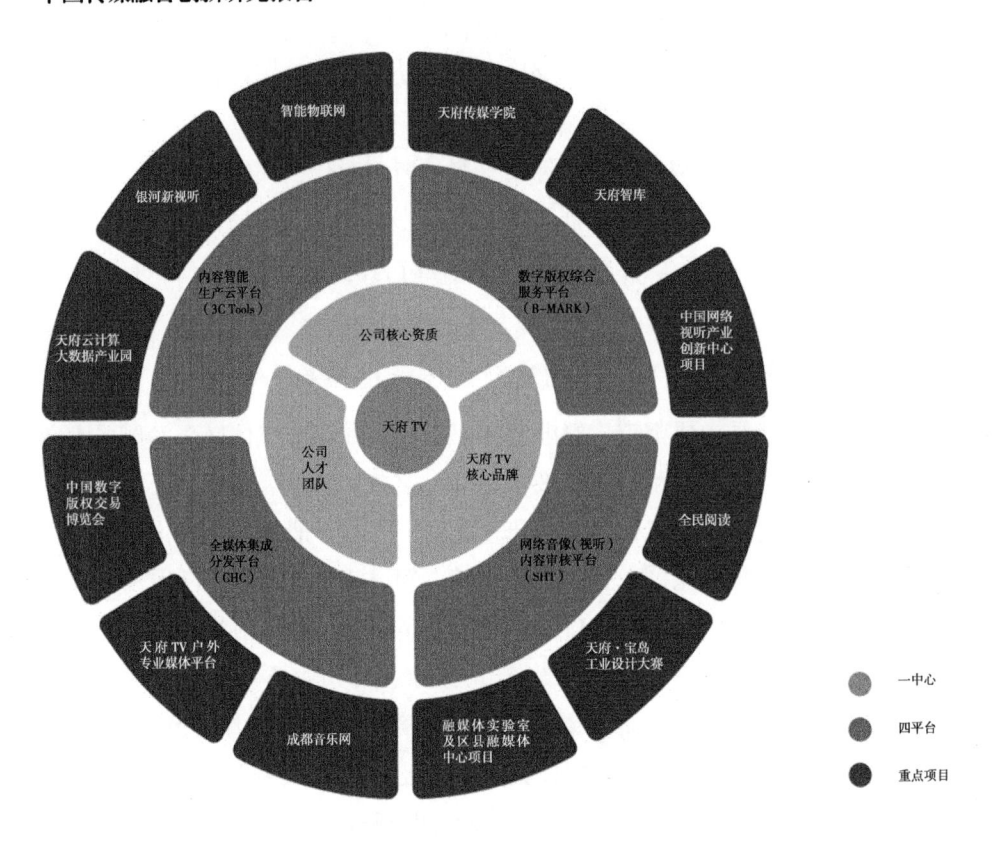

图 13-1　成都市广播电视台"天府 TV 全媒体生态系统"

打造的"斑马中国"数字版权生态产业平台，目前在行业内唯一独立集成了数字出版发行、数字版权交易、数字权益保障三大核心功能，创新打造了基于元宇宙底层技术和场景应用的社会全新消费生态。"斑马中国"平台现拥有 100 余家 B 端机构客户和 100 余万 C 端实名注册用户，日活跃度超过 500 万人次，综合实力排行全国前 10。

### 三、4K 超高清转播车重装入列，增强转播硬实力

2022 年 7 月 5 日，历时三年打造的成都广电 4K 超高清转播车重装入列，它是西南地区城市台首辆、也是四川省内第一辆 IP 架构的 A 类大型超高清 4K 转播车，它拥有目前西南地区乃至国内技术最先进的转播车系统，能充分满足大型节目超高清制作和录制的技术要求。依托其技术优势，成都广电将在大型综艺晚会、重大会议、大型演唱会等多场景进行开发应用，超高清转播车到位

不到两个月的时间里，成都广电已完成了《双拥晚会》《我爱成都　为你而歌》《世乒赛倒计时》等大型综艺节目的录制，节目的制作质量也得到了广泛的好评。而其可制作 4K HDR、2K SDR 等多格式节目的特点，也为成都台进一步发力专业级全媒体直播提供了助力。

除了重大的综艺活动，超高清转播车更将为成都大运会等大型赛事转播保驾护航。在四川省第十四届运动会、第五十六届世界乒乓球团体锦标赛、2024年汤姆斯杯暨尤伯杯赛、2025 年成都世界运动会等重大体育赛事和全市重大文化体育活动中，都将看到成都广电 4K 超高清转播车的身影。全新升级的 4K 超高清转播车交付使用，将再次提升转播质量，增强成都广电转播硬实力。

## 第四节　以节会为抓手　从产品到服务

成都市广播电视台紧密依托城市的发展，积极主动、深度融入成都"三城三都"建设，自主培育、持续深耕知名节会，2021 年以来，还创新策办"永远跟党走""放歌锦江""大运青春歌会""成都春晚""成都'双奖'颁奖典礼""大运奖牌发布仪式"等 20 余场影响广泛的重大文艺活动。这些引进或策划的节会、活动既为宣传工作提供新的形式和样态，同时也为经营工作提供了新的抓手。

### 一、中国网络视听大会：共谱产业"视听"新乐章

中国网络视听大会由国家广播电视总局、国家互联网信息办公室和四川省人民政府指导，中国网络视听节目服务协会、成都市人民政府主办，是网络视音频领域规格最高、规模最大、具有"年度风向标"之誉的行业盛会。自 2013 年首次举办以来，成都市广播电视台作为大会的主要执行方，已陪伴大会走过 9 年时间，见证了视听大会的不断发展。历经多轮创新，网络视听大会已初步构建起"论坛、展览、发布、推优、交易、孵化"六位一体的格局，在内容、技术、渠道、产品、资本、治理等多个层面的深入研讨上形成品牌效应，成为大视听领域规模最大、规格最高、内容最为丰富，对行业发展、内容生产和企业运营具有重要指导意义的国家级活动。网络视听大会与成都相互成就，得天

时地利，成都积极布局网络视听产业，初步形成较为完整且具有成都特色的网络视听产业链条及产业价值链，而成都市广播电视台也从中找到了不少发展契机。

## 二、数字版权博览会：搭建"数字版权+产业"平台

成都数字版权交易博览会（简称数博会）是由中宣部版权管理局、中国版权协会等指导，成都市广播电视台主办，成都音像出版社有限公司等承办的国家级数字版权产业领域的专业交易展会。自2019年创办以来，已经连续成功举办三届，三年来，数博会已经发展成为数字版权行业的一项盛事，成果丰富，影响深远。展会搭台，产业唱戏！2021年，国家版权创新发展基地、国家网络版权保护研究基地落地成都，成都市广播电视台与多家城市台发起组建"中国城市台数字版权产业联盟"、成都造版权"斑马链"全国上线，成功举办世界知识产权组织及"一带一路"国际版权论坛，全国大学生版权征文颁奖等活动。通过深度搭建"数字版权+新技术、新模式、新业态、新消费"多级融合的产业平台，促成400余个项目签约，10个重大项目现场签约，达成战略合作意向3000余个，平台版权交易数量累计达到38万余件，腾讯、百度、抖音、快手、B站、视觉中国等头部企业和行业代表万人参展。"数博会"的举办，极大地促进了版权产业的高质量发展。

## 三、影视品牌节会：与城市共生双赢

1. 惊喜影展带来惊喜。2021年9月20日—26日，由成都市广播电视台承办的首届"FIRST成都惊喜影展"在蓉成功举行。本届影展以"如果惊喜·只有成都"为主题，邀请50余名知名导演、编剧、制片人、演员，近90家影视投资和行业机构，以及1600余名青年电影行业人士齐聚成都，举办了为期7天的系列活动共80余场次，展映影片54部，影展还举办培训工坊、论坛及学术交流、产业项目洽谈、艺术影像书展等系列活动。影展开创了国内类型电影展的先河，初步打造了具有国内影响力的影展品牌，填补了成都在全国性、专业性、综合性、品牌性影展领域的空白。成都市广播电视台将影展宣传与城市推广相结合，系统策划宣传方案，协作联动200余家媒体，先后推出相关报道

2386条，全网总阅读量累计突破5亿次，实现了良好的传播效应，有效助推城市形象营销，也为重塑成都在电影行业的地位奠定了基础。

2. "大视节"让青春时尚成为成都名片。2022年1月6日—7日，由中国文学艺术界联合会、中国电视艺术家协会、中国传媒大学主办，成都市人民政府承办，成都市广播电视台全程执行的第十届"中国大学生电视节"在成都市都江堰融创国际会议中心成功举行，这已是成都第三次承办这一节会。第十届"大视节"，300多所高校报送的原创作品与创意方案达到2000余部，活动吸引了全国优秀电视行业机构、优秀电视人和电视产业资源汇聚成都，推动成都打造集人才培养、内容创作、资源整合、技术研发为一体的高校影视创作孵化平台，助力成都影视产业更快更好发展。在执行"大视节"活动中，成都市广播电视台整合各类媒体资源，以"电视播出+网络直播+图文报道"的方式，突出成都元素、时尚元素、青春元素，取得了良好的宣传效果，有力提升了成都的知名度和美誉度，"大视节"也成为成都城市形象创新传播的重要载体。

3. 利用人才设备优势发力文化影视产业。作为首批国家历史文化名城之一，成都有着悠久的历史文化，被列为中国"十大古都"，自古被誉为"天府之国"，是一个将古代文化气质一直保持到现代的城市。作为城市电视台，媒体融合必须首先思考如何与城市相融，也就是传播内容如何根植于这座城市，为这座城市的形象传播、城市营销助力，这也是当下城市台安身立命的内在要求。成都广电立足于挖掘成都深厚的历史文化资源，成立纪录片工作室，策划推出一批高品质的纪录片，2022年投拍的《人类的记忆：世界遗产——都江堰青城山》已完成制作，将在央视纪录频道播出；反映成都历史文化名人的《蜀·风流人物》系列纪录片已经立项；反映古金沙文明，讲述历经3000年时空穿越的一对恩爱恋人的凄美绝唱的影视音乐剧《金沙》也在筹拍当中。在三国蜀汉时期，成都因蜀锦而出名，因此成都也有"锦官城"的别称，2022，成都台发起策划了"'衣起锦官城'（成都）汉服活动周"。此外，成都市广播电视台还通过战略合作的方式，进军影视剧产业市场化运作，目前都市题材电视剧《做自己的光》在蓉开机拍摄中；另一部以成都人民群众获得感、幸福感为切入点进行创作的现实主义题材电视剧《邻里月台》正在进行剧本创作；成都市广播电视台共同发起策划的院线电影《孤军》2022年8月8日在四川省兴文县举行了开机仪式。成都台策划的这些影视剧，要么拍摄场景在成都，要么其故事情节与成都相关联，可以说，这一系列的策划、活动都紧紧契合了成都城市历史文化资源的发掘、传播，从而达到与城市共生，实现双赢的效果。

### 四、成都春晚：创新表达幸福美好生活场景

成都市广播电视台策划推出成都人自己的春晚自 2016 年开始，至今已有 6 年时间。通过多年积累，《成都春晚》已经成为最受成都市民喜欢和期待的重点文艺活动。

2022 年 1 月 30 日晚，成都市广播电视台推出"'五福临门喜迎春'2022 年成都市春节电视联欢晚会"，晚会以"昂扬向上、欢乐喜庆、幸福祥和"的主体风格，采用虚拟与现实混合置景、昼夜景航拍等技术手段，以蓬勃向上的公园城市为舞台，以日新月异的城市面貌为背景，以大街小巷的人间烟火为灯光，以城市各地标点为大型实景沉浸式交互场景演出为主要形态，采用情景创设、场景串接、逻辑联系等方式，进行场景间的自然转换，以交响乐、原创歌舞、童声合唱等不同艺术形式进行跨界融合，传播成都新春的阖家欢、幸福年、中国味，也展示出成都建设新发展理念的公园城市示范区所取得的喜人成绩。

除了多镜头多样态展现公园城市独特魅力和丰富生活场景，成都春晚还将舞台留给普通市民。节目选取生活题材，演绎了各行各业成都人奋发进取、勇于担当、齐心协力、安居乐业的生活故事。2 月 7 日，光明网发布文章《成都春晚，一场"沉浸式"文化演绎》，以"让成都人成为自己的主角"点评了成都春晚在热闹背后的温暖与真实。在传播方式上，邀请新华网、央视频及腾讯、抖音等共计 133 家全国媒体和头部平台，参与成都春晚同步网络直播，点击量总计约 3746 万，"#成都春晚"话题总阅读量超过 3.1 亿。

### 五、以活动为抓手，向内容要效益

除了承接、孵化一批周期性品牌节会，在业界纯广告收入普遍断崖式下跌的背景下，成都市广播电视台还通过紧密对接市级各部门、区市县，针对其迫切需要的营销推广事件，通过活动的创意营销、视听产品生产及传播渠道拓展等，寻找新的经济增长点。并通过广电台在技术、设备、人才、渠道等方面的优势，共同培育互利双赢的品牌营销活动。在 2021 年建党 100 周年之际，

成都市广播电视台就与市级部门及区市县合作，打造了丰富多彩的线下活动，将为党庆生的喜庆氛围植入市民生活。例如，策划推出"放歌锦江——成都市庆祝建党100周年群众活动"、"颂歌献给党——成都市庆祝中国共产党成立100周年交响音乐会暨'两优一先'"表彰大会、全国首个线下沉浸式"学习强国"主题街区打造运营、"永远跟党走——成都市庆祝建党100周年群众歌咏评比展演活动"、"永远跟党走——2021成都市'红星闪闪'百万学生歌咏晚会"、"红动泸定"群众音乐会、"誓言有声"系列活动、"红色党旗　青春正燃"快闪活动、"党史百年　红色记忆"巡展等丰富多彩的系列活动等，通过精心策划组织，达到了倍增的传播效果，为党的百年华诞隆重献礼，同时通过品牌活动的策划推广，实现了经济效益、社会效益的双丰收。

# 经营管理融合创新案例

# 第十四章　安徽广播电视台："七位一体"推进媒体深度融合的安徽实践

邵晓晖[①]

近年来，安徽广播电视台以习近平总书记关于推进媒体融合发展的重要论述为指引，加快推进组织结构、传播体系和管理体制等7个方面的一体化，着力推动信息内容、技术应用、平台终端、人才队伍、管理手段共享融通，推动主力军全面挺进主战场，创造性地构建了以做大做强移动传播平台为中心，融媒体工作室高质量发展、县级融媒体中心省级技术平台全省域覆盖为支撑的"三位一体"A型深融架构，融媒体工作室与A型深融架构先后获评国家广电总局"2020年全国广播电视媒体融合典型案例""2021年全国广播电视媒体融合先导单位"提名，全台7个电视频道、9个广播频率、2个网站（www.ahtv.cn、www.ahrtv.cn）、2个客户端（安徽卫视·ATV、海豚视界）、600余个媒体号组成了网上网下一体、大屏小屏联动、多终端覆盖的全媒体传播矩阵，取得了新媒体从业人员数占全台内容生产人员总数4/5、新媒体作品总量占全台自制内容总量4/5、新媒体直接间接创收占全台创收4/5的"3个4/5"阶段成效。

---

[①] 邵晓晖，安徽广播电视台党委委员、副台长，长期负责地市级党委政府和省级宣传部门政策研究工作，在安徽台工作5年来，由近及远分管过媒体融合、地面频道及宣传管理、节目研发等工作，获得中国新闻奖、中国广播电视大奖及安徽新闻奖等10余项，发表论文10余篇。

## 第一节　实践和举措

### 一、目标一体化推进

安徽台围绕打造具有强大影响力和竞争力的新型主流媒体的目标任务，研究出台推进深度融合的总体方案，创新领导决策与日常协调机制，为协同推进深度融合明确了方向路径、提供了组织保障。

1. 规划了推进深度融合的时间表路线图。深入对标对表，结合省情台情，2021年6月制定出台了《安徽广播电视台关于加快推进媒体深度融合发展的实施方案》及《三年行动计划（2021—2023年）》，规划了加快构建全媒体传播体系、走好全媒体时代群众路线、以先进技术为支撑、提升优质内容产能、深化体制机制改革、激发人才队伍活力、形成政策保障体系、加强组织领导等8个方面、13项主要工作，明确了1至2年、2至3年的阶段性任务。

2. 建立"1+10"统一指挥调度体系。将推进媒体深度融合发展作为落实意识形态工作责任制的重要内容和"一把手"工程，2021年10月，安徽台成立了台党委书记、台长、总编辑亲任组长，台党委班子成员任副组长的加快推进媒体深度融合发展暨三年行动计划领导小组。领导小组办公室设在媒体融合发展部，负责总体统筹与协调。根据目标任务，成立包括平台建设、技术支撑与引领、体制机制改革、全媒体人才队伍培养在内的10个工作推进组，明确各推进组的牵头部门、责任部门以及具体任务。

### 二、组织一体化重构

安徽台以"大中心、大融合、企业化管理"为转型方向，重新优化设置组织架构，建立健全适应市场竞争、具有媒体特色的管理模式。

1. 实施全台机构融合整合改革。2021年6月底以来，安徽台推进了历史上最大的一次机构改革，这次改革的主要内容：一是建设大中心。24个中心共同组成业务运营机构，用更灵活的机制让内容和团队更贴近市场，建设集团化、平台化、生态化的新型主流媒体。二是推进大融合。新设立媒体融合发展部、新媒体中心、版权媒资与短视频运营中心3个媒体融合机构，并建立起三部门工作联动机制，统筹全台媒体融合发展规划、新媒体平台建设运营以及媒资版权系统的管理与运营，聚力实现传统平台与新媒体平台的融合，集中打造媒体融合特色品牌。三是加强企业化管理。设立法律事务部、审计部，提升专业化、企业化管理水平；将频道频率全部纳入运营中心管理，构建事业产业运营新格局，为用户提供高效优质的全媒体服务。

2. 构建一体化运行模式。安徽台充分赋予各运营中心内容打造和市场拓展职能，构建了一体化运营模式，破解制约全媒体生产传播运营的体制机制难题。一是一体打通新闻资源。建立管理、选题、人员、资源、生产、播发"六个统一"机制，形成了全台新闻生产宣传的一体化模式；在地市设立驻市全媒体记者站，拓展新闻资源和战略合作。2021年开设全媒体专题专栏300多个，播发各类稿件45万余条。二是一体打通广告业务。加强频道频率运营中心与广告资源拓展的深度联动，建立紧密统一的市场关系。三是一体打通事企关系。创新成立管委会等形式，建立"中心+公司"的运作模式。目前，新媒体中心与海豚新媒体公司、卫视中心与金海豚公司等已联合组建管委会，农业农村中心已构建起"农业科教频道+农村广播+公司"三位一体的全媒体运营模式。

## 三、平台一体化建设

安徽台将打造自有新媒体平台作为推进媒体深度融合发展的总引擎，集全台之力建设以台旗舰客户端——安徽卫视·ATV为主、微信微博等多传播途径为辅的综合性、聚合性、区域性移动传播平台，规划了移动传播平台前、后端的总体布局和实现路径。平台前端——安徽卫视·ATV客户端业已上线，内容定位泛生活、泛文娱、泛资讯，路径立足聚全台、聚安徽、最安徽、安徽最，为本地用户提供社交互动、休闲娱乐、问政求助等服务来实现高黏性强连接。目前开设海豚号141个，上线不到一年，就在安徽三家省级媒体中脱颖而出，创造了上线最短、下载最多的好成绩。在推进台旗舰客户端内容生态建设过程中，安徽台对一体化运营进行了全新探索。

1. 建章立制"聚全台"。研究出台《集中力量整合提升移动传播平台若干意见》及配套的考核奖励办法、督办方案等，全台一盘棋、共办一个端，将打造台旗舰客户端必须的聚用户、汇内容工作与各部门及员工个人的日常工作结合起来，作为工作纪律要求严格执行。责成各内容部门发挥各自资源优势，领办承办相关内容板块。要求所有内容运营类融媒体工作室入驻开号，同步首发原创内容，打造主要垂直领域的海豚号矩阵。设立专项资金，进行量化考核，及时兑现奖励。通过硬约束、强激励，凝聚台内各方力量，推动多终端的内容融合，以开设海豚号和开办直播、问政求帮、投票、报名、专题专辑等多种形式，共建安徽卫视·ATV客户端内容生态。

2. 招端引号"聚安徽"。"实施＋政务／服务／商务"战略，明晰激励政策，聚合全省公共资源，大力吸纳党政系统、企事业单位等各垂直行业入驻台移动传播平台，封装客户端，开设海豚号，已先行打造应急板块、卫生健康板块。同时，打通安徽台主导的县级融媒体中心省级技术平台与台移动传播平台，逐步将全省县（市、区）融媒体中心客户端与台旗舰客户端共平台建设，汇聚县级融媒体中心内容、用户数据等资源。已有60个县级融媒体中心接入开设媒体专区，日均发布全省各地新闻资讯达1900余条。

## 四、新媒体一体化运营

推进媒体深度融合，安徽台坚持战略与战术、长远与当下相结合，在长远战略上坚持培育自有平台"造船出海"，在当下战术上借助商业互联网平台等市场各方力量"借船出海"，大力提升新媒体板块运营水平。

1. 一体化赋能发展。2019年4月以来，将发展融媒体工作室作为具有全局效应的融合改革入口来推动，制定了《关于大力促进融媒体工作室发展的管理办法》《推进融媒体工作室高质量发展的十项措施》《融媒体工作室年度考核方案》《推进工作室高质量发展的补充意见》等一系列文件，构建了全方位政策保障体系。不打破现有组织架构，搭建由17个职能部门担当的"一中心、三平台"，即融媒体工作室服务中心以及管理、技术、运营三个服务平台，明确各有关部门的责任分工，降低组织复杂度，提升服务效率，构建了全方位服务支撑体系。通过抓业务培训、作品创优、硬件配套、项目对接、垂类孵化、头部培育，多措并举，助力工作室高质量发展。该项工作入选2019年度安徽省宣传思想文化工作创新范例，获评国家广电总局"2020年全国广播电视媒体融合典型案例"，国家广电总局、中国记协新闻培训中心、人民网先后向业内推介发展经验，中央广播电视总台有关部门专题调研试点推广，20余家兄弟省台专门交流取经。

目前，融媒体工作室规模已扩大到103家，覆盖全台各部门，500余人参与，呈现专业化、垂直化、全业态特征。去年底，通过考核首次评选出了"急先锋""嘻哈搜货"两家五星级工作室，以及4家四星级工作室、24家三星级工作室。在台里基本没有直接投入的情况下，工作室积极创收，探索出平台流量分成、原生广告、电商、版权输出、短视频定制、知识付费等多元变现路径，连续两年创收同比增长分别为65.7%和83.8%，2022年上半年创收超5100万，同比增长60.8%。全网粉丝量突破2.5亿，一批传播力影响力位居前列的头部大号浮出水面，其中，"安徽交通广播"位列中国民生微信第一、中国民生视频号第一，"安徽卫视"官方微信位居省级卫视第一，抖音号"安徽台海豚君""三农时空""都市新资讯""新鲜早7点""海豚情感驿站"等粉丝量均突破千万。2022年上半年作品受到中宣部、广电总局、安徽省委宣传部表扬16次，获得各种奖项、荣誉称号累计28次。以工作室制为枢纽，人员一身两役，所有内容运营类融媒体工作室均入驻安徽卫视·ATV客户端首发原创内容，打造出11个垂类矩阵，为台旗舰客户端快速发展提供了强有力支撑。

2. 一体化打造爆款。加强"议程设置"，围绕主题主线宣传，组织打造适合新媒体平台传播的正能量内容，通过集中宣推与转发，形成大声量、矩阵式传播新格局，涌现出一批正能量爆款作品，如安徽卫视抖音号推出系列短视频专辑，对安徽台出品的电视剧《觉醒年代》经典桥段进行二创，播放量突破2亿次；安徽交通广播微博率先挖掘的"合肥有条延乔路"报道，多次进入全国热搜话题，相关报道浏览量突破5亿；其微信视频号发布的《大白爸爸发放蔬菜，女儿没认出来 当场鞠躬说谢谢叔叔》点击量5500万，等等。2022年上半年，开展活动620余场、网络直播530余场，发布作品总量近13万件，其中，点击量过亿作品有6件、1000万+的作品有132件、100万+的作品有1800余件、登上微博热搜等重要榜单的作品有2000余件。

3. 一体化运营市场。用灵活的市场机制来服务于融媒体工作室的市场运营，开展融合业务的整合营销，催化释放新媒体商业潜力和营收增量。台属企业阿玛歌公司首创广电MCN"平台融媒"的运作模式，以安徽广电品牌背书，针对政府、企业的难点痛点，整合社会资源，快速推进电商主播培训、品牌代播等 MCN 业务铺设，举办了 50 多场多领域数字化沉浸式品牌活动，构建了较为完整的电商产业链，成功探索出一条融媒转型之路。农业农村中心依托广电农科公司，整合电视端《三农时空》《皖美乡村》栏目、广播端《金色田园》《奔跑吧！第一书记》栏目，以及覆盖全网主要平台、粉丝总数超 8000 万的"乡村振兴融媒体""农业农村全媒体中心"两大 IP 账号矩阵，打通线上线下双渠道，多条业务线并举，布局"三农"垂类 MCN，创新实践"融媒体＋电商＋线下销售"，助力乡村振兴。

4. 一体化推进广播视频化。2020 年 7 月，成立广播视频化工作领导小组，新闻综合频率、音乐频率、生活频率、交通频率率先启动。2021 年 10 月，通过了《关于加快推动广播节目视频化工作的意见》，广播所有频率整体布局视频化工作，这一做法尚属全国首例。目前，新闻、交通、音乐、生活等频率正常态化推进慢直播、互动直播、短视频等视频化样态创新，深耕社群传播，打造私域流量池，不断提升传统广播的网端影响力。

5. 一体化管理账号。坚持管理与发展并重，不断探索新媒体账号全生命周期闭环管理的方法和手段创新。一是加强源头把控。制定出台账号审批及备案工作制度，明晰账号审批规则与流程，从严把关，防止野蛮生长、无序扩张。二是开展过程监管。明确各部门过程管理责任，将部门账号与员工个人账号全面纳入所属部门日常管理；媒体融合发展部借助大数据工具开展账号注册信息与认证信息的动态监测、敏感内容的日常预警、传播数据的深度分析、播音员主持人等网络行为的日常监管，针对不同阶段的突出问题开展专项整治行动，持之以恒查清账号底数，实现问题账号的动态清零。三是优化配置资源。对账号进行分类管理，孵化、培育主要垂类账号矩阵，根据运营需要，及时在新兴平台布局账号矩阵，及时弥补有市场前景的垂类空缺；对正能量账号、有市场前景的垂类账号、高效益的头部大号等重点扶持，让优势长板更长。依托日常数据监测以及专项整治行动的开展，清理风险隐患大的问题账号，及时关闭粉丝量少、发布内容少、无力运营的"僵尸"号，鼓励并推动运营人力、资源不足的同质同类账号的合并整合，集中力量做强头部。

## 五、技术一体化支撑

安徽台坚持移动优先，坚持技术统一管理，应用5G、4K、AI等新技术升级传统制播体系，推动平台IP化、云化、融合化、智慧化发展。

1. 加快建设全台用户中台体系。在构建新型传播平台的底层技术架构时，分别建设了微博账号、微信公号等移动传播矩阵，正在推进用技术手段打通自有客户端、台网站、微信微博等新媒体矩阵，连通数据孤岛，统一进行用户管理，建设全台新媒体用户中台体系。以此为基础，进行大数据分析和用户画像，开展私域流量运营，打造商业闭环。

2. 再造内容生产传播一体化流程。打通广播电视与新媒体内容生产技术系统，再造策采编审发存管流程。在移动传播平台后端规划建设全媒体内容库系统，该系统一期项目已经建成，实现对各类媒资进行多格式、多种类、多码流的存储，并运用语音、图像识别以及智能编目、拆条、分发、水印等人工智能技术提升效率，正成为全台的内容汇聚中心和共享中心。同步配套开发的新媒体内容生产制作系统，为移动端首发快发提供了技术手段。可利用手机端移动采编工具拍摄编辑短视频直接在各新媒体端发布；亦可实现前方外采内容及素材直接汇聚至台内全媒体内容库，后方再运用快编快剪工具快速生产发布至新媒体端，充分满足大小屏互动与移动优先的业务需求。

3. 积极探索元宇宙空间打造。紧随技术风口，与上市公司上海风语筑合作，打造全国首个沉浸式网红直播空间——AH SPACE，不仅配置了一系列"5G+4K/8K+VR"的直播设备及风格多样的直播空间，还打造了面向公众开放、集多种酷炫打卡黑科技于一体的沉浸式网红艺术展馆，自2021年1月正式运营以来，在抖音、头条、小红书等新媒体端曝光量逾亿次，在大众点评新奇体验排行榜持续保持第一位，已成为安徽打卡新地标。正积极开展元宇宙探索，将基地升级为具备虚拟主播交互、虚拟场景交易、NFT数字藏品展览展示的多元化新空间，打造的全国首个具备元宇宙场景交互能力的数字虚拟主播"小安"已亮相安徽卫视春晚。该项目于2021年6月获得国家广电总局高新视频创新应用大赛沉浸式视频应用类二等奖。

## 六、人才一体化培养

安徽台以人才为核心竞争力,把培养"一专多能"的全媒体人才摆在突出位置,着力组建融合发展急需的新媒体内容运营、新媒体内容审核、新媒体技术运维、新媒体市场运营四支融媒队伍,来提升以安徽卫视·ATV 客户端为核心的全媒体矩阵的内容原创能力、内容聚合能力、内容把关能力、技术研发能力和市场营销能力。

1. 对内选才挖存量。实施培养选拔优秀年轻干部"789"计划,将熟悉新媒体的中青年人才充实到关键岗位,已选拔 45 名优秀年轻干部。推行人才兴台"首席制(金牌)"计划,构建多元化人才价值实现方式,已评选出首批 41 名"首席(金牌)人才",充分发挥其领军作用。推出"特岗优选人才计划",设置融合发展业绩专项评分,通过考评考试,首批 48 名、第二批 57 名企聘、劳务派遣人员已获得台聘身份。

2. 向外引才拓增量。拓展选人用人视野,面向全国公开招录 60 名事业身份在编人员,充实到互联网技术运维、新媒体内容采编等紧缺岗位。争取高端人才引进"一人一策"政策,加快建成融媒体人才库、专家库。

3. 全面育才活总量。依托百余个融媒体工作室团队传帮带实战练兵,梯队培养具有互联网思维的"一专多能"复合型人才。制定专业培训规划,开展多层次、多渠道的媒体融合政策与技能培训,2021 年共举办全台性培训 14 次、部门培训 52 次,共有 7600 多人次参加培训。

## 七、业绩一体化考核

安徽台以考核为抓手,推行全媒体融合传播综合评价,将融合发展业绩作为干部考察、考核评价、员工薪酬的重要指标,作为台内部巡察的重要内容,推动媒体深度融合各项任务落到实处。

1. 纳入全台工作目标年度考核重点任务。将移动传播平台"聚内容、汇用户"工作、融媒体工作室培优做强、全媒体内容库内容建设作为媒体融合日常基础工作,纳入全台工作目标年度考核重点任务,与各部门年度考核等次、发放一次性工作奖励直接挂钩,作为干部选拔任用、评先评优的重要参考。

2. 纳入全员绩效考核。2021 年底,实施全台薪酬体系改革,突出市场导向,推进岗位管理，将全员绩效考核分配与岗位工作目标挂钩联动；统一台聘人员工资标准，并建立合理增长机制；加大支持融合创新、奖勤罚懒力度，建立向融合发展一线倾斜、以贡献论英雄的长效机制。

## 第二节 经验和启示

当前媒体融合已经进入到啃硬骨头、蹚暗漩涡的深水区和动存量、改体制为主的下半场。今年是落实中办国办、国家广电总局有关加快推进媒体深度融合发展文件精神的第二年，国家广电总局《关于加快推进广播电视媒体深度融合发展的意见》要求"坚持一体发展""用2至3年时间，在重点领域和关键环节的改革创新取得实质性突破"。安徽台结合台情，坚持问题导向、目标导向、结果导向，对一体化推进深度融合的体制机制进行了有益探索，安徽台的经验做法为省级广电台加快推进媒体深度融合提供了可供参照的方法与路径。

### 一、突出做好顶层设计，系统推进，整体联动

省级台媒体融合工作存在的诸多问题中，最突出的当属缺乏顶层设计和总体规划，缺少统筹安排和长远考虑，安徽台规划了推进媒体深度融合的目标任务，明确了重点平台、重点项目、重点工程、重大行动，形成台党委班子亲自抓、各部门各负其责、一体推进的工作机制；实施内设机构的融合整合改革，最大亮点是成立全新管理部门——媒体融合发展部，充分发挥其参谋部、指挥部、督办部的作用，促成全台协同高效推进融合发展的工作格局。

### 二、以打造自主可控的自有旗舰客户端为核心，推进整体转型

重建用户连接，建好自主可控、传播力强的移动传播平台，是打造新型主流媒体的基础要件。安徽台坚持台即是端、端即是台，将安徽卫视·ATV客户端作为融合转型主阵地来打造，创造性制定了促进资源向旗舰平台聚合的系统性、针对性政策，并做到制度先行、管理跟进，促成全员行动自觉，奏响传统平台与新型平台一体发展的双重奏。

### 三、在重点领域与关键环节谋求突破，寓改革于发展

广电媒体要解决好传统端业务与新媒体端业务"此长彼长"的难题，就必须动本体、抓一体，消弭与新媒体领域市场主体间的体制机制落差，激发人才创新创效活力。安徽台从融合内容生产运营领域切入，创新发展融媒体工作室，一支队伍服务大小屏，通过对人才的放权与激励，来突破现行体制机制的束缚，规模化成建制地实现传统媒体人才队伍革命性重塑，推进主力军全面挺进主战场。

# 第十五章　河北广播电视台融合发展实践研究

张　玮　李　婷[①]

2020年11月，国家广电总局印发《关于加快推进广播电视媒体深度融合发展的意见》，要求一到两年时间内，在新型传播平台和全媒体人才队伍建设方面取得明显进展，在舆论引导、内容生产传播、信息服务、先进技术、创新创造等方面的能力大幅提升。现阶段，媒体融合步入"下半场"，各级主流媒体进入融合发展"攻坚期"，推动媒体内容、渠道、技术、人才、经营管理等资源的深度融合，已经成为主流媒体构建全媒体传播体系、提升"四力"、打造"新型主流媒体"的必然选择。

全媒体时代，广电媒体的深度融合应在传播内容、技术应用、平台终端、人才队伍、经营机制等方面做到应融尽融、能融必融，把存量做优、把增量做强。河北广播电视台自成立以来，坚持守正创新，深入贯彻"事业产业协同发展"理念，扎实推进媒体融合发展。台和集团推行"一个党委、两个机构、一体化运行"的管理模式，在体制机制改革、内容传播生态、全媒体平台建设、新兴技术应用、管理模式创新、产业协同发展等方面进行了积极的实践探索，集团营收和利润连续保持稳定增长，走出了一条具有"河北特色"的广电媒体融合发展之路。

---

① 张玮，博士，《中国食品安全报》副总编辑，河北传媒学院媒介融合与经营管理研究所所长、硕士生导师、高级记者、教授；李婷，河北传媒学院2020级硕士研究生。

## 第一节 稳抓结构性工作重心 构建全媒体传播体系

党的十九届四中全会审议通过《中共中央关于坚持和完善中国特色社会主义制度、推进国家治理体系和治理能力现代化若干重大问题的决定》指出，要建立以内容建设为根本、先进技术为支撑、创新管理为保障的全媒体传播体系。[①] 河北广播电视台在探索过程中主动求变，以构建符合新媒体时代发展需求的全媒体传播体系为主要目标，以"内容建设、先进技术、创新管理"三个结构性工作重心为抓手，夯实广电媒体深度融合发展的根基。

### 一、台端一体：打造全媒体内容传播新生态

河北广播电视台由原河北人民广播电台、河北电视台等机构重组而成。河北广播电视台目前拥有8个电视频道、9个广播频率，以及包含河北网络广播电视台、"冀时"客户端、微博、微信、抖音、快手、企鹅号、头条号在内的"一网、一端、两微、四平台"的全媒体传播矩阵。

在全媒体矩阵建设方面，河北广播电视台新媒体中心秉持"台端一体化"的理念，积极探索"中央厨房"内容生产模式，并在融合创新中不断完善全媒体矩阵的建设。通过整合台内频道与频率等优势资源，完成了采编业务流程再造，实现了新闻的多元化传播，使融合新闻的生产更加成熟，极大地提高了广电融媒体内容生产的质量与效率，奠定了河北广电融合发展的坚实基础。

在融媒体内容策划方面，河北广播电视台从新闻内容生产源头入手，紧抓台内策划周例会制度和常态化的宣推机制，做到"每周选题有策划、每日选题有重点"。河北广播电视台固定在每周一上午会同融媒体新闻中心、新媒体中心以及各个频道、频率的负责人召开编委会，汇报上周工作情况，并以本周重要时间节点、重大宣传任务为依托，策划本周重点新闻报道选题。同时，周二至周五上午还会召开总编室会议，收集各职能部门当日所上报的选题并进行反馈，在会后通过新媒体中心运营联动群进行任务协同发布。此外，河北广播电视台新媒体中心也在记者与编辑之间建立起了高效的沟通机制，外采记者会在采访结束后第一时间将图文快讯通过"新闻+"群组交由编辑进行处理，进一

---

① 国家广电总局发布《关于加快推进广播电视媒体深度融合发展的意见》.中国广播，2020（12）：61.

步提高了新闻采编的效率。

在融媒体内容生产方面，河北广播电视台大力推进广播节目视频化、融媒直播、短视频生产，推动传统广电内容生产思路进一步向新媒体端迁移。河北广播电视台总编室会同新媒体中心在冀时客户端推出《晚安·河北》系列朗读专栏。内容覆盖当日时事热点，由台内专业播音员、主持人献声，形成了集文字、图片、音频、视频为一体的融媒体作品。该专栏的推出实现了广播节目的融媒化转型，也在一定程度上破解了传统媒体内容创新力不足的难题。目前，《晚安·河北》已初具 IP 影响力，作品平均点击量达 10 万以上。《清澈的爱只为中国》等重大节日主题作品取得了良好的传播效果，整体传播效果甚至优于传统的专题报道。

在融媒体内容传播方面，河北广播电视台秉持"移动优先"的内容传播策略，聚全台资源优势，实现了"一次采集、多种生成、多元发布"的融合传播格局。2022 年全国"两会"期间，河北广播电视台主动设置议题、开设专栏板块，利用大小屏交互等方式，推动移动端、客户端、电视端、广播端高效联动。"两会"期间，通过融媒体传播渠道发布相关内容 1200 余篇，采访代表委员 274 人，实现了全国"两会"融媒体报道的跨媒体、跨平台、跨区域传播。其中，《主播说两会》短视频节目在微博、微信、抖音、冀时客户端等多个新媒体渠道同时发布；冀时客户端推出的 H5 作品《指尖上的两会留声机》，充分发挥新媒体产品优势，用户通过点击相应的唱片，即可收听虚拟留声机中全国"两会"人大代表的发言内容，单个作品点击量突破了 10 万；广播系列报道《春天的脚步》、新媒体报道《主播说两会：春天的两会照见全过程人民民主》取得了良好的宣传效果。

## 二、科技赋能：助力广电媒体搭建智能平台

对广电媒体而言，传统节目内容制作周期长、成本高，实效性低，已经愈发不能满足新媒体时代信息的即时传播需求。2020 年 9 月，中共中央办公厅、国务院办公厅印发的《关于加快推进媒体深度融合发展的意见》，明确提出以先进技术引领驱动融合发展，进一步强调了媒体融合中把握信息技术前沿方向的重要性。当前，新一轮的技术革命正在重塑媒体格局，河北广播电视台在探

索融合发展过程中，紧抓科技发展机遇，通过新兴技术进一步探索内容、渠道、平台、经营、管理等方面的深度融合路径。

在向纵深融合发展的过程中，河北广电进一步整合全台新媒体资源，在5G、云计算、人工智能、大数据等新兴技术的支持下，搭建起自主可控的"冀时云"全媒体平台，为广电媒体融合纵深发展筑牢了平台基础。"冀时云"整合了"冀时"客户端、移动端、业务平台、媒体中台、公有云/私有云等多个平台，通过在多个平台端口之间进行互联互通，实现新闻业务的统筹指挥管理，进一步提高媒体自身的内容生产和运营能力。

基于主流媒体客户端内容发展整体趋向于短视频化、直播化的势头，以及平台运营呈现出的社群化特征。"冀时"客户端积极顺应发展趋势，不断自我优化，强化平台建设，进一步提高主流媒体客户端与用户之间的连接能力。比如在客户端内容生产方面，河北广播电视台坚持"移动优先"策略，以全媒体平台为载体，连接台内的各个频道频率，确保"冀时"客户端的内容供给，大力推动传统采编业务向融媒采编发展。同时，河北广电还充分发挥广电媒体在音视频领域的内容制作优势，将传统广电内容进行"短视频化"再生产，以满足当前媒体环境下受众碎片化的阅读需求。在新技术与全媒体平台的双重赋能下，河北广播电视台在全国"两会"、北京冬奥会、冬残奥会等重大活动报道中大展拳脚，充分展示了传统广电媒体的平台优势及内容生产实力，VR、AR等技术在新闻报道中的广泛使用为用户提供了沉浸式的感官体验，增强了报道的感染力；短视频、H5等融媒体作品"爆款"频出，融合传播成效显著。

此外，在客户端运营方面，河北广播电视台通过集约化运营进一步加强对第三方新媒体账号的管理，不同账号深耕垂直领域，形成了相互引流、同频共振的良性发展态势。据《河北蓝皮书：河北传媒发展报告（2022）》数据显示，截至2021年11月，"冀时"客户端下载量超过1300万次，成为河北省年度下载量增长幅度最大的媒体客户端。目前，"冀时"客户端4.0版本已经正式上线，在新媒体号、在线问政、互动活动、直播运营、电子商城、积分体系、网格化服务等运营工具上实现了大跨度的升级优化，进一步提高了用户的终端使用体验。

### 三、管理创新：激发广电专业人才内生动力

从目前传统媒体的融合发展情况来看，报纸、广播、电视媒体在内容融合、渠道融合和技术融合方面的探索成效显著，但现行的人才培养与管理机制，依旧无法完全适应竞争激烈的传媒市场环境。相较于新媒体而言，传统媒体的管理模式、人才机制与薪资整体上并不具备核心竞争优势，工作过程中缺乏配套的激励措施，导致传统媒体从业人员对自身的职业认同感不断下降。长此以往，造成了传统媒体内部专业人才大量外流、外部人才的吸引力严重不足的现状。报纸、广电等媒体机构频现"离职潮"，不断扩大的人才断层严重制约着传统媒体的发展。

人才是媒体深度融合的关键，也是媒体深度融合的难点与痛点。当前，广电媒体正处于转型发展的关键期，为突破媒体融合发展中的人才瓶颈，河北广播电视台在制度建设、薪酬激励、人才培养方面"三管齐下"，进一步激发广电专业人才的内生动力。

首先，河北广播电视台通过在台内建立工作室制度，进一步探索扁平化、专业化、垂直化的人才管理模式。自从2019年试行工作室制度以来，河北广播电视台已授牌了包括"家政女皇"工作室、"郑毅汽车"工作室、"新冀商传奇"产业工作室、"乡村振兴"工作室在内的21家工作室。工作室的具体业务不仅限于优质内容的生产创作，还围绕新媒体、政务商务、县域经济、商业活动、品牌传播等垂直领域进行运营。在河北广播电视台的政策资金支持下，工作室在人才任用、自主运营、绩效分配等方面拥有了更大的政策空间。广电内部机制的灵活性、自主性和能动性明显提高，进一步释放了广电媒体的内容生产力。河北广播电视台的工作室改革成效显著，已经从试点探索进一步向深化拓展迈进。截至目前，已经拥有了两家创收超千万的工作室，四家利润超200万的工作室，在市场竞争中展现出了强大的优势。在众多工作室中，涌现出了一批流量超千万的爆款内容和荣获中国新闻奖、广播影视节目奖的优秀作品。

其次，为进一步激活新媒体端的内容创新能力，河北广播电视台在确保员工基本收入的同时，通过薪酬激励机制改革，调动一线记者为新媒体端投稿的积极性，推动全台编辑记者向全媒体记者编辑转型。在台内"创新创优基金"的支持下，建立了新媒体供稿奖励机制，部分部门通过完成"冀时"客户端的

约稿,一个月可以多获得 1—2 万的绩效。此外,各频道参与客户端的"冀时大直播"也可以获取相应的奖励。这种薪酬激励体系不仅很好地实现广电媒体的大小屏联动,而且调动了台内各频道参与新媒体内容生产的积极性,为新媒体端的内容生产持续赋能。

最后,河北广播电视台通过采取多种方式,定期对台内编辑、记者、主持人开展业务水平培训,促进传统媒体从业人员向全媒人才转型。目前,在全台节目一线采编人员中,从事新媒体工作的占比超过了 50%。

## 第二节　产业发展引领经营创新　激活媒体自我造血能力

为贯彻落实中央要求,顺应媒体融合大势,河北广电传媒集团于 2017 年正式挂牌成立。河北广电传媒集团与河北广播电视台实行"一个党委、两个机构、一体化运行"的管理模式。集团除广播电视节目生产、广告经营、影视制作、新媒体运营、大型活动、媒体购物等广电基础业务之外,还积极拓展新媒体+科技产业、电子商务、文化投资、文化产业园开发等多个相关产业,通过产业发展反哺广电事业。目前,河北广电传媒集团的年营业收入已超过 10 亿元,产业发展步入了"快车道"。

### 一、"两业"相融:IPTV 跑出新型融媒"加速度"

这里的"两业"是指我国的文化产业和新闻事业,"两业相融"意指文化产业和新闻事业的融合发展。IPTV 作为一种集互联网、多媒体、通信等技术于一体的新兴产业,能够通过电信运营商的专用网络,为用户提供电视节目、视频点播、回放、实时视频直播等视听服务。我国的 IPTV 业务自 2005 年起步以来,历经政策与市场的考验,已经发展成较为成熟的新型电视产业。

近年来,各级广电媒体积极拓展 IPTV 业务,以丰富的节目内容、多元的互动体验和便捷的媒体服务获得了电视用户的青睐,IPTV 用户数量持续增长。工信部发布的公开数据显示,截至 2022 年 7 月,我国 IPTV(网络电视)总用户数达 3.68 亿户，比上年末净增 1979 万户。[①] IPTV 在品牌、内容、业务、资本等方面均展现出了巨大的商业潜力，发展前景十分广阔。

为贯彻落实中央"三网融合"战略，河北广播电视台很早便开始了 IPTV 的探索。2009 年，河北广电无线传媒有限公司挂牌成立，以 IPTV 集成播控平台建设及运营、多媒体广播电视、手机电视、卫星电视服务等为核心业务，在早期 IPTV 业务探索中积累了丰富的运营经验。近年来，在"打造河北视听云媒体平台，一云多屏融合发展"战略指引下，河北 IPTV 得到了迅速发展，IPTV 用户规模、业务收入、技术研发及行业影响力均处于国内领先水平，成为国内"新媒体＋科技"产业板块的排头兵。2020 年，河北广电无线传媒有限公司入选第十二届"全国文化企业 30 强"提名企业名单。

相比于传统的有线电视，IPTV 拥有更加丰富的节目资源与功能。目前，河北 IPTV 平台汇集了 200 多个高标清电视频道，以及国内外优质影视剧、动漫、综艺、纪录片资源，并向用户提供了时移、回放等功能，平台中点播节目时长达 20 余万小时。此外，IPTV 强大的交互功能与多元化的延伸服务，打破了传统电视媒体单向化的信息传播方式，游戏、教育、4K 影视等增值服务也进一步拓展了电视大屏的内容和服务边界。

IPTV 平台的发展离不开相应的技术支持。无线传媒有限公司拥有强大的产品研发团队和内容运营队伍，通过与河北三大运营商、百度、科大讯飞、华为等科技巨头围绕视频领域展开深度合作，共同推进超高清视频技术在 IPTV 中的应用，河北 IPTV 平台成为承载 5G、8K、VR、AR 等新兴技术的重要视听媒介平台。

由于省级广电媒体受行政区划因素制约，IPTV 的用户群总体基数大，但区域化分散程度高，IPTV 庞大的用户群体价值并未真正得到发挥。在此现状下，跨地区合作成为广电媒体进一步扩大影响力的不二选择。在 2018 年京津冀广电科技协同发展项目推进会上，京津冀三地 IPTV 集成播控平台互联互通项目正式签约。通过构建 IPTV 区域联合体，京津冀三地将在合作中实现 IPTV 播控平台的互联互通、优质内容三地共享、收视数据结果共享，共同为当地 IPTV 用户带来更高品质的视听体验。

---

① 工信部：2022 年 7 月 IPTV 总用户数达 3.68 亿户，https://lmtw.com/mzw/content/detail/id/217740。

河北广电 IPTV 经过多年的发展，已经拥有近 1700 万的用户基础，几乎覆盖了全省近 80% 的城乡家庭人口，总体规模位居全国前列。在河北广电无线传媒有限公司的整体营收中，IPTV 集成播控业务营收占比超过了 9 成。全面推进无线传媒的上市工作已被写入《河北省广播电视和网络视听发展"十四五"规划》中。目前，河北广电无线传媒有限公司已完成融资和股份制改造，正式进入上市辅导期。

## 二、布局 MCN：着力打造广电全媒体营销体系

自 2018 年国内首家广电 MCN 机构成立以来，广电 MCN 从小范围试水发展到大范围铺开，已成为当前广电媒体探索轻量化转型、提高自我造血能力的重要路径。据《传媒蓝皮书：中国传媒产业发展报告（2021）》数据显示，截至 2021 年上半年，全国共成立了 36 家广电 MCN 机构，河北广播电视台正是最早布局探索广电 MCN 转型的省级媒体之一。

河北广播电视台在前期大量实地考察的基础上，于 2019 年 10 月正式成立河北广电 MCN 机构，将其作为河北广电传媒集团的一级子公司进行经营。通过整合台内频道、人才、技术、宣传、品牌节目等优势资源，嵌入 MCN 发展模式，河北广电 MCN 基本形成了覆盖短视频内容生产、电商直播、运营管理、商业变现的综合性 MCN 生态体系，业务涉及新媒体电商运营、全媒体主播账号矩阵孵化、大型互联网会展经济、培训会展服务等多个板块。近年来，随着短视频与直播电商热度的持续攀升，河北广电 MCN 以河北音乐广播的"广播导流带货模式"为依托，率先抢占电商直播带货风口，并通过搭建短视频 IP 矩阵，完善电商产品供应链，盘活私域流量，形成了独具特色的河北广电 MCN 全媒体营销体系。

河北广电首先通过构建短视频传播矩阵、打造短视频 IP 等方式，为短视频内容生产赋能。目前，河北广电 MCN 已入驻抖音、快手、淘宝、今日头条等重点第三方传播平台，签约各类型账号近 300 个，账号数量和规模在全国广电 MCN 机构中遥遥领先。同时，为进一步打造短视频 IP，河北广电 MCN 一边挖掘台内专业主持人、播音员资源，一边借助河北广播电视台作为省级广电媒体的品牌影响力吸纳外部人才。通过扶持内部主持人账号、签约外部账号、孵

化优质"素人"账号等多种手段，成功孵化了一批知识类、教育类、资讯类的短视频IP，进一步提升了广电媒体在新媒体端的影响力，为PUGC化的短视频内容生产以及电商直播带货打下了坚实基础。

其次，河北广电MCN依托"广电+电商"融媒产业模式，通过产品供应链建设为电商业务赋能，进一步推动广电媒体的经营转型。在充分掌握用户消费需求的基础上，通过"盘货"充分挖掘优质产品资源，并与成熟的供应链团队进行资源型合作，为乐商城优选平台争取高性价比的产品。目前，河北广电MCN旗下的乐商城优选平台已经拥有600余家产品供应商，形成了较为成熟的供应链体系。在此基础上，河北广电MCN通过与其他有需求的机构在产品供应链资源上进行合作，进一步拓展自有供应链的增值市场。

最后，在完善的短视频传播矩阵和成熟的供应链体系基础上，河北广电MCN通过河北音乐广播的"直播流带货"以及短视频平台的直播带货，激起用户的购买意愿，再借助社交媒体平台强大的聚合能力，将传统广播、电视端的广域流量和新媒体平台的公域流量引流至乐商城平台中，转化为用户黏性更强的私域流量，最终实现商业变现。随着口碑与消费习惯的不断积累，乐商城平台中的自生态流量已由最初的5%上升到现在的30%—40%左右[①]，平台单月销售额可达500多万元。除此之外，河北广电MCN还通过事件营销来带动电商产业发展。比如与抖音、快手等短视频平台联合举办的"2020河北直播购物粉丝季系列活动"，就吸引了超过6000万粉丝关注收看，特色产品销售额突破一亿元，在疫情期间有效带动了当地的经济发展。

### 三、拓宽思路：开创"广电+"融合发展新格局

在新媒体冲击下，传统媒体的广告业务断崖式下跌，广播电视台面临着严峻的创收压力。河北广播电视台以"聚用户、做服务"理念为引领，以专业的广电媒体平台为基础，打通上下游产业，探索"广电+文旅""广电+政务服务""广电+医疗"等媒体发展新模式。通过统一运营架构、整合媒体资源、建立渠道体系等方式推动产业发展，带动媒体融合。

---

① 王伟.广电MCN运营直播带货的路径和模式——以河北广电MCN为例.现代视听，2020（11）：13-14.

近年来，河北广播电视台着眼于本土化发展，先后与河北省文化和旅游厅、河北省人社厅、河北省教育厅、河北省地震局、河北医科大第一医院、河北省残疾人联合会等多家政府机构、事业单位签署战略合作协议，在政务服务、文化传播、基础教育、乡村振兴等方面展开深入合作。在合作过程中，河北广播电视台通过发挥广播、电视、新媒体、IPTV等全媒体平台的传播优势，进行全方位、多角度、高水平的宣传报道，并在整合本地政务服务数据等社会资源的基础上参与社会治理，充分体现了新型主流媒体的社会责任与担当，构建起了"广电+"融合发展新格局。

## 第三节 河北广播电视台融合实践经验的启示与思考

在媒体转型发展过程中，河北广播电视台在融媒体内容生产、全媒体平台建设、人才管理机制、媒体产业发展、经营模式创新等方面进行了积极探索，并取得了亮眼的成绩，走出了一条具有"河北特色"的广电媒体融合发展之路。其经验对于其他广播电视台进行深度融合和创新发展亦有一定的启示。

### 一、移动客户端建设：关键在自身定位明确用户黏性提升

目前，移动端已成为信息传播的主场。对传统媒体而言，坚持"移动优先"战略正在成为主力军挺进主战场的必经之路。在媒体融合初期，大多数主流媒体都在微信、微博、抖音等第三方平台开设了账号，借助主流媒体公信力和影响力在新媒体平台重获了用户的关注。但从实际效果来看，主流媒体这种"借船出海"的发展模式虽使其重获关注，但也变相地扩大了第三方平台的影响力。因此，主流媒体须要以自主可控的移动客户端为核心构建全媒体传播矩阵，才能将用户资源掌握在自己手中。

现阶段大部分广电媒体都拥有了自建的客户端，基本实现了由"借船出海"到"造船出海"的转变。但从主流媒体客户端的发展现状来看，除央视新闻等头部主流媒体的客户端发展势头良好外，许多广电媒体的移动客户端发展情况依旧不尽人意。部分广电媒体的客户端建设定位不清，且缺乏相应的技术支持，

建设过程中盲目效仿其他媒体的做法，导致许多地方主流媒体的新闻客户端都不同程度地存在着生产力短缺、内容同质化、运营困难的情况，App 的主动下载量、用户活跃量寥寥无几，甚至沦为证明媒体在践行融合发展的一项"面子工程"。

事实上，无论是传统媒体还是新媒体，用户和数据都是最重要的资源。广电媒体的自建客户端想要走出当下面临的运营困境，进而实现可持续发展，就必须要与用户建立更长期、更稳固的关系。不仅要转变传统媒体时代的内容生产定性思维，提高客户端内容的创新力，通过优质原创视听内容吸引用户，而且还要明确自身定位，从所面向的用户需求出发，优化客户端的用户使用体验。同时更要进一步开发客户端的功能，通过延伸生活服务、政务服务等功能，进一步提升用户黏性。

## 二、广电 MCN 模式探索：是经营转型和流量变现的有效路径

相比于商业化 MCN 而言，广电媒体 MCN 起步较晚。但是，广电媒体拥有强大的视听内容生产能力，专业化的硬件设备和高水平的人才队伍，这些因素，都让广电媒体在 MCN 的发展上具备与生俱来的优势。目前，媒体市场的竞争态势愈发激烈，广电 MCN 作为媒体融合转型的新业态，正在吸引越来越多的广电媒体入局，并在内容生产、流量运营、商业变现等探索过程中，涌现出了许多成功的样本。事实证明，MCN 化改革可以成为市场环境下传统广电媒体重构视听内容生产流程、深化体制机制改革、提升自我造血能力的重要路径，但并不意味着广电 MCN 就是破解现阶段传统媒体经营困局的"万能灵药"。

由于不同的广电媒体在内容资源、平台规模、技术水平、人才构成、资金实力、受众群体等方面存在着诸多差异，广电在 MCN 赛道上的探索也必定不能仅遵循同质化的发展模式。河北广播电视台正是在深入分析了短视频和电商直播蓬勃发展的行业环境，并对多家广电 MCN 机构发展情况进行调研、参考其成功经验的基础上，结合自身优势才成立了 MCN 机构。河北广电 MCN 通过充分发掘河北音乐广播的广播直播带货模式，以及乐商城平台等台内资源优势，探索出了新零售业态下广电全媒体营销转型实践路径。因此，对广电媒体来说，需要在借鉴发展相对成熟的广电 MCN 机构发展经验的基础上，结合自身资源

优势重点发力，谋求差异化发展，才能将广电媒体的资源与流量转化为真正的商业价值。

### 三、有留住人的机制，是弥合人才断层预防断层的有效手段

人是生产力中最具有决定性的力量和最活跃的因素，也是广播电视媒体发展和创新的第一推动力。但是，在互联网与新媒体的强势冲击下，近年来广电媒体经营状况乏善可陈，业内人员薪酬整体待遇偏低、发展空间受限较大，对专业人才的吸引力日渐式微。专业人才的不断外流使传统媒体内部出现了人才断层问题，严重阻碍着广电媒体深度融合的发展进程。

全媒体时代，传统广电媒体的深度融合迫在眉睫，转型发展离不开新媒体人才队伍的支撑。要解决人才断层这个影响广电媒体融合发展的现实问题，广电媒体必须转变思维，从解决内部体制机制问题入手，在薪酬制度、人才激励、考核体系、人才培养等方面进行针对性优化，进一步深化媒体内部体制机制改革，加强人才引进力度，为广电媒体营造一个良好的用人环境。此外，为培养适配未来广电媒体发展的全媒体人才，人力资源部门在做好人力规划的同时，还要根据广电媒体的发展战略，对人力资源供需进行分析，预判未来一个时期广电媒体人才的需求，并以此来确定相关人才的培养和引进策略。

同时，针对现有在岗的传统广电媒体从业人员，特别是新媒体技能或知识欠缺的人员，人力资源部门要定期开展新媒体专业技能培训，并将新媒体实操能力纳入薪资考核机制。通过创新体制机制，引导传统广电媒体从业人员向全媒体人才转变，来弥合广电全媒体人才的断层，预防下一个断层，进一步激发人才队伍的活力。

# 第十六章　绍兴传媒集团媒体融合创新研究

董媛媛　于奕童[①]

21世纪以来，媒体融合进入了快速发展的时期，传统的传媒集团在经营管理的过程中不断追求融合创新，寻找新的发展机会。在愈发激烈的传媒市场竞争的环境下，创新力成为传媒集团发展的新动力。

原绍兴市传媒集团有限公司成立于2014年3月25日，其经营活动种类丰富、范围较广，包括国内版（除港澳台）图书、报刊批发零售、网站建设与维护、影视投资和影视基地建设、广告制作广播、各类策划活动、文化创意产业开发等。2019年4月，绍兴市新闻传媒中心、绍兴传媒集团在全省率先完成对市级媒体及相关报业的全面整合，通过加强机构融合、产业融合、制度融合等方式，其媒体融合工作平稳有序推进，媒体融合工作的推进进一步增强其新闻报道协同发展，探索出市级媒体融合改革的"绍兴模式"。

## 第一节　绍兴传媒集团的融合创新实践

随着互联网技术的不断发展，中国网民规模也随之不断扩大，网络的普及率以及到达率也不断增强，移动互联网已经成为人们获取信息的主要方式。与此同时，以技术发展为依托的人工智能、大数据、云计算、虚拟现实等成为传媒发展新路径的技术支撑，传统媒体在技术的革新中也寻求着传媒业态的创新

---

[①] 董媛媛，北京交通大学语言与传播学院副教授，博士，硕士生导师，研究方向为新媒体研究、互联网治理；于奕童，北京交通大学语言与传播学院新闻与传播硕士研究生，研究方向为网络与新媒体。

发展，媒体融合发展需要在更加宽广的领域进行更加有深度的实践发展。

党的十八大以来，以习近平同志为核心的党中央作出推动传统媒体和新兴媒体融合发展的一系列战略部署，明确提出了大力推动媒体融合发展的要求。习近平总书记曾经在党的新闻舆论工作座谈会上提出："要尽快从相'加'阶段迈向相'融'阶段，从'你是你、我是我'变成'你中有我、我中有你'，逐渐发展变成'你就是我、我就是你'，着力打造一批新型主流媒体。"国家对媒体融合持有高度重视的态度，国家的支持与发展同时为传统媒体转型发展增添了强大的推动力。

2019年4月，原绍兴日报社（集团）和原绍兴市广播电视台（集团）组建成立绍兴市新闻传媒中心（集团），成为浙江省首家实施报业广电融合改革的市级媒体。自成立以来，绍兴传媒集团积极破除内部壁垒、着眼组织架构提升和工作流程再造、强化顶层设计和传媒路径规划、推动新闻生产模式转型、发挥传统媒体转型融合发展的示范效应，不断跳出原有的固化的思维模式，加速提升媒体集团的影响力，也是新型主流媒体的一种有益尝试。

## 一、厘清融合思路，促进媒体融合发展

传统媒体的媒体融合改革是涉及传媒形态、利益格局的一次大调整，对于绍兴传媒集团来说是一次大挑战。所以，要求绍兴传媒集团必须在思想上统一认识，需要厘清媒体融合思路。自媒体融合战略提出以来，绍兴市委多次学习党中央的媒体融合发展精神，开展多层面的调研活动，绍兴市政府专门成立由市委、市政府主要领导任组长的市级媒体融合改革领导小组，统一领导、统一协调与统一部署，各部门积极配合相关媒体融合创新工作。在思想层面上，绍兴传媒集团明确同一个目标、理念以及思想，促进媒体创新以及相关机构整合，大力推动员工间的合作与磨合，努力将绍兴传媒集团打造成区域龙头型主流的媒体集团。

## 二、提升效率，重整架构

关于传媒集团体制机制的改革，需要解决的问题不仅是"做什么"，同时更要解决怎样可以"做得更好"等一系列有关效率的问题，根据过去的经验，

地方媒体更多的是需要在改革中"做减法",剔除繁冗步骤,关注一些深层次、累积许久的问题,对顶层设计不断加以优化与调整。绍兴市新闻传媒集团在经营管理上不断"做减法",明确了媒体融合不仅仅是简单的合并,从深层次进行融合创新实践。在具体实践的过程中,绍兴传媒集团突出四个"重"点:首先是要重塑传媒集团内部组织体系;其次是要重建原有的干部体系;再次是要重构员工的薪酬体系;最后是重设既往的制度体系。绍兴传媒集团坚持"三线行进",对行政、经营、采编进行进一步创新与规范管理;不断加强对指挥中心、编发中心、采集中心、新媒中心、技术中心等进行重新架构,部门精简49%,中层岗位核减33%,行政岗位压缩35%,绍兴传媒集团按照"中央厨房"模式,新建了全媒体供稿的时政要闻部、社会民情部、专题部、地方部等部门,推进一次采集、多元传播,进一步提高传播效率。

### 三、改善人员组织结构,提高工作效率

平稳有序推进员工双向选择的聘任工作,传媒集团的媒体融合创新过程中离不开每一位员工的支持与努力,绍兴传媒集团重组了其原有的干部团队,努力实现优中选优。对干部团队进行改革的过程中,绍兴传媒集团完成了多位中层干部的选用、聘用工作,根据岗位以及工作需求定选干部,精简中层干部团队规模。同时,绍兴传媒集团打破了原有的干部选用规则,摒弃了干部选用只能上不能下的惯例,实现干部灵活聘用、可上可下,提高了中层干部团队的整体水平。中层干部是一个组织发展的中坚力量,完善中层干部团队建设,有利于促进绍兴传媒集团不断向好发展。在其他岗位人员分配工作上,绍兴传媒集团分步推进了全员岗位的双向选择,进一步精简原有行政岗位的规模,根据组织工作以及集团运行需要扩大采编一线、经营一线等对人员需求量较大岗位的人员定额,不断优化集团的人力资源配置。绍兴传媒集团坚持在媒体融合改革中不断完善原有的制度体系,制定出台了多项科学规范、行之有效的全媒体制度体系,打破原有的事业、企业身份限制,坚持以员工的岗位定薪资,以员工的绩效定薪酬。

## 四、建立完善体制机制，推动媒体融合创新

一个体制的融合，亦或是媒体的运行，都需要一个良好的体制机制，绍兴传媒集团正是意识到制度体系建设的重要性，才重新确立了管理制度体系，制定出台了一系列新的管理制度，包括党委会、总经理办公会议、编委会议事规则和采编协同制度、采编绩效考核意见、财务管理制度、请假报备制度在内的各方面制度近30项。这些制度的改革与出台，进一步保障了各部门工作有序进行，提高了各部门的工作效率，保障了各项规章制度的有序运行，提高了管理效能。绍兴传媒集团初步建立起一整套科学规范、运行有效的全媒体制度体系，使得媒体融合得以平稳有序地进行。

## 第二节  绍兴传媒集团媒体融合的创新特点

绍兴传媒集团在较短的时间内，以机构间的组织融合为基础，以人员间的融合为根本，以内容生产间的融合为关键，以组织管理融合为保障，精益求精，扬弃原有的媒体运营机制，对其工作与运营管理机制进行创新发展，取得了明显的成效。

### 一、组织架构完善，工作积极性高

绍兴传媒集团选择建立新的编委会，根据上级的工作要求，绍兴传媒集团统筹策划重大事件的新闻报道以及相关宣传工作，各媒体平台规范其平台责任，建立每日例会制度，进一步对编委会责任进行细分细化。绍兴传媒集团旨在激发各平台工作时的创新思维，激活各媒体平台工作创意，重塑融合流程，极大地释放调度、采集、编发等部门的活力，大力提高各个媒体平台的工作积极性以及内容生产的活跃度，促进传统媒体平台与新媒体平台的深度融合。

### 二、把握重大事件报道，积极承担责任

绍兴传媒集团在再造全媒体的采编流程工作中，其把握住"越牛新闻"客户端正式上线这一重要发展机遇，最大程度地整合、拓展政府性相关系统资源。

绍兴传媒集团积极建立可以覆盖全市的即时信息网络，积极建立融媒体平台新闻报道新机制。绍兴传媒集团同样重视重大时政、重大新闻、关键节点以及重大突发事件的报道。例如在过去新冠肺炎疫情抗疫报道中，绍兴传媒集团彰显融媒体矩阵的高传播力。在疫情防控期间，绍兴市新闻传媒中心大力推行了移动平台优先、传统媒体跟进和大屏、小屏联动的疫情防控新闻报道策略，积极在微信、微博等平台上大量推送实时疫情信息，满足公众快速知晓疫情相关信息的需求，与此同时，《绍兴日报》、《绍兴晚报》、广播、电视报道等传统媒体均选择重要版面或重要时段对疫情防控情况进行报道，多渠道的报道充分体现了融媒体矩阵传播所具有的巨大优势。[①]

绍兴传媒集团在进行媒体融合的过程中，同样注重传统主流媒体在重大事件上的影响力与权威性，主流媒体以最快的速度发声，承担起自身的社会责任，向公众传播真实、权威的信息，保障公众在重大公共卫生事件中的知情权。在重大公共卫生事件中，积极的舆论引导是各类媒体提升媒体传播力与影响力的重要举措。由于重大公共卫生事件的突发性以及不确定性，人们易产生恐慌、焦虑等一系列情绪，而良好的舆论引导同样可以帮助抗疫工作的推进。新冠肺炎疫情时期，面对复杂的舆情信息，包括绍兴传媒集团在内的地方主流媒体在客观、及时、准确地报道抗疫新闻、普及疫情防控知识的同时，充分利用媒体融合传播的优势引导舆论，承担起媒体的责任与担当。绍兴传媒集团为了有效引导舆论，推动抗疫工作的推进，其推出了完善的报道计划与方案，结合抗疫工作的需求，推出战疫工作相关的系列深度报道，深入挖掘典型人物，捕捉抗疫过程中的感人瞬间以及温情细节，引起了公众的关注，收获了较高的关注度与点击量。绍兴传媒集团的抗疫报道矩阵，同样为媒体融合传播提供了一定的借鉴作用。

### 三、增强创新思维，实现优势互补

绍兴传媒集团以建设媒体融合创新为契机，促进全媒体采编流程的再造与发展。此次变革基于五大中心，开启建设供给侧结构性改革。同时，绍兴传媒

---

① 傅明. 在抗疫报道中彰显融媒体矩阵传播力——以绍兴市新闻传媒中心为例. 视听, 2022（5）：37-39.

集团根据媒体融合传播发展的需要,进一步建设与打通其媒体资源库,推进报道的策划工作、采集工作、传播的发展,拓宽新闻报道的传播面,实现传统媒体平台与新媒体平台的优势互补与合作共赢,增强融合创新发展的内生驱动力。

绍兴传媒集团在进行媒体融合创新的过程中,不断完善与创新传播体系建设。在组织结构建设方面,绍兴传媒集团将提高自身的传播力、引导力、影响力、公信力作为出发点和落脚点,各部门、各媒体平台根据自身特点及优势,积极探索创新,鼓励各平台间展开差异化的竞争与合作。各媒体平台根据需求以及传播特点进行改版与联动,推动融合传播发展,进一步提高了资源利用效率,促进了各部门间的协同发展合作。而在内容生产方面,绍兴传媒集团根据平台及内容可视化、社交化等一系列发展趋势,大力推动内容生产创新发展,通过推出H5产品、VR产品、手游等方式,大力发展原创型融媒体产品。同时,绍兴传媒集团抓住移动直播发展的时机,建立直播团队,多维度地促进媒体融合创新。[①]

### 四、传统与创新协同发展,激发新生活力

绍兴传媒集团在进行媒体融合创新的同时,同样注重稳定传统经营模式。现如今,面对传统媒体经营下滑的巨大压力,绍兴传媒集团努力稳定传统经营,根据现实需要改变经营模式。绍兴传媒集团努力通过优质的服务以及创新式营销策略,推动传媒产业转型升级、产业间融合发展,进而带动绍兴传媒集团的发展。绍兴传媒集团同样注重对新兴产业的培育,根据自身优势,拉长传媒生产产业链,大力培养文创产业、会展产业等一系列新兴产业,拓宽新兴产业发展空间。绍兴传媒集团在经营模式上的创新发展主要以提升产业经营效益为目标,整合原有资源,整合同类经营项目,在全媒体发展的情况下寻求新的经营管理模式。绍兴传媒集团以经营效益提升为目标,整合同类经营项目,清理合并10家下属企业,积极探索全媒体格局下的经营管理模式,突出绩效、成本、利润等一系列考核理念,逐步完善经营制度。

---

① 黄晓新,刘建华,卢剑锋.中国传媒融合创新现状、问题与趋势.中国传媒科技,2017(4):19-29.

## 五、抓住受众需求,提升内容生产质量与水平

在如今媒体融合不断推进,竞争愈发激烈的时代,媒体的融合创新需要更多的精品产生,只有更加深入的思考、更巧妙的策划,才能从激烈的市场竞争中脱颖而出。绍兴传媒集团利用全媒体的资源与优势,抓住其报纸、电视、广播、手机客户端等各个渠道,积极了解受众的需求,发挥聚集效应,积极提升传播效果。

绍兴传媒集团紧扣市委、市政府的工作要求,找准其定位,提高内容生产质量,开展主题报道、民生报道等,同时注重媒体融合内容生产报道,不断延伸报道范围,扩大其宣传矩阵。

绍兴传媒集团履行媒体指责,做好重大主题宣传。例如在庆祝新中国成立70周年之际,绍兴传媒集团经过精心的策划与部署,通过各种不同角度,连续、多次地开展包括"壮丽70年,奋斗新时代""光影七十年,追梦绍兴""名士乡·中国梦"等系列的主题报道,在绍兴市内外产生了重大影响。

绍兴传媒集团同样注重对民生新闻的报道,在起到党和政府喉舌作用的同时,贴近群众生活,倾听群众的声音,了解社情民意。绍兴传媒集团下设有关部门开设了"民生观察""一线调查"等相关民生栏目,同时不断提升民生报道的质量与水平,关注群众所重点讨论的重点、难点以及热点话题,关注群众的切身利益,同时传播主流的声音与观点,加强群众与相关部门的沟通交流。同时,以不断发展的媒介技术为技术支撑,对民生问题进行大数据方面的了解与解读,开展有温度、有力量的民生方面的调查报道,及时准确地反映群众的需求与呼声。

## 六、完善人员培养,重视队伍融合

绍兴传媒集团在推动媒体融合改革的过程中,注重对"人"的培养。提高队伍能力,锤炼队伍作风。坚持"党管媒体",积极组织员工进行了一系列的专题宣传活动,抓好工作的各个环节。让传媒工作者深入贯彻学习习近平新时代中国特色社会主义思想,增强传媒工作者的职业素养与职业能力,承担起作为传媒工作者自身的责任。绍兴传媒集团严明内部规章制度,牢牢把握住正确的政治方向以及舆论导向,加强监督与监管,落实主体责任。积极弘扬媒体职

业精神、维护媒体形象，不断优化其作风效能。媒体融合的创新发展同样需要每一个个体的转型，个体的成功与否往往也会影响整个媒体融合发展的趋势。绍兴传媒集团注重对每个员工的新媒体素养与媒体融合思维进行培养，一方面，可以提升相关人员的业务水平；另一方面，全媒体资源的利用与融合需要更专业的人，这样亦可达到术业有专攻的效用。打造真正的媒体融合作品，需要每一位参与人员的创新创造思维，需要各个部门与专业人员密切的合作与配合，媒体融合创新同样也是参与人员专业上的融合与创新。

## 第三节　绍兴传媒集团深化媒体融合的路径探索

目前，绍兴传媒集团在媒体融合领域已经取得了显著的成果，同时收获了丰富的经验，在经营管理方面也有着显著的进步，但是随着社会的发展以及媒体融合的进程不断加快，绍兴传媒集团日后仍可以在以下方面进行更深度的融合创新。

### 一、建立有效的激励机制，激发人的积极性与创造力

媒体融合发展离不开创新与创造，其关键因素主要在"人"，这也是媒体融合创新的优势所在。建立更加有效的激励机制，可以吸引更加广泛以及优秀的人才进入，提高集团的规模化和专业水平，推进其跨区域跨行业发展，提高其自身竞争力。可以实施有效的股权激励机制，这对于人才的引进以及留存有着较强的吸引力。同时，集团可以创新绩效考核机制，建立全媒体、各部门的绩效考核机制，最大程度地激发传媒工作者的创新力与工作热情，提高其工作质量与效率。

### 二、尝试产学研融合，提升专业化水平

媒体由于自身的人才、资金等方面的限制，其专业化水平依旧有着较大的发展空间，为提高其专业化水平，提升其自身在领域内的竞争力，可以尝试与各类互联网公司或者高校合作，进行产学研融合研究，建立相关机制，达成资

源互补、取长补短的效果。对于正在发展中的绍兴传媒集团而言，进行媒体融合的深度研发，需要探究如何使得相关技术更好地为媒体融合相关业务进行有效服务，如何更好地提高媒体融合的技术性与创意性，吸纳不同领域的优秀人才显得尤为重要，既可以为集团的媒体融合技术、业务等增加专业支撑，同时也可以培养更多的专业型融合媒体相关人才。

### 三、积极运用互联网思维，关注用户体验

随着互联网的发展，对于媒体来说，拥有互联网思维成为至关重要的要素。合理地运用互联网的思维方式和方法来对媒体平台进行运营与管理，对绍兴传媒集团这种上升期的媒体来说是突破发展所面临的瓶颈的重要方式，也是未来媒体融合发展的必经之路。互联网的迅速崛起，为网络传播带来了全新的发展契机，产生了新的媒体传播渠道以及各种新兴媒体平台。而与之伴随的是受众思维的转变，受众在互联网时代对媒体的需求也发生着重大的转变。与曾经的传统媒体相比，受众的反馈与参与更加便利，受众对通过互联网参与媒体活动的意愿不断增强。所以，可以运用互联网思维加强媒体与受众的联系，留住受众。当前，大众的阅读习惯以及对媒体信息的获取需求向着移动化、数字化、碎片化等方向发展。所以在媒体融合的趋势下媒体所带来的内容需要在最短的时间内高效地抓住大众的注意力，同时，也要考虑大众对于目前从各种媒体平台上获取信息便利性的问题，要在内容安排、内容排版、标题摘要等方面满足受众的阅读需求。在互联网时代下，大众的需求更加多元化和个性化，这就要求媒体报道更加细分、更加精准。同时，大众对信息的传播与共享的需求也日益增加，媒体融合过程中需要充分让大众感受到其所提供的互动功能以及社交功能。媒体融合逐步深化的过程中，了解用户需求，关注用户体验，可以在未来的媒体融合战中赢得先机。

### 四、不断扩宽媒体融合渠道，增强媒体融合多样性

在媒体融合快速发展的今天，其中所涉及的技术与内容生产成为各方重点关注的问题，且对传播渠道的拓展变得愈发重要。绍兴传媒集团的内部传播渠道在过去已得到了有效的拓展，在未来，绍兴传媒集团需要大力拓展外部传播

渠道，在发展自身的全媒体平台传播矩阵的同时，大力拓展一些商业媒体渠道资源，可以实现资源共享，为自身内容产品的传播寻找更多的出口，提高内容生产的分发能力。

绍兴传媒集团可以从大众的需求与关注点出发，根据新型的各类新媒体技术，利用互联网思维创新内容传播流程，例如可以运用 VR 技术、5G 技术等，生产更多的融合产品。新媒体技术为内容产品传播渠道的拓展带来了技术支撑，一些可视化内容的出现，可以使得大众更加直观以及形象地去感受所传播的内容，增强内容传播过程中的影响力与感染力。同时也便于大众与其进行互动，传播效果得到了有效扩大。作为媒体融合发展上升期的绍兴传媒集团，更需积极拓宽渠道、打通市场、积极尝试，在媒体融合创新中赢得有利位置。

### 五、以融合发展为基础，把握产业升级机遇

绍兴传媒集团身处媒体融合上升期，在未来发展的过程中，需要综合分析与把握传媒技术、产业发展以及相关政策措施等一系列因素，在预判未来发展中把握正确的方向与发展趋势，使得媒体自身发展方向与业态动向保持一致性。与此同时，需要在媒体融合边界的不断扩展中寻找新的战略发展机遇。媒体融合创新与发展包含的领域与范围，已不仅限于传统的传媒业，媒体与其他相关行业之间的交融不断扩大，一些行业的产业结构调整与升级对媒体融合发展来说同样是一种新的机会。绍兴传媒集团可以将目光拓展到包括电商、交通、教育等各个行业与领域中，同时亦可以关注国家相关产业结构升级调整的政策，以带动自身的重构与升级，寻求共同发展。

### 六、把握正确的发展方向，做到量力而行

当今，媒体融合成为发展的新趋势，但是，也需要把握正确的发展方向，寻找自身的优势与特点，做到量力而行。如今，许多媒体忽视社会环境、政策、自身特点一味地追求媒体融合，产生了许多问题。例如，一些拥有区域性竞争优势的传统媒体在创新与转型的过程中面临着资金、资源等问题，以及经营管理模式的不明朗，导致其面临着危机与挑战。所以，在媒体融合创新的过程中，应根据自身原有的特点，取长补短，寻找合适的资源与资金支持，提高内容的

创新性，避免大量的同质化、定位相似的内容。媒体融合创新发展的过程中，应该坚持从促进发展的角度看问题，考量自身条件与优势劣势，分阶段进行媒体融合试点，对媒体融合结果进行及时的评估，寻找适合自身的媒体融合路径。①

如今，媒体融合发展已经形成了必然的趋势，尽管存在着诸多问题和困难，但在媒体融合创新的进程中依然是机会和风险并存，许多媒体也在实践中积累了大量的经验。媒体融合发展在各类因素驱动下顺势发展，需要以持续的创新力来适应传媒产业媒体融合发展的业态需求。媒体运营者要破除原有的惯性思维，以发展、创新的眼光看问题。同时，媒体也需要把握技术发展这一发展契机，以技术作为支撑，拓宽内容分发渠道，创新内容生产。同时，也需要在管理体制、法律法规上不断改进，扎实有效地推进媒体融合创新的进程。

媒体融合仍有着广泛的发展空间，是一条持久的改革之路。媒体要在我国现有媒体融合创新的基础上，抓住市场发展特征，把握受众需求，掌握不断革新换代的技术，主动求变，推动改革与创新。

---

① 严三九.中国传统媒体与新兴媒体融合发展的现状、问题与创新路径.华东师范大学学报（哲学社会科学版），2018，50（1）：89-101+179.

# 第十七章　法治日报社融合发展的探索与实践

邵炳芳[①]

习近平总书记在党的二十大上作的报告中强调要加强全媒体传播体系建设，塑造主流舆论新格局。这是习近平总书记站在新时代的历史高度上，全面把握国际国内舆论斗争的新形势新特点，对新闻舆论工作提出的新要求，也为党媒发展指明了方向，为党媒履行好职责使命提供了根本遵循。

时间回到 2019 年 1 月 25 日，习近平总书记在主持中央政治局集体学习时就强调推动媒体融合发展、建设全媒体成为我们面临的一项紧迫课题。《法治日报》作为中央主要新闻媒体和中央政法委员会机关报，始终坚持这两个定位不动摇，充分发挥党在政法和法治领域的喉舌作用，为推进全面依法治国，建设更高水平的平安中国、法治中国营造良好的舆论环境。面临新时代的新要求，法治日报社党委坚决贯彻落实习近平总书记重要讲话精神，始终把加快融合发展，不断提高传播力、引导力、影响力和公信力作为履职尽责的重要任务抓紧抓好。近年来，报社党委按照中共中央办公厅、国务院办公厅印发的《关于加快推进媒体深度融合发展的意见》的总体要求，不断解放思想、把准方向，通过加大投入、改革创新，推动报社融合发展不断深入，为《法治日报》在新时代履行好党赋予的职责使命打下了坚实的基础。

---

[①] 邵炳芳，法治日报社党委书记、社长。

## 第一节　平台为基　力求扩大受众覆盖面

全媒体时代,搭建好平台是基础。经过多年的建设发展,法治日报社目前已建成集报、刊、网、端、微、屏于一体的广履盖、立体化传播平台,初步形成了全媒体传播格局。

### 一、稳固传统媒体根基

法治日报社旗下目前有四报三刊,分别是《法治日报》《法治日报社区版》《法治周末》《法制文萃报》四张报纸,和《法制与新闻》《法人》《法治参考》三份杂志。应对新的媒体格局,报社近年来对四报三刊的定位进行了多次调整优化,目前已形成了相对稳定的定位分工,实现了内部的差异化发展。作为报社的根本和旗帜,《法治日报》近年来发行量稳步攀升,牢牢站稳了法治领域第一大报的位置;其他子报子刊按照各自定位突出特色,保持了对目标人群的稳定覆盖。

### 二、建强重点新闻网站

法治网深刻把握中央重点新闻网站定位,通过不断创新融合表现形式,实现报网深度聚合,加快推进媒体融合发展。法治网立足法治宣传特色,以重大主题宣传为契机,传播力和影响力不断提升。两年来,在中央网信办的指导下,全力做好习近平法治思想宣传,成为学习宣传贯彻落实习近平法治思想的权威平台,法治网作为法治领域第一门户的地位已牢不可破。

### 三、打造自主高效融媒平台

移动传播的时代,主流媒体拥有自有自主自控的客户端平台是打破"信息茧房"、突破"算法困局"至关重要的一环。为此,报社不吝投入,精心打造了自有的客户端——"法治号"。平台于2019年4月3日正式上线,得到了中央政法领导机关的重点关注和支持,纷纷要求各系统单位入驻。2022年8月15日,"法治号3.0"完成,新版本在原有基础上进一步提升了系统稳定性,丰富了各项功能，包含新闻浏览、入驻订阅、刊物听读、舆情观察、服务咨询、个性定制等多个模块，以手机客户端为展示前端，致力于向用户提供权威的法治新闻资讯及其他各项服务，大幅改善了用户体验。经过三年多的建设运行，法治号已经形成了成熟的架构体系和完善的运维流程，在程序开发、内容发布、运营管理方面积累了丰富的经验，成为报社全媒体传播体系的主力军，成为政法和法治领域内容汇总、功能汇聚、人员汇集的主流融媒体平台。

### 四、"微"矩阵效应日显

借助第三方新媒体平台打造"微"矩阵是传统媒体扩大受众面、提高影响力不可或缺的手段。报社高度重视微信公众号和微博账号以及各平台订阅号的运维，"两微"和各订阅号和报社自有平台一样，主打法治特色。既同步发布报社的精品内容，借船出海扩大"声量"；也根据各平台特点分别制作有吸引力的原创内容，尽力"引关圈粉"。"两微"和各订阅号既有"合"也有"分"，共同形成矩阵效应，吸引不同年龄段和不同阶层人群。法治日报所属的"两微"和各订阅号以向全体网民普法为己任，通过提供法律服务和在重大敏感法制事件上的发声引导舆论，赢得了声誉。报社的新媒体账号总体处于法治类新媒体账号的第一方阵。

### 五、户外大屏各地开花

2019年10月，在司法部、全国普法办指导下，法治日报社联合一家颇具实力的技术公司，启动"法治融屏"项目建设，打造"法治融屏"智慧普法全媒体平台，面向全国开展法治宣传教育。2019年12月24日，全国普法办印发《关于建设"法治融屏"项目的通知》，对各地"法治融屏"建设作出部署。2020年8月，首批"法治融屏"正式上线运行。

"法治融屏"充分利用5G通信、互联网、云计算、物联网、人工智能技术，整合全国普法办和法治日报社"报、网、端、微、屏"普法宣传内容，以户外LED大屏和室内电子屏为媒介，实现普法内容"一键送达全国"。"法治融屏"每天早7：00至晚9：00连续14小时不间断播放，法治日报社"法治融屏"编辑部负责全国普法宣传节目的制作编辑和统一播控。目前，"法治融屏"户外大屏已在28个省份建设运行,并在机关楼宇、商厦、医院、公务办事大厅等人流密集活动场所铺设"法治融屏"室内屏,基本形成省级覆盖局面,截至2022年10月底,节目受众人群突破2.5亿人次。

平台建设离不开技术的支撑。近年来,报社量入为出,逐年加大技术投入,为融合发展提供支撑。2019年,报社依照信息安全等级保护要求的标准建设了中央机房,将报社所有信息化系统进行集中管理,杜绝了以往信息化建设标准不统一、管理不规范、重复建设、安全隐患分散等情况,真正达到了媒体融合发展中要求的统一规划、统一建设、统一使用、统一管理。最大化地优化资源配属,有效保障全报社的网络安全。2022年,报社对法治网进行了升级,同时,采编系统和新媒体系统也进行了升级改造,此次改造是依据信息安全等级保护三级2.0标准进行建设的,经行业专家评审定级为三级,备案工作已完成,相关测评工作正在进行中。目前报社所有媒体平台均完成了必要的升级工作,达到当前相应媒体平台的最新技术水平。

## 第二节 机制为要 以改革创新推动融合发展

新媒体无论是在内容的生产流程还是人员的管理与考核上,都有着与传统媒体截然不同的特点和规律,要实现真正的融合发展,必须有改革的决心和创新的勇气,在深刻把握两者各自规律的基础上,趟出一条适应全媒体发展规律的崭新路径。

要实现融合发展,首先是打破内部不同平台的界限,实现人力物力的融合。法治日报社近年来从顶层设计着手,出台一系列文件,在保证报、刊、网、微、端、屏各平台相对独立运行、分别独立考核的基础上,打通各平台在人员流动和新闻采写等方面的条块分割,实现了所有的采编人员都是报社的全媒体采编人员;所有采编人员都可以采写制作任何领域、任何形式的新闻产品;所有采编人员的新闻产品都可以发布在报社的任何平台;发布在任何平台的新闻产品都能获得相应的绩效分数(发布在多平台的,以分数最高的计算绩效分)。

在经营管理方面,法治日报社专门成立了全资公司——法报文化传媒(北京)有限公司,统一负责报社发行、广告、品牌等经营工作。通过公司化运作,使报社经营工作在观念更新、机制创新等方面实现了脱胎换骨。法报公司通过流程再造整合资源，调整优化组织架构，配强策划营销力量，全方位推进全媒全案营销转型，积极为客户提供全媒体传播服务，用新媒体平台为其提供增值服务，实现广告持续增长。利用报社平台在法治领域长期形成的公信力、影响力和专业服务能力，以展会、专业会议、智库、产销对接、品牌推广等方式，打造成为政法智能化建设、律师、公司法务等领域的专业服务商。

在媒体运行最核心的环节——内容生产方面，法治日报社还进行了一些探索。

一是成立媒体融合指挥中心。2021年，报社媒体融合指挥中心正式启用，并出台《法治日报社媒体融合指挥中心运行规则》，实现选题策划在传统媒体与新媒体融合的基础上进行一体部署、一体实施、一体推进，形成"你就是我、我就是你"的全员、全媒融合形态。媒体融合指挥中心主要负责内容选题策划和稿件审核工作，同时负责指令稿件的初审和分发工作。指挥中心由融媒体编辑部主任（报社编委会成员）任指挥长，值班长实行岗位轮值制度，由报社各采编部门正副职、新媒体部门编辑轮流值班，每天早晨召开例会，使用大数据软件寻找热点后确定选题，再指派给相应采编部门、记者站或者多部门协同落实，形成不同形态的新闻产品，指挥中心审核后根据情况将产品分发至报纸、网站及各新媒体平台发布。这样，在报社各平台保持自身运转机制之外，增加了一套媒体融合指挥中心的运行机制，把各平台和报社全体采编力量融成一体，实现了新闻产品生产的"一体策划——一次采集—多形态加工—全平台发布"流程再造。自指挥中心正式运行以来，各采编部门、记者站对指派的选题响应积极，每天至少能完成1至2个全媒体产品。

二是建立专供稿机制，提高新媒体内容生产能力。2021年，报社出台了《法治日报社新媒体专供稿实施办法（试行）》，经过一年试运行后，2022年开始正式运行。按照专供稿实施办法的要求，每个采编部门、子报刊、记者站每月至少要给报社微信公众号提供一篇重头稿，经三审三校流程后发布在微信公众号头条。报社对专供稿进行质和量双指标考核，专供稿的阅读量必须达到微信公众号头条稿件的平均阅读量才算达标，其中超过10万+的，按报社好稿A稿计绩效分。如果有采编部门、子报刊、记者站专供稿全年量少于12篇或者阅读量达不到标准，部门（子报刊、记者站）负责人将面临被取消年终评先资格或者扣除相应绩效分的处罚。自专供稿制度实行以来，报社微信公众号的重头原创稿件数量大幅提升，专供稿阅读量整体优于其他稿件，体裁和形式也更加丰富。此外，报社还依托大数据采集系统对发布后的稿件进行传播效果分析，截至2022年10月底，各采编部门、子报刊、记者站投送的专供稿件超300条，其中，《警号"531045"，封存！》《"黄昏恋"背后的"甜蜜陷阱"》《被告人吴亦凡强奸、聚众淫乱一案一审开庭》《抓了23人，涉案5000余万！这个"网评水军"团伙被打掉……》《爱别迟　孝别等｜九九又重阳》等20余篇稿件阅读量突破10万。

三是组建獬豸图片社。海报作为轻量化新媒体产品的代表，触达用户的路径更短、曝光率更高，具有天然的社交属性。为了进一步推进法治日报媒体深度融合，整合优质资源力量，握指成拳，充分发挥"1+1>2"的效应，2021年12月由美术摄影部牵头成立了报社部门、子报刊、网站内美编和具有美编能力的人员组成的海报工作室——獬豸图片社。

海报工作室成立后以一体化发展理念为指引，突破传统的部门界限，实行项目制考核，实现高效合理配置资源。充分利用海报这种形式，拓宽新表达，实现新价值，以产品、项目带动媒体融合，积极发挥媒体融合"试验田"作用，不断扩大法治日报的影响力。逐步形成日系列、主题系列、专题系列等丰富的海报系列产品。

2022年1月1日开始在法治日报官方微博策划推出报社特色品牌"书·法"系列活动之民法典书法日历海报。海报以书法作品为主体展现，以二维码为丰富拓展，可以听法典看作者详情，以推广报社新媒体账号二维码为补充，每月推广一个新媒体平台账号，开设原创话题"#一日一典#"，目前总阅读量2358.4万。在重要节假日和重大节点推出分众化、差异化的主题系列海报。另外，结合节日节点的特点突出法治属性，打造专属"法"味儿海报，彰显法治日报报道特色。110警察节、315消费者权益日、426知识产权日、626禁毒日等，推出普法、解读、致敬人物等多种内容的长图海报。对于重大新闻，及时推出图解系列。截至10月31日，制作发布各类海报694张。

## 第三节　内容为王　坚持法治特色树法报品牌

作为中央政法委机关报，《法治日报》立足法治特色，聚焦近年来立法、司法、执法、普法等法治建设领域出台的一系列重大方针政策、推出的一系列重大举措、推进的一系列重大工作，全方位、立体式、大视野展现党的十八大以来，在党中央坚强领导下，我国法治建设取得的具有鲜明特色和全局影响的跨越式发展成就和改革创新成果。《法治日报》推出的《党引领新时代政法领域改革发展迈入新境界》《推进全面依法治国和司法行政工作高质量发展纪实》等系列报道，突出展示十年来法治领域的原创性思想、变革性实践、突破性进展、标志性成果。《法治日报》记者走进政法机关、走近百姓身边，用生动的文字、细腻的笔触、真挚的情感，详细记录十年来我国各行业、各领域、各地区日新月异的发展变化，让读者深切感受到十年来我国法治建设实现的伟大飞跃。2021年1月至2022年6月，据不完全统计，中央和地方部级领导同志对《法治日报》各类报道共作出108次批示肯定。中宣部《新闻阅评》4次对《法治日报》报道提出表扬。中宣部《新闻阅评》（《增刊》）5次表扬《法治日报》2021年"两会"报道，8次表扬《法治日报》2022年"两会"报道。2021年，《法治日报》有2件作品分获第31届中国新闻奖二、三等奖。

一花独放不是春，百花齐放春满园。报社所属的法治网、新媒体、法治融屏等媒体平台发挥各自优势，保持了高质量融媒体产品的持续产出。

2021年，法治网创新运用"动漫+专家访谈"模式，在习近平法治思想正式提出一周年之际，推出"习近平法治思想专家谈"系列微视频，以原创动漫形象法小治和法小宝寻法打卡为主线，逐个探索习近平法治思想"十一个坚持"的深刻内涵和精髓要义。一经推出，在法治日报微信公众号连续12天阅读量突破10万+，让理论宣传"飞入寻常百姓家"。在中央网信办全网推送下，形成"破圈"传播。2022年，法治网又策划制作"小治小宝寻法记之读懂习近平法治思想"系列微视频，以习近平法治思想护航"五位一体"总体布局为主题，分别选取经济、政治、文化、社会、生态文明等领域最具时代性、人民性、实践性的法治案例，融合运用rap、battle等网民喜闻乐见的形式，将宏大主题流行化演绎，让网民沉浸式感受法治在解决人民群众身边的急难愁事时发挥的重要作用。10月7日至13日，系列微视频在法治日报社全媒体平台连续播发，阅读量均突破 10 万 +，用户活跃度高的哔哩哔哩、抖音、快手等短视频平台也积极推转，全网总点击量破亿次，有效凝聚起网上向上向善的正能量。

法治日报新浪微博账号、微信公众号等新媒体平台坚持内容结合技术打造出圈产品。具体运维部门融媒体编辑部以"新"为魂，以"优质内容+全新技术"，走出了一条新媒体产品爆款出圈之路，原创作品不断推陈出新。

2022 年全国两会，《法治日报》大胆开创"穿越体"，推出"诗画两会"特色专栏。专栏"邀请"李白、杜甫、苏轼、白居易、王安石、李清照 6 位古诗词大佬"穿越"而来，通过改编他们的名诗名词，解读全国两会关注度、讨论度最高的关键词，再运用手绘图画让他们走进现代生活场景，抒发"真情实感"，描绘两会影响下的美好生活。通过蓝图与诗画的古今共鸣，实现了一次"破圈"。"诗画两会"一改传统沉稳的两会报道形式，向网友传达，时政报道并不是只能一板一眼。"传统诗词+手绘漫画"的碰撞，让用户群体喜闻乐见，让两会传播更加活泼、灵动，也让作品的传播力一路飙升。据统计，"诗画两会"系列仅在法治日报微信、微博平台的阅读量就近百万，4 篇作品微信阅读量达 10 万 +，由系列作品转化成的视频作品在法治融屏的浏览量超过 1 亿人次，创造了《法治日报》两会新媒体报道的阅读新高。人民资讯、新浪新闻、腾讯新闻等 20 余家网站、新媒体平台转发或引用。中国记协、传媒茶话会等单位将"诗画两会"系列作为 2022 全国两会媒体融合创新报道典型案例进行解读和推广。该系列更是获得了中宣部领导的认可和点赞。

在重大主题报道创新之外，法治日报新媒体还立足法治，打造出多个具有一定品牌价值的创新栏目。以"漫点普法"栏目为例，"漫点普法"栏目主要采用原创手绘漫画形式，生成固定人物模式，每期分别通过各自的角色扮演构建当期普法内容框架。在内容上，主要选取热点法治事件、新法新规解读、节日节点、百姓日常生活中时常遇到的涉法问题等，再搭配以当下各种新媒体流行元素，真正做到了有趣、有料、有卖点，达到了深入浅出地讲解法律内容，化晦涩为通俗，让网民在看得懂、喜欢看的同时，还能记得住的普法效果。系列作品自推出以来，收获了如潮好评和大量粉丝。栏目创设至今，经过三次更迭升级，目前已更新 120 余期，其中《漫点普法丨民法典全文公布！江湖路远，少侠请随身携带！》等篇目还荣获了中国人大新闻奖、全国政法优秀新闻等奖项。

从 2020 年 8 月至今，"法治融屏"编辑部创作推出了《法治金句》《法治英模》《每日学"典"》《书·法》《法史钩沉》等 4800 余个原创普法节目，通过户外大屏端和室内屏开展普法宣传。截至 2022 年 10 月底，各新媒体平台包括转发平台，节目播放量已达 6.87 亿。

2020 年，"法治融屏"获得由中宣部、国家新闻出版署评选表彰的"2020 年中国报业深度融合发展创新案例"奖，以及由人民日报社、国家广播电视总局指导评选的"智能视听新场景示范案例"奖。法治融屏编辑部创作的产品也屡获殊荣。其中《法治英模》系列节目被中宣部学习强国平台做专题转载推荐，策划制作的《扫黑除恶这三年》媒体融合创新短视频荣获全国政法优秀新闻作品二等奖，《宪法守护你一生》普法短视频荣获全国政法优秀新闻作品三等奖，《防范电信网络诈骗》系列节目获得中央广播电视总台评选的"2021 年度影响力法律融媒体作品"奖，宣传《民法典》的普法短视频系列节目——《家里那"典"事儿》被网信办全网推送，并荣获中国新闻奖系列报道三等奖。

在做强新闻主业的同时，报社还跨界发展，成功触"电"。2018 年，报社瞄准网络观剧火爆的契机，开始进军网络电影市场。报社充分发挥影视剧制作资质和政法题材资源优势，推出的首部作品即"一炮而红"。2022 年 3 月 1 日，报社制作的网络大电影《红纸鹤》正式上线，在腾讯视频独家播出。这是一部以宣传法律援助法和反家庭暴力法为主题的电影，影片上映后，在行业内外引起了较大反响，影片热度曾连续一周高居腾讯视频电影热搜榜第一名。截至 2022 年 10 月底，《红纸鹤》在腾讯视频的累计播放量为 3606.3 万次，创造了网络主旋律电影市场票房纪录。影片还荣获新西兰国际电影节提名，被广电总局推为全国优秀网络电影。目前，一部监狱题材和一部社区矫正题材的大电影也在有序推进中。

## 第四节　人才为本　锻造忠诚专业法治新闻队伍

干事创业，关键在人。在媒体融合发展过程中，无论是经济硬实力还是传播软实力，归根结底要靠人才的实力。法治日报社党委高度重视队伍建设工作，始终坚持党管干部原则和干部选任标准，构建长效机制，建立风清气正的选人用人环境,为报社融合发展提供了坚实的人才保障。

报社实行全员聘任制,先后制定干部选拔作用办法、报社工作人员考核办法等涉及人事有关制度十余项,为选人用人制度化、规范化管理奠定了良好基础。报社适应融合发展需要,对人才引进结构进行了及时调整,重点引进新媒体人才,实现人才融合,取长补短。同时打破身份提拔干部,营造人才引得进、留得住、用得好的氛围。报社近年来不断把更多优质内容、先进技术和资源向移动端倾斜,并立足提升报社现有人才队伍内体融合发展能力,将中青年骨干人才集中在媒体融合重点项目的生产、制作、传播上,通过项目磨砺人才,通过学习新技术来练就新本领,通过运用新媒体来驾驭新媒体。创新用人机制,大胆使用熟悉新媒体的中青年优秀人才,将他们充实到报社的关键岗位,充分释放人才活力。目前报社所有采编人员近500人,其中专职从事网站和新媒体采编工作的人员占到一半,同时鼓励全体采编人员都向全媒体人才转型发展。

报社高度重视人员培训工作。制订适应媒体融合发展的人才培养计划,统筹用好网络培训资源,不间断地抓好学习教育和岗位培训,不断提升干部队伍在媒体融合新形势下履职尽责、担当作为的素质能力。按照入脑入心、生根扎根的要求,抓深抓实抓细报社思想政治教育环节,强化精神支柱、夯实信念根基,练就全体员工特别是新闻采编人员"金刚不坏之身",锻造对党忠诚、专业精湛的法治新闻工作者队伍。

学习宣传贯彻党的二十大精神是当前和今后一个时期的首要政治任务。目前,法治日报社已在社内掀起学习宣传贯彻党的二十大精神热潮。报社党委、编委会高站位部署,坚持创新、突出特色,制定了详尽的宣传党的二十大精神报道方案,将围绕十个方面重点,设立"访谈""解读""动态"等栏目,扎实做好党的二十大精神解读阐释。全体法治日报人也将按照党中央已经绘就的蓝图,听从已经吹响的号角指引,踔厉奋发、勇毅前行,开启充满光荣和梦想的新征程。全体采编人员也将时刻牢记使命担当,深入现场、沉到一线,让报道接地气、冒热气、沾泥土、带露珠,以高质量的新闻作品传播中国法治声音,讲好中国法治故事。

# 县级融媒体中心专论

# 第十八章　浙江安吉县融媒体中心舆论引导能力建设研究报告

祝　青[①]

## 第一节　融媒体中心基本情况

安吉县融媒体中心现有员工513人，其中事业在编人员136人，聘用人员377人，在职党员159人，11个党支部。

安吉县融媒体中心前身为安吉县广播电视台和安吉县新闻宣传中心。在安吉县委县政府主导下，两家单位于2014年合并，成立安吉新闻集团〔安吉县广播电视台（新闻宣传中心）〕，完成了第一轮体制改革，实现了机构重组、平台搭建和传播流程再造，在内部实行三条线管理，编委会抓新闻主业、经管会抓产业经营、行管会抓行政保障。

2021年上半年，经过8年融合发展的安吉新闻集团，启动了第二轮体制机制改革，成立安吉县融媒体中心。明确融媒体中心主抓新闻主业，同时将安吉新闻集团实质化运行，主抓产业经营。这次机制体制改革，是县级融媒体真正实现集团实质化运行的先行单位，是在同工同酬基础上进一步打破人员身份、优化人才招引管理的有效举措，为安吉县融媒体中心下一步健康有序发展打下坚实基础。

---

① 祝青，浙江安吉县融媒体中心主任。

# 第二节　融媒体中心发展亮点

安吉县融媒体中心以数字化改革为引领，秉持融合、创新、跨越、共生的发展理念，坚持"新闻＋政务＋服务＋商务"的融媒发展定位，建立健全以内容建设为根本、数字技术为支撑、创新管理为保障的县域全媒体传播体系，推动县级媒体在加强基层舆论引导、便利群众生活、提升社会治理等方面更好地发挥作用，持续走在全国县级媒体融合发展前列。

## 一、聚焦主业，新闻宣传有为有位

安吉是习近平总书记关心关注的地方，也是一块创新热土，各级各界和群众在工作生活中不断涌现出好举措好成果好现象，中心坚持到一线去，深入挖掘、精心提炼，在宣传工作中迅速呈现，对内凝聚大家精气神，对外传播安吉好声音。

1. 无主题不报道。一是主题报道求精求全。中心始终坚持新闻立台，持续做强新闻主业，每年策划主题报道50余个，形成"全年性大栏目统领、阶段性报道连贯"的主题新闻宣传模式。2020年以来，围绕建党100周年、"两山"理念提出15周年等重大主题和县委县政府中心工作，推出《庆祝建党100周年——大国重器这样建》《让我们一起精彩》《沸腾在一线　实绩亮战报》等主题报道170余个、10000余篇次。二是主题报道求新求变。基层每年的重复性工作比较多，为求宣传报道让人眼前一亮，中心每年的主题报道力求新颖，以沉浸式、代入感强的主题报道取胜，如用"奔跑在春光里""竞逐在激夏中""拼抢在金秋季""决胜在九冬时"来报道全县经济发展四季竞赛。三是主题报道求深求效。中心围绕重大事件做深主题报道，坚持无主题不报道、无深度不策划，围绕重大活动、重点工作等，以"小切口"反映"大时代"，紧跟部署、无缝对接，精准捕捉、深度呈现安吉在高质量建设国际化绿色山水美好城市过程中的精彩场景、亮点工作和经验做法。主题报道在为全县经济社会高质量发展营造浓厚氛围的同时，也为精品创作提供了源源不断的优秀素材，其中《喜迎"两山"理念提出十五周年　我们走在大路上》《乡村治理在安吉》《为了习近平总书记的嘱托》《"两山"样板地的"余村经验"》等19篇"两山"主题新闻获得省新闻奖。

2. 无外宣不内宣。一是集众智谋划。县级融媒体缺少策划、采写、编辑等各方面人才，中心采取每天开编前会、每周开策划会、每月开编委会、每季度开展内部好新闻评选，倡导"三个臭皮匠顶个诸葛亮"，集中众人智慧来做好每一个新闻，同时自行研发融媒体系统，实行新闻报道"统一策划、统一采集、分类编辑、分类推送"。二是高标准制作。中心在新闻制作质量上精益求精，一直以外宣的标准来衡量内宣稿件制作，力求新闻内容与表现形式完美结合，极大提升了新闻影响力和美誉度，广播新闻专题《安吉有个"矛盾终点站"》获评第三十一届中国新闻奖，广播消息《抱团抱出个金娃娃 20村分红千万元》荣获2019—2020年度中国广播电视大奖，《搜救吕挺纪实》荣获中国广播电视节目奖提名奖。三是多平台上送。中心在省媒以上对外传播条数每年均在1000条以上，连续三年央视《新闻联播》单条头条，2021年更取得《新闻联播》26条的历史最好成绩。从2022年截至目前已实现了央广新闻联播首次单条头条的历史性突破，央视《新闻联播》已达11条，《浙江新闻联播》45条（头条3条）。

3. 无精品不创作。一是精品意识持续领航。中心以"精品要成为创作常识"为标准，在硬件设备上大量投入，鼓励年轻编导大胆创新，在创作手法和表现形式上不断探索，采用VR全景视频创作，上线AI主持人，推出vlog、H5、动漫、海报等形式，投入航拍、高清、4K等摄制设备技术，使作品呈现更加活泼新颖。二是精品评选百花齐放。中心积极组织作品参加各类评选，《三官》纪录片获得第五届（2020年度）浙江省纪录片"丹桂奖"优秀微纪录片奖；《一片情 千里情》在全国脱贫攻坚优秀项目及优秀宣传成果评选中，获得优秀宣传成果一等奖；《我是红红石榴籽》入选国家广播电视总局2021年度优秀少儿节目精品节目，成为浙江省内首次斩获该奖项的县级台。连续14年广播电视均获浙江省对农节目考核优秀，连续3年浙江新闻奖一等奖唯一获得县（共获得14个一等奖），浙江广播电视新闻协作实现双双特等奖。三是精品效用无处不在。发挥"新闻+"在文创项目中的作用，每年筹办演艺、会展、培训等大型活动150场以上，承制各类宣传片、汇报片、公益片100余部，都主动为其提供新闻服务，让文创项目实施更加顺利。如中心研发"两山"银行智慧管理系统，不仅成功开发产品，还将相关新闻推送到央视《新闻联播》播出，让对方收获双重喜悦，对中心新闻品牌更加信服。

## 二、多元发展，智慧广电有声有色

作为"新闻+政务+服务+商务"的努力探索者，我们始终把全心全意为人民服务作为工作宗旨。

1. 夯实网络更加深耕。一是守牢基本盘。在全国有线行业趋势整体下沉的背景下，通过网格化考核、服务入村入户、网络质量精细管理等方式，2021年实现新发展高清电视用户1652户，新增互动用户5194户，新增宽带用户4028户，实现网络全年营收1.6亿元。尼尔森数据统计，安吉电视台收视份额从2014年启动融合时的8.5%提升至目前的26%，位居全国县级台第一。二是做活"指惠家"。基于全县13万数字电视用户，开发以本地市民生活圈和数字电视服务圈为辐射半径的"指惠家"平台，服务涵盖本地生活、严选特供、数字电视线上开户、缴费订购、报修咨询等线上功能，在全国率先把有线电视服务网转型为百姓综合服务网，实现"有线"网络延伸为"无限"服务。三是做深"网络+"。依托有线网络全域覆盖优势，以及现有人员、设施等优势，和文澜公司合作，开展智慧校园、智慧旅游、雪亮工程等建设工作，有效利用网络资源，提升中心影响力。

2. 数字建设更加广阔。一是研发刚需产品。整合全县数字资产，结合社会基层治理现代化需求，启动数字精细化运营，实现建设研发、安全运维、数字经营一体化新样式。前期已有公共资源"智管家"、田园综合体"云计算"、基层乡村智治的"一张图"、智慧旅游的"安"系列等众多平台应用上线，为县域治理提供智慧支撑。2022年开发的"安居码""安畅码"，助力疫情防控，取得良好效果。自主研发"云工益"平台已列入全省数字化改革揭榜挂帅项目，"安"心游旅游新业态安全监管系统和"安"心停车系统被列入浙江省文化和旅游数字化改革试点。二是聚焦民生实效。立足安吉良好生态优势和产品优势，不断拓宽"游视界"本地圈的运行能力，持续夯实平台，确保优质高效，使本地优质农产品从"田间地头"直通"自家灶头"。目前中心正按照县第十五届党代会精神，全力推进"安吉优品"区域公共品牌建设运营，将媒体赋能、文化策划与安吉产品本身的优质特性相融合，服务更广阔的共享天地，提升更具效能的生态价值。持续发挥"云工益"平台覆盖全县221个工会作用，为对口帮扶地区销售优质农产品。改版"爱安吉"新闻客户端，集成各类端口30余个，更加契合百姓使用需求，目前"爱安吉"下载用户超180万，注册用户26万，日活跃度25.2%，成为中宣部确定的全国7个示范项目之一。三是实施全国战略。通过在本地打造试验田、示范区，总结出成功经验，输送复制到全国各地，更加彰显为全国县级融媒体在实践过程中提供可参考样式的担当作为，已在全国23个省落地300余项智慧产品。其中和阿克苏地区广电台研发的数字化应用项目"阿克苏——Hi苹果红了"新闻客户端于2021年5月18日正式上线，成为首个浙江数字援疆项目。

3. 相互赋能效果叠加。一是新闻服务。中心研发的各类数字产品、举办的各类文创活动，通过新闻渠道进行广泛宣传，群众知晓率、参与率大为提升，有效扩大影响力。二是智慧赋能。中心不断研发各类智慧产品，在服务群众的同时也有效提高了新闻的传播率和传播效果，如2018年研发的"三屏融合"技术，打通手机屏、电脑屏和电视屏，实现新闻等服务在三屏上的同步传播，被列入浙江省2018年重点科研项目。三是受众黏合。新闻和智慧产品之间的相互赋能，让新闻受众变用户，有效提升了中心各类平台的用户数量，截至目前，中心旗下以"爱安吉"新闻客户端为代表的各类媒体平台用户数达到237万，是全县总户籍人口数（58万）的4倍。

### 三、改革赋能，人才建设有心有意

通过两轮体制机制改革，完善人才培养制度，招引人才、培育人才、留住人才，成为中心发展的助推器和永动机。

1. 意识形态领域塑人向真。实施《领导干部作风建设12条》，要求做政治生态明白人、发展创新领头雁、敬业奉献孺子牛、贴心服务知心者，同时将班子作风建设的运行机制下沉到二级单位，在全中心营造"沸腾在一线 我带头 争一流"的浓厚氛围；开设早餐知心会，创设"思享汇""数字夜校"等学习品牌，对全体员工进行文化教育、思想淬炼；打造"新闻力量·战士模样""有线网络·无限服务"等10个党建子品牌，同时在群团中形成"向着光""新闻智慧'她'"等特色服务品牌，锻造出一支招之能战、战之能胜的新闻宣传战线队伍。

2. 人才队伍建设持之以恒。坚持事企分开，实行现代企业管理制度。打破行政级别、实行职位聘任，打破身份界限、实行全员聘用，打破平均主义、实行绩效考核，解决职务能上能下、待遇能高能低、人员能进能出的问题。通过强化阅评指导、重大选题领办、重点策划领衔和品牌栏目主导等方法路径，以综合深度、调研思考为主攻方向，推动多元化发展、复合型提升，培养一批新闻业务精英，打造出"十分"海报、"遇见安吉"、"源"视频工作室以及梅地亚小黄人团队等一批"名"字系列最具创意和影响力的品牌团队。

3. 体制机制改革全面释能。中心抓住在全国率先开展第二轮体制机制改革的东风，破解发展中的堵点痛点，释放融合发展的更大动能。继续实施领军人才建设，持续打造星级员工制、导师帮带制，开设"名师工作站"，每年"请进来"名师10名以上，选送青年记者"走出去"，每年挂职央视、卫视4名左右，不断提升人才队伍素质能级。近几年来，已有4人入选传媒中国年度融合创新人物、全国广电和网络视听领军人才、全国广电和网络视听青年创新人才、浙江省网络视听年度人物、南太湖特支人才等。

## 第三节 融媒体中心舆论引导实证研究

### 一、解读党的理论路线方针政策及上级党委政府精神

安吉县融媒体中心坚持无主题不报道，尤其是对重大活动、重要节点、重要内容的播报上，我们以主题报道为引领，在舆论宣传上形成磅礴气势，在县域内形成较大影响力。如2020年3月30日，习近平总书记到安吉余村考察，勉励余村百姓"再接再厉、顺势而为、乘胜前进"，而在15年前，习近平总书记也是在余村提出了"绿水青山就是金山银山"的重要理念。为反映全县百姓15年来持续践行"绿水青山就是金山银山"的重要理念，并在总书记勉励下奋勇前进的故事，2020年底，中心推出《习习春风里》主题报道，2021年

推出《春风又绿苕溪畔》主题报道，2022年推出《不负春光不负人》主题报道，持续通过主题报道反映安吉百姓在总书记的勉励下生活"芝麻开花节节高"。

## 二、讲本地老百姓生产生活故事

在常态化开展新闻报道之外，中心坚持通过栏目引领，持续报道本地老百姓生产生活故事，注重解决百姓生产生活中的实际问题。如10多年来坚持开设"百姓连线"栏目，每周6期，每期10分钟，通过和乡镇部门合作，以及热线电话爆料等方式，挖掘百姓生活中的烦心事，通过新闻报道方式推动解决；开设"新闻观察"监督栏目，每周3期，每期5分钟，围绕企业消防安全集中整治百日攻坚、疫情防控措施落实、城市有机更新专项行动、污染防治攻坚等工作重点，与各项工作领导小组办公室或主要负责的成员单位密切联系，精准选题、跟踪督查，服务助推重点工作推进，如在2022年城市有机更新专项行动启动初期，报道组应领导小组办公室要求，走访芝里老区、老电影院区块等区域，集中曝光人居环境"脏乱差"等问题，从媒体监督的视角营造群众渴望城市有机更新的浓厚氛围；开设"生态家园""我的农货我吆喝"等栏目，报道县域农业农村农民的发展现状，为百姓滞销的农货做宣传推广。

## 三、重大危机事件干预

安吉是山区县，每年夏秋季节短时强降雨带来的小流域地质灾害和城市内涝比较严重。安吉县融媒体中心发挥媒体融合发展成效，在强降雨来临之前，第一时间发挥新闻传播优势，在电视、广播、爱安吉新闻客户端、微信公众号等众多平台发布强降雨信息，告知百姓注意出行、用电等方面的安全；在强降雨过程中，中心通过遍布全县的3万余个高清探头，为党委政府提供信息支持、发挥参谋作用，让人员转移、排水减涝等及时有效进行；同时，中心根据应急预案，全体记者深入一线，报道各地防洪排涝的及时信息和感人故事，以及灾后恢复工作，让群众时刻感受到党委政府的关心关怀。

## 四、外宣传播强化本区域公众认同形成凝聚力向心力

在新时代背景下，安吉县融媒体中心不再囿于传统媒体，而是通过各种平

台唱响安吉好声音。

2018年，安吉黄杜村党员给习近平总书记写信，表示愿意捐赠1500万株"白叶一号"茶苗，帮助贫困地区百姓脱贫致富，习近平总书记作出重要指示强调，增强饮水思源、不忘党恩的意识，弘扬为党分忧、先富帮后富的精神，对于打赢脱贫攻坚战很有意义。2018年下半年，茶苗正式启运，捐往川湘黔三省五县，在这一重大事件报道中，中心迅速组建"一叶扶贫·千里传情"新闻报道组，集合报纸、电视、广播、新媒体等新老媒体记者跟车深入受捐地进行采访，开展"以我为主"的外宣报道，扎实采访的新闻迅速在央媒省媒等推出，形成一浪高过一浪的外宣声势；此后每年中心都组织原班人马到受捐地跟踪报道，外宣同步，淋漓尽致地展现两地百姓把好事办好的奋发精神。

在2022年安吉白茶开采报道中，中心派出多路记者采访，全方位报道，开设《春日问茶》《只为香如故》等专栏专题，积极向上级媒体供稿。关于安吉白茶采制，浙江之声发稿31条，单条7条；中国之声14条，其中《新闻和报纸摘要》头条1条，单条7条；浙江卫视15条，单条4条；央视7条，其中《新闻联播》1条；新媒体方面，蓝媒头条8条、美丽浙江2条，学习强国湖州平台签发145条，整组安吉白茶开采报道有声有色，很好地提高了对外影响力。

## 第四节　融媒体中心舆论引导面临的问题与困境

一是话语权和主动权不再唯一。在自媒体发达的现状下，主流媒体对话语权和主动权的掌握，和以前相比相对弱化，县级融媒体中心作为党的喉舌、舆论引导的主阵地，在牢牢把握舆论引导的主动权、话语权和领导权的同时还需要创新形式、创新手段。

二是人才队伍基础薄弱。舆论引导需要具有新闻敏感性的专业人才，县级融媒体中心在人才建设上一直处于弱势，人才专业能力层次不高，导致县级融媒体中心在舆论引导方面力不从心。

三是舆论监督体系滞后。网络发达的情况下，发布信息主体的虚拟性和匿名性，导致舆论环境非常脆弱，舆论引爆相关话题更加隐蔽，无法在相关话题发酵前及时开展引导，造成被动局面。

## 第五节　提高融媒体中心舆论引导能力的路径与方法

一是"新闻+政务+服务+商务"相互赋能扩大新闻覆盖面。安吉县融媒体中心通过新闻和产业间的相互赋能，将新闻受众变成用户，旗下各新闻平台用户总数达到165万，是县域人口（58万）的2.8倍，在满足不同用户需求的同时，也让新闻传播触达各个层次、各个领域的群体，牢牢掌握新闻舆论引导的主动权和话语权。

二是"待遇留人、情感留人、机制留人"夯实人才队伍建设。人才是新闻舆论引导的基础，人才队伍强，舆论引导力就强。安吉县融媒体中心通过机制体制改革，建立绩效考核制度，开展早餐知心会、党委书记谈心谈话会、喜报送到家等活动，推出中层干部竞聘、编外员工晋升集团领导等制度，招引人才、留住人才、培育人才。

三是"横向强化合作、纵向趋于统一"建立舆论引导体系。在横向上，安吉县融媒体中心和县内各乡镇部门全部建立政务合作体系，全力帮助各乡镇部门开展新闻宣传、舆论引导；在纵向上，中心在县委县政府领导下，在县委宣传部指导下开展舆论引导工作，将县域分片区成立5个融媒基层站，将新闻舆论引导能力延伸到基层，在爱安吉新闻客户端开设"两山"号，统一管理各乡镇部门的政务微信公众号，形成上下贯通的新闻宣传体系。

# 第十九章　江西贵溪市融媒体中心舆论引导能力建设研究报告

张志军[①]

## 第一节　融媒体中心基本情况

贵溪市融媒体中心是中宣部确立的全国首批 57 个县级媒体融合试点示范县（市）之一。贵溪市融媒体中心现有员工 70 人，其中事业在编人员 36 人，聘用人员 34 人，在职党员 24 人。党组下设党总支，总支下设机关党支部、老年党支部。

贵溪市融媒体中心前身为贵溪市广播电视台、贵溪市新闻中心、贵溪市委宣传部直属融媒体中心。贵溪融媒体中心建设发展到现在分了三步走。第一步是 2016 年，在全省甚至全国还没有融媒体建设示范案例时，由贵溪市委宣传部牵头，通过聘用加抽调人员的方式，组建了融媒体中心。当时全部 10 多个人窝在一间办公室，主要是运营微信公众号、客户端、网站等新媒体。第二步是 2018 年，贵溪市融媒体中心经过前期的打造，媒体传播指数、影响力和辐射面在全国、全省闯出了一些名头，并被确立为全国试点。第三步是 2020 年，中央《关于加快推进融媒体深度融合发展的意见》出台后，2020 年 5 月原贵溪市广播电视台、原贵溪市新闻中心、原贵溪市委宣传部直属融媒体中心正式合并成立贵溪市融媒体中心，为中共贵溪市委、贵溪市人民政府直属正科级事业

---

① 张志军，江西省贵溪市融媒体中心主任。

单位，实现了机构重组、平台搭建和传播流程再造，为贵溪市融媒体中心健康有序发展打下坚实基础。

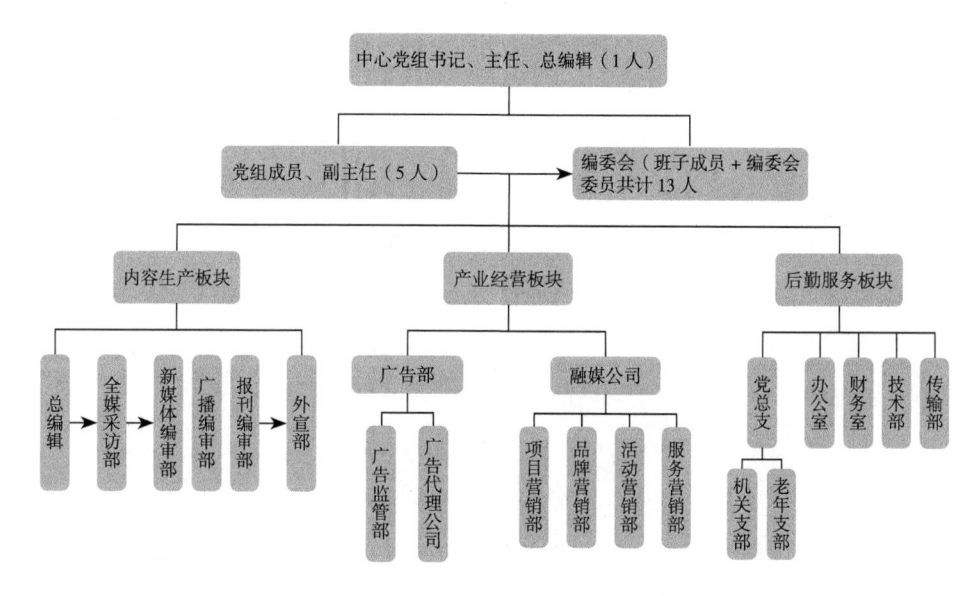

图 19-1 贵溪市融媒体中心组织架构图

## 第二节 融媒体中心发展亮点

近些年来，贵溪市融媒体中心着力"深化改革创新有活力、深挖资源融合有阵地、深耕优质内容有作为、深拓经营服务有保障"，全方位、立体化、跨领域构建全市以内容生产为根本、技术赋能为支撑、管理创新为保障的全媒体传播体系和"新闻+政务服务商务"的新型县级融媒体中心。始终围绕"做加法，做减法；找市长，找市场"的工作思路和"一、二、三、四、五"的工作目标进行媒体深度融合。即：一是围绕一个"目标"：新闻事业、经营产业做优做强。二是实现两个确保：①确保导向正确；②确保播发安全。三是提升三个"水平"：①提升新闻内容水平；②提升经营操作水平；③提升内部管理水平。四是打造四个"满意"：①党委政府满意；②受众用户满意；③合作伙伴满意；

④干部职工满意。五是强化五个保障：①体制机制保障；②技术设备保障；③人才队伍保障；④行政服务保障；⑤主题文化保障。通过不断创新实践，推动了融媒体中心在筑牢舆论主阵地，提升服务群众水平，加强社会治理能力建设等方面发挥作用，实现新闻主业更优、经营产业更强、服务群众更好的工作目标。在全国、全省县级融媒体行列中排名居前，传播力、影响力不断扩大。近两年荣获中宣部"全国县级融媒体中心能力建设十佳创新案例"和中央扫黄打非办公室"全国扫黄打非进基层示范点"（全国唯一媒体单位）等荣誉称号。在江西省委宣传部组织的县级融媒体中心建设评估考核中长期位居前列。机制创新、人员队伍、生产传播、产业经营等综合实力位居江西省县级融媒体头部。

## 一、深化改革创新有活力

1. 深化体制改革。贵溪市把深化融媒体中心建设改革纳入"一把手"工程，成立市委书记任组长，市长任常务副组长，常委宣传部长、组织部长、常务副市长任副组长的领导小组，全力解决发展定位、机构设置、人事调整、财政投入等问题。一方面理顺了管理体制和机构，设立了贵溪市融媒体中心党组，配备了党组书记兼主任一名和党组成员、副主任等6名的强有力班子；另一方面，贵溪市率先在江西省建立了以融媒体中心为领导主体的三中心一平台管理协调体制。市财政投资600多万元将新时代文明实践中心、党群服务中心、学习强国学习平台整合到市融媒体中心大楼进行"三中心一平台"一体化融合打造，切实让"三中心一平台"从服务群众的线下场所到线上服务智慧平台达到真正的融合，使政务服务群众线上线下合二为一、融为一体。

2. 深化机制创新。建立科学有序的运行机构。成立了以班子领导为核心的编委会，负责内容生产、产业经营、后勤服务三大板块的管理和业绩考核。按照"中心+公司"模式，成立贵溪市心学文化融媒有限公司，在全省率先实行产业经营项目负责制，实现内容生产与产业经营两分开。建立高效可行的全员考核机制。出台了《全员绩效考核实施方案》和《中层干部聘任制实施方案》，全员纳入绩效考核，中层干部实行一年一聘制，能上能下，实现"人人有岗位，个个想争先"的用人氛围。建立激发活力的薪酬激励约束机制。破除原有的机关事业单位薪酬制度，实行阶梯薪酬制、部室积分绩效考核制、一线人员首席制、重大贡献重奖制等。按"责重薪高、多劳多得、高效高酬"的原则，建立以绩效考核为主的薪酬分配机制，业绩考核细化到每个部门、每个单元、每个岗位和每个人。

## 二、深挖资源融合有阵地

1. 新闻采访资源的融合。做加法，对新闻采编播资源进行融合整合，流程再造。成立了一体化的全媒体新闻采访部，现有全媒体采编记者23人，通过学习培训、优化组合，使人员、设备达到最优化、最大化的综合运用。

2. 传播平台技术设备资源的融合。做减法，坚持移动优先、内容为王、用户为王的原则进行传播渠道平台的融合整合，将原有的20多个传播平台整合为现有的两微（微信、微博号）、一端（客户端）、一抖（抖音号）、一头（头条号）、一网（新闻网）、一广播（972频率电台）、一电视（新闻综合频道）、一报纸（《贵溪报》）等11个全媒体传播平台，集中资源、力量打造自有传播平台《掌上贵溪》App，在江西省率先将实时看电视、听广播、读报纸、兑积分及线上下单线下配送"生鲜荟"商城、网络问政等政务服务功能在客户端上线，使新旧媒体真正融合，使"新闻+政务+服务+商务"在客户端得到真实体现，提高了日活率和下载量，客户端现有用户20.3万，占总人口数的40%。让新兴技术为内容生产服务，为引导群众、服务群众提供支撑。近些年用于新技术设备设施更新等投入超过1300多万元。

## 三、深耕优质内容有作为

始终坚守"内容为王"的理念，不断拓展新闻信息服务的深度、广度、锐度、温度、力度，每年原创稿件及音、视频作品达10000件以上，客户端等11个平台总用户数（粉丝数）已超过160万，是总人口数的3倍多，以内容优势做强党媒阵地赢得发展优势。《贵溪报》微信公众号传播力一直处于全省县级头部位置，2022年阅读量突破1400万人次，同比增加了138.75%，粉丝数达30万之多。爆款作品不断，单条最高阅读量达78.65万次，阅读量超过1万的作品176件，传播影响力进入全国县级融媒体公众号百强榜，最高月度排名第12位；《贵溪发布》微博总阅读量突破800万人次，单条最高阅读量达92万次；《贵溪发布》抖音号总点击量高达 4 亿次，单条最高点击量达 6000 多万次，粉丝数从 2020 年 8 万多扩大到目前的 60 多万，在全省排名一举进入前 5 名；《贵溪发布》视频号总点击量达 4506 万次，单条最高点击量达 404.8 万次；《掌上贵溪》客户端总用户数达 20 多万，总阅读量达 1.3 亿次，单条最高阅读量达 106.9 万次。主要体现在三个"突出"：①突出"快、全、深"三个"字"。②突出"权威、本土、服务"三个"特性"。③突出三个"转变"。即：一是从单向传与受的关系向双向对话与互动的关系转变；二是从排浪式一体化传播策略向基于用户的特色化、个性化、定制化转变；三是从单一的 PGC 模式（专业生产内容）传播向"UGC 模式（用户生产内容）+PGC 模式"混合传播转变。

1. 外宣发稿稳中有升。外宣继续在鹰潭市区（市）中领跑。2022 年完成中央级主流媒体上稿 42 篇，中央级新媒体上稿 45 篇，省级主流媒体（一报两台）上稿 265 篇；完成学习强国上稿 189 篇；完成鹰潭市级媒体上稿 645 篇。为讲好贵溪改革发展故事，扩大了影响，营造了浓厚的氛围。

2. 围绕中心宣传有力。2022 年重点围绕贵溪市"紧盯一个目标、探索两个途径、打造三个基地、建设四个贵溪、力争五个前列"战略和打造"融入长三角、争当排头兵、建设新贵溪"目标，强化主题新闻报道，凝聚人心，鼓舞士气。在广播、电视、报纸和新媒体各平台，开设了"喜迎二十大，奋进新征程"、学习贯彻党的二十大精神、奋进"双一号工程"、重点项目建设、乡村振兴、抗旱保收、创建进行时、疫情防控、移风易俗、安全生产、网络中国节等 28 个专栏，营造氛围，鼓劲加油。

3. 深入宣传疫情防控。2022 年 8 至 9 月疫情期间，采编播发完成新闻信息稿件 1300 多条。《贵溪报》微信公众号总阅读量达 576.6 万次，单条最高 78.5 万次；《贵溪发布》视频号短视频总阅读量达 1506 万次，单条最高阅读量 404.8 万次；《贵溪发布》抖音号短视频总阅读量达 11201 万次，单条最高阅读量 514.2 万次；《掌上贵溪》客户端总阅读量达 1321 万次，单条最高阅读量 106 万次。

四、深拓运营服务有保障

1. 新闻＋政务。通过对《掌上贵溪》App 客户端功能完善升级，上线网络问政服务、AI机器人服务、积分兑换服务、随手拍服务、3651890热线服务、文明实践志愿服务、医疗社保水电缴费查询服务等功能，并自主研发移风易俗婚恋交友平台和基层社会治理网格管理平台，打造贵溪市综合智慧服务平台，拓展"新闻+政务"服务，增强与群众交流互动，反映群众的呼声并解决群众的困难，全年通过网络问政等平台为群众解决难题307个。2021年起，通过先试点后全面铺开的方式，在全市21个乡镇、街道和部分有党委的市直单位，挂牌成立融媒体中心分中心，开通《掌上贵溪》客户端分端，打通政务服务群众的"最后一公里"，基本实现了政务服务全覆盖。

2. 新闻+服务。按照江西省委《关于推动全省党的基层阵地资源整合的试点方案》，投资600万元，作为市重点项目，将党群服务中心、新时代文明实践中心、学习强国学习平台整合到市融媒体中心办公大楼一起，进行融合整体打造，总面积超过6000平方米，设有志愿者综合服务、党群服务、国学讲堂、亲子阅读、电影放映、书画练习、群众娱乐等文明实践场所和3651890服务群众热线及《掌上贵溪》App服务窗口。让群众既可以到中心现场参加文明实践活动，也可以足不出户就把自身的服务需求传达到中心，中心对需求进行分类并将服务内容传派给志愿者或加盟的服务商家上门服务，真正做到群众点单、中心派单、志愿者接单，目前已服务群众7万余人次。实现了服务群众线上线下全覆盖。

3. 新闻+商务。坚持"找市长，找市场"的理念，针对媒体运营资源产业化，作了一些有益的尝试。2018年11月注册成立贵溪市心学文化融合传媒有限公司，探索除媒体广告以外的媒体资源产业化市场化经营。①活动营销。通过策划组织"百姓电视春晚""贵溪好声音歌手大赛""贵溪市农特产品年货节""贵溪千人相亲会"等进行活动营销。②品牌营销。挖掘心学文化开发"贵溪养心茶"等系列文创产品进行品牌营销。③项目营销。竞标承接"电商进农村示范县""中国好粮油"等政府宣传项目进行项目营销。④服务营销。通过与社会资本合作打造线上下单线下配送"生鲜荟"电商超市服务和视频摄制、网络直播及软件小程序开发、网红培育、数字服务等进行服务营销。近几年，年均完成主营业务收入3000多万元，年均实现利润500多万元，探索出了一条企业化运营媒体资源进行产业化发展的新路子。实现新闻+政务服务商务的全媒体运营产业链体系，进一步增强了经营创收能力，反哺新闻宣传主业，使融媒体中心建设实现良性循环。

## 第三节　融媒体中心舆论引导实证研究

### 一、解读党的理论路线方针政策及上级党委政府精神

贵溪市融媒体中心坚持主题策划报道，特别是在重大节点、重大事件、重要活动的报道中，坚持主题报道为引领。在去年党的二十大即将召开之际，贵溪市融媒体中心在所有宣传平台开辟《喜迎二十大　贵溪这十年》专栏，组织精干力量采写了系列报道，反映贵溪十年来取得的巨大成绩。在党的二十大召开之后，贵溪市融媒体中心第一时间开辟《学习贯彻党的二十大精神》专栏，在全市范围内掀起学习贯彻党的二十大精神的高潮。一方面，组织记者深入全市各单位采写学习贯彻党的二十大精神的动态报道；另一方面，通过文图、视频、海报等方式，系统解读、传达党的二十大精神内涵和方针政策。截至目前，中心各平台已刊发学习贯彻党的二十大精神相关稿件1000余条，让党的理论政策飞入寻常百姓家。

### 二、讲本地老百姓生产生活故事

贵溪市融媒体中心始终坚持"三贴近"原则，将笔触和镜头对准基层和群众。中心通过开设专栏，持续报道本地老百姓生产生活故事，注重解决百姓生产生活中的实际问题。结合贵溪创建全国文明城市、国家卫生城市，中心在贵溪报微信公众号开设"曝光台"栏目，曝光各地不文明行为，曝光各地"脏乱差"，替百姓发声，督促各地整改；在贵溪发布微信公众号"贵溪电视新闻"开设"创建进行时""平安贵溪""健康贵溪""移风易俗""新时代文明实践"等专栏，讲好贵溪老百姓故事，不定时发起"爱心助农"等线上线下公益活动，帮助农民销售农产品。在《掌上贵溪》客户端，开设网络问政功能服务，及时回应和帮助解决百姓诉求，取得良好的社会效果。

## 三、重大危机事件干预

在 2022 年 8 月以来贵溪疫情防控最严峻的时候，贵溪市融媒体中心运用视频、音频、图解、海报等多种形式，推出了一批接地气、有特色的防疫作品，取得了良好的宣传效果。第一时间发布疫情动态信息传播疫情防控一线正能量，尤其是在 8—9 月中心各平台累计收到粉丝留言百万余条。第一时间利用《掌上贵溪》客户端，《贵溪发布》《贵溪报》微信公众号、抖音号、视频号等新媒体平台优势，积极宣传我市疫情防控涌现的优秀人物和事迹，凝聚众志成城的决心和士气，大力普及疫情防控政策、科学知识、生活健康常识等，引导群众科学精准防疫。

贵溪市每年春、秋季节短时强降雨带来的小流域地质灾害和城市内涝比较严重。贵溪市融媒体中心发挥媒体融合发展成效，在强降雨来临之前，第一时间发挥新闻传播优势，在电视、广播、掌上贵溪客户端、微信公众号等众多平台发布强降雨信息，告知百姓注意出行方面的安全。

## 四、外宣传播强化本区域公众认同形成凝聚力向心力

前些年，贵溪市在婚丧嫁娶等方面还是沿用以前的旧风俗，出现彩礼过高、铺张浪费、厚葬薄养等陋习。2021 年，贵溪市被民政部列为全国婚俗改革示范区。

经过两年来的改革，贵溪市移风易俗方面取得了一定成效。贵溪市融媒体中心紧紧抓住全国婚俗改革示范区这一招牌，精心策划，寻找亮点，组织骨干记者深入全市各个乡镇村庄采写婚俗改革方面的新闻报道，并及时将优秀稿件推送到央媒、省媒刊播。同时，邀请多批央媒、省媒记者来到贵溪，采写了一大批关于贵溪婚俗改革成效的报道。随着连续多篇幅的重磅新闻不断推出，让当地百姓了解贵溪市婚俗改革取得的实际成效，逐步引导贵溪市民转变传统观念，倡导移风易俗新风尚。贵溪市婚俗改革相关报道在《鹰潭日报》和《鹰潭电视台》发稿 32 条、《学习强国》11 条、《江西卫视新闻联播》3 条、《江西日报》2 条、《光明日报》1 条、《新华每日电讯》1 条，很好地提高了对外影响力和公众认同感。

## 第四节　融媒体中心舆论引导面临的问题与困境

1. 专业人才队伍缺乏。网络舆论引导需要专业的人才支撑，特别是缺乏新媒体技术及大数据分析方面的人才，造成网络舆论引导步履维艰，成效不明显。

2. 网络大环境的冲击。现在人人是"记者"，人人都可以通过自媒体发声，造成对主流媒体舆论主阵地的冲击和挑战。如何更好地掌握舆论主阵地，还需想办法、动脑筋。

3. 舆论监督制度技术不全。县级融媒体中心在舆论监督方面缺乏相应的技术和能力，发现舆论问题较慢；同时缺乏和网信、公安等部门的沟通协作，导致舆情难以第一时间掌握分析和控制疏导。加上网络信息的隐蔽性和复杂性，难以甄别挖掘发现。

## 第五节　提高融媒体中心舆论引导能力的路径与方法

1. 筑牢舆论主阵地，牢牢把握话语权。贵溪市融媒体中心作为党的喉舌、舆论引导的主阵地，牢牢把握舆论引导的主动权、话语权，弘扬主旋律，传播正能量。始终围绕中心，服务大局，大胆探索改革，优化栏目设置，精心组织策划，丰富宣传形式，利用先进的融媒体传播技术，围绕领导重视、群众关心的方方面面，选题从市内重大活动到普通老百姓的生活日常，将内容做新、做活、做出影响力。

2. 强化人才培养，夯实人才队伍。贵溪市融媒体中心实施绩效工资改革，财力向新媒体、向一线记者编辑倾斜，努力提高新闻专业人才的福利待遇；实施"首席记者"聘任制，给予物质和精神上的奖励，激发争先创优意识。同时定期安排新闻一线工作者参加央媒、省媒组织的专业培训，提高业务水平。通过事业留人、感情留人、待遇留人等方法，吸引一批优秀的新媒体内容生产、技术运维、管理经营人才，选优配强团队人才；同时加快全媒体、复合型、专业化尤其是一线采编播人员的培养，开阔从业人员视野，更新理念、提升技能；增加事业编制扩容，面向社会公开招聘的办法，增添新鲜血液，充实新闻队伍。

3.坚持内容为王，引领舆论导向。贵溪市融媒体中心充分运用融媒体平台，及时发布贵溪市委、市政府的重大活动、重要决策部署。注重发布推送涉及本市人民群众的工作、学习、生产、生活等方面内容，编发群众喜闻乐见的身边人、身边事，加大原创文章创作力度。同时推进全媒体原创内容生产，以短视频为突破口，突出专题专栏、家国情怀和群众参与，出精品爆款，生产图文、海报、音频、视频、网络直播、广播等全媒体作品。创新创作一大批适合融媒体时代播发的新闻作品，提高影响力。

# 第二十章　江苏邳州市融媒体中心舆论引导能力建设研究报告

徐希之[①]

推动媒体融合发展，是坚决贯彻落实中央交给媒体的一项重大政治任务，是巩固宣传思想文化阵地、壮大主流思想舆论的战略举措。近年来，邳州全面落实中央、省市决策部署，准确把握全媒体时代的发展趋势，在机构、内容、渠道、平台、人员、经营、管理等方面深度融合和全面升级，理顺体制机制，强化内容生产，拓展服务领域，将融媒体中心建设成为主流舆论的主阵地，成为党委政府引导群众、服务群众的重要主平台，形成了可复制、可借鉴、可推广的邳州样本，为全国县级融媒体中心建设探路先行做出了应有贡献。

## 第一节　邳州市融媒体中心基本情况

党的十八大以来，以习近平同志为核心的党中央作出推动传统媒体和新兴媒体融合发展的战略部署。2015年，邳州坚持问题导向，在全省率先破冰启动媒体机构改革，大力整合广播、电视、报纸、网站、新媒体等媒体平台，探索事企并轨的运作模式，迈出推进媒体深度融合的第一步。2017年，邳州广播电视台以江苏省县级广电媒体深度融合试点为契机，按照试点工作要求，制定实施方案、梳理7类38项工程，经过几轮改革和完善，在完成机制体制改革、技术平台建设、融合渠道平台、一体化传播、统一经营服务的同时，提出了"一

---

① 徐希之，江苏邳州市融媒体中心主任。

棵树"的概念，将本土的银杏特色和融媒体相结合，打造了"银杏融媒"特色品牌，同年，"邳州银杏甲天下"App 客户端获评中国县域最强广电 App 冠军。2018 年 10 月，邳州正式挂牌成立融媒体中心和银杏融媒集团，5 个案例获省级评选表彰，"银杏融媒"项目团队获评"年度优秀融媒体运营团队"，成为全国唯一获此殊荣的县级媒体。2019 年，邳州市出台《关于深化邳州市融媒体中心建设的实施意见》，继续深化融媒体中心建设工作，"银杏融媒"获江苏省综合示范案例奖，邳州广电台重塑品牌影响力，获"改革开放 40 年全国百家县级广播电视台"荣誉称号，加速成长为形态多样、手段先进、具有竞争力的新型主流媒体，被国家广电总局表彰为全国广播电视媒体融合先导单位；作为全省唯一一家县级融媒体中心，入选中国（江苏）广播电视媒体融合发展创新中心共建单位；累计吸引 20 多个省 400 多家市县宣传部和融媒体中心来邳交流学习。

## 第二节　邳州市融媒体中心发展亮点

为破解体制机制上的桎梏，培育适合媒体融合发展的强健"根系"，银杏融媒启动机制体制改革，将现代企业管理制度引入事业单位，探索实践事企并轨运作模式并取得较好的效果。重塑管理体制体系。在县级台中先行探索融媒体中心主任、党委书记领导下的总编辑和总经理分工负责制，设立总编辑和总经理岗位。总编辑和总经理对中心主任、党委书记负责，分别统管融媒体新闻宣传和全平台经营创收业务。一体两翼，各负其责，激发活力。大胆改革用人制度。打破编内编外人员身份限定，用一把尺子量人才、评业绩，做到"同岗同责、同工同酬、优劳优酬"，40 名聘用关键岗位、拔尖人才与事业编制人员在工资待遇上同工同酬。推行公开竞聘的用人机制，中层管理人员公开竞岗、基层员工双向选岗，目前已有 37 名体制外优秀员工通过竞聘走上中层管理岗位，越来越多的聘用人员成为业务骨干和主力军。注重完善激励机制。强化薪酬正向激励，对符合融媒传播需求的人才实行"双特机制"：提出特殊要求并给予特殊待遇；建立工作室效果评价激励机制，以月度为单位，以作品实际传播效果为依据，根据发稿数量给予基础资助，根据爆款作品访问量实行优劳优酬；全员绩效考核，上不封顶下不保底，多劳多得，优劳多得，奖优罚劣，奖勤罚懒，解决"干多干少一个样、干好干坏一个样"的老问题。创新人才培养模式。成立银杏融媒学院，对接中国传媒大学、南京师范大学等传媒高校，共建培训基地，全力打造人才培养的平台、融合创新的智库、学术交流的载体。加强和学界、业界的沟通交流，先后承办了第二届中国广电改革实战峰会、2019 中国县级融媒体中心建设研讨会暨银杏融媒新书发布会、中国传媒大学第十一届国际联合暑期班等。银杏融媒学院坚持每周开展一次内训，每月组织一场外训，每年举办一届全国峰会，平均每年培训 1 万人次。同时，立足本土选拔培育人才，施行"一专一特"融媒人才计划，以融媒记者为核心，打造精通"十八般武艺"的专业记者团队；以特约记者为补充，从各镇（区、街道）、机关单位公开选拔，组建 170 多人的融媒特约记者团队，壮大融媒采编力量。建立健全内控制度。由传统机关事业单位管理方式向现代企业化管理模式转变，制定规范了包括项目制申报、考勤请销假、财务报销、物品采购申领、员工评价体系等 30 项内控制度和 10 多个办事流程，不断激发内生动力和活力。

整合广播、电视、报纸、网站、客户端、微信、微博等媒体资源，构建"两台一报一网、两微一端多平台"八位一体传播矩阵，通过创新运行机制，催化融合质变，全力构建一体化传播矩阵。强化移动优先。坚持新生态、全业态、年轻态，推动资源、技术、力量向互联网主阵地汇集、向移动端倾斜，组建了"银杏融媒智慧港"（新媒体公司），着力打造产品创新的孵化器、智慧服务的主引擎、媒体融合的新高地，推进实施三年行动计划，开展"智慧+"战略，重点在产品创新、视觉创意、品牌运营、技术研发、市场拓展、数据分析等方面突破，着力建成一批具有较强新闻传播力、数据研判力、媒介服务力和较高用户黏度的移动新媒体平台；持续创新推出一批具有本地特色，感染力较强的融媒体产品；研发拓展一批用户需要的、喜爱的应用服务模块。2016 年，集新闻资讯、银杏 TV、银杏直播、智慧城市、政务服务、手机问政、互动社区等为一体的"邳州银杏甲天下"App 客户端上线运营，让 195 万邳州人"一端阅尽"家事国事天下事，"一端解决"柴米油盐酱醋茶，打造老百姓离不开、放不下的"掌中宝"，后台下载量达 270 万，注册用户 55 万，凭借其丰富的内容、完善的功能、便捷的体验连续两年摘得中国县域最强广电 App 冠军。同时精心培育"邳州银杏甲天下""无线邳州""银杏直播"三个具有社会影响力的微信公众号，粉丝量60万，稳居全国县级媒体微信百强榜；开通抖音号、头条号、企鹅号、网易号、大鱼号、百家号等十多个媒体号，构建载体多样、渠道丰富、覆盖广泛的移动传播矩阵，移动端用户量突破130万。建强"大脑中枢"。在推动媒体融合中，银杏融媒先后投入350多万元建设银杏融媒生产协同系统、指挥调度中心、大数据中心等技术平台，建立"中央厨房"运行机制，突出融媒体指挥调度中心的大脑中枢作用，实现宣传任务统筹、重大选题策划、采访力量指挥等统一生产指挥调度，再造策采编发流程，形成新闻"一次采集、多种生成、多元传播"的工作格局。每个融媒体记者的采访都要根据新闻表达的不同要求，为多个分发平台提供内容生产。建立了客户端24小时滚动播报，微博择优发布，3个微信公众号错时推送，今日头条同步编发，抖音、快手有效补充，电视、报纸跟进报道的全天候、全平台、全覆盖的传播模式，推动"小屏带大屏、大屏通小屏、多屏联受众"，催化融合质变，形成"一盘棋一个声音"的传播生态。向上对接江苏广电"荔枝云"实现与省台新闻资源、技术平台的交互共享，实现资源共享最大化、平台播出最大化、宣传效果最大化。通过招募、选拔人才，组建新媒体技术研发团队，围绕移动端产品开发、5G技术应用、综合服务平台技术对接维护，开展专业化的训练、研发和保障。联合第三方数据分析平台，构建银杏融媒数据分析系统，实现对用户画像、融媒传播力的有效分析，为内容生产、经营创收、技术开发等提供重要的数据支撑。对接大数据中心，加快构建城市区域性数据库，为政务服务、公共决策、舆情分析提供参考。放大传播效应。媒介在变，传播方式在变，但受众对优质内容的渴望永远不变。银杏融媒重点在"准""新""微""快"上下功夫，按照跨部门搭配、兴趣化组合、项目制实施的原则，组建融媒实验室，推行"融媒工作室"创新工程，推动采编人员"IP"化，培养专业的产品经理人，以项目制的柔性方式自由组队，成立融媒工作室，开展融媒体产品的创意、孵化、生产。鼓励采编人员从幕后转至台前，用H5、动漫、视频、音频、VR等全媒体表现形式，全平台推送新媒体产品。成立了"视频创意工场""运营创意""智慧项目""研发创新"等17个工作室。通过一段时间的运行，极大激发了团队的创新力，一批爆款产品不断涌现，新媒体活跃度明显提升。重要的是采编人员的思维和新闻生产模式发生了转变，比如围绕创文宣传策划推出"创文小剧场"系列短视频、《给邳州市民一杯 Mojito》MV 短视频、《我为文明城市代言》H5 接力互动、《创文问卷》H5 答题游戏、《我拍创文新变化》等系列产品，全网阅读量突破 100 万人次，吸引 25 万人次参与线上互动，大大提升了新闻的传播力和引导力。围绕党史学习教育宣传，成立了"E 起学党史"工作室，策划推出了 7 场宣传活动、6 个主题专栏、8 组系列报道的"768"党史学习教育系列融媒体产品，超 50 万人次参与全民学党史"百日擂台"线上答题，超 60 万人次观看"云邳州　唱小康"红色歌曲展播，累计转载转发权威信息、采写编发新闻报道 600 余篇（条），推进了党史学习教育走深、走心、走实。搭建"银杏直播"平台，实现新闻移动直播的常态化，2017 年以来，共开展近 1200 场次网络直播，累计在线观看量突破 1 亿人次，最高单场直播观看达到 75 万人次。"银杏短视频"工作室探索 MCN 运作模式，孵化了 5 个主播抖音号，开展短视频创作，试水直播带货，新增粉丝 15 万，一个月视频播放量突破 1 亿，单条视频最高阅读量达 4300 万 +。

系统化探索"智慧广电 +"新业态，以大数据、智慧化、智能化为引领，以银杏融媒综合服务平台建设为抓手，从单纯的新闻宣传向公共服务领域拓展，增强互动性，从单向传播向多元互动传播延伸，将媒体与政务、服务等业务相结合，提供多样化综合服务，满足用户多样化的需求。通过"融媒 + 政务服务商务"的运作方式，全力打造主流舆论阵地、综合服务平台和社区信息枢纽，推动融媒体可持续发展。做强"融媒 + 政务"。在推进融媒体建设的过程中，银杏融媒发挥平台资源和技术团队优势，通过"邳州银杏甲天下"App 无缝对接县域各类平台资源，实现数据的共建共享共融，将面向全台的媒体平台升级为面向全市的政务服务平台。一方面通过开通"银杏号"，汇聚全市政务信息资源，打造政务公开信息发布平台，目前全市 200 余家政企单位入驻，涉及镇区街道、部门单位、教育、医疗、金融等领域，正在向 490 个社区、村延伸；另一方面推出网上办事大厅、手机问政平台、新时代文明实践云平台、举报监督等功能模块，构建全市统一的掌上政务服务平台。随着 5G 和人工智能的普及，银杏融媒将进一步把所有政府办事事项全部转移到 App 平台上来办理。在具体实践中，将通过与行政审批局合作，把 PC 端一些审批业务放到移动端，为个人和单位进行服务；同时，把平台延伸到村一级，打通服务群众"最后一公里"。未来，银杏融媒将参与更多的邳州智慧城市建设，实现更多的城市政务功能。

做实"融媒+服务"。利用 App 对接"智慧城市"建设和公共服务平台，聚合各类优质公共服务资源，打造一站式社区服务终端，开通便民查询、便民支付、同城生活、房产、招聘、医疗服务、明厨亮灶、教育培训等功能应用，成为市民在衣、食、住、行、娱、游、购等方面的贴心伴侣。目前已接入各项便民服务事项 100 多个。围绕智慧交通，接入重点交通路段视频监控，方便用户实施查看交通路况；围绕智慧法律，网友可以 24 小时在线进行法律咨询和申请法律援助；围绕智慧教育，中小学生可以上网课在线学习；围绕生活服务，推出"银杏同城"，集分类信息、同城好店、同城招聘、同城房产等于一体的吃喝玩乐服务平台，入驻商家企业达 230 多家；围绕助力复工复产，融媒体中心策划"抗疫助农草莓行动"，一周销量突破 2 万斤，联合拼多多开展"助农专场"12 个小时不间断直播带货，推销邳州特色农产品，交易额达 100 万元。开通"云招聘"平台，近 6000 名求职者疫情期间线上找工作。同时，启动智慧社区云平台建设，融入网格化社会治理，打通服务社区群众的"最后一米"。推进新媒体梯影终端部署，覆盖社区小区、车站、医院、商超等公共场所，提供政务信息、应急发布、生活服务等信息。此外，积极探索应用人工智能等技术，继续完善和更新服务项目，把 App 作为承接平台和服务平台，打造成为智慧城市的信息枢纽。做优"融媒+商务"。相较于中央级融媒体与省部级融媒体而言，县级宣传系统规模有限，且受制于体制、资金、人才和设备等条件的限制，在营收模式过时的情况下时常因陷入困境而难以正常运转，在激烈的传播竞争中面临严重挑战。因此，县级融媒体在推进改革建设的过程中，必须用新的传播手段来重构媒体的商业模式，实现新的产业拓展，建立起自我"造血"和"输血"的良性循环，以适应社会主义市场经济发展提出的新要求。银杏融媒首先打破过去各自为战的分散经营模式，建立了一体化经营服务体系，统一管理，统一经营，拓展文化创意、影视制作、演艺活动、展会、教育培训、大数据、技术开发等产业，不断增强自我造血功能，为融媒体中心发展提供坚强的经济保障。依托本地博物馆及银杏资源，开发了"邳州礼物"系列文创产品，备受青睐；联合开发御品膏方白果草本膏，借势进入健康产业；精心培育的小主持人培训、小记者站、研学游等一批品牌教育产业方兴未艾；开发定制了"主播带你去旅行""带着爸妈去旅行"等主题游，文旅产业成效初显；集嗨吃、嗨购、嗨玩、嗨游为主题的"嗨邳"社群服务体系初具规模；试水直播带货，品牌营销优势彰显；技术平台开发、大数据产业成为创收新渠道。进军智慧城市、数字经济等新产业，为各政企单位提供数字化应用平台开发、技术运维等服务，形成以新技术应用为支撑的数字产业体系。推进媒体融合改革以来，银杏融媒的传播力、引导力、影响力、公信力不断增强。

## 第三节　邳州市融媒体中心舆论引导实证研究

### 一、解读党的理论路线方针政策及上级各级党委政府精神

坚持以习近平新时代中国特色社会主义思想为指导，始终把讲政治、讲党性摆在首位，深化广播电视媒体"头条"建设和网络视听平台"首页首屏首条"建设，常年推出"新时代新作为""学习进行时"等专栏专题，上接天线、下接地气，创新传播手段和话语方式，让党委政府直通人民群众，让党的创新理论"飞入寻常百姓家"，切实将银杏融媒打造成新时代宣传思想工作的主阵地，党委政府和人民群众的连心桥。推动与新时代文明实践中心在平台、终端和渠道上的互联互通，创新打造"文明实践云平台""文明实践直播间"等平台："云平台"紧扣推动习近平新时代中国特色社会主义思想深入人心、落地生根的首要任务，设计"实践课堂""实践直播""榜样力量"等功能版块，将党和国家的方针政策、宣传教育活动、好人事迹等各类资源同步到线上，方便群众浏览学习。"文明实践直播间"辐射了全市25个镇级文明实践所、497个村级文明实践站，通过"邳州银杏甲天下"App以群众喜闻乐见的方式宣传党的声音，使党的创新理论以更接地气的形式接近群众、深入群众。

### 二、讲本地老百姓生产生活故事

始终坚持从百姓的关注和需求出发，以关注民生、服务群众为立足点，在内容上着力制作民生类、服务类、问政类、方言类等节目，受到群众普遍欢迎。开设话题性栏目"有融有度"，用老百姓听得懂的"邳普"解读社会热点和政策，充分展示多方观点碰撞，从而达到舆论引导作用。《政风热线》直播问政

节目既是媒体监督，又是政策解读，累计解决百姓各类问题3900多件。融媒记者走遍全市490个村，让村支书拿起自拍杆讲述《俺村振兴我担当》的故事，每一篇都带着泥土的芳香；"有事您开口，我们搭把手"，"搭把手"栏目记者成了为百姓排忧解难的贴心人。全面落实"我为群众办实事"，特别策划"融媒记者社区行"活动，新闻工作者走村串巷、进社区，聚焦"强作风、抓项目、提质效、惠民生"，累计帮助群众解决实际问题150余件。同时，发挥社会纽带和桥梁作用，在社会治理、公共事务决策、智慧城市建设等方面提供更多优质服务，更好地服务于本地党委政府工作大局，服务于当地群众的生产生活，服务于当地经济社会发展，不断创造政治效益、社会效益和经济效益。

### 三、重大危机事件干预

发挥舆论监督作用，在创文、违建、安全生产等领域开展持续曝光，做到现象追查属实、采写证据过硬，并透过现象看本质，直面"庸懒散、浮拖贪"，为邳州营造摸实情、求实效、干实事的浓厚发展氛围贡献宣传力量。施工围挡本应是文明安全的防护墙，却一度沦为脏乱差的"遮羞布"，群众出行的"拦路虎"。为进一步规范、提升城市管理，银杏融媒特别报道组策划推出《直击围挡背后乱象》，通过对全市266处施工围挡情况的梳理，聚焦围挡背后存在脏乱差、违建、项目推进不力、地块闲置、变相商业盈利等热点问题，查现象、剖原因、谋整改，继而在全市范围内掀起共同参与、共同发力，全面整治城市管理乱象的舆论声势。节目一经推出，就带来极大反响：市民拍手称赞、相关部门工作作风得到极大改善，避免了舆情的产生。此外，针对僵尸低效企业形成原因、社会危害、整治进展等，开展新闻调查《聚焦僵尸低效企业》连续报道，推动解决矛盾突出问题，形成围绕市委市政府各项工作，及时跟进、主动作为，全力营造为全市经济社会高质量发展真抓实干、埋头苦干的良好氛围。

### 四、外宣传播强化本区域公众认同形成凝聚力向心力

持续深化与中央、省市级主流媒体的联动沟通，围绕市委、市政府中心工作，精心策划重大主题宣传，今年以来，在市级以上主流媒体刊发1160余篇（条），其中，中央级媒体150余篇（条）、省级媒体580余篇（条）。《人

民日报》3 篇专稿、《学习时报》刊发市委书记署名文章、央视 19 个单条、中央广播电台 4 个单条、《新华日报》3 篇头版、36 篇专稿,江苏卫视 5 个单条、"学习强国"学习平台 347 篇报道、《徐州日报》5 次系列报道、2 篇头版头条、20 篇头版、43 篇专稿,徐州广播电视台 257 条报道等一系列重点报道影响广泛,邳州好声音、邳州好形象得到充分展示,浓厚的干事创业舆论氛围持续深化。

## 第四节 融媒体中心舆论引导面临的问题与困境

全媒体时代,邳州市融媒体中心在舆论引导上面临着人才流失严重、技术创新不够等问题与困境:辛辛苦苦培养出来的优秀员工有了更好的工作报酬,主动提出离职,近几年流失近 30 人。对外招聘时,高精尖人才也因为得不到理想的待遇,不愿意到县级媒体贡献力量。随着媒体深度融合发展,现有技术系统已无法满足最新行业需求,且基础安全生产防护、人工智能及"5G+4K"直播、融合生产升级等亟需大量资金投入。

## 第五节 提高融媒体中心舆论引导能力的路径与方法

全媒体时代给舆论引导工作带来机遇和挑战,要求主流媒体牢牢把握舆论场主动权和主导权,使互联网这个最大变量变成事业发展的最大增量。

坚持正确方向。坚持以习近平新时代中国特色社会主义思想为指导,增强"四个意识"、坚定"四个自信"、做到"两个维护",把党管宣传、党管媒体贯穿始终,确保舆论引导工作始终沿着正确方向推进。

坚持移动优先。以互联网思维优化资源配置,把优质内容、先进技术、专业人才等向移动端倾斜,打造自主可控、传播力强的新型网络传播平台,用高质量服务和个性化体验吸引更多用户,让主流媒体牢牢占据舆论引导制高点。

坚持以人民为中心。始终坚持一切为了群众、一切依靠群众，充分发挥全媒体时代主流媒体在党委政府联系群众中的桥梁纽带作用，转作风、改文风，在及时性、权威性、思想性上下功夫，生产群众更喜爱的内容，有效回应群众的关心关切，提高正面宣传和舆论的引导水平。

# 第二十一章　重庆市巴南区融媒体中心舆论引导能力建设研究报告

邓　涛[①]

## 第一节　融媒体中心基本情况

巴南广播电视台成立于1998年2月，于2017年2月成功创建标准化一级台，成为重庆市五个区县"一级广播电视台"之一。巴南日报社成立于2008年1月。2019年，巴南区被确定为县级融媒体中心建设试点单位。2019年10月，在县级融媒体中心建设浪潮下，巴南区整合原区广播电视台与巴南日报社，成立巴南区融媒体中心。

### 一、机构人员情况

巴南区融媒体中心为区委直属五级职员事业单位，归口区委宣传部领导。设主任1名、专职副书记1名、副主任4名。内设11个部室，下属全资公司广渝文化传媒有限公司（因区国有企业集中统一监管要求，已于2021年12月将公司股权移交巴洲文旅集团统一监管，中心受其委托对公司进行管理）现有员工133人，在编71人，聘用62人，平均年龄38岁。

---

① 邓涛，重庆市巴南区融媒体中心主任。

## 二、宣传平台情况

围绕主流舆论阵地、综合服务平台、社区信息枢纽三大功能定位，按照移动优先原则，构建了"1+3+N"媒体传播矩阵。

## 三、办公场地情况

巴南区融媒体中心办公大楼于2017年1月正式投入使用，面积18158.5平方米，拥有1个400多平方米的综合演播厅、2个100平方米的演播室及电台直播间、配音间、编辑制作室、中心机房、播出监看机房等专业用房。

# 第二节　融媒体中心发展亮点

## 一、深化机构改革，构建融合新格局

认真贯彻中央、市委关于推动媒体深度融合发展相关指示精神，积极探索区级融媒体改革发展新路径。融媒体中心领导班子专题研究推动媒体深度融合发展的贯彻落实举措，推进媒体改版建设。成立"融调研"团队，到渝北、綦江、江苏江宁、浙江义乌等融媒体中心调研学习。立足巴南、辐射主城的FM106.6重庆巴渝之声于2022年6月16日全新改版，13档节目全新亮相，40余名大咖、同行鼎力助阵，给广大受众带来全新体验，FM蜻蜓广播全国收听排名从138名跃升至60名，电视频道、巴南日报、看巴南客户端等平台改版正在有序推进中。经过不懈努力，巴南区融媒体中心改革取得实效，2020年12月顺利通过市委宣传部验收，2021年4月，通过全市第一批23个区县综合频道综合评估。2021年12月，获得第二届全国县级融媒体中心能力建设十佳创新案例表彰。媒体融合改革经验被中宣部刊物《宣传工作》刊载。

## 二、优化内容生产，打造宣传"生态圈"

立足全媒体优势，采取一体策划、一次采集、多次编辑、多屏发布形式，破除平台壁垒，通力开展各类大型主题活动的宣传报道。围绕党的二十大、"奋进新征程　建功新时代"、中国共产党重庆市第六次代表大会、中国共产党重庆市巴南区第十四次代表大会、"基层组织提升年"等，积极主动策划，推陈出新宣传，出色完成80多个大型主题的全媒体宣传报道。坚持"移动优先"，完善内容推送模式，以正能量、高品质、视频化为内容创作方向进行全媒体宣传，运用音频、H5、视觉设计、动漫形象、创意视频等多媒体要素制作vlog等"准、新、微、快"移动新闻精品。探索重大主题报道5G直播模式，充分利用看巴南客户端，利用5G等先进技术开展重大主题直播5G直播模式获得2021年全国县级融媒体中心十佳案例。建立覆盖到全区村（居）的对口联系服务体系，在全区发展通讯员近200名，在全区23个镇街和20个部门建立通讯站，深入挖掘全区宣传素材，打造网格化的信息交流服务网络。2022年8月，巴南区融媒体中心重点平台有15条作品阅读量100万+，173条作品阅读量10万+，1100余条作品阅读量1万+，总阅读量1.5亿。

### 三、注重人才培养，打磨发展"金刚钻"

建立奖优提效的综合绩效考核体系，制定完善《绩效考核办法》《增核超额绩效办法》《外宣考核办法》等，采取积分制办法，以完成基本工作量为前提，在创收金额达标的情况下，争取增核超额绩效，根据宣传业务、运行保障、运营服务等岗位不同特点进行考核，重点向关键岗位、高层次人才、业务骨干和做出突出成绩的工作人员倾斜。实战选拔，引进菁英之才。通过实战拍摄制作、思想素质考核、台上风采展示等方式，引进忠诚干净、实干担当人才。今年以来，通过实战选拔，引进全媒体人才。"青蓝"互助，培养可造之才。成立"融老师"团队，建立师徒互学互帮双向机制，"导师"向"学员"传授拍摄、编辑、写作等技能，以及"艰苦奋斗、创新创优"精神，把"学员"培养成党性强、作风硬、能吃苦、讲奉献的新生力量。

### 四、升级设备系统，提档融媒新平台

近年来，巴南区财政先后投入千万余元资金，升级建设了高清制作系统、播出系统、媒资管理系统，并购置了高清摄录设备、4K航拍飞行器等各类设备。

目前全中心有各类工作站31台，含高清编辑工作站23台，制作系统含上下载工作站4台，包装工作站2台，配音工作站2台。投入56万完成虚拟演播室系统建设，投入695万购置8+2讯道转播车，转播车按照体育赛事要求设计，可扩展至12+2讯道。实现了制作的高清化、播出数字化、传输和交换网络化，使节目编辑制作跨入了网络化和高清化时代；高清摄像机、箱载数字转播系统、航拍器以及虚拟演播室等广播电视重要设备，能够充分满足新闻采访、节目制作和大型活动外场录制要求。电力系统实现质的飞跃，采用双路市电供电。同时，播出机房配备UPS电源两套，功率为120KVA；发电机房配备630KVA柴油发电机组一台。2020年11月28日，巴南电视台综合频道实现高标清同步播出，频道号设置为：14号综合频道高清，15号综合频道标清。

五、扩展"新闻+"，畅通服务新渠道

推进"新闻+政务"深度融合，"看巴南客户端@巴小萱网络问政平台"改版上线，成为各级党组织联系服务群众、监督党风政风的"顺风耳"、"千里眼"，该平台平均每月可接收300余条网友意见，回复率95%以上，被巴南区纳入"德法相伴"主题活动四阶体系内容之一。将看巴南客户端"政务"办事窗口接入"渝快办"政务服务平台，实现网上一站式政务审批，首批上线服务项目达300余项，涵盖户政服务、社保服务等16大领域。推动"融媒体+服务"深度融合，积极开展与区级部门镇街的宣传合作，全景展示巴南这片热土的发展，针对全区乡村振兴、创文宣传、大型引才等重大主题活动，融媒体中心为其量身定做直播带货、知识竞赛和宣传讲座等各类主题服务。推动"融媒体+商城"深度融合，利用全媒体平台以及自身资源与优势，面对社会提供文化类经济服务，借助看巴南客户端积分商城App等电商平台，推销巴南本地农副产品。

# 第三节　融媒体中心舆论引导实证研究

## 一、解读党的理论路线方针政策及上级各级党委政府精神

严格按照上级要求，做好重大主题宣传，及时解读党的理论路线方针政策，传递党的声音。

在党的二十大学习宣传中，除严格按照要求转发相关稿件外，主动策划"非凡十年·巴南答卷""二十大时光　学报告谈体会""身边变化我来谈"等主题宣传。"非凡十年·巴南答卷"围绕党的建设、开放发展、工业经济、乡村振兴、优质教育等10个主题展开宣传，每个主题有案例、有故事、有数字、有特色，全景式展现巴南十年来各项事业中取得的显著成效。宣传围绕百姓关注，充分运用航拍、图片、图表、图示、记者手记等多种表现形式，让区级部门镇街负责人、企业代表、一线职工、普通市民谈变化、谈规划，"小切口"展现"大民生、大成效、大发展"。视频拍摄精心选择实地拍摄场景，在宗申发动机总装部1011智能线、惠民街道胜天村草莓种植大棚、巴滨路步道等20多个现场，9名主持人出镜，团队多机位、多角度拍摄，后期精心制作，让老百姓更有亲近感，主题宣传既展现成效，又贴近群众。系列报道共刊发70条次，总阅读量超过100万人次，其中"看巴南"视频号传播量超6万、网友留言100余条次。

在中国共产党重庆市第六次代表大会宣传报道中，积极策划系列组合报道。围绕"牢记殷殷嘱托·谱写巴南新篇"，推出7个镇街新闻专题视频报道以及23个镇街《巴南日报》巡礼报道，反映巴南各镇街发展新貌；围绕"基层组织提升年"，推出《党建激活基层治理"红色引擎"》等深度报道35篇，反映巴南党建引领基层治理成效；围绕"大美巴南　就在家门口"，推出《滨江公园景致如画》等20条稿件，充分展现巴南自然、人文之美，引导市民就近休闲出游。通过经济社会发展成就展示，积极向党代会献礼。

在中国共产党重庆市巴南区第十四次代表大会报道中，推出"喜迎党代会"开机页面、网络专区进行氛围营造。在看巴南、巴南发布等平台，开通"党代会，我想对你说"等栏目，征集群众对党代会的"金点子"。全程开展图文直

播，利用看巴南客户端，设置代表报到、预备会、大会开幕、大会动态、大会闭幕等板块，对党代会进行全程图文直播，充分展示巴南党代表精神风貌，呈现党代会盛况。创新策划宣传产品。在各媒体平台配发《我在党旗下成长》《向南拓展 巴南崛起》《巴南区"专精特新"》等系列报道，让党代会新闻内容更精彩、看点十足。聚焦党代会，策划制作通俗易通接地气的作品，让党代会的声音传递到千家万户。推出《五年锦绣新巴南》《听，来自党代表的声音》《笑脸喜迎党代会》《区党代会每日回顾》等系列视频；制作《"数"说：快看，巴南过去5年发展成绩单来了！》《一图读懂丨巴南区第十四次党代会报告》等图说稿件，全面解读党代会报告精神。

## 二、讲本地老百姓生产生活故事

坚持群众、服务群众，将镜头聚焦基层，将服务延伸到基层，讲述巴南老百姓生产生活故事，做老百姓关心的媒体，做关心老百姓的媒体。

策划"金虎迎春 爱在巴南"主题报道，展现百姓欢乐过节。2022春节期间，区融媒体中心在区委宣传部统筹谋划下，积极策划"金虎迎春 爱在巴南暨'佳节话家风 和美家年会'"宣传活动，聚焦民生福祉，体现身在巴南、爱在巴南、和美在巴南，营造欢乐、祥和的过节氛围。深入公交枢纽、居民家庭、企业、社区、医院、工程项目现场等一线，拍摄《回家的路》《和和睦睦团圆年》《牢记好家训 传承好家风》《万家灯火中的"守夜人"》等，活动期间，拍摄制作24个短视频，系列报道全网传播量超600万。

在"新春走基层"中，开展"走进一次文明实践站所、探访一批重点建设项目、采访一批重点车间班组、展示一组美丽乡镇村社、报道一批春耕春播现场、推广一次民风民俗""六个一"采访活动。结合巴南本土特点，走进花溪街道文明实践站所，李家沱复线桥进入主体施工，花溪河综合整治项目、云林天香、集体村、二圣茶山、姜家舞龙、春耕春播、农技培训、界石仪表生产车间、宗申产业园等，报道全区基层生产生活故事。

开设《巴渝龙门阵》栏目，用方言的形式讲述巴渝故事，通过《古巴渝十二景》《巴南特色古镇》等多期系列节目讲述老百姓身边的故事。今年重庆在40度的高温天气下，经历了火情和疫情双重考验，巴渝龙门阵推出系列故事《致敬高温下的坚守》，讲述各行各业在严峻挑战下动人的故事。节目每天推出一期，每期长度3—5分钟。

## 三、重大危机事件干预

以"灾害报道要快、事故报道要准、群体事件要稳、遇到事件提前研判"为原则，主动作为、勇于发声，有效引导舆情。

在疫情防控中，明确"宣传政策、普及知识、澄清谬误、鼓舞士气"的宣传重点，按照宣传部要求，第一时间发布官方公布消息。全力挖掘巴南区抗疫一线的具体行动和典型事迹，积极报道全区众志成城抗疫风貌。创作《阳光总在风雨后》快板，主播情景演绎疫情防控视频等形式，宣传疫情防控。制作《H5防控疫情巴南在行动，我们承诺》，8万多人次参与承诺，制作《H5防控新冠病毒疫情，巴南在接力》，10余万人参与接力。坚持开展"助农志愿购"直播带货，为农户搭台，帮助解决产品滞销难题。覆盖巴南23个镇街，带货近4000万元。"助农志愿购"受到《光明日报》专题报道，直播团队在市广电协会组织的助农扶贫节目创新工作会上作了交流，一名主播代表重庆市到北京人民大会堂参讲巴南志愿购故事。

在巴南区界石"821"山火扑救中，巴南区融媒体中心勇担媒体职责，成立50余人全媒体采编组，第一时间投入到山火扑救第一线，全程为现场指挥部提供技术保障，出动4架无人机拍摄火情形势，采用5G信号传输实时画面到指挥调度大屏，做好科学、准确、快捷的信息支撑，为扑救决策提供有力参考。全程跟踪报道指挥调度、转移群众、隔离带砍伐、火情火势、扑救山火、志愿服务等情况，采写《南彭街道：洗衣"娘子军"自发为救援队洗衣服》《他们，是疾驰山火扑救一线的宗申"摩托车骑士"》《巴南山火救援中，还有这群有技术、有力量的建筑工人》《"铁汉子"敬武：腿上打着钢板，7天7夜奋战巴南山火救援一线》等稿件，共同见证了无畏的人间大爱。为长效筑牢森林防火安全防线，策划刊发《森林防火"十不要"！请牢记》等警示性宣传稿件，树牢"森林防火人人有责"的责任意识。在山火扑救中，共计刊发相关新闻报道300余条次，制作的短视频播放量过亿，其中短视频《灭火需要水，他说：抽我鱼塘里的》在"看巴南"抖音号播放量达387.5万，点赞量18.2万+。《巴南正全力扑救山火，直升机从长江取水》在"看巴南"视频号播放量达457.3万，点赞7.4万。

长江5号洪水过境巴南期间，巴南区融媒体中心创新报道思路，以《洪峰过境巴南融媒体特别直播》为题，开展广播直播连线、客户端大时段全媒体直播约35小时。15名记者、主持人在抗洪抢险一线，通过视频、音频连线和景观摄像头、交通摄像头等多种方式把前方信息带回直播间，创新抓好抗洪抢险报道，对内对外全媒体宣传影响覆盖近千万人次。

### 四、外宣传播强化本区域公众认同形成凝聚力向心力

立足巴南本土，挖掘巴南特色，主动与中央、市级媒体平台对接，积极在外宣媒体平台传递巴南声音。

1. 策划"一把手"系列访谈，展示各条战线的积极作为。访谈中，巴南区级部门、镇街、区属国有公司的"一把手"们以"速写"方式回顾了部分过去取得的成绩亮点，让"一把手"们就2022年如何开好局、起好步发声，访谈将涉及科技创新、工业发展、文旅产业、乡村振兴、物流通道、城市建设、民生改善等领域，"高质量发展、高品质生活"融入到具体的措施中，展示特色，呈现亮点。比如天星寺以2022年华为广告取景地为引子开场，有时代感、吸引力、生活味。界石镇在"一把手"访谈中融入"界石儿歌"，视频鲜活，形式新颖。"姜家黑"加工现场、东盟班车发车现场、铁路枢纽东环线南彭站施工现场等，让访谈更接地气，更有带入感。"一把手"系列访谈取得良好反响，向区内区外、社会各界传递了巴南"奋进新征程 建功新时代"的时代强音。

2. 策划烈士寻亲全媒体行动。2019年11月5日，巴南区融媒体中心启动"寻找烈士亲属大型公益行动"，在原巴县地域范围内寻找巴县籍烈士彭光亲属。渝中、沙坪坝、南岸、大渡口、渝北、九龙坡等原巴县地域范围媒体纷纷制作转发"寻找烈士亲属大型公益行动"信息，扩大了"寻亲朋友圈"。巴南区融媒体中心派出"寻找烈士亲属大型公益行动"采访组，前往华北军区烈士陵园进行实地采访。带着家乡人民的深切缅怀之情，采访组前往华北军区烈士陵园为彭光烈士敬献花篮，并深入华北军区烈士陵园档案馆。这次跨省协同宣传，对融媒体中心来说是一次大胆的尝试，查找到了彭光烈士的档案，挖掘到了彭

光烈士英勇的革命事迹。虽经多方查证，彭光一家五口都为了革命事业献出了宝贵生命，彭光的亲人健在的可能性也微乎其微，这样可歌可泣的革命故事，却值得我们永远铭记。

3. 打造宣传精品，展示巴南特色。巴南融媒体中心作品《中国表达》，以巴南区委宣传部策划组织的老外学非遗活动为契机，以巴南非遗接龙吹打唢呐为核心，以外国友人詹姆斯拜师学艺为主线，将中国唢呐经典曲目与西方特色音乐巧妙融合，采用超高清4K技术拍摄，视频新颖活泼，画面风光奇秀，精彩"表达"了巴南非遗，倾情演绎出中国之韵。该作品获得由国务院新闻办公室指导、中国外文局主办的2021"讲好中国故事"创意传播大赛荣获大赛一等奖，成为重庆地区唯一一件获得一等奖的作品。

4. 积极投身成渝地区双城经济圈建设。与成都温江区融媒体中心签订《战略合作框架协议》，双方互相实地考察交流，在发展历程、平台架构、人员构成、工作流程、系统运行、资源整合、绩效考核、融媒体建设整体推进等方面详细交谈。加强交流互动，共同策划完成重大选题的策划组织。通过电视、报纸、广播、新媒体等平台，开办"唱好双城记 建好经济圈"专栏，从人才交流、交通建设、文化旅游、商贸物流等方面入手，充分发挥宣传思想引领作用，为成渝地区双城经济圈建设注入强大正能量。

5. 探索校地合作双赢新模式。巴南区融媒体中心着力整合区域优势宣传资源，与重庆大学影视学院、重庆文化艺术职业学院、重庆工商大学新闻学院、重庆工程学院等协同联动，强化校地合作，确立校地全面战略合作关系。

## 第四节 融媒体中心舆论引导面临的问题与困境

### 一、体制机制创新需进一步推进

探索事业单位、现代媒体、文化类企业三者融合发展的体制机制，对人事、财政、薪酬等方面的体制机制进一步完善，推动在平台、渠道、媒介、人员等方面的深度融合，激发人员干事热情和工作活力。

## 二、全媒体指挥调度中心需更完善

全媒体时代来临，舆论生态、媒体格局、传播方式都发生了深刻变化，中心已初步构建适应融媒体生产的采编发网络和采编发流程，内容生产分发系统技术平台建设也初步建成，但距离全媒体现代传播体系的要求还有一段距离，尽快建设适应巴南宣传需要的指挥调度中心，持续深化改革，完善全媒体传播体系迫在眉睫。

## 三、全媒体人才招聘形式需丰富

目前中心全媒体人才的质量、数量、结构还存在一定的不合理性，需进一步拓展人才引进渠道，实行更加积极、开放、有效的人才引进政策，采取符合融媒体运行特点、侧重于考核专业技能的方式选聘人才。建议在公开招聘时将专业科目考核纳入考试科目，在测试应聘人员的基本素质和综合能力的基础上，对应聘人员在媒体传播的复合技能、意识等方面进行全面考察，打造全媒型人才队伍。

# 第五节 提高融媒体中心舆论引导能力的路径与方法

## 一、建设综合服务型智慧媒体

形成集约高效的内容生产体系和全媒体传播链条，构建智慧媒体"中枢大脑"；以大数据技术为支撑，打造内容强大、响应迅捷的智慧媒资系统；启动建设现代媒体会客厅，为融合发展提供硬件、技术支撑。

## 二、拓展"融媒体+"运营服务

推进"融媒体+政务+服务+商务"深度融合，做好政务传播，推进与部门、镇街、社会资源的合作联动。充分发挥巴南文旅形象大使"巴巴虎"的良好社会形象作用，主导"巴巴虎"系列伴手礼的研发、推广和经营，聚合"融媒体"

和"巴巴虎"双重品牌势能。

### 三、打造高效多维融媒体矩阵

联合中央级媒体与市级媒体，利用大平台做好巴南经济社会发展的宣传工作；联动川渝区县级融媒体中心，加强融合发展交流，取长补短，扩大媒体影响力；聚合部门、镇街和社会媒体，统筹全区资源，激发媒体活力。

### 四、改版升级媒体平台

把准政治方向与平台属性，明确传统媒体、移动媒体、户外媒体各媒体平台定位，有步骤地对各媒体平台进行升级改版，着力打造兼具新闻传播、政务沟通、民生服务、商务发展的全新"1+3+N"立体传播矩阵，让整体内容布局更加立体化、合理化、时代化，整体设计更为简洁、便捷，为受众带来更加赏心悦目的视听体验和具有新时代特征的内容呈现。

### 五、全新呈现主题宣传

以学习贯彻党的二十大为主线，围绕巴南"高质量发展，高品质生活"，聚焦"一区五城"、打造5个千亿级产业集群、创建全国文明城区、乡村振兴、社会主义核心价值观等重大主题，运用5G直播模式、短视频、H5等方式，深入挖掘报道巴南在高质量发展方面的好措施、好做法、好成效。以小切口展现大主题，用小故事诠释大时代。

# 第二十二章　新疆库车市融媒体中心舆论引导能力建设研究报告

孟亚娟[①]

库车市于2017年1月开始媒体融合项目建设，同年5月将库车人民广播电视台、库车电视台和龟兹网部分人员合署办公。2018年10月库车市委常委会审议通过《库车市融媒体中心建设实施方案》，加快推动县级媒体融合步伐，同年12月融媒体中心正式挂牌成立。2019年10月，按照上级编制部门关于阿克苏地区融媒体中心机构设置方案，库车市委正式批复组建库车市融媒体中心，由原库车电视台、库车人民广播电台、龟兹网等单位合并组成库车市融媒体中心。

## 第一节　库车市融媒体中心基本情况

### 一、平台建设

目前，库车市融媒体中心为市委直属公益二类事业单位，归口市委宣传部领导。在职在编人员70人，聘用干部49人。内设"三办四中心"：总编办、行政办、技术保障办、新闻中心、栏目中心、译制中心、运营中心。共有库车电视台（开设 KCTV-1、KCTV-2 两个频道）、库车人民广播电台（开设汉语频率 FM90.7、维语频率 FM102.5、综合频率 FM97.3 三个频率）、"库车零距离"微信公众号、"库车市融媒体中心"抖音号、"阿东看库车"视频号、户外电

---

① 孟亚娟，新疆库车市融媒体中心书记。

子屏、户外宣传栏、大小喇叭等十余个宣传平台，基本实现城市乡村一个声音、网上网下相同内容。

二、职能职责

1. 贯彻落实党的新闻、广播电视宣传方针政策、法律、法规，宣传党的理论、路线和各项方针政策，把握新闻宣传基调，坚持正面宣传、团结鼓劲，为社会稳定和全市经济社会发展提供舆论支持。

2. 统筹市域媒体资源，形成广播、电视、网站、客户端、微信公众号、户外广告屏等传统媒体、新兴媒体、社会宣传资源融为一体，内宣、外宣、网宣等职责融为一体，新闻从业人员采、编、播等技能融为一体的格局。

3. 负责市委、市政府中心工作新闻网络宣传，落实全市新闻报道计划；完成上级下达的各项内外宣传和创优任务，策划生产原创作品，打造对内、对外宣传精品。

4. 负责广播电视安全播出和设备设施的安全防范工作；负责广播电视节目的制作、译制、播出、新技术科研应用等工作；负责完整传输中央、自治区广播电视节目。

5. 负责全市新闻业务管理和对外通联工作，抓好全市新闻网络宣传阵地和人才队伍建设，做好全媒人才培训、培养。

6. 负责对全市各领域各类典型进行深入挖掘、培养、选树，做好全年及阶段性重大主题宣传，全方位、多领域开展对内、对外宣传工作。

7. 负责电视、广播、网站、新媒体设备技术维护，对乡镇"户户通""大喇叭"正常运行进行业务指导和培训。

## 第二节　库车市融媒体中心发展亮点

一、体制机制方面

一是人员迅速整合。2019年10月完成机构组建，成立"三办四中心"，建立明确了中心各项管理制度，实行干部绩效考核，推行末位淘汰制，形成了创先争优、优胜劣汰的人员管理机制。二是工作迅速融合。重构策、采、编、发流程，通过对外宣传推介，开展网络直播带货、旅游宣传推介现场直播、抖音平台直播等大、中、小型直录播活动，实现了"统筹策划、一次采集、多种生成、多元发布、及时反馈"的宣传格局，迈入"互融共生""合力作战"的全新阶段。三是乡镇迅速联合。充分运用自治区石榴云平台通讯员渠道建立健全通讯员队伍，涵盖各乡镇、街道、市直单位以及部分村、社区，通讯员将本地本部门最新开展的活动和新鲜事、先进人物事迹通过平台及时上报，再次编辑完善后各平台传播。

## 二、内容生产方面

总编办分析研判宣传重点，每日召开编前会议，策划选题。新闻中心将确定的选题分解为采访任务，分派给记者外出采集，记者将采集的图片、视频、音频等素材统一上传至特定网盘，各平台根据平台需要，进行二次编辑，经三审三校后发布。一是对外宣传稳步推进。2021年，中心在各级各类媒体平台刊播稿件达5753篇（条）、同比上升56%，其中中央媒体刊稿2595篇（条）、同比上升40%，自治区级媒体刊稿2372篇（条）、同比上升109%，地区媒体刊稿786篇（条）、同比上升11%。二是融媒产品推陈出新。2021年策划制作融媒体产品全网浏览量过亿的5部，"千万+"3部，"百万+"107部，"十万+"163部；策划拍摄"新疆库车市棉花机械化播种实况"的视频引爆全网，浏览量2.1亿，在中央电视台CCTV-1、CCTV2及《人民日报》、新华网、央视新闻等70多家媒体平台刊播；策划拍摄的《"杏"福旋律》快闪，全网浏览量达1亿，充分展现中国共产党成立百年来库车各族群众安居乐业、幸福和谐的美好生活。策划制作《唱支山歌给党听》MV、《庆祝建党100周年灯光秀》短视频发布后引起热烈反响，共有48篇相关新闻报道。三是常规工作持续推动。结合本地实际，充分发挥县级译制中心翻译人才的作用，编译连续剧、动画片180集，编译制作审核各平台栏目98期；各类知识问答、手册、通知通告等各种疫情防控材料841余条；翻译制作库车新闻、库车零距离、公益广告、抖音480余条（篇）。持续保障"村村通""户户通""无线数字电视""大喇叭"

全覆盖维护工作，保证各族群众收视需求和广播电视节目安全优质播出。2022年上半年，在各级各类媒体平台刊播稿件3303条，中央级媒体刊稿1159条、自治区级媒体上稿1753条，推出原创作品813部，开展直播活动25次，参与承办"5·19旅游推介会"和"阿克苏地区第18届多浪龟兹文化旅游节暨库车市首届龟兹文化旅游节"等活动，受到高度评价。

### 三、人才激励方面

按照"分类管理、科学设岗、以岗定薪、统筹兼顾、明确职责"的总体要求，在定岗定员定责和岗位评价的基础上，建立以岗位责任与工作业绩为依据的新的薪酬分配制度，以岗定薪，同工同酬，在逐步缩小不同身份员工的收入差距的同时，适当拉开岗位及其绩效薪酬分配档次，实现员工身份管理向岗位管理的转变，充分发挥绩效考核导向和激励作用，建成一支可靠、高效、务实、敬业的全媒体人才队伍，做大做强主流舆论，更好的引导群众、服务群众。一是动态管理、总额控制。逐月实行绩效考核，根据考核结果，核定当月各岗位员工的奖励性绩效工资发放标准在核定的总额之内。二是以岗定薪、统筹兼顾。打破身份、资历等因素的限制，以岗位价值确定岗位薪酬标准，统筹兼顾各岗位员工之间绩效考核工资分配关系，使绩效考核工资分配真正做到按绩取酬、同工同酬。三是绩效优先、公平公正。通过严格的绩效考核考评，多劳多得，优绩优酬，重点向一线、骨干新闻采编人员及作出突出贡献的员工倾斜。考核公平公正，考核结果和绩效考核工资分配计划及时公开。

### 四、媒体技术方面

一是流程一体化。中心采编人员通过"石榴云"全渠道融合生产的一个后台就能完成文字、图片、音视频、H5等多媒体内容的编辑处理，一键分发到广播、电视、微信、微博、客户端、抖音号、视频号等不同渠道。二是生产智能化。利用"石榴云"将人工智能和大数据技术无缝嵌入采编业务全流程，通过人机协作方式实现智能策划、智能编辑和智能审核，提升媒体生产效率和内容质量。三是数据资产化。依托云计算和大数据能力，"石榴云"提供支撑"策划、采集、编辑、审核、发布、考评、管理、追踪"全流程的智能化工具集，同时可对各环节产生的数据实现管理挖掘。四是采编移动化。平台的移动采编和即时通讯模块打破传统办公模式束缚，让采编人员实时实现高效协作和信息共享。

## 五、政务服务方面

库车市融媒体中心自成立以来，把群众需求当作第一选择，把群众满意作为一切工作的最终目标，充分发挥"互联网+"的优势，突出"媒体为民"理念，积极探索"媒体+政务+服务"的发展模式，整合各类平台资源，着力搭建政务服务平台，建设舆论引导和化解平台，通过库车零距离、广播FM90.7频率、阿东看库车视频号等平台，宣传党的重要政策理论以及发布便民利民信息，切实将融媒体中心建设成为综合服务平台，更好地服务各族基层群众。在广播频道和微信公众号及时准确刊播政务消息、惠民政策信息，对交通、天气、健康等百姓关注的话题，给予更多关注，播出相关报道近500条。针对食品安全、交通整治、民生项目等问题，联合有关部门开展执法直播16场，有力推动党政关注、群众关切相关工作落实落细。

## 六、民生服务方面

一是以服务群众为重点，把融媒体中心打造成各族群众可信赖的媒体平台。通过维汉语广播平台接收整理群众困难诉求，关注热点问题等，及时将问题和群众关切第一时间反映到相关部门，并跟进问题进展，随时回应群众关切，确保问题不推脱、不上交、不升级。二是以大型活动为载体，满足人民群众日益增长的文化生活需求。通过策划丰收节、白杏节、塔里木原生态胡杨林旅游推介、沙世界冬春旅游文化活动、中国旅游日推介会和阿克苏地区第18届多浪龟兹文化旅游节暨库车市首届龟兹文化旅游节等14次大型主题活动，引导全市各族群众参与其中，共享和谐稳定红利，同时扩大库车知名度和影响力。三是以群众喜爱为遵循，把"沾着露珠冒着热气"的宣传产品通过电波传送到人民群众中间。开辟"百姓宣讲大舞台"专栏，邀请市讲师团优秀宣讲员做客直播间，通过FM97.3和FM102.5广播频率与栏目主持人现场的节目互动，把党的各项方针政策、疫情防控知识、民族团结故事、脱贫攻坚典型等通过"苞谷馕"式的语言，群众喜爱的形式进行宣传。四是以为民务实创新为落脚点，充分发挥自身优势和职能作用。建立长效机制接续发力，着力破解群众关切的问题。在全力做好疫情防控宣传工作的同时，把群众利益放在首要位置，线上以"农产品＋产品包装＋媒体宣传＋直播带货"的形式吸引各地客商，做好农产品的"推介人"；线下积极拓宽销售渠道，以"外地客商定销一批、城投公司收购一批、小区微信群接龙一批、爱心人士订购一批"的方式，大力推销本地农产品，做好农产品推销的"中间人"，切实解决了群众农产品滞销的问题。库车市零距离微信公众号、库车好地方客户端、FM90.7广播等平台开通线上助农直通车为库车各类农产品销售渠道窄、销售难的问题保驾护航。自平台发布销售信息后，累计销售农产品约956.3吨。

## 第三节 库车市融媒体中心舆论引导实证研究

### 一、解读党的理论路线方针政策及上级各级党委政府精神

一是强化党建引领作用，筑牢意识形态领域阵地。中心始终坚持以习近平新时代中国特色社会主义思想为指导，全力践行新时代新闻宣传总要求，抓重点、重创新、传压力、促落实，始终坚持党管意识形态、党管媒体的原则，在新闻舆论工作的各个方面认真践行马克思主义新闻观，从讲政治的高度对待自身工作，将"坚定四个自信、增强四个意识、做到两个维护"贯穿于宣传工作各环节。2021年中心被评为地区级先进基层党组织。二是牢牢把握正确政治方向，做好重大主题宣传报道。库车市融媒体中心坚持以习近平新时代中国特色社会主义思想为指导，深入贯彻落实党的十九大和十九届历次全会精神，深入贯彻自治区两会精神、地委扩大会议精神，在各类宣传报道中，牢牢把握住正确的政治方向、舆论导向和价值取向。中心对市委、市人大、市政府、市政协等四套班子的重要会议、重要活动、重点部署做好跟进报道，推出相关报道1023条。三是围绕全市中心工作，强化舆论引导。把握正确舆论导向，加大宣传力度，以公开透明的信息发布、有力有效的舆论引导、形式多样的宣传传播、健康丰富的文化产品，积极引导人民群众、凝聚民心，共筑同心。

## 二、讲本地老百姓生产生活故事

一是开设《民生面对面》《好歌大家唱》《百味库车》《多彩非遗》《石榴花开》《最美库车人》《美丽乡村行》《暖城微事记》《走进小康》等专栏，从历史渊源、风土人情、地理环境等多层面出发，呈现库车文化特色，传扬爱国情怀和中华文化，展现库车美丽乡村和精神文明建设成果，受到群众一致好评。二是策划创建"阿东看库车"微信视频号，中心充分发挥自身优势和职能作用，在视频号上发布更多老百姓有共鸣和认同感的内容，有深度和温度的作品，让更多人通过"阿东看库车"来了解库车。账号创建8个月以来，发布视频661条，浏览量达804.15万人次，视频《我与旧事归于尽 来年依旧迎花开》介绍了2021年库车市的重大难忘时刻，该视频一经发布就引起全市干部群众的热烈反响，大家从视频中找到了属于自己的感动和希翼，网友纷纷留言互动，表达了对有思想、有温度、有品质的融媒作品的喜爱。

## 三、重大危机事件干预

中心以高度的政治意识、大局意识、责任意识，增强引导舆论的本领，充分发挥自身宣传媒介职能优势，利用其"资源通融、内容兼融、宣传互融"的属性以及覆盖面广、传播速度快的优点，切实做好为民众服务工作，将事件的真实情况客观公正地通过媒介载体第一时间传递出去，让群众及时获悉，坚持团结稳定、鼓舞士气、传播正能量为主，做好统一思想、凝聚力量的舆论引导工作，消除群众对重大突发事件的疑虑和恐慌情绪，增强基层群众对各类不正确舆论的分辨能力。库车市融媒体中心充分发挥自身优势和职能作用，以群众的呼声在哪里，我们的关注就在哪里为工作要求，通过记者调研、新闻热线、维汉语广播直播间、新媒体平台、微信听友群等渠道收集热点问题，经与相关部门沟通了解，针对群众关心关切的问题，通过"阿东看库车"账号发布动态消息，以视频形式及时解读政府政策、回应社会关切、安抚民众情绪。例如，2022年关于库车市域内部分停车场设收费点停车收费问题，为给群众答疑解惑，库车市融媒体中心主动联系管理部门，就停车收费问题进行深入了解，专门制作《车辆有序停放 市民出行方便》视频解答群众疑惑；因车辆乱停乱放，时常引起交通事故，为确保群众出行安全，管理部门规范停车场秩序，经视频解答，群众纷纷表示理解支持。"阿东看库车"充分发挥了媒体桥梁纽带作用，及时解读政策，加强政府与群众间的联系，引导社会舆论。

### 四、外宣传播强化本区域公众认同形成凝聚力向心力

一是中心始终坚持落实"内容为王"。积极策划制作原创短视频，2021年作品《"抵制"？新疆棉花不吃这一套！库车棉花播种》荣获优秀短视频传播奖。今年中心持续在官方抖音号上发力，利用自身优势，打通电视资源，紧抓本地热点，迅速向全网传播库车正能量。采写的关于库车女孩刁月涵在北京冬奥会开幕式上为中国代表团高举引导牌的新闻和视频被天山网、新疆日报等153家媒体转载，总浏览量达1.3亿，采写的关于麦吾兰·艾麦尔：新疆小伙参加北京冬奥会开幕式表演的新闻和视频被人民网、腾讯新闻客户端等平台转载，总浏览量达8500万。二是中心强化与上级媒体合作。以突出特色、发挥优势理念策划内容丰富的作品，大量库车稿件被"学习强国"平台采用，由中宣部新闻局、中宣部宣传舆情研究中心指导，"学习强国"学习平台主办，各省（区、市）和新疆生产建设兵团学习平台协助组织、共同实施的2021年全国县级融媒体中心优秀作品双月赛获奖作品名单正式揭晓。其中，由库车市融媒体中心报送的作品《新疆库车人：农民画里"话"乡韵》荣获新疆赛区一等奖、《新疆库车：林基路的故事》荣获新疆赛区一等奖、《新疆库车：绿色空运传递"杏"福滋味》荣获新疆赛区二等奖。

## 第四节 库车市融媒体中心舆论引导面临的问题与困境

### 一、高精尖人才缺乏

现有干部职工中，真正精通融媒体业务特别是全媒体采编、运营、维护、5G技术、大数据方面的高端人才较少；再加上受体制机制制约，编制、薪资等问题，导致不易招聘到优秀的专业人才，且容易流失，严重制约媒体融合发展。

## 二、新媒体开发与应用有差距

推动媒体融合发展的新技术层出不穷，虽然中心高度重视新媒体技术的发展，大力加强对抖音、视频号、客户端等新媒体平台的开发与建设，并在推动媒体融合过程中运用新媒体平台取得了一些成绩，但因技术、资金、占领市场起步晚多方面原因，各类平台粉丝数、日活量还需进一步提高，用户黏性还需强化。

## 三、技术力量不足

技术驱动是推动媒体融合创新的关键因素，尽管目前来看，融媒体中心的基础平台基本搭建完成，但在日常维护、平台管理、系统操作等方面，还存在技术支撑力量不足、技术保障体系不完善等问题，个别新闻采编人员对新设备和新系统掌握不全面、使用不熟练，工作效率有待进一步提高。

## 第五节 提高融媒体中心舆论引导能力的路径与方法

### 一、坚持党管宣传、党管意识形态、党管媒体不动摇

一是进一步提升干部队伍理论武装。把理论学习作为夯实意识形态阵地建设的重要抓手，持续加大对干部的党史学习教育、党风廉政建政教育、反分裂斗争教育、保密教育、民族团结教育的学习。二是发挥互联网党建示范点作用。中心党组织利用互联网党建示范点优势，在落实"三重一大"和"三会一课"制度、抓好"5+X"活动的基础上，充分发挥党建引领，严格落实意识形态工作责任制，对广播电视、新媒体平台刊发内容进行"三审三校"，建立审核专班，依托自治区石榴云平台，高位推动中心常态化创新发展，不断提升融媒产品生产质量和水平。三是加强队伍建设不停止。中心党支部高度重视干部作风和党员后备力量的壮大发展建设，通过巡视巡查、党史教育、以案促改、各类警示教育等持续加强干部作风建设。

## 二、探索融媒体中心深度融合发展新模式

下一步将以推进媒体深度融合，打造融媒体中心融合发展的升级版，继续发挥好新媒体及广播电视等平台的优势和作用，抓好自办栏目创新，积极探索"媒体+"传播服务新格局，搭建更优质的"传播矩阵"，构建以微信公众号、App、视频号、抖音为主的新媒体发布渠道，实现多媒体联动、同频共振，拓展库车宣传覆盖面，提升主流媒体影响力。

## 三、推进融媒体中心机制体制改革

按照地区编办指导意见，修改完善库车市融媒体中心"三定方案"，深化人事体制机制改革、激发创业创新活力，实施公益二类单位运行，以积极占领意识形态主阵地为根本，加大政府支持力度，始终坚持团结稳定鼓劲、正面宣传为主的方针，牢牢把握正确的政治方向和舆论方向，抢抓县级融媒体中心建设的历史机遇，不断增加自身造血功能，探索差异化绩效考核，打破原有"干好干坏一个样、干多干少一个样"的格局和理念，以市场激励机制吸引更多的人才，推动人事、绩效、运营改革以及各媒体平台深度融合和聚合共振效应，为我市各项事业建设和发展提供思想舆论保障和精神文化支撑。

## 四、牢固树立"人才兴媒"战略思想

坚持不断创新人才培养机制，加强中心干部、职工的日常教育培训，持续深入开展增强"脚力、眼力、脑力、笔力"教育实践，有针对性地制订融媒体中心学习培训计划，强化对采编人员、专业技术人员的招引、教育和培训，并在现有人员中选出最优、最强、具有使命感和责任感的年轻人才放在一线锻炼，发挥年轻人对于新媒体的敏锐性和对于新领域、新知识的快速接收能力，同时树立在各科室宣传中心敢拼爱干的典型，养成学典型、做典型的良好风气。

## 五、提升内容生产能力

牢牢把握正确政治方向、舆论导向、价值取向。切实把深入学习宣传阐释习近平新时代中国特色社会主义思想作为重中之重，突出宣传党的政策主张，

充分挖掘报道地方生动实践，精心策划做优做精本地新闻，及时传播市域权威新闻，聚焦基层社情民意，及时反映群众意愿呼声，做好应急信息发布，广泛开展科普宣传。着力提升新媒体产品生产能力，加强创意策划和生产，用活用好身边人、身边事，制作推出专题片、短视频、长图、H5等融媒体产品，增强宣传报道传播力、引导力和影响力。

# 第二十三章　北京市东城区融媒体中心舆论引导能力建设研究报告

王继志[①]

随着互联网技术的迅猛发展以及基础设施建设的不断完善，新闻舆论的传播格局、媒体形态也发生了前所未有的变化，给舆论引导和新闻宣传工作带来了巨大的机遇和挑战。东城区作为首都功能核心区，是全国政治中心、文化中心、国际交往中心的核心承载区，是历史文化名城保护的重点地区，也是展示国家首都形象的重要窗口地区，完善坚持正确导向的舆论引导工作机制尤为重要。东城区融媒体中心自成立以来，以"舆论引导能力"的建设和提升为重要抓手，以"引导群众、服务群众"为最终目的，不断深化体制改革，加速转型，深入探索媒体融合浪潮下的"东城模式"，并积极参与社会治理工作当中，打造出一批聚焦东城的融媒精品力作，着力打通宣传群众、引导群众、服务群众"最后一公里"。

## 第一节　融媒体中心基本情况

为深入贯彻落实中央、北京市委关于加快推进媒体融合发展的决策部署，按照东城区委、区政府的工作要求，东城区融媒体中心在原东城区新闻报道中心的基础上，整合平台资源，调整内部职能，于 2018 年 7 月 6 日正式挂牌成立，并于 2019 年 3 月和 2021 年 12 月两次顺利完成机构改革，完成《北京市东城

---

[①] 王继志，北京市东城区融媒体中心主任。

区融媒体中心职能配置、内设机构和人员编制规定》。东城区融媒体中心是区政府直属相当于正处级财政补助公益一类事业单位，归口区委宣传部领导，核定事业编制 51 名，聘用人员 9 名。下设科室 10 个，分别为办公室、总编室、采访科、摄影科、摄像科、平媒制作科、视频制作一科、视频制作二科、新媒体一科、新媒体二科。

东城区融媒体中心的主要职责是：负责《新东城报》采访、编辑、出版、发行等工作；负责北京电视台新闻频道"都市阳光"栏目拍摄、制作工作；负责歌华有线"美丽东城"高清交互数字电视服务平台内容制作、建设管理、运营维护工作；负责"北京东城"官方微博、微信、客户端运营维护工作；负责"北京东城"抖音、快手、头条、微视、人民号、北京号、北京时间、新华号、央视频号等内容发布维护工作；负责学习强国等平台稿件上传工作；负责全区重要活动和会议的图片、视频资料拍摄工作；负责协助做好对外新闻宣传工作。

目前，东城区融媒体中心在载体平台、传播渠道、输出内容等方面发生巨大变化，媒体传播效能进一步彰显，政务服务优势得到发挥，东城融媒品牌逐步确立，区域内的影响力逐步攀升。

## 第二节　融媒体中心发展亮点

县级融媒体中心的建设是推动媒体融合发展的必然趋势，是提升基层社会治理能力的重要手段。东城区融媒体中心始终贯彻"崇文争先"理念，坚持正确的政治导向，充分利用"1+18+N"融媒体传播平台，将正面宣传和线上服务全面结合，不断提升自身的传播力、引导力、影响力、公信力，最终实现引导群众、服务群众的根本目的。

**一、高标准建设"新闻+"新生态东城融媒发布厅，实现资源汇聚**

东城区融媒体中心于 2021 年 3 月正式启用"新闻+"新生态东城融媒发布厅，包括融媒发布平台、指挥大屏、实景演播室和虚拟演播室等。发布厅作为东城区融媒体中心的业务"大脑"和协调中枢，依托于中心现有的"1+18+N"内容生产传播平台，即：1个融媒生产平台、18个融媒矩阵（《新东城报》、"都市阳光"电视栏目、"美丽东城"网络电视、"北京东城"App、官方微博、微信公众号、视频号、微视号、抖音号、头条号、快手号、北京号、学习强国平台、人民号、新华号、央视频号、北京时间号、百家号）以及街道、委办局新媒体矩阵，通过资源整合、统一管理、集中调配的方式，促进信息发布向科技智能化方向转变，实现了发布地点移动化、发布形式可视化及发布渠道多元化，推进线上线下多方平台优势叠加互补，促进东城宣传向新型媒体融合生产格局转变。同时，东城融媒发布厅于2021年8月成功对接"北京云"市级技术平台。中心记者编辑完成并通过审核的文字、视频、音频、多媒体稿件等产品内容，通过接口协议，直接推送至"北京云"市级融媒体平台系统内进行二次编辑使用，全面实现与"北京云"平台内容、资源的共用共享。

## 二、深度参与社会治理，实现"三个中心"融会贯通

东城区融媒体中心积极加强舆论阵地和平台服务建设，"北京东城"客户端于2019年5月正式上线，主界面分为首页频道、视频、服务三个部分，日更新约40余条内容，涵盖中央、市属、区属重大活动、重要事件、重点工作等新闻，商业、文娱、健康、体育、生活等各类资讯。目前，东城区融媒体中心以该客户端为基础平台，将区新时代文明实践中心网络平台及区政务服务中心网络平台均连接到"北京东城"App前端，打造了"文明实践"板块以及政务服务功能所涵盖的"东城信息查询""东城政务服务""东城区政务公开""网上信访""我要吐槽""东城区机构职能"六大板块，定期进行功能的优化和更新，实现了"三个中心"的融汇贯通，打造成具有"新闻＋政务＋服务＋监督＋商务"模式下的多功能融合平台，成为向群众提供全方位的生活信息服务和推进政民互动服务的重要载体。

新冠肺炎疫情防控期间，"北京东城"App推出"云课堂"频道，接入歌华有线"北京云"空中课堂，保障中小学生学习进度不受疫情影响；开通"网上商城"板块，包括"老字号商城""东城文旅"以及"邮乐优鲜"板块，带动东城区经济的蓬勃发展；接入"声智健康"小程序，方便市民进行疫苗接种、

核酸检测预约等，助力东城区疫情防控工作，增强用户黏性，为开展舆论引导提供坚实的群众基础。

### 三、发挥区域优势，助力特色文化传播

文化是东城区最大的特色。东城区融媒体中心作为党和政府与基层群众的信息交流渠道和情绪沟通桥梁，充分认识传播力尤其是文化传播力的重要意义，通过拓宽信息传递和展示平台，加强文化连接用户黏性的能力，不断丰富融入基层舆论生态的传播路径。自融媒体中心成立以来，努力找寻文化在传播中的突破，一方面，以人民群众为核心，大力推进优质内容生产，将传统力量投入策划作品"内容"上；另一方面，以特色文化为承载，立足全国文化中心建设，通过"内容＋传播"一体增强传播效应，从可读到可听再到可视，力图打造沉浸式的内容体验，实现质量与流量的双向赋能。例如，结合东城特有的胡同文化资源，跟踪报道胡同居民的生活环境变化，推出优秀短视频作品《古都胡同里的小康生活》《胡同新生》等，引起热烈反响，让一种"自下而上"的宣传变自然、透彻、真实。围绕"博物馆之城""书香之城""戏剧之城""非遗之城""中医药文化之城"，文字记者以探访的方式，通过文字＋短视频作为传播的形式，摄影记者以"文字＋图片"的形式推出东城"光影故事""大城小事"系列报道，进一步拓宽了东城公共文化的服务渠道，不仅为市民群众带来艺术与审美享受，更引发大家在东城工作生活的共鸣与共情。

## 第三节　融媒体中心舆论引导实证研究

据中国互联网络信息中心发布的第50次《中国互联网络发展状况统计报告》显示，截至2022年6月，我国网民规模为10.51亿。随着网民数量的急剧增长，信息传播的速度、广度都在不断延伸，海量的互联网信息为区县融媒体中心的舆论引导工作带来了很大的困难。东城区融媒体中心立足于"1+18+N"内容生产传播平台，从以下几方面开展舆论引导工作，并取得了显著的工作成效。

## 一、围绕中心、服务大局，打造具有强大引领力的主流媒体

东城区融媒体中心始终坚持党的领导，站在意识形态领域的前沿阵地，承担着向广大群众传达区委区政府的方针政策、决策部署的重要任务。中心通过选题策划、内容编辑、创新形式，将党的理论路线、方针政策以及重大决策部署加以解构和重组，以群众喜闻乐见的方式，做好充分解读，使广大群众看得进去、读得明白。

在各平台不断完善的基础上，区融媒体中心聚焦重大时间节点，全方位开展创新宣传。围绕庆祝建党百年和党史学习教育，推出"奋斗百年路 启航新征程""学党史 悟思想"等10余个专栏、专题，生动讲好党的故事、传播党的声音。新媒体平台策划推出"网红"党史游学线路街拍系列，展现东城区丰富的红色资源；发布"聆听百年党史"东城党员干部接力诵读活动等50余部音频作品；推出"党史故事我来讲"等20余部短视频作品；首次创作推出MG微动漫《你不知道的"亢慕义斋"》，并结合网络热点创作微视频《"90后"致敬"九零后"》《听！这是来自东城的生日祝福》；策划推出"伟大开篇——中国共产党早期北京组织"专题展、《新青年》编辑部旧址（陈独秀旧居）专题展两大展览云展厅，在线观看人数共计10余万人次。上线"党史e起学"微信小程序，点击量突破1000万人次。推出"东城社工"庆祝建党百年微信表情包、庆祝建党百年H5、党史知识网上系列竞答、献礼建党百年系列人物海报等全新融媒作品，为党的百年华诞庆生。

在东城区第十三次党代会及区"两会"期间，东城区融媒体中心精心策划选题，持续推出"崇文争先谱新篇""高质量发展看东城""一把手进社区"等专栏，深度报道展示东城区五年成就，并拓展思路，运用"发展变化＋群众故事＋图例说明＋视频海报"等多方位报道形式，深挖亮点，凸显优势，推出《这里是东城》《党代会后，第一时间，东城区委常委班子来到北大红楼》《东城区第十三次党代会报告"句透"》《独家花絮！代表来了》《"唱"想东城那些事儿》《@东城人，您的时光列车马上就要发车了》等融媒产品，共发布采访报道793篇，高时效、高频次、高质量完成党代会及区"两会"期间宣传报道任务，让党的创新理论走进东城万家灯火。

## 二、立足属地特色，讲好"东城故事"，打造具有强大传播力的主流媒体

东城区作为首都功能核心区，是全国政治中心、文化中心和国际交往中心的核心承载区，同时也是历史文化名城保护的重点地区，拥有众多的文化资源和历史底蕴。区融媒体中心聚焦核心区功能定位，深入挖掘新闻线索，以东城区的历史文化、风景名胜、人物生产生活为脉络，弘扬社会主义核心价值观，发挥正能量引导作用，多角度、全方位讲好"东城故事"。

区融媒体中心主动设置议题"中轴线""网红打卡地"等，将东城的文化资源充分利用起来，以受众体验为导向，以短（微）视频的形式带大家畅游东城、畅玩东城。"东城探秘"栏目以中轴线申遗为契机，推出"坐地铁打卡最美地下中轴线""中轴治愈系——游走中轴，感受历史""中轴花语""春游东城"等系列短（微）视频，从不同角度带领受众感受北京中轴线的神奇魅力。新媒体平台以年味东城、网红打卡、非遗文化、冰场娱乐、书店体验等为主题，推出《打卡东城宝藏书店》《过年，来东城吧！》等系列短（微）视频171部，带用户"云"游东城。

新冠肺炎疫情防控期间，区融媒体中心聚焦东城区社会工作者这一群体，积极打造"东城社工"品牌形象，刻画人物群像，在微博、头条、抖音平台开设话题，最高曝光量达4.5亿以上。设计推广"东城社工"IP卡通形象，制作并播出《"东城社工"东城范儿》动画宣传片，制作"东城社工"防疫海报，上线"东城社工"为民服务、庆祝建党百年、喜迎冬奥三个主题系列表情包，并从"关键小事"着手制作"东城社工"垃圾分类四格漫画等"东城社工"品牌系列报道，并借助中央媒体策划专题报道，深度挖掘东城社工品牌价值，推出《北京：东城社工为何"管用顶事"》《东城社工，防疫"守门人"》《为你喝彩，东城社工！》《从寒冬到酷暑 东城社工一直在您身边》等多篇有影响力的深度报道，充分设置议题的同时，发动各街道媒体平台及新闻通讯员力量，营造长期、立体打造东城社工品牌形象的整体氛围，让"东城社工"这一群体真正喊响叫亮、深入人心。

### 三、关注舆情动态，做好重大事件危机干预，打造具有强大影响力的主流媒体

随着互联网技术的飞速发展，全媒体时代已经到来，信息发酵的速度也随之越来越快。在重大危机事件和突发舆情事件来临时，面对非主流媒体中出现的多方声音，东城区融媒体中心及时关注舆情动态，提供权威、准确的消息来源，利用主流传统媒体的公信力，加以新媒体平台多样化的传播形式和即时传播速度，构建起立体式、全覆盖的宣传网络。2022年3月，新冠肺炎疫情再次席卷而来，东城区融媒体中心第一时间集结骨干力量成立战时新闻宣传团队，深入疫情防控一线实地采访拍摄，通过原创新闻、音视频、海报、长图、动漫等方式，对全区抗击疫情工作展开立体式组合报道，推出《直击封控一线：一切为了打赢！》《3000余名"东城社工"冲在战"疫"一线》《隔离不隔爱 东城学子心连心》《双向奔赴！抗疫一线不一样的感受》《"疫"起携手，情暖一线——企业伸出援手，凝心聚力抗击疫情》等新闻报道，《众志成城 齐心战疫》系列节目累计浏览量500万以上，《东城，有信心！》等三篇评论员文章起到很好的舆论引导作用。中心全方位、立体式记录下东城人的抗疫故事，用最及时的信息、最真实的画面、最权威的发声引导舆论，为疫情防控的阶段性胜利营造了良好的舆论氛围。

### 四、强化公众认同，画出凝心聚力"同心圆"，打造具有强大向心力的主流媒体

东城区融媒体中心依托"1+18+N"内容生产传播平台，通过技术赋能，实现一次采编、多平台发送的全媒体传播模式，开设专题专栏，进行深度报道，并通过向中央、市属媒体平台供稿，借助平台的传播力、影响力，扩大宣传效果。

聚焦冬奥、冬残奥盛会，全球首个"双奥社区"落地东城，区融媒体中心紧跟热点、积极策划，精心打造了一系列精彩纷呈的融媒作品，进一步强化公众认同。推出原创"冬奥遇上非遗"系列微视频6集、《喜迎冬奥 有你有我》新闻短片11集，全平台浏览量300万+。《新东城报》推出深度综合报道整版10个，通版3个。集纳冬奥热点，力推二次传播，制作发布《摩纳哥亲王想要的面人冰墩墩》等原创推文，利用新媒体技术手段推出"融情东城 筑梦冬

奥 解锁我们的冰雪奇缘"H5;"7+1"系列冰雪项目开屏海报等,以正能量内容产生大流量传播效果。

为迎接党的二十大胜利召开,东城区融媒体中心统筹开设"高质量发展看东城""东城这十年""强国复兴有我""我见证""这里是东城""走进市场主体""走街串巷说变化"等专题专栏,通过主题报道、新闻故事、资讯动态、视频联播、实地探访等方式,采写老街新颜、生活新变、企业新貌等发生在群众身边的点滴变化,以不同视角全方位展现东城发展成就。聚焦时代之变、东城之变,通过《古都新韵》《中轴新生》《老街新颜》《大戏新腔》《生活新风》五集专题片,推出反映新时代新风貌新变化的《我们的新时代》系列融媒报道及相关 H5 作品,全方位展现东城区高质量发展的奋斗实践,起到振奋精神、凝聚力量的作用,激励和动员全区干部群众更加奋发有为,锐意进取。

## 第四节 融媒体中心舆论引导面临的问题与困境

### 一、传播形式和内容有待丰富

东城区融媒体中心是在原有新闻中心的基础上,对人员、职能、资源等进行整合形成的新机构,是为适应全媒体时代、推进媒体融合的一次有益尝试,但同时,作为基层意识形态的宣传机构,受到经费、机制等各方面因素制约,传播形式和内容上与新时代融媒发展要求还有差距,宣传党和政府的政治方针、理论路线以及区内重大会议、重要活动等内容和形式相对单调冗长,导致基层群众,尤其是上网频率以及智能手机使用率高的年轻一代群体接受度不高,使得宣传效果打了折扣。

### 二、信息采集、处理及生产能力有待提高

一是从目前东城区融媒体中心采编队伍人员配置上看,人手不足带来了信息采集的困难。二是按照融媒体中心"一次采集、多元生成、多种渠道、多次发布"的运行机制来说,对记者、编辑业务能力的要求也在不断提高。新媒体

运用需要的复合型、创新型人才储备不足，且人才流失的"变量"因素始终存在。三是"平台定制"内容生产意识不足，即没有针对各平台用户特点对分发内容做个性化处理，用户思维薄弱。部分由融媒体中心记者进行采写的稿件被原文照搬到各平台发布，缺乏互联网思维以及内容、语言、技术上的创新，导致内容生产力薄弱，舆论引导能力不足。

### 三、用户黏性有待增强

东城区融媒体中心依托"1+18+N"内容生产发布平台，主要为东城区的居民、企业、商户等提供辖区内重大事件、重大活动的相关信息、线上办事等服务。受到信息覆盖面、本土化自媒体、用户体验等因素的影响，融媒体中心的受众具有属地上的局限性，且用户黏性不足。究其原因，一是由于特殊的地理位置，中央、市属等媒体在广大受众眼中更具有权威性和可信度，融媒体中心成立时间短，宣传推广不足；二是当前受众可接触到的媒介、信息越来越多，基层群众缺乏对信息的鉴别能力，容易受到自媒体舆论的影响，给融媒体中心的舆论引导工作增加了难度；三是平台建设亟需完善，辖区内与各办事平台的对接有待优化，也会在一定程度上影响到受众的关注度以及融媒体中心自身的可信度。

## 第五节 提高融媒体中心舆论引导能力的路径与方法

东城区融媒体中心成立四年以来，不仅对媒体融合新路径的探索从未停止，对在媒体融合的大背景下，如何提升自身基层舆论引导能力的探索也在持续进行。聚集在探索过程中遇到的一系列问题，融媒体中心不断总结经验方法，并结合工作实际，对下一步的工作有了新的思考。

### 一、坚持政治引领，把握正确导向

作为首都核心区的基层舆论宣传的主流阵地，东城区融媒体中心始终坚持党的领导，发挥好党和政府的喉舌作用，确保舆论宣传工作始终坚持正确的政治导向，将政治性强、责任性强的党员干部下沉到新闻采访一线，严格把控内容生产和新闻发布的出口，以正面宣传为主，唱响时代最强音。与此同时，密切关注群众关心的问题，发挥好引导群众、服务群众的作用，坚持人民群众在哪里，宣传主阵地就在哪里，形成"融媒体策划、新媒体首发、全媒体跟进"的传播格局。

## 二、健全人才机制，实现人才融合

进一步改进和完善融媒体中心的岗位晋升等级制度，在优质生源引入、晋升渠道畅通、薪资报酬提升等根本问题上解决人才引不进和留不住的困难。东城区融媒体中心在多方努力下已获得互联网新闻信息服务许可证、信息网络传播视听节目许可证、广播电视节目制作经营许可证，为有资质的人员申请核发新闻记者证。同时在一线采编队伍中广泛开展业务的交流和学习，不断激发干部潜能，倡导"全员自媒体"的概念，鼓励记者深度转型，由"幕后"走向"台前"，由"文字""摄影"走向"全能"，实现最大化产出。

## 三、优化内容生产，重视形式创新

东城区融媒体中心坚持"内容为王"，把内容作为核心优势，不仅要及时发布区委、区政府的方针政策、决策部署以及辖区内的重要活动，还要深耕本土，贴近生活，紧抓文化这个最大优势，以不同受众的需求和感受为出发点，讲好老百姓身边事，将涉及东城居民生活、学习、工作、生产等方面的内容，以图文、H5、视频、vlog、直播等形式进行创新，进一步强化用户思维，根据平台需要，开展个性编辑，以大家喜闻乐见的形式在多平台进行发布。比如，区融媒体中心推出的早餐系列节目引起了东城居民的广泛关注，炒肝、卤煮等都是传统老北京人偏爱的食物，这种带有城市烟火气的报道，很容易引发受众共鸣，增加阅读点击量。同时，内容生产紧紧结合时事热点，面对重大社会危机和突发事件，也要快速应对，凭借自身的权威性，在内容上做好深度解读，避免被自媒体带节奏，提升舆论引导能力。

### 四、深入融合，实现同频共振和多频共振

东城区融媒体中心用好"新闻+"新生态东城融媒发布厅和"1+18+N"内容生产传播平台，进一步促进信息发布向科技化、智能化方向迈进，同时加大与"北京云·融媒体"等中央、市级技术平台全面贯通，实现宣传效果"同频共振"。"北京东城"客户端进一步深化技术更迭，优化资源整合，强化引导使用，打破各政务平台"单打独斗"的局面，建立起区域内"一次下载、多项体验、立体发布、广泛覆盖"的运作机制，完善"新闻+政务+服务+监督+商务"综合模式，以便捷、顺畅的用户感受，进一步增强用户知晓度和使用黏度，实现宣传效果"多频共振"。

# 第二十四章 江西南昌东湖区融媒体中心舆论引导能力建设研究报告

闵思龙　兰　鲁[①]

南昌市东湖区融媒体中心自2019年6月挂牌运行以来，以引导群众、服务群众为导向，围绕"举旗帜、聚民心、兴文化、育新人、展形象"的使命任务，根据媒体格局、舆论生态、受众对象、传播技术等媒体融合现状的深刻变化，创新管理机制，建强人才队伍，坚持内容为王，媒体融合朝着全方位、一盘棋、内外兼融方向纵深推进，把建强用好县级融媒体中心作为基层党的宣传思想工作新平台、新载体、新阵地，不断巩固壮大主流思想舆论。

## 第一节 东湖区融媒体中心基本情况

### 一、机构建设情况

2019年6月3日，东湖区融媒体中心于正式揭牌，成为南昌市第二个挂牌成立的县区级融媒体中心，标志着东湖区在深入学习全国宣传思想工作会议精神，积极贯彻落实省、市有关融媒体建设的决策部署，大力推进媒体融合发展上迈出了坚实的一步。东湖区融媒体中心现有办公用房400多平方米，以劳务派遣的形式招聘有4名记者、2名编辑，实现了挂牌运行、集中办公的要求。

2021年4月，按照区编办要求和区委编委会精神，制定并报送《东湖区融

---

① 闵思龙，南昌市东湖区融媒体中心主任；兰鲁，南昌市东湖区融媒体中心。

媒体中心机构职能编制规定》，确定融媒体中心机构编制改革"三定"方案。明确东湖区融媒体中心为区委、区政府直属，区委宣传部归口管理的公益一类事业单位，机构规格为正科级。中心下设4个内设机构，分别是办公室、采访编辑股、技术股、发展股。核定东湖区融媒体中心事业编制16名。设2正1副，主任1名（正科级）、总编辑1名（正科级）、副主任1名（副科级）；股级职数13名，其中正股级4名、副股级9名。另根据工作需要，核定劳务派遣工作人员若干名。

## 二、主要职能

1. 贯彻、执行党的路线、方针、政策和关于新闻宣传工作指示、决定，把握新闻宣传工作政治方向和正确的舆论导向。

2. 把握新闻宣传基调，坚持正面宣传、团结鼓劲，落实区委区政府宣传要求，为全区经济社会发展提供舆论支持。

3. 围绕区委、区政府中心工作，坚持围绕中心、服务大局，切实做好政治、经济、文化、社会、生态和党建等方面的宣传。

4. 负责区属媒体"南昌东湖区发布"微信公众号、"掌上东湖"手机客户端、"南昌东湖区发布"政务微博、"南昌东湖区发布"抖音号、"南昌东湖区发布"头条号管理运营工作。

5. 发挥媒体优势，做好"新闻+政务""新闻+服务"，融媒体服务群众工作。

6. 协助配合上级媒体和新闻单位采访及其他工作；协助维护全区舆论安全。

7. 东湖区融媒体中心党支部紧紧围绕党的基本路线，结合中心的工作任务和特点，加强党的思想、组织和作风建设，加强党内监督，坚持从严治党，充分发挥党的思想政治优势、组织优势和密切联系群众的优势，服务人才成长，促进事业发展。

8. 东湖区融媒体中心的区管干部由中共东湖区委统一管理。区融媒体中心负责党的建设、其他干部人事、资产财务、业务运行等事宜，不得承担行政职能，不得偏离公益目标任务从事生产经营活动。

## 第二节　东湖区融媒体中心建设亮点

### 一、"1+4"模式让体制机制合而有序

围绕配优建强人员队伍，2022年，东湖区融媒体中心进一步优化管理模式，搭建了"一套班子＋四个小组"的机制模式。"一套班子"即形成以中心主任、总编辑、副主任、主任助理为架构的领导班子组织，主任负责中心总体工作，总编辑主管新闻业务工作，副主任分管办公室、财务、媒体新平台等工作，主任助理负责协调具体业务工作。四个小组即将记者编辑根据个人专长分成时政组、民生组、视频组、编辑组四个小组，分别负责区内时政报道、民生报道、视频制作和新闻编辑工作，确保中心规范快速流畅运转。

### 二、绩效激励让记者编辑干而有劲

制定并根据实际情况更新优化《东湖区融媒体中心绩效考核办法》，坚持收入分配向一线倾斜的原则，用一把尺子量人才、评业绩，做到"同岗同责、同工同酬、优劳优酬"。推行"全员绩效考核"，上不封顶下不保底，解决"干多干少一个样、干好干坏一个样"的顽疾。坚持在激励上下功夫，以新闻稿件生产量效为标准，设定绩效工资等级差，每月评分，对作品多、质量高、传播效果好的人员在绩效工资上得到体现，多劳多得，用绩效考核激励先进，鞭策落后，营造人人力求多写稿、上好稿、争先创优的良好氛围。在机制创新的推动下，记者编辑内生动力被有效激发，更加积极主动地按照"三贴近"和增强宣传思想文化工作"四力"要求，深入基层、深入一线，采写"加分多"的优秀原创精品，"接地气、冒热气、带露珠"的新闻作品层出不穷。

### 三、内容为王让融媒矩阵强而有力

东湖区融媒体中心始终坚持"党的喉舌"这一清晰定位，持续增强新媒体矩阵平台的传播力、引导力、影响力、公信力。

1.着力在人员硬件上下功夫。增强新闻宣传工作的科学性、主动性，在实

践中加快融媒体中心全体干部职工知识更新、优化知识结构、拓宽眼界视野。将知识转化为新闻宣传工作能力，转化为实实在在的新闻宣传工作成果。以用促学，不断积累新闻宣传工作经验，培养新闻宣传工作思路，总结新闻宣传工作方法，提高新闻宣传工作能力。今年以来，先后参加江西省融媒体推进中心组织的《江西融媒大讲堂》10 余次，开展集中或个别学习 20 余次。中心建立了面积约 100 平方米的统一调度中心，在指挥调度中心大屏幕上，数据采集、突发舆情事件等信息同时显示。同时，中心内配置联想融合媒体显示工作站及编辑工作站 4 台，图像拼接处理器 1 台，编辑记者集中办公，调度中心对所有平台和人员实行统一调度和管理，采、编、发协调联动，高效运转，实现了区级融媒体资源统一调度。

2. 着力在融合生产上花心思。中心目前运营的区级媒体平台有 5 个，分别是"掌上东湖"App、"南昌东湖区发布"微信公众号、"南昌东湖区发布"微博、"南昌东湖区发布"抖音号以及"学习强国"供稿平台，基本搭建了以移动客户端为主要载体的移动传播矩阵。并破除各媒体平台自成一体的藩篱，将 5 个媒体平台整合融合，以"一次采集、多种生成、多元发布"为融合路径，依靠"赣云"技术平台进行新闻生产流程再造，接入了省融媒体中心推进系统平台、新华智云和 M2O plus 平台，实现各媒体端新闻信息互融共享，上下贯通，使主流舆论在"两微一端一网一号"等多元平台同步呈现，推动资源共享、平台刊播、宣传效果的最大化。

3. 着力在内容创新上动脑筋。围绕全区工作大局和中心任务，持续做好传统视频图文报道的同时，积极探索短视频、航拍、直播等适合移动互联网传播的新闻产品制作能力，通过融媒体矩阵集群发力宣传，打造舆论"风向标"，形成立体化传播效应。如自主策划开展"水韵东湖醉美百花洲"主题摄影大赛，收到全省广大摄影爱好者的积极投稿；联合东湖区医保局策划打造的系列视频——《医保开讲啦！》，通过浅显易懂的介绍和讲解，分享与市民群众生活息息相关的各类医保政策解读，一经推出就收获了广大市民的关注和好评；融媒体中心聚焦防疫时的动人场景，加大采编力度，创作出《风雨中的东湖温度》《东湖声音》《跳动的东湖色彩》等偏记录形式的一分钟以上长视频，多次被学习强国平台采用转发，在区域内形成了广泛的传播和影响，有力助推全区疫情防控工作。今年 5 月 19 日东湖区融媒体中心原创作品《"老外"点赞南昌疫情防控工作》在江西省融媒体推进中心主办的江西省2022年第1期市县融媒体优秀原创作品双月赛中被评为县级作品一等奖；今年9月份东湖区融媒体中心原创作品《刘熙鸿：16岁考上清华，逆境中成长的"天才少年"》在江西省融媒体推进中心主办的江西省2022年第3期市县融媒体优秀原创作品双月赛中被评为县级作品二等奖。

## 第三节 融媒体中心舆论引导实证研究

1.定位清晰，做好党的"喉舌"。东湖区融媒体中心始终坚持党的绝对领导，深入学习贯彻落实习近平总书记关于县级融媒体中心建设的重要论述、重要指示批示精神，扎实抓好融媒体中心建设，更好地引导群众、服务群众。始终坚持将融媒体中心建设作为加强和改进基层宣传思想工作，打造做群众思想政治工作的重要平台，把基层百姓所需所盼与区委区政府积极作为对接起来，把服务延伸到基层、问题解决在基层，切实推动基层宣传思想工作强起来；不断提升新闻舆论传播力、引导力，不断增强社会主义意识形态的凝聚力，引领基层各类组织自觉贯彻党的主张，切实强化基层治理，巩固思想共识、稳定县域社会、安定县域民心，更有效更强力地夯实执政基础，强化执政资源。

2.立足东湖，当好新闻宣传"桥头堡"。紧抓"地域性和亲切感"的最大优势，承担好东湖区域内新闻报道和舆论引导的使命，将新闻宣传内容的重心转向本区热点事件和民生新闻，将新闻宣传的触角扎根在基层，记录来自各镇（街道、管理处）和社区群众的声音，制作群众喜闻乐见的民生新闻，展现基层生活中的烟火气。真正地扎根基层，深入生活、深入群众、深入实践，加强对滕王阁、百花洲等地标文化的挖掘与传播，开办具有东湖特色的新闻栏目，生产精准短小、鲜活快捷、吸引力强的信息，做优做精本地宣传作品，打造专属东湖的融媒体产品。特别是疫情防控期间，制作了一系列契合本地实际的宣传作品，以更接地气的内容和形式开展疫情防控工作，得到群众好评点赞。2022年，"南昌区东湖发布"微信公众号发布文章1700余条，"掌上东湖"发稿3万篇，活跃度榜单、生产传播力榜单全省排名均位列前30，其中1、2月份位列全省第5、第7位。抖音公众号发布作品1300余条，粉丝数由1.3万人增长至24

万人左右，全省排名均位列前 30，其中 5 月份位列全省第 10。学习强国平台上稿图文 150 余条、视频 98 条。

3. 双向互动，传递社情民意的"中间人"。东湖区融媒体中心坚持做好区委区政府和基层群众的纽带和桥梁，为群众提供自下而上、畅通无阻的互动通道。围绕"五个东湖"建设等重大方针、中心工作和重大动态，直面群众急难愁盼问题，主动挖掘设置治理议题，联系政府部门主动对接、解疑释惑、解决问题，做到事前问需于民，事中问计于民，事后问效于民。通过微信公众号、微博、客户端等媒介留言板、对话框等栏目，倾听群众诉求，汇聚群众声音，充分引导舆论，凝聚共识。如 2020 年新冠肺炎疫情发生以来，东湖区融媒体中心把握舆论引导的时、度、效，发挥官方主流媒体的公信力，加大权威新闻发布力度，利用掌上东湖客户端、微信公众号等平台实时转发、发布省、市、区三级相关通知通告，及时发布疫情动态、宣传防疫部署、科普防疫知识，聚焦防疫时的动人场景，加大采编力度，创作出《风雨中的东湖温度》《东湖声音》《跳动的东湖色彩》等偏记录形式的一分钟以上长视频，多次被学习强国平台采用转发，在区域内形成了广泛的传播和影响，持续提振干部群众精神、凝聚抗疫力量，为打赢疫情防控阻击战提供有力的舆情支持和信息聚合服务。

## 第四节　融媒体中心舆论引导面临的问题与困境

### 一、队伍建设底子薄，专业力量缺火候

1. 从业人员不断流失。囿于基层新闻单位的待遇等问题，优秀的新闻人才招不进来，成熟的新闻人才留不住，中心队伍出现"断层"，一定程度上成为上级媒体的人才培养基地，造成中心记者编辑专业素养不够高、创新能力不够强、培养周期长等不良后果。无论从新闻人才的数量、质量、专业机构和培养模式上都已经不能适应形势要求。虽然融媒体在采取多种措施，着力培养融媒体新闻队伍，但目前仍难以跳脱传统的模式，所以就目前情况而言，依然缺乏既熟悉新闻业务，又善于运用互联网思维的跨界人才。

2.基层通讯员兼职情况普遍。努力打造一支政治过硬、本领高强、求实创新、能打胜仗的宣传思想工作队伍是习近平总书记站在全局的高度，深刻总结过去的经验，面向未来新任务新目标，对宣传思想工作队伍建设提出的新要求。目前，全区虽建立了通讯员队伍，但由于绝大部分一线通讯员都是兼职性质，缺乏专职的通讯员，看似"兵多将广"，实则力量薄弱，动力不足。部分通讯员缺乏新闻专业背景，新闻专业知识积累不充足，宣传专业素养不够高，新闻敏感性不够强，稿件采编质量良莠不齐，导致在开展融媒体稿件采编工作时，被动式开展比较多，主动采编比较少，一些好的新闻线索被忽略，好的新闻题材被错过。

3.队伍业务培训力度不强。习近平总书记在全国宣传思想工作会议上指出，宣传思想干部要不断掌握新知识、熟悉新领域、开拓新视野，增强本领能力。虽然在区委的领导下，由区委宣传部组织专家学者、媒体记者以及业务能手不定期开展过各类融媒体工作业务培训，省融媒体推进中心也定期开展"融媒大讲堂"，但区级层面针对融媒体通讯员的专业培训覆盖面还不够广，培训的形式还不够丰富，培训的内容还不够全面，缺乏常态化的队伍培训机制。

## 二、思想意识不紧绷，责任认识未到位

在实际工作中，有些基层同志对党的新闻舆论工作是党的一项重要工作，是治国理政、定国安邦的大事这一认识不够清晰，思想意识上不够重视，有时会把宣传工作当成"软指标"，觉得对经济社会发展的推动效果不大，没有真正认识到新闻宣传工作是基层工作的重要组成部分。一方面，有些单位存在"重业务轻宣传"的思想倾向，没有将新闻宣传工作摆上重要议事日程，不注重收集宣传素材，埋头苦干，不注重宣传亮点工作。另一方面是激励机制缺乏。没有建立必要的奖惩制度，基层宣传工作人员劳动价值很难得到充分体现和认可，工作热情不高，主观能动性发挥得有所保留。

## 三、特色亮点还不够凸显

1.生产内容不够出彩。目前中心在内容生产上主要侧重于跟拍领导活动，报道重要会议，时政新闻、部门动态成为主要的生产内容。由于人手不足，主

要力量集中在微信公众号的运营管理上,"掌上东湖"App 转发上级媒体的报道较多,抖音短视频数量缺少原创性元素内容,原创优质新闻产品还远远不够。

2. 媒体融合尚不成熟。当前,新工作流程、运行机制还在磨合中,中心距离真正实现"一次采集、多种生成、多元传播"的目标还有不小的差距,"新闻+政务+服务"的格局尚未形成,"东湖发布"微信公众号和抖音号等媒体平台的整体宣传影响力、引导力有待加强,用户黏合度还需提高,缺乏有影响力的重磅、热门作品。

## 第五节 提高融媒体中心舆论引导能力的路径与方法

### 一、完善流程,力争打造有影响的新作品

构筑"中央厨房"式的全媒体构架,改革采编方式,实行一体化采集,分媒体编辑,分通道传播的运行方式,形成以板块、栏目制为主体的考核模式,着力解决功能重叠、内容同质、力量分散的问题,优化资源配置,从而进一步解放新闻生产力。同时积极推进人才培养机制,以适应现代媒体融合发展的新形势,多渠道、多方式培训,着力培养融媒体优秀人才。以优秀人才为抓手,创新创优,力争打造1—2个在全市乃至全省具有影响力的品牌栏目和信誉度较高的融媒体平台。

### 二、加大投入,提供融合发展的有力支撑

希望相关主管部门和财政部门,进一步加大基础设备和人员保障的投入,支持融媒体做大做优做强。积极推动区相关部门完善扶持政策或给予相应倾斜。

### 三、创新机制,建立适应发展的人才队伍

融媒体需要的是既了解互联网运营、又懂内容生产的复合型人才。为此,要建立健全人才引进机制。根据事业发展需要,积极引进融合发展所需的高层

次人才、紧缺人才、领军人才，不断优化完善队伍结构。要建立更有效的人才激励机制。充分运用市场考核激励制度，最大限度地调动相关人员的积极性，鼓励思维创新、能力创新、工作创新、业绩创新，做到人尽其才，才尽其用。加快探索新媒体融合发展业态下珍惜人才、集聚人才、呵护人才、用好人才的有效办法，为融媒体中心建设发展构筑坚强力量。

## 四、持续加强新闻业务学习

互联网信息技术在降低新闻材料挖掘难度的同时，也降低了这些信息的真实性，因此融媒体采编人员必须保持高度的新闻敏感性，对复杂的信息进行辨别与筛选，才能做好本职工作。培养良好学风，增强新闻宣传工作的科学性、主动性，在实践中加快融媒体中心全体采编人员知识更新、优化知识结构、拓宽眼界视野。将知识转化为新闻宣传工作能力，转化为实实在在的新闻宣传工作成果。以用促学，不断积累新闻宣传工作经验，培养新闻宣传工作思路，总结新闻宣传工作方法，提高新闻宣传工作能力。同时，新闻敏感性是采编人员所必须具备的综合素养，只有具备高度的新闻敏感性，采编人员才能在传播速度加快、发酵时间缩短的新媒体环境下抓住时代热点，才能做出能够吸引大众目光的高质量新闻，这对处于基层的县级融媒体具有重要的意义。

## 五、持续扩大融媒产品形式

下一步将继续在区委区政府的坚强领导和宣传部的指导下，紧紧围绕全区工作大局和中心任务，持续做好传统视频图文报道的同时，积极探索短视频、航拍、直播等适合移动互联网传播的新闻产品制作能力，通过融媒体矩阵集群发力宣传，打造舆论"风向标"，形成立体化传播效应。持续在深度融合上多创新，重塑"策采编发"流程，以将第一手鲜活的本地资讯和服务送给群众作为初衷，抢抓新闻的"第一落点"和新闻发布的"第一时间"，着力打造有特点、有深度、有影响的融媒体产品。推进采编人员对每一次采访，都可通过拍摄一些短视频和照片，坚持导向为魂、移动为先、内容为王、创新为要，将视频、声音、文字、音乐完美融合，将政治性、故事性、传播性有机结合，推动媒体融合向纵深发展，用老百姓喜闻乐见的形式传达好党的声音，生产出更加丰富立体、活色生香的新闻产品，再通过微信、视频号、抖音、微博等形式进行广泛转发和传播，不断提高新闻舆论的传播力、引导力、影响力、吸引力和感染力，做大做强主流舆论。

### 六、持续提升融媒新闻质量

随着进入融媒体时代，"一次采集，多元发布"的理想运作模式对新闻采编人员提出了全新要求。要想提升新闻宣传稿件的质量、影响力和传播力，关键还是"打铁必须自身硬"，解决好采编人员自身的"本领恐慌"问题。接下来，融媒体中心将从扎实采编人员的内功出发，通过"专题培训""业务探讨"等途径营造干什么学什么、缺什么补什么，不断提升采编人员对正确导向的把握能力及专业功底和整体素质，努力培养融媒体中心的采编队伍形成一专多能，融会贯通的全媒型、专家型人员。

同时坚持党建与业务深度融合，实现党建与业务工作阵地共建、资源共享、互融互促。扎实推动媒体融合发展，践行"四力"，不断提升采编人员的新闻感知力，让新闻报道更接地气、更鲜活。

# 第二十五章 西藏乃东区融媒体中心舆论引导能力建设研究报告

次旦卓嘎[①]

西藏地处祖国边陲,是思想斗争的前沿阵地。乃东区融媒体中心从建设具有强大凝聚力和引领力的社会主义意识形态的高度,着力主流舆论阵地、综合服务平台和社区信息枢纽建设取得了较大成绩。

## 第一节 融媒体中心基本情况

乃东区作为西藏融媒体中心建设首批试点县(区),乃东区委、区政府高度重视融媒体中心建设工作,根据习近平总书记关于媒体融合的指示,以打造新型主流媒体、做大做强主流舆论、夯实党的意识形态工作基础,切实打通服务群众"最后一公里",满足群众对美好生活的需要为目标,由新华社新闻信息中心西藏中心负责规划设计和运营指导,各级各部门把建设融媒体中心作为一项政治任务,全力推动融媒体中心建设。2019年,乃东区政府出资342万余元用于建设乃东区融媒体中心,同时出资60万余元单独安装315KVA变压器一台,以保障中心用电。武汉援藏工作队多次与武汉市文化局和旅游局沟通,协调援藏资金80万元作为融媒体中心经费,已到位50万。2020年投入设备、技术、服务、平台运行资金225万元,投入人员经费248.16万元。乃东区融媒体中心于2019年7月开工建设,同年12月建成并投入使用,在成功试运营一

---

① 次旦卓嘎,西藏乃东区融媒体中心原主任。

年后，于 2021 年 1 月 17 日正式揭牌，截至目前，已先后投入近 1000 万余元。

## 一、目标定位

自 2019 年 7 月启动以来，乃东区融媒体中心立足于"新闻＋政务＋服务"的定位，加快整合人力资源、宣传内容、宣传方式，建立了包含"融媒体指挥中心大屏、无纸化办公系统、虚拟演播室"等为平台，藏源发布 App、藏源发布公众号、抖音、语音专线等为传播途径的融媒体中心，实现了"一次采集、多种生成、全媒传播"的新型新闻报道模式，为打造新时代党的基层宣传舆论主阵地奠定了良好的基础。一直以来，乃东区融媒体中心始终坚持以习近平新时代中国特色社会主义思想为指导，贯彻落实党中央推动媒体融合发展的重大战略部署，结合乃东区意识形态工作实际和乃东区历史文化和风土人情，以打造在山南乃至全西藏领先的高水平县级融媒体中心为目标，不断改革创新、重点突破、全面推进、整合媒体资源，不断提高乃东区新闻舆论的传播力、引导力、影响力、公信力，巩固壮大主流思想舆论，坚持正确政治方向、价值取向、舆论导向，为推动乃东区各项工作高质量发展提供强有力的舆论支持。区委宣传部进一步加快资源整合，将乃东区"两微一端"媒体进行有效整合，搭建涵盖手机缴费、户口办理、医保报销、藏语语音等便民服务功能的政务服务融媒体平台。区委组织部统筹调配，有效整合人力，发掘具备新媒体素养的人才以及各单位"两微一端"具体操作人、合作企业的新媒体人才，切实解决融媒体中心人才配备问题。各部门积极协同配合，全力推进融媒体中心建设，确保建设质量、软件开发、软件运营不出问题。

## 二、机构设置

乃东区融媒体中心是在乃东广播电视台的基础上进行扩展整合，是区政府直属正科级公益一类事业单位，归口乃东区委宣传部领导。目前，乃东区融媒体中心现有工作人员 16 名（编制内工作人员 13 名、三支一扶 1 名、后勤工人编制 1 名，借调人员 1 名）。《中共乃东区委员会　乃东区人民政府关于印发〈乃东广播电视台职能配置、内设机构和人员编制规定〉的通知》于 2020 年 12 月 28 日下发至我中心。目前我中心运营"两微、一端、一抖"，其中藏源发布微信公众号粉丝达 3 万余人，网信乃东微信公众号粉丝 3700 余人，手机客户端藏源发布 App 用户 16500 余人，乃东融媒体中心官方抖音粉丝 6.1 万。

## 第二节　融媒体中心发展亮点

### 一、在体制机制创新方面

在推进媒体融合的过程中，中心始终以传播党中央声音、凝聚社会共识为目标，将社会效益放在首位。不断拓展渠道扩大受众，克服技术和应用难题，提炼与时俱进的本领。主动适应并把握新媒体迅猛发展的大势，变革新闻生产方式和信息传播模式，打造紧跟科技前沿的融媒体技术体系，构建完整的媒介生态链，在移动互联时代牢牢占据舆论阵地，服务本地、引领导向。

1. 人员融合。加强学习教育，不断提高中心工作人员对融媒体的认识，增强媒体融合意识，化被动融合为主动融合。主动调动工作人员积极性，积极探索员工推优，每月按新闻采编数量和质量评选优秀记者或者编辑，并在全单位公示。加强队伍建设，立足实际，按能力特长匹配岗位。聘请专家和行业能手授课，与武汉广播电视台和蓬莱区融媒体中心建立了良好的联系，每年输送干部到两家单位开展专业培训，同时，通过对口援藏干部"传帮带"，积极培养符合时代要求的融媒人才队伍。

2. 资源融合。积极引入新设备新技术，推进内容创新。近年来，我中心科学安排上级资金，加快新进技术的引用，不断弥补因技术不足导致的媒体传播力短板，进一步增强了中心竞争力。扩大外部信息资源引入，充实自身内容。积极对接上级媒体，参与自治区新闻创作交流。目前，我中心不断发展与山南市融媒体中心、西藏卫视、新华社、新华网等媒体的交流与合作，实现与上级媒体信息资源共享。同时，深耕基层，切实增强基层党员干部的新闻创作参与度，丰富信息收集方式，捕捉基层亮点，形成全区广泛参与的新闻媒体创作格局。

3. 制度融合。增强服务理念，将政府各部门的服务对接工作分配给每一个记者，提高驻点记者的素质和业务技能。健全平台运行机制，引入市场力量，通过政府购买服务的方式，将藏源发布微信公众号打包交由第三方公司运营，以更好地满足时代发展需求。统筹策划、采写、编辑、发布等各环节，搞好采编流程再造，使融媒体生产模式更趋于平台化。尊重员工，爱惜人才。坚持以人为本，围绕中心发展目标，最大限度地提高人才使用效力。保障员工各项权益，将愿干事、能干事、干成事的员工提拔到重要岗位上，形成良好的干事创业氛围。创造宽严有度、充满活力的人文环境，将各项工作补贴落到实处。

## 二、内容生产方面

目前，中心采用了中科院自动化所研发的平台。平台集信息收集、舆情研判、采访调度、编辑审核、网络共享、信息推送、大数据处理等功能于一体，借助中科院提供的云计算和人工智能等技术手段，为全媒体新闻生产和传播提供了"智能、快捷、方便、高效"的技术支撑，形成了"一次采集、多元生成、多端发布、立体传播"融媒体新闻生产传播格局。在内容创作上始终坚持内容为王的理念，深耕本地资源，重点围绕做强时政宣传、做深主题宣传、做优活动宣传、做活民生宣传，积极策划推出系列短视频和图文报道，丰富产品类型。自融媒体中心成立以来，2019年中心推出的《稳稳的幸福》获得了西藏新闻奖三等奖。2020年融媒体中心入选全国县级融媒体中心能力建设十佳创新案例；2021年，乃东区融媒体中心获得"新华社融媒产品优秀传播奖"，公益广告《同迎党代会　开启新征程》在2021年度广播电视公益广告扶持项目中获电视类鼓励奖，短视频《我家门前那条路》在2021年度学习强国第三季度县级融媒体中心双月赛中获得三等奖。2022年，中心生产的作品《西藏山南乃东区纵深推进平安建设纪实》获得了学习强国春季赛二等奖，短视频《振兴有门道　乡村添光彩》获得了第二届中国乡网络影像节视频类优秀奖。

## 三、推广运营方面

在平台推广上，中心通过联合区委办下发红头文件和开展"线上+线下"活动相结合的方式开展平台推广工作，取得了一定的成效。在内容推广上，中心横向上充分第三方平台，开通了珠峰云账号、现场云直播账号、新华网、新华社客户端账号、学习强国公告账号，进一步扩大了媒体传播平台；在纵向上打通中央、自治区、山南市的媒体平台的传播渠道，形成上下联动的良好传播格局，我中心生产的产品可及时向上级媒体进行推送，同时上级媒体可通过约稿等方式，与我中心开展联合新闻制作，进一步提高了新闻的传播力和影响力。

### 四、人才培养方面

自融媒中心自建设以来，一是通过走出去、请进来的方式开展培训，先后派遣干部赴中国记协、湖南浏阳、优秀县级融媒体中心示范点宁夏青铜峡、北京中科闻歌科技有限公司，以及新华社新闻信息中心西藏中心、新华网西藏站、拉萨电视台、武汉市广播电视台、山东省烟台市蓬莱区融媒体中心等地跟班学习；二是邀请新华社新闻信息中心西藏中心、中科闻歌、拉萨市融媒体中心、武汉广播电视台优秀播音主持人为乃东融媒体中心干部进行集中培训。通过系列的培训，进一步增强了融媒人才的专业技术水平，真正打造出一支开口能讲、提笔能写、问策能对、遇事能办、符合融媒体需要的全媒体人才。在2021年，中国记协新媒体专业委员会还为我中心颁发了"2021县级融媒体中心东西协作交流公益项目优秀参与单位"荣誉证书。

### 五、政务服务、民生方面

受众在哪里，舆论引导的触角就延伸到哪里，乃东融媒力争打造成整体实力和传播力、公信力、影响力显著增强的新型主流传媒。作为零基础的县级媒体平台，乃东区立足"新闻+政务+服务"的功能定位，打造了主流媒介"藏源发布"App，推出"习近平时间""乃东要闻"等藏汉新闻栏目23个，推出市长信箱、市政服务中心等政务服务平台5个，便民服务平台23个、微信矩阵9个、电商服务平台5个，做到了部分政务服务在线办理查询，便民服务快捷联通，在手机上就能看电视、听广播、读报纸、看直播。同时，围绕区委、区政府中心工作，积极创作推出了群众喜闻乐见的藏语类民生服务短视频，通过各媒体平台宣传党的政策和最新理论知识，以及民生服务咨询，真正做到服务群众、引导群众。

## 第三节　融媒体中心基本情况

### 一、及时宣传和准确解读党的理论路线、方针政策，做好基层舆论引导

作为乃东区意识形态工作和思想宣传工作的前沿阵地，乃东区融媒体中心坚持党的领导，贯彻党性原则，把党的理论路线方针政策和重大决策部署分析好、宣传好、阐释好、落实好，确保政策及时和顺利落地。内容上，坚持以习近平新时代中国特色社会主义思想为指导，切实增强责任感和使命感，将党的意识形态工作作为中心的生命线，围绕中央、自治区安排部署，特别是聚焦"四件大事""四个确保"聚力"四个创建""四个走在前列"等热点议题进行报道策划，为做好喜迎党的二十大胜利召开营造良好的氛围进行宣传策划和报道，山南市乃东区工作要求，制定乃东区2022年度重点新闻宣传报道工作方案，以全方位、全领域、多角度、多层次报道在党的领导下乃东区经济社会发展各方面取得的成绩。形式上，创新传播手段和话语方式，尊重新闻传播规律，注重贴近性，让群众入耳、入眼、入心，力求提高传播效果，充分发挥舆论引导和旗帜引领的作用，确保政策方针的贯彻执行。如乃东融媒中心精心打造藏汉双语"藏源发布"App，做好短视频、H5、融合直播等多样化产品，用新媒体渠道开展主题宣传，让新媒体平台成为基层舆论引导的主阵地。

### 二、讲述本地百姓的生产生活故事

作为区域媒体，乃东融媒体中心守土一方，充分凸显地域接近性，多角度、多形式报道本地老百姓的生产生活，围绕社会主义核心价值观鲜活呈现好故事、好人物、好画面，切实发挥县级融媒体的教育、引导功能，真正做到公众在哪里，舆论引导就延伸到哪里。如藏源发布App、乃东融媒体中心官方抖音号开设专栏《奋进新征程　建功新时代》《乃东要闻》《市民云》《融媒小剧场》等节目内容与百姓生活息息相关，深受本地受众的欢迎。

立足本土特色，创新传播手段。乃东融媒体中心创新开发了县级融媒体语音专线、藏语音多媒体短信和藏汉双语音视频彩铃，每周会选取优质新闻资讯，

以藏汉双语的形式，直接通过短信定时推送至基层目标用户，在信号较差的地区用户也可以成功收到信息，切实解决了党的主流声音在基层最后一公里的覆盖问题。围绕人民群众关心的领域，及时发出主流媒体的声音，策划制作了《今天您戴口罩了吗？》《战"疫"乃东 非遗人在行动》《妈妈我想出去玩》诸多不同类型的微视频及音频，对疫情防控工作中涌现出的先进个人如多吉占堆、索朗旺庆进行了宣传报道，营造了人人参与抗疫的良好社会氛围。

关注民生，架起联系群众的桥梁。乃东区融媒体中心一直也奋斗在一线进行实时报道，"民生无小事"，记者们深入基层，用心倾听和发现群众的困难，用镜头和文字帮助群众解决难题。《乃东区索珠乡种出羊肚菌啦！》《脱贫一线：瑞田粮油为群众脱贫致富加"油"》《稳稳的幸福》《网红看西藏交通》《生态环境 vlog》等多篇文章，得到了广大群众的点赞认可。县级融媒体作为基层网络传播的重要载体，具有贴近基层、贴近群众的优势，是做好党的新闻舆论工作的重要依托，也是满足群众对美好生活需要的迫切要求。

### 三、乃东融媒体中心重大危机事件干预对策

作为区域最重要的信息发布、政策解读、引导舆论平台之一，重大突发危机事件具有突发性、紧急性，关系到社会稳定和人心安定以及党和政府威信树立。乃东融媒体中心作为舆论的"最后一公里"，更是起着重要的作用。乃东融媒体中心抓住时机，认清责任，主体加入到社会治理中来，将其主要的功能职责向基层治理方面倾斜，成为社会治理过程中重要的支撑系统，要明确一系列基层治理的需求，主动开发出能够满足地方治理的应用场景。因此，县级融媒体中心就不仅仅是媒体的基层单位，同时也构成了国家开展社会治理的基础。乃东融媒体中心在融媒改革中顺应潮流改变发展理念，增强用户黏性，拓宽了符合自身发展的信息传播路径。作为主流媒体，必须第一时间权威发声。由于电视、报纸等传统媒体采编制作程序复杂，耗费时间较长，而融媒体平台不受诸多限制，可以快速采编，并在第一时间播发。新冠肺炎疫情发生后，乃东区融媒体中心迅速安排宣传报道，把报道重心转移到疫情防控工作上来。第一时间在藏源发布 App 和微信公众号、抖音号发布信息，也正式吹响了全区疫情防控新闻宣传报道工作的号角。县级融媒体在后续建设运营中利用信息服务的"强

人际关系"模式，并将自身置于社会信息系统枢纽的地位进行功能综合规划，成为县域综合治理平台的智慧枢纽，协助推进国家治理体系和治理能力现代化。

### 四、外宣传播强化本区域公众认同，形成凝聚力向心力

乃东区融媒体中心高度重视外宣工作，坚持在对外宣传和网络宣传上发力，通过全媒体联动、专版专栏深度报道等形式，推动强化县域一方公众认同感。

1.强化科技引领，提升产品生产效能。中心通过采用中科闻歌大数据平台，有效实现了"一次采集、多元生成、多端发布"的立体化传播格局。并通过 Magic 短视频智能生产平台，着力解决视频新闻编辑技术薄弱难题，实现了短视频新闻快捷、高效生产和便捷发布。同时，利用全国县级融媒体中心东西协作交流机会，积极与山东省蓬莱区融媒体中心开展交流合作，协调蓬莱区融媒体中心业务骨干赴乃东区开展业务指导，进一步开拓眼界、更新观念、提升技能，着力丰富中心人才技术储备，为强化外宣工作奠定了基础。

2.制定宣传方案，提升外宣工作质效。积极向全区各单位、乡镇、社区了解挖掘乃东先进事迹、典型人物，大力开展主题宣传活动。探索"新闻+政务+服务"模式的创新，发挥好主流舆论阵地、综合服务平台、社区信息枢纽作用，推动媒体深度融合，大力开展"直播+媒体"形式，推动媒体创新内容表达、聚合各方资源。在建党100周年和西藏和平解放70周年之际，推出"奋斗百年路，启航新征程""光荣在党50年""再唱山歌给党听"等栏目，实现了从单一的新闻宣传向公共服务领域拓展，取得了良好效果。

3.强化媒体合作，营造良好舆论氛围。区融媒体中心围绕"上大报、上大台、上要闻"这一目标，积极主动与中央、省级、市级等主流媒体沟通联系，加强新闻选题策划，推进采访线工程建设，着力实施外宣精品工程。自2019年12月运营以来，中心"藏源发布"App共刊发新闻15051篇，网信乃东发布新闻4500余篇，"乃东融媒体中心"抖音号发布短视频作品938余条。同时，我中心积极将优秀新闻作品向新华网、人民日报、学习强国、珠峰云等平台推荐，广泛传播山南乃东声音。荣获"第八届中国新兴媒体产业融合优秀县级融媒体合作单位"，入选全国县级融媒体中心建设十佳创新案例和2021年县级融媒体中心东西协作交流公益项目优秀参与单位。极大提升了乃东区外知名度，树

立了良好的区内形象，有效增强了乃东区融媒体中心的传播力和公信力。

## 第四节 融媒体中心舆论引导面临的问题与困境

推进乃东区融媒体中心建设有诸多意义，然而当前县级融媒体中心建设面临体制机制障碍，是融媒体中心建设的根本性问题，缺乏专业人才、必要的互动环节、内容优质不足以及信息传播力度不足的问题，需要我们通过引进专业融媒体人才，打造专业运营队伍；加强与用户的信息互动，增强用户黏性；分析受众阅读偏向，把握内容生产方向；提高内容的地方特色展现和多元化发展，促进传播这几个对策来解决。当前乃东区融媒体中心在建设过程中面临诸多困境，亟需对策去解决。

### 一、乃东融媒体中心建设面临的困境

近年来，区直各单位基本都在进行"两微一端一抖"建设，目前乃东就拥有十几个单位的官方性质的微信公众号和微博账号，但普遍存在"多而不精，良莠不齐，难以持续运营"的问题。数量庞杂的新媒体平台建立后内容不精，运行乏力，大多数的平台用户数或粉丝数只有几十人，影响力极为有限。以新闻信息的及时更新为例，大部分微博账号、微信账号超过一个月未更新内容，不能及时地推送新闻信息。这些新媒体平台都隶属于不同的单位和媒体，本身存在机制壁垒，很难实现信息的畅通化运作，造成信息分散与资源浪费，如统一进行整合，将存在只能实现形式上的融合。

人才队伍建设、管理问题是当下融媒体建设较为显著的一个问题。融媒体的建设与专业的平台运营人员紧密相关，内容生产、传播等环节需要运营者掌握图片处理、视频剪辑、数据可视化等多类新媒体技术。但目前融媒体平台运营人员非科班出生较多，新闻报道工作经验有待提升，对媒体的认识和理解停留在表面，缺乏互联网思维，对新技术的接受和运用要现学现用，生产出的内容无法适应新媒体环境，无技术、不专业，严重影响新媒体平台的运营工作。

优质内容不足，缺乏地方特色。如上文所说，乃东融媒体中心作为本地网络平台承担着宣传本地形象地作用，因此平时应该多多发布体现出本地特色的内容。

## 二、县级融媒体中心建设困境解决对策

1. 引进专业融媒体人才，打造专业运营队伍。专业的融媒体人才对于推进乃东融媒体中心队伍建设工作显然起着非常重要的作用，这对于打造专业的运营队伍和激发工作活力都非常重要。

2. 加强与用户的信息互动，增强用户黏性。县级融媒体中心平时在进行内容推送的时候要注意民众的留言，做好与用户的互动交流工作，后台也可以多多搜集一些和用户相关的信息，只有加强和用户的沟通交流，才能增强用户黏性，了解其关注领域，切实发挥好乃东融媒体中心作用。

3. 分析受众阅读偏向，把握内容生产方向。分析受众的阅读偏向是融媒体中心建设对于把握内容生产应该要注意的重要方面，融媒体中心工作人员要从以往的阅读情况出发，分析民众的阅读需求和阅读偏好，多多发布一些和民众生活、工作息息相关的内容和活动，致力于优质内容和原创内容的生产与传播。

# 第五节　提高融媒体中心舆论引导能力的路径和方法

乃东融媒体中心建设投入大、起点高，从中心成立之初，就坚定不移地走新媒体融合发展的道路，在舆论引导上注重创新而不逾矩、守正而不僵化。但要做强做优乃东融媒品牌，提高舆论引导能力，为乃东经济社会发展创造良好的舆论环境，还需要在以下方面持续施力。

## 一、顶层设计，为提升舆论引导力谋篇布局

西藏的发展与祖国发展休戚与共，西藏改革开放以后，经济社会发展所面临的问题，和祖国内地相比既有相似性，也有独特性。因此，在舆论引导上就

必须考虑山南乃东特殊的地理和文化环境，也要考虑中央第七次西藏工作座谈会关于新时代党的治藏方略"十个必须""六个要""四个确保"的大环境，由此为出发点做好舆论引导工作。

1. 坚持党对新闻舆论工作的领导。做好党的新闻舆论工作，事关"守边固边兴边强边"战略的实现。乃东融媒体中心作为县域性的主流媒体，在高举旗帜、引领方向、围绕中心、服务大局，巩固和壮大主流舆论中有着不可替代的重要作用。坚持党对新闻舆论工作的领导，就是要做到所有舆论引导工作都有利于坚持党的领导，有利于增进各民族的团结一致，有利于维护边疆地区的和谐稳定。

2. 坚持媒体融合发展。国家"十四五"规划和2035远景目标纲要指出当前媒体深度融合战略的发展方向与目标，即"推进媒体深度融合，做强新型主流媒体"。随着互联网新技术新应用迅猛发展，网络业态、传媒形态、舆论生态的深刻变化，新媒体平台以其便捷性、时效性和低成本等特征，迅速成为百姓获取外界信息的主要渠道。新媒体平台以"新"取胜，乃东融媒体中心在信息融合上，可以在做优"两微一端一抖"新媒体信息平台外，持续整合区内各新媒体平台的力量，用"集约化"和"规模化"的传播方式，扩大信息的覆盖面和影响力，变信息"集散地"为"集中地"。

3. 坚持人才为先的发展策略。人才是新闻传播行业不断创新变革的动力源泉。融媒体工作人员需要具备良好的思想品质，做党和人民信赖的新闻工作者；要具备"创造性策划""主动挖掘新闻选题并策划报道""熟悉西藏文化、讲好乃东故事"等能力；也要能够深入洞察信息传播趋势，对海量新闻进行系统筛选和分析。乃东融媒体中心在人才的供给和社会的需求上，还存在着一定的不平衡，在跨学科跨行业人才的吸引能力上，存在着体制机制的约束。面对当前复杂的舆论环境，乃东融媒体中心还需要持续在人才引进和培养上发力，在舆论引导中体现人才的核心价值。

## 二、整合观念，构建中华民族共同体意识

中华民族共同体意识是边疆地区信息传播最根本的底线。西藏和平解放以来，西藏人民的生活发生了翻天覆地的变化，医疗、教育、科技、文化等民生

领域得到长足进步,而这些进步离不开西藏人民的努力,更离不开西藏和祖国内地共享经济社会发展的成果。我们的舆论引导要坚定地传播"中国人的命运由中国人决定""我们有资格对西藏未来的发展保持乐观"等核心观念,凝聚起"中华民族一家亲"的共识。要树立爱家爱国榜样,通过"平民百姓法"表现舆论引导的细节张力。通过振奋人心的经济社会建设成果强化民众对未来的信心和希望,增强民众的自豪感和时代使命感。旗帜鲜明地表达"支持什么""反对什么",让每个边疆百姓在舆论中成为社会发展的参与者、社会进步的分享者。

### 三、深度报道,形成共同文化烙印

社会的发展,离不开对历史的记忆和传承。目前,很多"80后""90后"和"00后"对历史没有深刻的印象,对发生在西藏这片土地上的历史性变革没有深刻的体会,以至于新时期的年轻人对当下平顺的生活习以为常。为此,舆论要侧重于对历史记忆的重建。目前,乃东区融媒体中心开辟了诸多专题,如《光荣在党50年》系列、山南乃东红色文化的深度挖掘报道,以及新旧山南乃东对比。通过宏观和微观上的新闻呈现,让人们充分感受到新时代社会的发展和生活的变迁,同时也表明了人民立场,即坚定不移地跟党走的信念。在这些文化内容展现上,采用宏大叙事和微镜头的结合,在表达方式上与时俱进,在人物展示方式上更多角度,在内容上进行浓缩和主题拔高。

### 四、强化监督,树立主流媒体权威形象

新媒体时代的网络舆论场,既有主流媒体发出的高昂主旋律和强劲正能量,同时也有一些杂音。面对复杂多样的舆情,融媒体工作者需要主动发声,以正视听,回应社会关切,揭露事实真相,消除民间疑惑,把舆论引导做到最关键处、最急需处。对于负面新闻,融媒体中心工作者要学会"负面事件正面做",以负责任的态度、开放的心态,全流程做好应急预案,直面问题,及时辟谣,端正社会风气。同时要做好对突发事件的舆论引导,第一时间采制事实鲜活的高价值新闻,借用事实,因势利导,感染群众、引发同理心,制造团结和进步的舆论。当遭遇重大事件时,迅速扛起团结协作的大旗,不错失任何一个舆论引导的机会,通过良好的舆论引导助力融媒体工作的进步和滋养群众正向的价

值观。

## 五、创新形态，讲好"中国故事乃东篇章"

对新闻传播工作，习近平总书记提出要"讲好中国故事"，对于乃东融媒体中心的工作者来说，就是要讲好"中国故事的乃东篇章"，既生动、形象地展示山南乃东的文明、发展、进步和群众生活，又在媒体语言上、形式上、表达角度上进行转变和创新。在对政务新闻的报道上，多用贴近群众的语言，"化大为小"，"化多为少"，形成百姓看得懂、记得住的政务消息。对于涉及民生类的新闻，多采用百姓喜闻乐见的方式，让群众能随时感受到身边的变化，不断增强群众的幸福感和获得感。敏锐捕捉社会热点，吸引百姓广泛关注，成为网络时代主流媒体的"流量"担当。

# 第二十六章　海南琼海市融媒体中心舆论引导能力建设研究报告

周祖君[①]

## 第一节　单位概况

2019年12月20日，琼海市融媒体中心作为海南首批县级融媒体建设试点市县正式挂牌成立，为市委直属正科级公益二类事业单位，归口市委宣传部领导。近三年来，琼海融媒坚持守正创新，在市委市政府、市委宣传部的大力支持和指导下，以融促改，弘扬主旋律、释放正能量，为琼海高质量发展营造良好舆论氛围。先后荣获"全国文明单位""全国新闻出版广播影视系统先进集体""2021年全国县级融媒体中心能力建设十大典型案例"和"全国先进县级融媒体中心和基层广播电视机构"等荣誉。

## 第二节　主要进展和成绩亮点

一、优化资源，融合聚力完善全媒体格局

中心遵照"移动优先"原则，坚持"造船"和"借船"双轮驱动推进平台

---

[①] 周祖君，海南琼海市融媒体中心原主任。

融合发展。将"家园琼海"客户端打造为琼海官方第一传播平台，又借助微博、微信、抖音、现场云直播等第三方平台力量，通过图文、动漫、H5、短视频等多样化的表达方式，生产、分发和推介本土化内容，实现信息直达和社交传播，拓展自身影响力和舆论引领力。目前，中心已形成客户端、短视频、广播、电视、报纸等六大宣传平台。

截至 2022 年 8 月，"家园琼海"客户端用户数突破 8.4 万人次，累计阅读量超 2.4 亿人次，日活最高达 2 万人次；抖音平台粉丝总量 15.7 万人，累计总阅读量超过 2.6 亿人次，其中点击量 1000 万+的短视频有 4 条，100 万+的有 50 余条；开展现场云直播 170 余场，总点击量超 430 万人次，衍生媒体产品 1500 余条。

## 二、突出选题策划，加强新闻舆论引导

1. 组织策划重大主题宣传，传播"主流强音"。大力弘扬主旋律，传达和宣传党的重大方针、活动、会议精神，报道琼海市传达和学习的情况。对我市学习习近平总书记考察海南的讲话精神、省第八次党代会精神的学习活动进行报道。尤其是琼海市第十四次党代会期间，中心调动主要采编力量，尽锐出战、迎接"大考"，提前谋划、精心部署，并依托自身平台优势，及时、准确、全面、深入展现会议盛况、解读大会精神、传播党的声音。开设《聚焦琼海党代会》《学习贯彻落实琼海市第十四次党代会精神》等专题，刊发刊播各类新闻报道 70 余篇；《琼海通讯》推出专版《坚定正确政治方向　谱写改革发展新篇章》，总结回顾我市过去五年工作成果，醒目刊登未来五年工作目标、战略、改革内容；制作《喜迎党代会·"爱在琼海"》《喜迎党代会·党旗映初心》《"党代会小课堂"开讲啦！》等 7 个系列共 57 条短视频，在"家园琼海"客户端以及微信视频号、抖音号等平台同步刊发，总浏览量近 80 万人次。为市民全景呈现过去五年琼海综合实力显著提升、发展后劲持续增强、生态建设大见成效、群众生活越来越好的喜人景象；解读未来五年工作目标、战略、改革内容。

2. 及时发布权威声音，打好疫情防控战役。3 月底以及 8 月初，我市出现外省、外市输入性病例，面对突发疫情，中心在市疫情指挥部宣传与舆情管控组的指导下，严格按照 5 小时内发布确诊病例、无症状感染者信息的要求，

强化发布内容的逐级审核审查，明确"家园琼海"客户端为官方第一发布平台，及时发布《琼海市新型冠状病毒肺炎疫情防控工作指挥部关于新增1例新冠肺炎确诊病例的通告》等210条通告，参与举办三场琼海市新冠肺炎疫情防控工作指挥部新闻发布会视频直播，让广大市民群众第一时间了解我市的疫情信息；衍生制作新闻报道及资讯超过1000条、短视频宣传品320余条，各类新闻及短视频总点击量超2300万人次，《防疫措施千万条，佩戴口罩第一条》科普视频被省级媒体采用，在全省宣传推广；《田志强、傅晟欢送安徽医疗团队》单条短视频推发不到24小时，浏览量就超10万人次，广大网友纷纷留言向医疗队表示真诚的谢意。电视专题《特别节目：疫情下的年会"服务保障"》受到社会高度评价。独特的视角、丰富的选题，接地气的表达方式，不仅彰显了主流媒体的权威性与专业性，实现了高质量的传播到达率，同时也生动展示了琼海在疫情防控工作中展现的人文情怀。

3. 服务博鳌论坛21年工作，做好对外宣传。做好琼海旅游文化宣传工作，为论坛年会营造良好的社会氛围和舆论环境。推出"服务保障博鳌年会""聚焦博鳌年会"专题报道，策划采编《从"帐篷论坛"到国际交流平台　谋发展　划未来　论坛嘉宾发出"博鳌声音"》《"博鳌蓝"映出琼海新风貌》等短视频27条，总浏览量133.9万人次；在市委宣传部的指导下，通过电视及新媒体平台推发《90秒看琼海第三季》系列短视频，向中外嘉宾展示琼海城市新形象和美丽乡村新风貌。

4. 聚焦"能力提升建设年"，营造良好宣传氛围。开辟"抓能力建设　促高质量发展"板块，大力宣传党政机关及行政部门将提升能力、提高工作效率贯彻于实际工作中，并取得成效，进一步营造能力提升建设年的鲜明导向和强大声势。刊播《要用最强的力量　啃最硬的骨头——我市"能力提升建设年"活动市级"揭榜挂帅"启动》《各部门单位签下"军令状"笃定目标再出发——我市市级"揭榜挂帅"榜单项目发布》等40篇稿件。

此外，中心还紧紧围绕省市"两会"、"六水"共治、文明城市提质增效、反诈等主题开设了《聚焦琼海两会》《聚焦2022海南两会》《"六水"共治攻坚战》《打击整治养老诈骗专项行动》《全国文明城市建设》等新闻专题专栏25个，对重点工作进行集中宣传，营造良好舆论氛围。

### 三、优化资源整合，加强对新媒体平台运用

2022年，中心继续坚持"移动优先"原则，不断创新融媒产品，以满足不同用户在社交媒体上的沟通需求。

1. 打造爆款产品，有效传播正能量。中心针对民众关心关注的热点话题，及时挖掘策划，制作优良宣传产品，更好地传播社会主义核心价值观、传播正能量，切实履行好主流媒体的责任和担当，提高本土信息关注度。以"禁止焚烧秸秆"为主题策划的4条短视频在抖音发布后，以"动真格"的行动、方言风格的宣传，受到民众广泛点赞，全网总浏览量超66万。以"平安琼海"为主题的系列短视频，内容涉及道路交通、消防、建筑等安全工作，进一步提高民众对安全生产生活的意识，全网总浏览量超115万。博鳌年会期间推发的短视频《2022年"携手琼海·起航未来"招商推介会，期待与您共襄盛举》，单条点击量超过35万人次。

2. 善用现场云直播，还原新闻现场。今年来，中心不断推动对现场云直播方式的使用，综合运用图文、短视频等多种形式还原新闻现场，在更好地引导群众、服务群众，促进传统媒体与新兴媒体融合发展方面实现转型升级。上半年共完成15场现场云直播，总浏览量约43.6万。其中《中国共产党琼海市第十四次代表大会（开幕式）》浏览量达10.26万。"部分区域全员核酸检测"两场云直播浏览量13.4万。

### 四、优化节目版面编排，丰富宣传内容

1. 在节目编排上，根据各个时期的中心工作，及时制订周期编排计划，及时制订重大节假日、大型活动、重要会议节目编排计划，把握各类节目的比例，及时研究电视观众的倾向性意见，确保电视宣传取得好的社会效果。对电视荧幕画面、广告、电视剧进行严格把关，对节目编排进行规整和编排，主要挑选以有益于民族团结、弘扬社会主义核心价值观、传递正能量为主旋律的现代剧为主。在节目审核上，落实"三审三校"制度，加大把控和审查力度，并在节目上传后对节目进行复看和验收。

2. 突出地方特色，提高广播栏目互动性。《乡土·琼海》栏目开设"乡村振兴阔步行"宣传板块，宣传我市美丽乡村建设及乡村振兴建设工作开展情况

和先进典型人物、事例；《童心飞扬》栏目组在"六·一"儿童节前夕，邀请40名栏目小嘉宾到大路镇世界名优花果示范基地开展"童心向阳 亲近自然"户外拓展活动，栏目品牌影响力进一步提升；《听天下》栏目进一步增加新闻资讯量、丰富互动话题，参与话题讨论受众逐渐增多；《乐享生活》倡导健康生活方式，并以琼海的新面貌、新变化为切入点，更加全面深入地宣传本地旅游文化资源。

3.紧扣《琼海通讯》版面特点。在常规新闻报道基础上，结合市第十四次党代会、疫情防控攻坚战、弘扬劳模精神等工作，推出一系列专栏、专版，推出综述稿件16篇，大力宣传琼海各项社会事业发展成果，展现琼海新气象；发挥副刊优势，搭建本土作家、艺术家展示交流的良好平台，上半年推出副刊版面37个，刊登散文、小说、杂文、诗歌、摄影、书画作品共382篇（幅）。

### 五、深化薪酬改革，强化人才队伍建设

为解决传统媒体长期遗留的机构臃肿、效率低下、同工不同酬等问题。在中心成立之初，首先着力将所有采编人员交由总编室统一调度，不断强化采编人员的移动优先意识和融媒体思维，并根据宣传工作需要灵活组成专题组；其次是对中心的薪酬体系进行改革创新，打造符合琼海实际的融媒体扁平化管理架构，在核定岗位职数后，初步构建了以"以岗定薪、岗变薪变、多劳多得"为原则的薪酬分配管理体系，并印发执行《琼海市融媒体中心薪酬管理制度（试行）》。2021年9月，中心利用空余编制，面向社会公开招聘事业编制人员，成功引进22名专业人才，进一步激发中心活力。

## 第三节 融媒体中心舆论引导面临的问题与困境

### 一、宣传表达固化、创作思维传统，产品在网络环境中水土不服

官方媒体因担负党委政府舆论宣传主阵地的职责，加上缺乏进一步创意创新和策划能力，一些带有"官腔味"的表达，在其新媒体平台宣传方面会使得

受众良性反应较弱，导致宣传空间被挤压，用户黏性不高，互动性较低，宣传效果大打折扣。同时，因为审核机制的要求，为确保信息准确，官方媒体发布的内容需要多层把关校对、严谨措辞，在一定程度上影响了新闻时效性。

### 二、人才队伍依然薄弱

特别是文字功底强、新媒体意识强的复合型人才以及新媒体包装制作方面的人才仍然匮乏；同时因为激励机制和运营管理等多种因素，一定程度上无法更好地激发员工的创作力和积极性。

### 三、运营短板突出，"造血"功能不足

财政保障难以完全覆盖运行成本，产业范围过于局限，成立公司设想仍在探索初期，发展运营乏力。

## 第四节 推进融媒体舆论引导能力的对策及建议

针对媒体传播格局变化带来的挑战，习近平总书记指出，"党的新闻舆论工作必须创新理念、内容、体裁、形式、方法、手段、业态、体制、机制，增强针对性和实效性。要适应分众化、差异化传播趋势，加快构建舆论引导新格局"。官方媒体要借鉴自媒体优势、自我革新，完成融媒体建设的更新迭代，更好地引导群众、服务群众。

### 一、选好一把手，建强基层新型主流媒体

中心"一把手"必须要有魄力、胆力和专业度，要勇于担当、尊重人才。对上能与政府部门做好沟通，在财政支持、政策方面为单位争取更为宽松的环境；对下要具备移动互联网思维，能从融媒体平台的角度，对部门协作、内容生产、人员建设等方面进行合理规划，使融媒体平台的舆论引导效能充分发挥

出来。

## 二、报道有策划,眼睛"向下看",关注群众真正需求

内容为王是媒体发展的主旋律,无论处于什么样的媒体背景下内容都是制胜的法宝与关键。一是要注重生产高品质有黏度的内容,通过见解独到、价值独特的新闻,占据舆论引导、思想引领、文化传承、服务人民的传播制高点。二是要注重主题报道和重大报道。通过策划制作具有穿透力、感染力和舆论引导力的媒体融合报道项目和产品,持续增强宣传效果,提升新闻舆论的社会关注度和融媒品牌影响力。

## 三、构建新生态,平台升级是核心竞争力

对于地方平台来说,"造船出海"既是短期抢占互联网舆论场的考量,更是长期持久建设打磨自身平台的考量。

其一,借助客户端发起直播活动。这不仅能够最大化地完成对互联网直播流的应用,同时也内嵌进与网民的互动和自我的盈利需求。通过直播,增强用户活跃度和互动性,凸显对热点话题、热点新闻的集中式、直观式、动态式宣传。

其二,完善客户端矩阵体系。一是整合镇区、街道、部门信息发布平台,将其统一纳入 App 和微信公众号等平台,下沉基层、服务群众;二是将融媒体功能拓展到政务、服务、商务等各个领域,覆盖到经济社会建设发展的方方面面。例如,推出政务发布平台、网上办事大厅、手机问政平台、新时代文明实践云平台等功能模块,构建全市一体化大宣传格局和一站式政务服务平台。

## 四、加强新媒体、自媒体研究调查,突出人才培养

要加强对新媒体、自媒体传播规律、传播特点、传播方式的研究,以及小屏之下不同受众群体接受信息喜好的研究,深化对新媒体、自媒体的认识。加强传播队伍建设,组织培养一批政治素质好、会外语、懂业务的现代传播人才。

### 五、加强对自媒体的领导和监管

要加强党对新媒体、自媒体的领导,将自媒体平台、账号使用与监督相结合,建立健全机制。在整治问题的同时,既要管也要用,坚持疏堵结合,提高自媒体违法成本,让造谣者、不法经营者受到严惩。同时,积极利用各类网络自媒体弘扬主旋律、传播正能量,为地方经济社会发展营造良好的网上舆论氛围。

## 第五节 结 语

综上所述,提升融媒体舆论引导能力的基础是媒体融合发展,不断深化融媒内容、平台和队伍的创新改革,突破"最大公约数"。就如习近平总书记所言,要抓紧做好顶层设计,打造新型传播平台,建成新型主流媒体,扩大主流价值影响力版图,让党的声音传得更开、传得更广、传得更深入。与此同时,融媒体中心自身也要练好"内功",要旗帜鲜明地坚持正确的政治方向、舆论导向、价值取向,通过理念、内容、形式、方法、手段等创新,使正面宣传质量和水平有明显提高,及时提供更多真实客观、观点鲜明的信息内容,掌握舆论场主动权和主导权。

# 第二十七章　县级融媒体公众使用行为及效果研究

卢剑锋[①]

县级融媒体中心建设是自国家提出媒体融合战略以来的最新战略部署，从 2018 年上半年开始，在推动县级融媒体中心建设方面，中央进行了重点安排。如今，作为"引导群众、服务群众"最后一公里的县级融媒体中心究竟建设效果如何？本文从县级融媒体公众使用行为和效果出发，开展问卷调查，深入调查县级融媒体中心公众使用行为、公众满意度和效果，分析研究影响县级融媒体使用情况的影响因素，并提出具体的策略建议。

## 第一节　理论模型和研究设计

### 一、理论模型

目前有关县级融媒体的用户行为及传播效果研究尚未有有效的实证研究文献基础。由于县级融媒体区别于商业化媒体的特殊性质，其用户使用满意度、使用意愿和使用行为之间是否存在相关尚待验证，本研究借鉴了技术接受模型中对使用意向和使用行为之间的关联，并根据使用与满足理论，将使用满意度作为影响使用意向和使用行为的主要因素。本研究的理论模型见图 27-1，具体而言，本研究框架在技术接受模型和使用与满足理论的基础上，重点探讨使用

---

[①] 卢剑锋，中国新闻出版研究院传媒研究所副研究员。

满意度、使用意愿和使用行为三者之间的关联，研究在县级融媒体使用效果中，使用满意度是否通过对使用意愿的影响与使用行为产生相关关系。

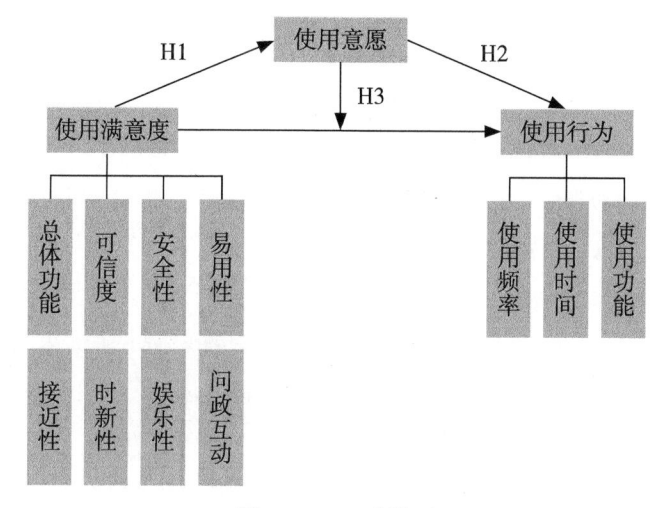

图 27-1 理论模型

来源：作者自制。

## 二、变量和测量

本研究以公众的使用行为、使用满意度和使用意愿为变量，通过这三个变量的相互关系和作用影响来探索公众县级融媒体使用的影响因素。

表 27-1 变量测量列表

| 一级变量 | 二级变量 | 问题 |
| --- | --- | --- |
| 使用行为 | 使用频率 | 第 6 题：您是否经常使用县级融媒体平台获取信息？ |
| | 使用时间 | 第 9 题：您已经使用了县级融媒体多长时间？ |
| | 使用功能 | 第 8 题：您平常使用最多的县级融媒体是？<br>第 10 题：您经常使用县级融媒体的以下哪些功能？<br>第 12 题：你使用县级融媒体的具体方式？<br>第 13 题：你在县级融媒体进行互动行为的原因？ |
| 使用满意度 | 总体功能满意度<br>可信度<br>安全性<br>易用性<br>接近性 | 总体功能满意度（第 11 题：您对县级融媒体的使用功能是否满意？）<br>可信度（第 15 题：县级融媒体有良好的声誉；县级融媒体发布的信息是可信的；县级融媒体提供的服务是可信的；县级融媒体开展的线上线下活动是可信的） |

续表

| 一级变量 | 二级变量 | 问题 |
| --- | --- | --- |
| | 时新性<br>娱乐性<br>问政互动满意度 | 安全性（第15题：县级融媒体会保护好我的个人隐私信息）<br>易用性（第16题：县级融媒体操作便捷，使用起来没有困难；县级融媒体排版设计简洁，我容易找到需要的信息和服务；县级融媒体信息与服务功能多样，能够满足我的各种需求）<br>接近性（第17题：县级融媒体提供的本地新闻和本地活动信息与我相关；县级融媒体提供的政务服务、民生服务等服务是我需要的；县级融媒体提供的新闻信息、本地活动信息等新闻发生的地点或活动举办的地点在我附近）<br>时新性（第18题：在县级融媒体上可以获取最新的新闻信息；县级融媒体发布的各类服务信息更新非常及时；县级融媒体提供的在线服务非常便捷）<br>娱乐性（第18题：县级融媒体发布的娱乐内容非常有趣；县级融媒体上发布的活动非常吸引人）<br>问政互动满意度（第14题：你是否使用过县级融媒体"问政"等专栏反映过实际问题，是否得到了回应和解决） |
| 使用意愿 | 使用意愿 | 第19题：未来我会继续使用县级融媒体平台；我会向我的家人、亲戚、朋友推荐使用县级融媒体平台 |

来源：作者自制。

## 三、问题与假设

新媒体的发展带来整个社会沟通方式的改变，本研究对公众县级融媒体使用行为和效果做探索性研究，以了解县级融媒体信息传播过程中的影响因素，为县级融媒体的未来发展提出建议。根据前述构建的研究模型以及对研究中涉及的变量间关系的分析，本研究共提出三个研究问题和三个假设。

（一）研究问题

研究问题一：县域公众的县级融媒体使用行为（包括使用频率、使用时间和各功能的使用情况）。

研究问题二：县域公众对县级融媒体的使用满意度（包括总体功能满意度和县级融媒体的可信度、安全性、易用性、接近性、时新性、娱乐性和问政互动满意度）。

研究问题三：县域公众对县级融媒体的继续使用意愿。

（二）假设

该部分研究县域公众对县级融媒体的使用行为、使用满意度与使用意愿之间的相关性，及县级融媒体使用意愿在使用满意度和使用行为关系中的中介作用。

H1：受众对县级融媒体的使用满意度与受众对县级融媒体的使用意愿正相关。

H2：受众对县级融媒体的使用意愿与受众对县级融媒体的使用行为正相关。

H3：受众对县级融媒体的使用意愿在使用满意度和使用行为之间具有中介效应。

### 四、研究对象和研究方法

本研究选择浙江省杭州市淳安县融媒体中心县域公众作为调查对象，研究淳安县融媒体中心的建设效果。一是因为浙江省总体上经济发展水平较好、公众媒介素养较高；二是随着杭州跻身新一线城市，在政策、资本、技术、人才等方面都为县级融媒体的发展提供了有利条件，且有杭州市丰富的媒体资源、互联网企业资源和电商资源为依托，具有典型性；三是在浙江和杭州县级融媒体中心中，淳安县一直位于中上游，2020、2021连续两年获得浙江省县（市、区）融媒中心20强，能够代表县级融媒体建设发展的效果，有代表性；四是因为淳安县并不是长兴、安吉等全国百强县，也不具备长兴、安吉台网融合的特殊条件，在县级融媒体中更具普遍性。

本研究以问卷调查为主，网络访谈为辅，与问卷星签订数据使用承诺书，在问卷星上发布问卷并通过微信、微信群、邮箱等网络工具发放，调查对象均为淳安县居民。调查共收到的792份问卷均为有效问卷，利用SPSS 26软件进行资料统计和分析，主要应用的统计方法有：信度与效度分析、描述性统计分析、相关性分析和回归分析。本研究主要采用李克特量表对变量进行测量。

## 第二节　数据分析

### 一、信度效度检验

本问卷运用 Cronbach's alpha 系数进行信度检测，结果为 0.939，说明问卷具有较高信度。本研究通过因子分析法，使用 KMO 和 Bartlett 检验进行效度验证，KMO 值为 0.964，显著性 p 值小于 0.05，表明效度很高，研究数据非常适合提取信息。

使用满意度、使用意愿和使用行为的效度检测具体如下：使用满意度效度 KMO 值为 0.965，显著性 p 值小于 0.05，可解释方差为 85.60%；使用意愿 KMO 值为 0.700，显著性 p 值小于 0.05，可解释方差为 96.70%；使用行为 KMO 值为 0.935，显著性 p 值小于 0.05，可解释方差为 74.21%。本问卷问题设置可以保证研究所采用的量表具有内容效度。

### 二、样本人口统计特征分析

在此次回收的 792 份有效问卷中，参与调查者的年龄分布主要集中在 18—60 岁，具体来说，18—30 岁的 168 人，占比 21.21%；31—45 岁的 347 人，占比 43.8%；46—60 岁的 269 人，占比 33.96%。

参与调查者的职业较多集中于村干部、党政机关事业单位工作人员，占总人数的 80%。其中村"两委"成员（村干部）294 人，占比 37.12%；党政机关干部职工 209 人，占比 26.39%；事业单位干部职工 137 人，占比 17.3%。

大部分参与调查者的文化程度基本都在高中以上，其中本科占大多数，共 335 人，占比 42.3%；大专共 173 人，占比 21.84%；高中/中专/职业教育共 185 人，占比 23.36%。这一分布也与以村干部、党政机关事业单位工作人员为主的职业分布相吻合。

通过对参与调查者的媒体使用行为进行分析，有 502 人（63.38%）"一天多次"使用社交媒体（如微信、微博、快手、抖音）；314 人（39.65%）"一天多次"使用手机新闻 App；287 人（36.24%）"一天多次"使用新闻网站。由此看出，社交媒体、手机新闻 App 已经成为人们最常使用的媒体类型。

而在传统媒体中使用频率相对高的电视,处于这一频率的仅为137人,占比17.3%。同时,值得注意的是,超过60%的人"很少"(344人,43.43%)或"从不"(129人,16.29%)使用杂志;超过半数的人"很少"(321人,40.53%)或"从不"(112人,14.14%)使用报纸。而在使用社交媒体上,这一比例不足10%。

### 三、样本描述性统计分析

本部分样本描述性统计分析主要对县级融媒体的使用行为、使用满意度和继续使用意向进行描述性频度和均值分析。

（一）县级融媒体的使用行为分析

县级融媒体的使用行为在本研究中包含使用频率、使用时间和使用功能。分别体现在以下五个问题中:

您是否经常使用县级融媒体平台获取信息?

您已经使用了县级融媒体多长时间?

您平常使用最多的县级融媒体是?

您经常使用县级融媒体的以下哪些功能?

您使用县级融媒体的具体方式?

1. 县级融媒体的使用频率。在参与调查的人中,234人(29.55%)使用县级融媒体的频率为"一周几次";另有165人(20.83%)"一天多次"使用,84人(10.61%)"一天一次"使用。综合来看,县级融媒体的使用频率虽然低于社交媒体和手机App,但是远高于包括报纸、杂志、广播、电视在内的传统媒体。

同时,此次调查结果显示,淳安县最受欢迎的县级融媒体平台是"淳安发布"微信公众号和视频号(328人,占比41.41%),其次是"视界千岛湖"App(134人,16.92%),再次为淳安电视台(128人,16.16%)。值得注意的是,"淳安发布"抖音号的使用频率并不高,仅为4.04%。

2. 县级融媒体的使用时间。淳安县融媒体中心于2019年5月挂牌成立,此次调查显示,有446名被调查者使用县级融媒体超过2年,占比56.31%,这一数据说明,大部分被调查者在县级融媒体中心成立之初或之前就开始使用各类县级融媒体平台。

3.县级融媒体使用功能。县级融媒体的使用功能反映在问卷中为一个矩阵题，共包含9个具体功能。本题设置的量表为1—6分，分别表示"不使用""很少使用""几周一次""一周几次""一天一次""一天多次"。这9个功能为：

（1）新闻功能（了解最新政策方针、社会热点和重大事件等）；

（2）突发事件应急功能（获取突发事件的弹窗预警和应对措施等信息）；

（3）便民信息和服务（获取民生、文化、教育方面的信息、活动资讯等；网上办事，包括线上办证审批缴费登记等）；

（4）党建功能（了解党建信息、党史学习、党务管理等）；

（5）政务功能（查询政务信息、获取政务公开、政务办理、网络问政等政务服务，如三务公开）；

（6）经济功能（进行广告运营、电子商城、直播带货等农业商务领域的增值服务）；

（7）娱乐功能（进行娱乐或满足其他个人爱好，如听音乐、看视频等）；

（8）互动功能（反映诉求和寻求帮助）；

（9）其他。

具体描述统计如下：

从均值看，大部分功能的均值高于中位数3.5，说明公众对大部分功能的使用行为均较积极。其中新闻功能的均值最高，为4.23，其次为便民信息和服务功能，为4.06。值得注意的是，互动功能的均值为3.24，略低于中位数，从中可以看出，互动功能的使用频率相对较低。

同时，对县级融媒体各功能的使用频率分布进行统计。总体来看，县级融媒体的新闻、预警、服务、党建、政务、经济和娱乐使用频率以"一周多次"居多。但在新闻功能（了解最新政策方针、社会热点和重大事件等）方面，有大约1/4的人（25.6%）"一天多次"使用。同时，便民信息和服务（获取民生、文化、教育方面的信息、活动资讯等；网上办事，包括线上办证审批缴费登记等）和突发事件应急功能（获取突发事件的弹窗预警和应对措施等信息）"一天多次"使用的比例也达到20%以上，意味着这几种是县级融媒体使用频率较高的功能。

与较低的均值一致，互动功能（反映诉求和寻求帮助）的使用频率相对较低，选择"不使用"和"很少使用"的占到将近一半（43%）的比例。经济功能（进行广告运营、电子商城、直播带货等农业商务领域的增值服务）和娱乐功能（进行娱乐或满足其他个人爱好，如听音乐、看视频等）的"不使用"和"很少使用"的比例也相对较高（29.7%，26.4%）。

互动性是融媒体的特征和优势，包括在线服务在内的互动行为在便民信息和服务功能、政务功能等县级融媒体的核心功能中均有所体现。但是在县级融媒体使用行为调查中发现，超过半数的使用者（438人，55.3%）仅在县级融媒体上浏览信息，转发分享的353人，占比31.95%，其他方式的使用则更少，如参与县级融媒体推出的活动（27人，3.41%），使用在线服务（27人，3.41%），发表评论、留言（15人，1.89%）等全部加起来才约占到10%。在便民信息和服务功能的总体使用频率较高的情况下，在线服务使用频率却如此低，说明很多人可能只是查询和浏览信息，而相对少使用在线服务的功能。

同时，通过对县级融媒体互动行为的原因进行分析可知，594人（75%）选择对相关信息内容感兴趣，但对于涉及民生、经济、舆论监督等的互动行为，如反映问题（166人，20.95%），寻求帮助（165人，20.83%），有创作、上传信息的需求（121人，15.28%），提出建议或指出错误（113人，14.27%）等，都相对较少。

（二）受众对县级融媒体的使用满意度

县级融媒体的使用满意度在本研究中包含总体功能满意度、可信度、安全性、易用性、接近性、时新性、娱乐性和问政互动满意度，分别体现在以下问题中：

您对县级融媒体的使用功能是否满意？

您是否同意以下观点：县级融媒体有良好的声誉；县级融媒体发布的信息是可信的；县级融媒体提供的服务是可信的；县级融媒体开展的线上线下活动是可信的；县级融媒体会保护好我的个人隐私信息。

您是否同意以下观点：县级融媒体操作便捷，使用起来没有困难；县级融媒体排版设计简洁，我容易找到需要的信息和服务；县级融媒体信息与服务功能多样，能够满足我的各种需求。

您是否同意以下观点：县级融媒体提供的本地新闻和本地活动信息与我相关；县级融媒体提供的政务服务、民生服务等服务是我需要的；县级融媒体提供的新闻信息、本地活动信息等新闻发生的地点或活动举办的地点在我附近。

您是否同意以下观点：在县级融媒体上可以获取最新的新闻信息；县级融

媒体发布的各类服务信息更新非常及时；县级融媒体提供的在线服务非常便捷；县级融媒体发布的娱乐内容非常有趣；县级融媒体上发布的活动非常吸引人。

1. 总体功能满意度。县级融媒体的总体功能满意度反映在问卷中为一个矩阵题（您对县级融媒体的使用功能是否满意？），本题采用李克特量表进行测量，1—5分分别表示"很不满意""不满意""一般""满意""很满意"。本题主要衡量受众对县级融媒体的9个使用功能的满意程度：

满意度—新闻：新闻功能（了解最新政策方针、社会热点和重大事件等）

满意度—预警：突发事件应急功能（获取突发事件的弹窗预警和应对措施等信息）

满意度—服务：便民信息和服务（获取民生、文化、教育方面的信息、活动资讯等；网上办事，包括线上办证审批缴费登记等）

满意度—党建：党建功能（了解党建信息、党史学习、党务管理等）

满意度—政务：政务功能（查询政务信息、获取政务公开、政务办理、网络问政等政务服务，如三务公开）

满意度—经济：经济功能（进行广告运营、电子商城、直播带货等农业商务领域的增值服务）

满意度—娱乐：娱乐功能（进行娱乐或满足其他个人爱好，如听音乐，看视频等）

满意度—互动：互动功能（反映诉求和寻求帮助）

满意度—其他：其他

具体的描述统计如下：

从均值看，9项功能的均值均高于中位数3，可以说明公众对各项功能的使用满意度均较高。其中新闻功能的均值最高，为4.18，其次为政务（4.17），以及便民信息和服务功能（4.16）。

同时，对县级融媒体各功能的使用满意度分布进行统计。总体来看，县级融媒体的总体功能满意度比较高，调查对象对大部分功能表示"满意"或"很满意"。其中公众对政务服务功能的"满意"和"很满意"的总体比例最高，达到84%，对新闻功能的"满意"和"很满意"的总体比例为83.1%。相比而言，公众对互动功能的"满意"和"很满意"的总体比例相对最低，为77.9%。

2. 可信度。可信度在本研究中指受众对县级融媒体及其所提供内容（包括信息、服务和活动）的信任度，县级融媒体的可信度在问卷中体现为四个具体的问题。每个问题采用李克特量表进行测量，1—5分分别表示"非常不同意""不同意""一般""同意""非常同意"。本题主要衡量受众对县级融媒体的可信度评价，相关问题为：

可信度—声誉：县级融媒体有良好的声誉

可信度—信息：县级融媒体发布的信息是可信的

可信度—服务：县级融媒体提供的服务是可信的

可信度—活动：县级融媒体开展的线上线下活动是可信的

具体的描述统计如下：

从均值看，四个问题的均值均远高于中位数3，可以说明公众对县级融媒体的可信度评价均较高。其中发布信息的可信度均值最高（4.30），其次为服务和活动（4.29），以及总体声誉（4.24）。

对县级融媒体的可信度分布情况进行统计显示：总体来看，县级融媒体的可信度比较高，调查对象对县级融媒体的可信度予以高度认可，在四个具体问题中选择"同意"和"非常同意"的，均达到80%以上。

3. 安全性。安全性在本研究中指受众对县级融媒体对用户隐私权保护程度的看法。县级融媒体的安全性在问卷中体现为一个问题，本题采用李克特量表进行测量，1—5分分别表示"非常不同意""不同意""一般""同意""非常同意"。本题主要衡量受众对县级融媒体的安全性评价，相关问题为：

安全性：县级融媒体会保护好我的个人隐私信息。

具体的描述统计如下：

从均值看，本题均值为4.27，高于中位数3，表明公众对县级融媒体的安全性评价较高。

对县级融媒体安全性分布进行统计显示：总体来看，县级融媒体的安全性比较高，调查对象对县级融媒体的安全性予以较高评价，选择"同意"和"非常同意"的，达到87.5%。

4. 易用性。易用度在本研究中指受众对县级融媒体在操作、设计及多样性方面的使用便捷程度的感受。县级融媒体的易用性在问卷中体现为三个具体的问题。每个问题采用李克特量表进行测量，1—5分分别表示"非常不同意""不同意""一般""同意""非常同意"。本题主要衡量受众对县级融媒体的易用性评价，相关问题为：

易用性—操作：县级融媒体操作便捷，使用起来没有困难。

易用性—设计：县级融媒体排版设计简洁，我容易找到需要的信息和服务。

易用性—多样性：县级融媒体信息与服务功能多样，能够满足我的各种需求。

具体的描述统计如下：

从均值看，这几个问题的均值均高于中位数3，说明公众对县级融媒体的易用性评价均较高。其中易用性操作、设计、多样性的均值分别为4.17、4.18、4.16。

对县级融媒体易用性分布进行统计显示：总体来看，县级融媒体的易用性比较高，调查对象对县级融媒体的易用性予以高度认可，在三个具体问题中选择"同意"和"非常同意"的，均达到80%以上。

5. 接近性。接近度在本研究中指受众对县级融媒体所提供内容、服务和活动地域等与自身相关程度的感受。县级融媒体的接近性在问卷中表现为三个具体的问题。每个问题采用李克特量表进行测量，1—5分分别表示"非常不同意""不同意""一般""同意""非常同意"。本题主要衡量受众对县级融媒体的接近性评价，相关问题为：

接近性—内容：县级融媒体提供的本地新闻和本地活动信息与我相关。

接近性—服务：县级融媒体提供的政务服务、民生服务等服务是我需要的。

接近性—地域：县级融媒体提供的新闻信息、本地活动信息等新闻发生的地点或活动举办的地点在我附近。

具体的描述统计如下：

从均值看，三个问题的均值均高于中位数3，可以说明公众对县级融媒体接近性的评价均较高。其中"接近性—内容"的均值为4.21，"接近性—服务"均值为4.22，"接近性—地域"均值为4.20。

对县级融媒体接近性分布进行统计显示：总体来看，县级融媒体的接近性比较高，调查对象对县级融媒体的接近性予以高度认可，在三个具体问题中选择"同意"和"非常同意"的，均达到80%以上。

6. 时新性。时新性在本研究中指受众对县级融媒体所提供新闻、信息和服务等是否及时有效更新的感受。县级融媒体的时新性在问卷中表现为三个具体的问题，本题采用李克特量表进行测量，1—5 分分别表示"非常不同意""不同意""一般""同意""非常同意"。本题主要衡量受众对县级融媒体时新性的评价，相关问题为：

时新性—新闻：在县级融媒体上可以获取最新的新闻信息。

时新性—信息：县级融媒体发布的各类服务信息更新非常及时。

时新性—服务：县级融媒体提供的在线服务非常便捷。

具体的描述统计如下：

从均值看，县级融媒体时新性的均值均高于中位数 3，可以说明公众对县级融媒体时新性的评价较高。其中"时新性—新闻"的均值，为 4.25；其次为"时新性—信息"，均值为 4.23；"时新性—服务"的均值为 4.22。

对县级融媒体时新性分布进行统计显示：总体来看，县级融媒体的时新性较高，在新闻、服务信息和服务功能上均能做到及时更新。调查对象对县级融媒体的时新性予以高度认可，在四个具体问题中选择"同意"和"非常同意"的，均达到 80% 以上。

7. 娱乐性。娱乐性在本研究中指受众对县级融媒体所提供内容和活动的娱乐吸引力的感受。县级融媒体的娱乐性在问卷中为两个具体的问题。相关题目采用李克特量表进行测量，1—5 分分别表示"非常不同意""不同意""一般""同意""非常同意"。本题主要衡量受众对县级融媒体的娱乐性评价，相关问题为：

娱乐性—内容：县级融媒体发布的娱乐内容非常有趣。

娱乐性—活动：县级融媒体上发布的活动非常吸引人。

具体的描述统计如下：

从均值看，相关问题的均值均高于中位数 3，可以说明公众对县级融媒体娱乐性的评价较高。其中"娱乐性—内容"的均值为 4.18，"娱乐性—活动"的均值为 4.17。

对县级融媒体娱乐性分布进行统计显示：总体来看，县级融媒体的娱乐性较强。调查对象对县级融媒体内容和活动上的娱乐性均予以高度认可，在四个具体问题中选择"同意"和"非常同意"的，均达到 80% 以上。

8. 问政互动满意度。互动是一个县级融媒体健康发展的正面指标，本研究需要更多关注这个互动行为的渠道是否畅通。问政互动满意度是本研究中特别关注的一个问题，反映了"问政"专栏的实际运行情况和使用效果，从侧面反映了公众对于问政互动的满意度。

问政互动满意度在问卷中为一个具体的问题，你是否使用过县级融媒体"问政"等专栏反映过实际问题，是否得到了回应和解决？测量方式中 1—5 分分别代表"没反映过，也不知道有这样的渠道""没反映过，但知道有这样的渠道""反映过，得到了很好的解决""反映过，回应了但没有得到解决""反映过，没有任何回应"。

分析显示，超过半数的人知道问政类专栏或板块或平台，只是没有使用过。在这个平台反映过情况但是没有有效回应的占比不到 2.8%。数据说明，问政类专栏的设置总体来说是成功的。但是值得注意的是，仍有 27% 的人不知道问政类专栏的存在。

### （三）受众对县级融媒体的使用意愿

县级融媒体的使用意愿在本研究中包含受众个人使用意愿和推荐意愿，相关题目采用李克特量表进行测量，1-5 分分别表示"非常不同意""不同意""一般""同意""非常同意"，对受众使用意愿的衡量分别体现在以下问题中：

使用意愿—个人：未来我会继续使用县级融媒体平台。

使用意愿—推荐：我会向我的家人、亲戚、朋友推荐使用县级融媒体平台。

具体的描述统计如下：

从均值看，相关问题的均值均高于中位数 3，可以说明公众对县级融媒体的继续使用意愿较高。其中"使用意愿—个人"的均值为 4.27，"使用意愿—推荐"的均值为 4.23。

对县级融媒体继续使用意愿分布进行统计显示：总体来看，县级融媒体的继续使用意愿较高。大多数调查对象倾向于继续使用县级融媒体，并推荐家人朋友使用。在两个具体问题中选择"同意"和"非常同意"的接近 90%。

## 四、相关性分析

本研究采用 Person 相关分析法分别对三个假设进行考察。本研究中包含使用满意度、使用行为和使用意愿三个变量。其中使用满意度包括总体功能满意度、可信度、安全性、易用性、接近性、时新性、娱乐性、问政互动满意度 8 个测量指标，具体体现为问卷中的相关题目。9 个测量指标之间具有内在相关性，共同构成"使用满意度"这一变量的测量依据。同时，为减少共线性问题，需要对变量进行标准化处理。本研究在进行相关性分析时，对8个测量指标进行均值测算，取其均值作为"使用满意度"的数据。同样，在计算"使用行为"的数据时，也对其三个测量指标使用频率、使用时间和使用功能进行均值测算。"使用意愿"的数据亦根据第19题所包括个人使用意愿和推荐使用意愿的均值计算得出。

1. 受众对县级融媒体的使用满意度对其使用意愿的影响。统计结果显示，县级融媒体使用意愿和使用满意度之间相关系数数值为0.898，且显著性水平$p<0.01$。说明两个变量之间存在极强的相关性。也就是说，对县级融媒体总体功能使用满意度越高，对其继续使用及推荐他人使用的意愿也更强。

2. 受众对县级融媒体的使用意愿对使用行为的影响。结果显示，县级融媒体使用意愿和使用行为的相关性系数大于0.4（b=0.464），且显著性水平$p<0.01$。说明两者之间具有较强的相关性。也就是说，对县级融媒体的使用意愿越强，使用行为也越频繁。

## 五、回归分析

本研究对两个假设和使用意愿对使用行为的中介效应分别进行回归分析：

（1）受众对县级融媒体的使用满意度和使用意愿；

（2）受众对县级融媒体的使用意愿和使用行为；

（3）受众对县级融媒体的使用意愿在使用满意度和使用行为之间的中介效应。

与相关性分析一致，回归分析中对三组变量关系的测量基于各自所含测量指标的均值进行。

1. 受众对县级融媒体的使用满意度和使用意愿。以使用意愿作为因变量，以使用满意度作为自变量进行回归分析。方差分析可得模型的相关系数为0.898，F值显著性水平$p<0.001$，表示自变量和因变量之间的线性相关；回归系数的显著性水平$p<0.001$，说明回归系数是显著的。自变量使用满意度对因变量使用意愿具有显著的正向影响。假设1被证实。

表 27-2

| 模型 | | 非标准化系数 | | 标准系数试用版 | t | 显著性 |
|---|---|---|---|---|---|---|
| | | B | 标准误差 | | | |
| 1 | （常量） | 0.717 | 0.137 | | 5.222 | 0.000 |
| | 使用满意度 | 0.074 | 0.001 | 0.898 | 57.400 | 0.000 |
| a. 因变量：使用意愿 | | | | | | |

系数ᵃ

来源：自制。

2.受众对县级融媒体的使用意愿和使用行为。以使用行为作为因变量，以使用意愿作为自变量进行回归分析。方差分析可得模型的相关系数为0.464，F值显著性水平 $p<0.001$，表示自变量和因变量之间线性相关；回归系数的显著性水平 $p<0.05$，说明回归系数是显著的。自变量使用意愿对因变量使用行为具有正向影响。假设2被证实。

表 27-3

系数ᵃ

| 模型 | | 非标准化系数 | | 标准系数试用版 | t | 显著性 |
|---|---|---|---|---|---|---|
| | | B | 标准误差 | | | |
| 1 | （常量） | 4.538 | 2.562 | | 1.772 | 0.047 |
| | 使用意愿 | 4.376 | 0.297 | 0.464 | 14.718 | 0.000 |
| a. 因变量：使用行为 | | | | | | |

来源：自制。

3.受众对县级融媒体的使用意愿对满意度和使用行为关系的中介效应。分析可知，模型1中使用满意度→使用行为的回归检验，显著性水平 $p=0.722$，未通过显著性水平检验，意味着使用满意度和使用行为之间没有显著相关。模型2中使用意愿→使用行为的显著性水平 $p<0.05$，此时需比较，模型2中的使用满意度的回归系数（b2=0.339）与模型1的使用满意度的回归系数（b1=0.390），这里b2的绝对值小于b1，说明使用意愿的中介效应显著。由于使用满意度和使用行为之间无显著相关，使用意愿对使用行为具有完全中介效应，即受众的

使用满意度通过直接影响使用意愿来影响使用行为。同时，模型2同时检测了控制变量年龄和教育，经检验，年龄和教育程度在使用满意度和使用行为之间的关系中具有一定的作用。年龄越大，使用满意度与使用行为之间的相关性越高（b=1.255，p<0.05）；受教育程度越高，使用满意度与使用行为之间的相关性越高（b=1.716，p<0.001）。

表27-4

| 模型 | | 未标准化系数 | | 标准系数 Beta | t | 显著性 |
| --- | --- | --- | --- | --- | --- | --- |
| | | B | 标准 误差 | | | |
| 1 | （常量） | 0.907 | 2.553 | | 0.355 | 0.722 |
| | 使用满意度 | 0.390 | 0.024 | 0.499 | 16.203 | 0.000 |
| 2 | （常量） | -9.263 | 4.019 | | -2.305 | 0.021 |
| | 使用满意度 | 0.339 | 0.054 | 0.435 | 6.233 | 0.000 |
| | 使用意愿 | 0.545 | 0.664 | 0.058 | 0.820 | 0.012 |
| | 年龄 | 1.255 | 0.614 | 0.072 | 2.044 | 0.041 |
| | 教育 | 1.716 | 0.427 | 0.142 | 4.021 | 0.000 |
| a. 因变量：使用行为 | | | | | | |

来源：自制。

## 六、分析结论

2019年1月，中宣部和广电总局联合发布《县级融媒体中心建设规范》《县级融媒体中心省级技术平台规范要求》；4月，又相继发布《县级融媒体中心网络安全规范》《县级融媒体中心运行维护规范》《县级融媒体中心监测监管规范》，这些政策标准为县级融媒体中心的建设提供了发展依据，也为验收工作提供了标准和依据。本研究是从公众县级融媒体使用效果出发，可以说是对县级融媒体中心自下而上的评估，在问卷中，对公众的使用频率、使用意愿、使用方式、互动参与度等都进行了调查。问卷问题对政策标准中对县级融媒体中心的定义和要求，以及服务内容下的二级要求等全部涉及并涵盖，对各大媒体平台的传播度、对各类服务功能的使用程度和满意度等,都进行了调查研究,与中央要求相互呼应,并用数据充分反映了"最后一公里"的公众到达效果。

1.县域公众的县级融媒体使用行为总体较为理想,但是互动功能的使用较少,经济和娱乐功能的使用也有待开发。县域公众的县级融媒体使用行为使用频率虽然低于社交媒体和手机App,但是远高于包括报纸、杂志、广播、电视在内的传统媒体。超半数被调查者在县级融媒体中心成立之初就开始使用各类县级融媒体平台。公众对县级融媒体大部分功能的使用行为较积极。如新闻、预警、服务、党建、政务、经济和娱乐使用频率以"一周多次"居多。有大约1/4(25.6%)的人"一天多次"使用其新闻功能。但互动功能的使用频率相对较低,选择"不使用"和"很少使用"的占到将近一半(43%)的比例。经济功能和娱乐功能的"不使用"和"很少使用"的比例也相对较高(29.7%,26.4%)。超过半数(438人,55.3%)的使用者仅在县级融媒体上浏览信息,使用在线服务等互动功能的人(27人,3.41%)使用较少。

2.县域公众对县级融媒体的使用满意度总体较高。总体来看,县域公众对县级融媒体的使用满意度较高。具体来看,总体功能满意度比较高,调查对象对大部分功能表示"满意"或"很满意"。调查对象对县级融媒体的可信度、安全性、易用性、接近性、时新性、娱乐性也予以高度认可,选择"同意"和"非常同意"的均达到80%以上。就问政互动满意度来看,超过半数的人知道问政类栏目,只是没有使用过。问政类栏目的设置是总体成功的,但是问政类栏目的宣传和使用有待加强。

3.县域公众对县级融媒体的继续使用意愿较高。总体来看,县域公众对县级融媒体的继续使用意愿较高。大多数调查对象倾向于继续使用县级融媒体,并推荐家人朋友使用。在两个具体问题中选择"同意"和"非常同意"的接近90%。

4.县域公众对县级融媒体的使用满意度对公众使用意愿具有显著影响,县域公众对县级融媒体的使用意愿对其使用行为亦具有显著影响。所有假设均被证实。受众对县级融媒体的使用满意度通过影响使用意愿对使用行为产生作用。总体来说,县域公众对县级融媒体的使用满意度越高,其使用意愿越强,使用行为频率则越高。

表 27-5

| 假　设 | 检验情况 |
|---|---|
| H1：受众对县级融媒体的使用满意度与县级融媒体的使用意愿正相关 | 证实 |
| H2：受众对县级融媒体的使用意愿与县级融媒体的使用行为正相关 | 证实 |
| H3：受众对县级融媒体的使用意愿在使用满意度和使用行为之间具有中介效应 | 证实 |

来源：自制。

## 第三节　县级融媒体中心提升效果的策略建议

近年来，在行政和技术的双重驱动下，县级融媒体中心的建设和发展日新月异、突飞猛进，在新冠肺炎疫情暴发这一公共卫生重大突发事件中为疫情防控作出了重要且突出的贡献，在决战决胜脱贫攻坚、庆祝建党百年等重大主题报道中体现了融媒体建设的成果和进步。从调查研究的结果来看，总体上说，县级融媒体中心建设的效果也得到广大受众的确认和肯定。随着全媒体传播体系的建立，县级融媒体中心的融合创新进一步深入，在体制机制、内容创新、组织管理、人才队伍建设等方面的挑战也日益严峻。首要的，当然是思维观念和体制机制的转变、人才队伍的"引用育留"，这已经是老生常谈，却是在实践中因为种种原因很难做到的；县级融媒体中心自己的客户端 App 往往下载量不是很高，活跃度一般，日活和基础用户较少；微信端又有一定的局限性，公众号的机制限制很多，一天只允许县级单位发布一次消息内容。在种种问题桎梏、主客观条件混杂的情况下，县级融媒体中心在功能和操作层面，有哪些可以精进的呢？我国各地情况复杂，发展很不均衡，没有模式可依。县级融媒体中心建设必须从本地区的实际出发，以受众使用行为和效果为导向，在增强"四力"、引导群众和服务群众上发力，既要有战略性布局，也要有策略性举措，有序推进。

## 一、力行体制机制改革，倒逼人才队伍转型升级

把先进技术和项目资金向新媒体倾斜，绩效考核和人才激励的重点要放在新媒体上，重点考核内容生产和传播的新媒体流量、活跃度、转发和评论数等指标，重点奖励新媒体爆款产品，激发人才对新媒体创作的积极性、参与性和创新性。可以借鉴上海广播电视台和钱江晚报的做法，对县级融媒体中心的部门和人员进行调整，仅保留一个传统媒体采编部门，将 2/3 的员工纳入移动端生产和传播，设立新闻指挥室、视觉工作室、创意设计、产品和内容运营等适应新媒体采编和传播的机构和部门。北京经开区融媒体中心在体制机制改革上则更为彻底，由事业单位整建制转为企业方式运营。

建立针对项目组、品牌工作室等的动态考核机制，项目制是县级融媒体可以进行探索的机制之一。从灵活的项目组开始，项目成熟后可以打造品牌，成立融媒体品牌工作室。可以借鉴人民日报社的做法，其主打财经内容的"麻辣财经"，主打时政新闻解读的"侠客岛"等品牌产品，都是来自各自的融媒体工作室，而在人民日报，这样的工作室有数十个。安吉融媒体中心打造了"十分"海报工作室、"遇见安吉"工作室、"源"视频工作室、梅地亚小黄人团队等一批行业知名品牌；实行全员绩效考核，各部门根据各自业务的特殊性，分别制定符合实际的考核标准，中心编内编外员工除基本工资因身份不同外，在其他方面同工同酬。[①] 垂直内容工作室、项目制是激发团队积极性和内容创新性的有效机制，通过"绩效激励+项目招标+专题培训"，用新媒体技术和互联网思维为原有人才赋能，增强县级融媒体中心人才的成就感和获得感，对特殊人才给予特殊待遇和绿色通道，才能引进全媒体高端人才，加快改善新媒体高端人才匮乏的现状。

淳安县融媒体中心也对部门机构、采编流程等进行了重组，推出大部制，部门架构充分向全媒体和移动端内容生产倾斜，设立新闻部、专题部、视频部、网络部、移动部、技术部、办公室、对外合作部，有效提高了全媒体新闻生产效率及其影响力，同时积极探索新媒体传播项目市场化运作方式，近年成立了短视频团队、直播带货团队，采用项目制运作，推出淳安地方性品牌活动。

体制机制改革，这是老生常谈，但却是最核心也是最难解决的问题。尤其

---

[①] 祝青，章李梅，丁峰. 新时代重塑县媒融合发展格局的安吉实践. 传媒，2022（11）：25-26.

是大刀阔斧地进行新媒体端的绩效考核机制和人才激励机制优化是体制机制改革最为重要的环节，但是由于涉及利益冲突，现实中这项改革往往名存实亡，这直接影响人员的积极性和创造性，引不进人才留不住人才，是制约县级融媒体中心发展的根本原因。

## 二、移动优先，大数据分析和主流价值引导相结合

坚持移动优先战略，利用大数据分析系统有针对性地打造爆款融合产品，并与主流价值引导相结合。

第一，县级融媒体中心的首要任务是做好新闻宣传和舆论引导，牢牢把握主流媒体话语权，传递基层主流声音，传播社会主义核心价值观，凝聚基层思想共识，更好地引导群众、服务群众。而要想有效完成宣传任务，更好地体现主流媒体的责任和担当，巩固县级融媒体的主流话语权和引导力，就必须坚持移动优先，才能更好地完成主流媒体的使命和任务。调查可见，网络媒体已全然成为县域人民生产生活的重要领域，县级融媒体的微信公众号和视频号、手机 App 都是县域群众使用频率最高的媒体。因此，县级融媒体应以移动优先，将新兴媒体作为主要抓手，新媒体和传统媒体充分融合，进行资源整合和重组，将各种资源向移动端倾斜，切实提高党的新闻舆论传播力、引导力、影响力、公信力，更好地引导群众、服务群众。

第二，县级融媒体中心应通过打造爆款融合产品来引导和传播主流价值，不断提升引导群众和服务群众的方式和水平。通过形态多样、手段先进的融合媒体矩阵，综合运用最新的传播技术和手段，找到受众的"痛点"，满足不同层次人群的信息需求，进行多媒体、跨平台、立体化传播，强化传播影响力，才能唱响主旋律，讲好县域故事。

第三，要利用大数据技术和分析系统，了解和发掘受众需求，策划制作传播内容，并针对内容传播效果及时作出反馈和调整，真正做到精准传播和有效传播，避免内容和传播资源的浪费。淳安县融媒体中心在浙江全省县级媒体中首家开通全媒体数据库。2018 年 7 月，千岛湖传媒中心与杭州凡闻科技有限公司合作，建立了大数据中心及数据可视系统，即时分析和提取县内新闻传播、

外媒报道淳安、新媒体覆盖效果、新闻专题分析和党报质量对比等情况，[①]及时优化用户体验，极大提高了工作效率和整体效能。不同的县有各自的具体情况，如果在技术受限的条件下，还可以通过对受众的问卷调查、焦点小组座谈等综合方式，及时了解受众对主题宣传、新闻策划、议题设置、传播方式以及各类服务功能、质量的满意度和意见、建议。此外，县级融媒体还可以开发微信等移动端调查渠道，或与问卷星等调查公司合作，拓展途径与用户建立有效连接，了解用户的体验和反馈。

### 三、发掘县域特征打造专属品牌，助力乡村振兴

发挥媒体优势，全方位地展现县域内的自然风貌、人文景观、历史古迹以及当地民众的精神风貌、民风民俗、非遗项目，体现深厚的文化底蕴，依托特色优势产业，整合现有品牌资源，为经营打造品牌服务。县级融媒体要紧紧围绕品牌，适时推出相关的媒介作品、媒体行动等，用品牌滋养媒体，用媒体反哺品牌本身。

淳安县融媒体中心就是很好的例子。淳安县拥有中药材、茶叶、山茶油、山核桃、笋干和番薯干等一大批农特产品，为培育和打响"千岛湖品牌"，淳安县融媒体中心发挥主题报道方面的优势，淳安融媒体中心与千岛农品专班主动沟通，拟定"千岛农品"短视频摄制计划，打造系列广电作品、融媒体作品，打造并大规模宣传"千岛农品"品牌，开展"品牌强农工程"助力乡村振兴的最新实践，广播、电视、报纸、新媒体等平台全面联动融合传播，在专题专栏、新闻报道、公益广告、形象宣传片、活动直播、短视频和外宣等方面推出系列新闻报道全平台推广，尤其是充分发挥了短视频和直播两大利器，以讲故事的手法呈现农技工匠、农制品牌、农旅体验。围绕乡村振兴、共同富裕的主题，为"千岛农品"品牌赋能，不断提升"千岛农品"的品牌影响力，品牌效应和品牌美誉度也极大地提升了农特产品的附加值。

为拉动县域旅游经济，推动乡村旅游的复工复产，淳安县融媒体中心拿出全年的宣传策划方案，设定主题，策划"大下姜"等系列宣传活动。2020年3月，淳安县融媒体中心策划的"来下姜享春天"通过中国蓝新闻蓝媒号、杭州之家

---

① 宋士和.对县级融媒体中心建设的几点思考.中国报业，2019（4）：38-39.

App、视界千岛湖 App 进行全程直播。

**四、提升原创短视频的质量，打造爆款精品**

根据中国互联网络信息中心 CNNIC 第 50 次《中国互联网络发展状况统计报告》数据显示，截至 2022 年 6 月，我国短视频的用户规模增长最为明显，达 9.62 亿，较 2021 年 12 月增长 2805 万，占网民整体的 91.5%。笔者在调研过程中发现，短视频融合产品也深受县域用户的喜爱，县级融媒体中心应不断提升短视频的内容质量和提升完播率，将完播率、点赞率、评论率、转发率、收藏率、本地下载量作短视频产品质量的考核标准。2021 年 12 月 15 日，中国网络视听节目服务协会发布了《网络短视频内容审核标准细则（2021）》，规定短视频未经授权不得自行剪切、改编电影、电视剧、网络影视剧等各类视听节目及片段。短视频只能更加注重原创内容，不断提升内容质量才能实现可持续发展。其实农村题材的短视频创作从来不乏精品爆款。李子柒的农村题材短视频受到国内外的普遍欢迎。2021 年年末，来自东北农村的单身汉"张同学"又成为抖音"红人"，他的"乡村生活"的视频成为爆款。其中启示有三。

一是接地气有地域特色的叙事方式。在抖音、快手等自媒体平台爆火的"乡村网红"，往往有一套民间话语体系，他们更偏重于自身对周围事物的感性体验，带有强烈的主观色彩，通常采用第一人称的叙事角度，讲述县域内平凡人物的日常故事，以质朴纯粹的言语表达、简单粗糙的拍摄手法、不加修饰的生活片段出现在大众眼前，其勾起的乡土情感和价值认同很难撼动。

二是要增强故事性。要掌握不同发布渠道短视频讲故事的规律，提升讲故事的能力，把故事讲得出彩、直击人心。这是在新的媒体格局下增强自身影响力的有效方式。[1]

三是县级融媒体在对新闻信息生产创作的实践过程中可以有针性地吸纳和培养乡村网红，学习其个人创作表达和叙事的方式，同时利用乡村网红拥有的粉丝群体，扩展县域影响力，通过电商直播、活动策划等渠道聚集人气，提升流量。

四是县级融媒体应关注并发掘县域老年人群的多样需求，打造创新服务精

---

[1] 卜宇.十问：媒体融合传播的实践策略.传媒，2021（1）：21-26.

品。随着20世纪五六十年代的人步入老年，更高的媒介素养和更新的生活理念赋予了他们更高的社交需求、消费需求和更强烈的表达欲。《2021银发经济洞察报告》显示，娱乐类应用中，50岁以上移动网民对于短视频平台同样具有较高黏性，头部应用占据明显优势。短视频中，不乏"银发网红"，积极通过短视频传播热爱生活、重视家庭和亲情的正能量。县级融媒体也可以挖掘"农村银发网红"的市场潜力，通过团队包装和持续性地紧扣社会痛点的内容输出，实现社会效益和经济效益的双赢。

同时，县级融媒体中心还可以面向县域尤其是农村老年人开发更多的服务场景，如开发针对老年人的信息获取、在线医疗、金融指导、购物旅游、休闲娱乐等，可以将"互联网+养老"作为提升服务力的一个重要突破口。

五是可以入驻快手、抖音、bilibili、学习强国等新媒体音视频平台，与短视频平台、新媒体平台、商业平台合作，推出衍生短视频节目。县级融媒体应把这些新媒体平台当成宣传窗口，更把它当成主流舆论的阵地，既能吸引用户关注，又能撇开传统严肃的叙事风格，用生动新颖的表现手法满足互联网受众的需求，通过成功的媒体作品和实践出圈。

### 五、做好外宣，吸引潜在受众助力县域建设

综合运用好省市级媒体平台以及短视频、电商等新媒体平台和社交平台，借力更大更优质的媒体平台让县级融媒体走出去，面向全国受众，一方面是要多形态多渠道传播本地品牌，积极地推动品牌走出去，综合运用多元化的传播渠道、丰富的表现形式来让更多的受众了解本地区的品牌和产业；另一方面，做好外宣，提升对外的传播影响力，吸引全国的潜在受众，尤其是乡贤回乡投资或创业，为家乡建设出力。笔者在对淳安县融媒体总编辑张志鹏的采访中，他有一句话，笔者深感认同："县域外的所有淳安籍人都是我们淳安县融媒体中心的目标受众。"

让乡贤记住乡愁，让乡音承载乡情，让乡土传承乡史。共同生活在同一地理区域的社会成员共同拥有的生活经历、生活方式、语言符号、民风民俗等地域文化，对于流迁的个人而言，曾经熟悉的地域文化对他们的认知和行为的影响将伴随一生。流迁人员也是县域中的一个群体，通过县级融媒体了解家乡的

现状，能够激发他们的乡土记忆，产生强大的感召力，增强自身对于县域文化的认知与信任。从县域外出的流迁人群也是县级融媒体的受众群之一，他们对于媒介的日常接触较为频繁，虽生活在别处但仍关注着家乡的动态信息，希望能够满足个人的信息需求与情感诉求。对此，县级融媒体要重构乡村文化自信，展示地方独有的文化底蕴和人文情怀，唤醒流迁人员对于地方的情感归属，通过主动设置公共议题，紧抓出门在外的流动成员的家乡情怀，对当地的典型人物、乡村建设、农业发展、社会民生等各个方面以接地气的口吻呈现，充分激发文化价值认同，同时融合当地历史文化背景、自然人文景观、思想观念、情感价值、生活方式等方面内容，引起县域外的广大社会成员的关注与参与；策划丰富多样的助农、商务、节庆等文化品牌活动，讲述好典型人物及典型故事，构建以"文化 IP"为核心的生产发展格局，注入当地精神文化内涵，提高社会流动成员对乡土文化的认可度、好感度与情感依恋，流迁的个体不再是县域社会"熟悉的陌生人"，在移动网络空间中增进人们对于县域社会的地方归属感，将徘徊在县域之外的社会流动成员拉回熟悉的地方，实现县域共同体的信息共享，增强县域社会成员间的凝聚力，吸引他们回乡创业、投资或定居。

# 参考文献

[1] CNNIC. CNNIC 发布第 50 次《中国互联网络发展状况统计报告》. http://www.cnnic.net.cn/gywm/xwzx/rdxw/20172017_7086/202208/t20220831_71823.htm.

[2] 何兰生. 讲好振兴故事, 放大"三农"音量. 中国记者, 2022（1）: 21-25.

[3] 中国记协报告：中国新闻事业全媒体化、平台化趋势日益显著. 新闻世界, 2022（6）: 71.

[4] 中国新闻出版广电报/网. 2021年中国报业深度融合发展创新案例. https://www.chinaxwcb.com/info/576560, 2021-12-23/2022-8-11.

[5] 谭鑫, 谭嘉辉. 以乡村文化振兴推动乡村全面振兴. 社会主义论坛, 2021（11）: 50-51.

[6] 冯克. "三农"专家型记者如何炼成——以《农民日报》专家型编辑记者培养计划为例. 中国记者, 2015（3）: 57-59.

[7] 黄楚新, 陈智睿. 技术与内容深度融合的现实基础、问题难点与实践路径. 中国传媒科技, 2021（12）: 9-11.

[8] 王枢, 徐建勋. 论传统媒体的平台化转型. 新闻爱好者, 2019（7）: 51-55.

[9] [美]罗伯特·斯考伯, 谢尔·伊斯雷尔. 即将到来的场景时代. 北京联合出版公司, 2014.

[10] [美]尼古拉·尼葛洛庞帝. 数字化生存. 电子工业出版社, 2017.

[11] CNNIC. 第 49 次《中国互联网络发展状况统计报告》. CNNIC,

2022-02-25.

［12］彭兰.场景：移动时代媒体的新要素.新闻记者，2015（3）：20-27.

［13］胡正荣.移动互联时代传统媒体的融合战略.传媒评论，2015（4）：47-50.

［14］喻国明，张诗悦.从"用户思维"到"场景思维"：媒介连接用户的全新范式.教育传媒研究，2022（3）：6-10.

［15］范卫锋.新媒体十讲.中信出版社，2015.

［16］大豫热点.河南广播电视台全媒体营销策划中心于2020年正式成立.搜狐号，https://www.sohu.com/a/386286412_100124375，2020-04-08.

［17］张桂杰.场景时代开启媒体精准传播新思维.青年记者，2018（26）：4-5.

［18］姚静.新闻游戏：新媒体环境下的互动性新闻叙事模式.传媒，2016（15）：72-74.

［19］人民网.习近平在记者节对新闻工作者说的10条金句.学习强国，https://www.xuexi.cn/lgpage/detail/index.html?id=6243581426509027661，2019-11-08.

［20］习近平.共同为改革想招　一起为改革发力　群策群力把各项改革工作抓到位.人民日报，2014-08-19（1）.

［21］王晖军.地方媒体的"中央厨房"路径选择——以扬州报业传媒集团为例.新闻与写作，2017（5）：79-81.

［22］刘露.我国报纸媒体融合创新实践案例研究.温州大学，2018：22.

［23］巩建宇.传统主流媒体"平台型媒体"建构研究.河北大学，2021.

［24］陈旭管.大数据技术驱动媒体融合发展——记2017年"王选新闻科学技术奖"特等奖项目浙报集团"媒立方"技术平台建设.中国传媒科技，2017（6）：17-19.

［25］王岚峰.融合发展三部曲：渠道　平台　生态.中国报业，2016（23）：25-27.

［26］曹苏宁.广州日报报业集团：积极探索媒体融合新模式.城市党报研究，2021（6）：58.

[27] 张晓雯. 着力打通引导群众、服务群众的"最后一公里"——"新花城"的探索与实践. 中国新闻年鉴, 2020（1）: 294-296.

[28] 赵东方, 胡巧娟. "大"报道需要"高站位+小视角"——广州日报庆祝建党100周年宣传报道的实践探索. 新闻战线, 2021（17）: 82-84.

[29] 习近平在中共中央政治局就全媒体时代和媒体融合发展举行第十二次集体学习上的讲话. 新华社, http://www.gov.cn/xinwen/2019-01/25/content_5361197.htm.

[30] 刘聪聪. 地方媒体新闻客户端的矩阵化发展研究. 新闻文化建设, 2021（12）: 2.

[31] 周明燕. 媒体融合发展中的用户意识. 西部广播电视, 2018（6）: 16.

[32] 崔保国主编. 传媒蓝皮书——中国传媒产业发展报告（2021）. 北京, 社会科学文献出版社.

[33] 国家广电总局发布《关于加快推进广播电视媒体深度融合发展的意见》. 中国广播, 2020（12）: 61

[34] 唐瑞峰. 2020年广电MCN调研报告. 电视指南, 2020（23）: 32-39.

[35] 傅明. 在抗疫报道中彰显融媒体矩阵传播力——以绍兴市新闻传媒中心为例. 视听, 2022（5）: 37-39.

[36] 黄晓新, 刘建华, 卢剑锋. 中国传媒融合创新现状、问题与趋势. 中国传媒科技, 2017（4）: 19-29.

[37] 严三九. 中国传统媒体与新兴媒体融合发展的现状、问题与创新路径. 华东师范大学学报（哲学社会科学版）, 2018, 50（1）: 89-101+179.

[38] 甘小梅. 重报集团发展数字报业策略构想. 重庆大学, 2013.

[39] 蒋革. 拓展主流舆论传播空间 加快推动媒体融合发展. 传媒, 2017（14）: 14-17.

[40] 管洪. 党报集团如何打赢媒体融合"下半场". 中国报业, 2018（23）: 22-24.

[41] 李忠. 一路雄起 不忘初心. 中国新闻出版广电报, 2017-05-09（1）.

[42] 逯德忠. 媒体融合背景下的组织重构|从相加到相融到一体化——

重庆日报报业集团推进媒体融合下组织重构的探索与实践.新传播，2021-09-15.

［43］崔健，文斌，张畅，汪洋柳.融合创新联动　宣传出新出彩——重庆日报报业集团2022全国两会报道亮点评析.新闻战线，2022（7）：45-47.

［44］管洪.媒体融合践悟的五大"心法".中国记者，2021（10）：36-39.

［45］张维炜.重报集团：抢占先机　抒写发展新篇章.中国报业，2022（7）：29-31.

［46］管洪.大数据智能化引领下的媒体深度融合.新闻战线，2018（15）：5-8.

［47］郭全中.从整合到融合的关键.青年记者，2019（6）.

［48］袁舒婕.中国新闻事业全媒体化、平台化趋势日益显著.中国新闻出版广电报，2022-05-17.

［49］谢新洲，石林.平台化研究：概念、现状与趋势.青年记者，2022（6）.

［50］孙锡炯.找准发力点　打造"第三极".新闻潮，2021（9）.

［51］孙锡炯等.因融而兴　全新启航.中国地市报人，2019（10）.

［52］孟鑫.地市级党报客户端如何突围.新媒体研究，2021（12）.

［53］廖明山等.建设全国一流新型主流媒体集团.珠海特区报，2019-04-28.

［54］钟夏等.因融而生　全新启航.珠海特区报，2020-04-28.

［55］钟夏.融出天地宽　奋进正当时.珠海特区报，2021-04-28.

［56］郭秀玉.奋力打造大湾区一流新型主流媒体集团.珠海特区报，2022-04-28.

［57］国家广播电视总局广播电视规划院.中国视听大数据2021年收视年报.https://baijiahao.baidu.com/s?id=1722363546600642540&wfr=spider&for=pc，2021-01-19.

［58］湖南广播电视台办公室.吕焕斌："以我为主　一体两翼"打造媒体融合的芒果模式 | 芒果日志.https://mp.weixin.qq.com/s?__biz=MzA5NzEwODg4MQ==&mid=2651257433&idx=2&sn=86d081711cbd4f4157032351414c66a1&chksm=8b578ca7bc2005b128e5effe8863b8a1fc5ce3f00ef92dbbe90a36b5643ebf36a6e87fb7e

d71&token=2044548570&lang=zh_CN#rd, 2019-05-28.

［59］吕焕斌. 媒体融合的芒果实践报告. 北京：中信出版社，2019.

［60］秦立熙. 人民时评："最美县委大院"何以走红. 人民日报，2013-12-04（5）.

［61］湖南广播电视台2013年、2014年、2015年年终总结.

［62］亚洲品牌集团.2015亚洲品牌500强.https://www.asiabrand.cn/brand/list/detail.html?id=266，2015-09-10.

［63］张翼."移动新媒体元年"将开启. 光明日报，2012-12-20（5）.

［64］崔保国，何丹嵋.2014年中国传媒产业发展报告. 传媒，2015（12）：11-16.

［65］全美纸媒广告总和不敌谷歌广告营收. 新闻记者，2013（12）：68.

［66］证券时报e公司. 芒果TV2017年扭亏实现净利4.89亿 快乐购注入"芒果系"资产只欠临门一脚.https://baijiahao.baidu.com/s?id=1596640454308710948&wfr=spider&for=pc，2018-04-02.

［67］湖南广播电视台办公室."芒果季风"吹响影视革新号角！|芒果日志.https://mp.weixin.qq.com/s?__biz=MzA5NzEwODg4MQ==&mid=2651282745&idx=2&sn=6652d39f33b03b3b498e18ec6f084e60&chksm=8b562bc7bc21a2d1584509ff8a7d3075eb047fd3fcf41cbb806c77ea70b56b29e7cc5f2f2dbc&token=2044548570&lang=zh_CN#rd，2020-10-19.

［68］湖南广播电视台办公室. 芒果超媒45亿元定增落地 中移动子公司成为二股东|芒果日志.https://mp.weixin.qq.com/s?__biz=MzA5NzEwODg4MQ==&mid=2651313982&idx=1&sn=a0953690f881d0694608d02372d6e00e&chksm=8b56a1c0bc2128d630048f953f02ae88a7c37fd968090fd4ea85dd4df6b2714383bdfa813348&token=2044548570&lang=zh_CN#rd，2021-08-12.

［69］湖南广播电视台办公室. 张华立：守正创新建设主流新媒体集团 书写高质量发展芒果新答卷|芒果日志.https://mp.weixin.qq.com/s?__biz=MzA5NzEwODg4MQ==&mid=2651331861&idx=1&sn=2baa083c35bcf98f13055a6a3f067f06&chksm=8b596bebbc2ee2fde44505b7476c8f67aa4e20e822e292bf39d3d877d9f25d022d6a248ef02d8&token=2044548570&lang=zh_CN#rd，2022-01-27.

［70］湖南广播电视台办公室. 湖南卫视与芒果TV深度融合推进会召开|

芒果日志.https://mp.weixin.qq.com/s?__biz=MzA5NzEwODg4MQ==&mid=2651334042&idx=1&sn=ae970fde0bbfb1dde43b71235bb7ec51&chksm=8b595364bc2eda728a2aa7693aa39871ea01940cd025c91300ae2a4f6b42b0da655d71139169&token=2044548570&lang=zh_CN#rd，2022-03-08.

［71］湖南广播电视台办公室.龚政文：以自信传可信　以可爱达可敬　构建特色鲜明的国际传播体系丨芒果日志.https://mp.weixin.qq.com/s?__biz=MzA5NzEwODg4MQ==&mid=2651358269&idx=1&sn=aeacb9a66a1d1657fe5f5a7c74843da6&chksm=8b59f2c3bc2e7bd5f03ffcb7b835cf2bf9eb95788ecaa4fed2cb55ed3ce5865b7eedaa63a692&token=2044548570&lang=zh_CN#rd，2022-08-31.

［72］湖南广播电视台办公室.双屏更好看　综艺翼起飞　湖南卫视　芒果TV开启双平台首轮创新征集丨芒果日志.https://mp.weixin.qq.com/s?__biz=MzA5NzEwODg4MQ==&mid=2651337305&idx=1&sn=389922aaba349531a7a0a3d59fa48dbd&chksm=8b5944a7bc2ecdb1d3a306e5a27714d2032af8ffb2f488edbcff616a1665ea190ccd32f7ce08&token=2044548570&lang=zh_CN#rd，2022-03-30.

［73］荣翌.渠道与平台：媒体融合语境下的概念辨析.新闻战线，2018（15）：110-113.

［74］湖南广播电视台办公室.湖南广电与华为战略合作升级丨芒果日志.https://mp.weixin.qq.com/s?__biz=MzA5NzEwODg4MQ==&mid=2651338390&idx=1&sn=28a1a7b2064c5b578971e75238f15b60&chksm=8b594068bc2ec97eceec18db328cdd5f35473038a6578364cf29e91bc9ff1b3eb736e392c726&token=2044548570&lang=zh_CN#rd，2022-05-17.

［75］湖南广播电视台办公室.2022年"亚洲品牌500强"发布　湖南广电升至总榜第91位　品牌价值破千亿丨芒果日志.https://mp.weixin.qq.com/s?__biz=MzA5NzEwODg4MQ==&mid=2651359100&idx=1&sn=c3445b3ac78550003071cac83ec4edb5&chksm=8b59f182bc2e78943a9565a13f7fad1e8094e00ca199c623baf82d6c1a3eac1cd1759b36f71b&token=2044548570&lang=zh_CN#rd，2022-09-22.

［76］湖南广播电视台办公室.湖南广电"新闻云采编"系统唱响全国两会宣传新声音丨芒果日志.https://mp.weixin.qq.com/s?__biz=MzA5NzEwODg4MQ==&mid=2651268445&idx=1&sn=94b26ac57b95163f3aaf406b9f8632a8&chksm=8b5653a3bc21dab5a07c5b2192a8d9d4bca035a047c0eb3c0a48fe5c7e8ced565f7a06aa13cd

&token=2044548570&lang=zh_CN#rd，2020-05-25.

［77］之媒.月活8亿，湖南卫视是新媒体吗？.https://mp.weixin.qq.com/s/-oeAQ9RpXUdLFXgiyW5o6g，2021-01-05.

［78］县级融媒体中心：现存问题与建设路径.https://mp.weixin.qq.com/s/o4-VsnC3qSmv6oGHRezE8A，2021-03-30.

［79］黄楚新，李一凡，陈伊高.2021年县级融媒体中心建设发展报告.出版发行研究，2022（5）：26.

［80］黄楚新，陈智睿.2021年我国媒体融合发展盘点.青年记者，2021（12下）：9.

［81］2585家！县级融媒体中心怎么建强用好？.https://weibo.com/ttarticle/p/show?id=2309404808965241570068#_loginLayer_1667612629342，2022-09-01.

［82］县级融媒体中心：现存问题与建设路径.https://mp.weixin.qq.com/s/o4-VsnC3qSmv6oGHRezE8A，2021-03-30.

［83］陈楚瑜.县级融媒体建设综述.广播电视信息，2022（1）.

［84］丁和根.县级融媒体中心核心功能的实践路径与保障条件探析.南京师大学报（社会科学版），2020（4）.

［85］刘道彩.县级融媒体"合而不融"的困境表现、原因与出路.新媒体研究，2022（1）.

［86］林仲.县级媒体融合发展的痛点及对策研究：以平阳县传媒中心为例.新闻研究导刊，2021（23）.

［87］干货！"合办"县级融媒体中心的5大优势+4大原则.https://www.sohu.com/a/284818261%5F181884.

［88］习近平就新闻工作发表的重要讲话引领着我国媒体融合走上快车道.http://china.cnr.cn/news/20190219/t20190219%5F524514582.shtml.

［89］秦丽.县级融媒体中心建设和提高舆论引导力的有效途径.西部广播电视，2022，43（10）：191-193.

［90］张明.如何增强县级融媒体中心舆论影响力和引导力[J].传媒论坛，2021，4（14）：45-46.

［91］杨威.融媒体时代区县级融媒体中心新闻舆论引导力探析.西部广播电视，2021，42（9）：182-184.

[92] 祝青, 章李梅, 丁峰. 新时代重塑县媒融合发展格局的安吉实践. 传媒, 2022（11）：25-26.

[93] 宋士和. 对县级融媒体中心建设的几点思考. 中国报业, 2019（4）：38-39.

[94] 金可. 二维码消费者使用行为研究. 上海师范大学, 2013.

[95] 郭怡人. 成都商报官方微信的传播效果研究. 电子科技大学, 2016.

[96] 郭庆光. 传播学教程（第二版）. 中国人民大学出版社, 2011.

[97] 丁和根. 媒体介入基层社会治理的现状、角色与维度. 新闻与写作, 2021（5）：4-13.

[98] 舒斌. 现代社会治理中的媒体力量. 传媒, 2021（3）：12-15.

[99] 杨雪琼. Instagram使用满意度相关研究：以沉浸的媒介效果为中心. 科技传播, 2021（8, 下）：106-132.

[100] 祁瑞萍, 禹建强. 展望2022：传媒业发展十大关键词. 青年记者, 2022（1）：24-28.

[101] 卜宇. 十问：媒体融合传播的实践策略. 传媒, 2021（1）：21-26.